ÉCONOMISTES & PUBLICISTES CONTEMPORAINS

TRAITÉ

DES IMPOTS

CONSIDÉRÉS SOUS LE RAPPORT

HISTORIQUE, ÉCONOMIQUE ET POLITIQUE

EN FRANCE ET A L'ÉTRANGER

PAR

M. ESQUIROU DE PARIEU

Vice-Président du Conseil d'État, Membre de l'Institut impérial de France,
de la Société statistique de Londres, etc.

Longum iter est per præcepta
Breve et efficax per exempla.
SENÈQUE.

TOME DEUXIÈME

PARIS

LIBRAIRIE DE GUILLAUMIN ET Cⁱᵉ

Éditeurs du Journal des Économistes, de la Collection des principaux Économistes
du Dictionnaire de l'Économie politique, du Dictionnaire universel du Commerce et de la Navigation, etc.

RUE RICHELIEU, 14

1863

TRAITÉ

DES IMPOTS

SAINT-DENIS. — TYPOGRAPHIE DE A. MOULIN.

TRAITÉ
DES IMPOTS

CONSIDÉRÉS SOUS LE RAPPORT

HISTORIQUE, ÉCONOMIQUE ET POLITIQUE

EN FRANCE ET A L'ÉTRANGER

PAR

M. ESQUIROU DE PARIEU

Vice-Président du Conseil d'État, Membre de l'Institut impérial de France,
de la Société statistique de Londres, etc.

Longum iter est per præcepta
Breve et efficax per exempla.
SENÈQUE.

TOME DEUXIÈME

PARIS

LIBRAIRIE DE GUILLAUMIN ET Cie

Éditeurs du Journal des Économistes, de la Collection des principaux Économistes
du Dictionnaire de l'Économie politique, du Dictionnaire universel du Commerce et de la Navigation, etc.

RUE RICHELIEU, 14

—

1863

TRAITÉ

DES IMPOTS

LIVRE III.

Des impôts sur les richesses.

(SUITE).

CHAPITRE III.

DES IMPÔTS GÉNÉRAUX SUR LE CAPITAL ET LE REVENU.

Nous avons retracé avec détail, dans les deux chapitres précédents, la marche historique des impôts spéciaux sur les diverses natures de propriétés et de revenus, en nous attachant à montrer ce qu'ils ont été dans l'origine, et quelles modifications leur a fait subir le progrès de l'ordre social. Les faits que nous avons suivis représentent en quelque sorte le procédé *analytique* dans le développement de la taxation directe.

En certains pays un procédé inverse a été suivi, et c'est par voie de *synthèse* que le législateur, embrassant l'ensemble de la richesse des citoyens, a cherché à proportionner leur contribution à la totalité de leurs ressources.

Jetons donc maintenant nos regards sur les impôts *généraux* qui ont, chez divers peuples, été destinés à

II.

1

atteindre l'ensemble des richesses privées. Ces impôts ont, suivant les temps et les lieux, porté sur l'ensemble du capital ou sur l'ensemble du revenu des citoyens. Outre ce caractère *général* qui leur est commun, ils ont eu cela d'analogue entre eux qu'ils ont ordinairement été assis sur des sommes de capitaux ou des sommes de revenus nets, déduction faite des dettes des contribuables.

Ce qui fait leur grande différence respective, c'est que les capitaux improductifs sont grevés par l'un de ces impôts, mais exemptés par l'autre, et qu'en sens inverse, les revenus produits sans le concours d'un capital, tels que les bénéfices de certaines professions, jouissent d'une immunité complète dans l'application d'une taxe générale sur la propriété, tandis qu'ils restent soumis à l'impôt général sur le revenu.

Celui-ci a donc quelque chose de sévère pour le revenu du travail qu'il confond avec celui du capital. Celle-là est hostile au luxe, puisqu'elle atteint les propriétés inertes et improductives comme celles qui produisent un revenu.

A Athènes, l'impôt général sur le capital, qui était perçu dans certaines circonstances extraordinaires, atteignait la fortune, tant immobilière que mobilière ; le taux variait de 1 à 4 pour 100, et la taxe s'élevait avec le degré de richesse des citoyens, en ce sens que l'estimation du capital imposable, qui montait seulement au cinquième de la fortune réelle pour la catégorie la plus riche, allait en décroissant pour les citoyens moins aisés. Obligés de déclarer eux-mêmes leur fortune, les Athéniens avaient d'abord, par vanité, enflé le chiffre de leur fortune. L'excès contraire amena bientôt une législation presque barbare. Le contribuable inscrit dans une classe trop élevée, relativement à celle dans laquelle un autre citoyen se trouvait rangé, fut investi du droit de rejeter la taxe sur celui qu'il croyait plus capable de la supporter ou de demander contre lui au refus de cette substitution, l'échange de leurs biens respectifs (αντιδωσις). — Le citoyen contre lequel était dirigée une demande aussi grave, puisque l'échange embrassait même les actions civiles du patrimoine de chacun, pouvait la contester. La fortune des deux parties était alors soumise à une expertise comparée (άποφανσις), et si le résultat de cette opération tournait à l'avantage du réclamant, son adversaire n'échappait à l'échange forcé de ses propriétés, qu'en assumant la taxe contestée. Cette même législation consacra une prime à la dénonciation *justifiée*, en offrant au délateur les trois quarts de la fortune de quiconque en aurait dissimulé l'importance pour diminuer sa part d'impôt. Telle fut la physionomie générale de l'*Eisphora* athénienne dont le premier établissement remontait à Solon [1].

⌐ Dans les premières années de la monarchie romaine, tous les citoyens étaient assujettis à un égal tribut par tête qu'ils devaient acquitter en déclarant en vertu du *cens* le nombre d'individus composant leur famille, le nombre des esclaves et des animaux, la quantité d'or et d'argent et autres objets précieux, ainsi que l'étendue de terrain qu'ils possédaient. La fraude était punie de la confiscation des biens et entraînait la peine de mort. On exempta par la suite, de cette taxe, es prolétaires possédant moins de 1,500 as. Niebuhr a vu avec raison dans cet impôt levé sur le *cens* une taxe générale sur les fortunes (*Vermœgensteuer*). Cette contribution continuée de temps en temps sous la république romaine fut levée, à ce qu'il paraît, pour la dernière fois sous le consulat d'Hirtius et de Pansa [2].

Il faut tourner ses regards vers Florence pour voir la pre-

---

[1] Presque toute la partie historique de ce chapitre est traitée plus au long dans notre *Histoire des Impôts généraux sur la propriété et le revenu.*

[2] V. l'ouvrage de Guarini, intitulé : *Finanza del popolo romano*, Napoli, 1842, notes 57 et 61.

mière application moderne de l'impôt sur le revenu continuée pendant plusieurs siècles avec une remarquable persévérance. A partir du xiiie siècle, les Florentins avaient été soumis à une taxe sur tous les revenus indistinctement. L'estimation des biens meubles et immeubles de chaque citoyen était calculée d'après leur plus basse valeur, et un chiffre réduit au taux inférieur de 1/2 à 3 pour 100, proportionnel à la fortune de chacun, constituait *l'estimo*, sorte d'unité contributive qui servait de base à l'assiette de l'impôt suivant les besoins du fisc ; on demandait aux contribuables une somme en rapport avec leur part dans *l'estimo*, mais qui, au bout de l'année, représentait quelquefois le quintuple, le décuple et jusqu'à une valeur douze fois plus forte que cet *estimo* lui-même.

L'estimo relatif à la fortune mobilière et à l'industrie était quelquefois remplacé par une capitation atteignant les individus de 15 à 70 ans.

L'inscription du retardataire sur le registre comprenant la liste des débiteurs de l'État, la privation des droits politiques et de divers droits civils, la vente et quelquefois la dévastation officielle des propriétés, etc., telles étaient les dispositions en partie draconiennes qui punissaient le non payement de l'impôt, d'après les statuts de 1321 et 1355.

En 1427, à la suite d'un mouvement qui donna aux idées démocratiques plus de force, Jean de Médicis fit admettre sous le nom de *catasto*, un nouvel impôt beaucoup plus équitablement réparti que le précédent, dont les riches paraissaient avoir éludé souvent le poids. Les citoyens furent tenus à des déclarations. On prononça la confiscation de la moitié des biens de tous ceux qui seraient convaincus d'en avoir atténué la valeur. Des *tamburi* étaient destinés à recevoir les dénominations secrètes à ce sujet. Véritable impôt sur le superflu, expression légale des intérêts et des rancunes de la démocratie, le *catasto* était réglé de telle sorte que, dans les familles nombreuses, peu de citoyens y étaient soumis. La somme des valeurs mobilières et immobilières constatées donnait le capital de chaque citoyen (*sostanza*), base qui ne présentait encore qu'une valeur brute dont il fallait déduire diverses charges et notamment une somme de 200 florins d'or représentant le capital d'entretien de chaque membre de la famille pour apprécier l'aisance relative du contribuable. C'est en ce point que le *catasto* paraît avoir surtout différé de *l'estimo* qui l'avait précédé. Celui-ci était un impôt sur les capitaux ou les revenus; le *catasto* était une taxe sur le capital superflu. Ce qui restait de la *sostanza*, après les déductions opérées, constituait le superflu (*sovrabbondante avanzo alla vita*), qu'on soumettait à une taxe de 1/2 pour 100.

Au mois de juin 1427, le cotes du premier *catasto* atteignaient le nombre de 10,000. Sur ce nombre, 1,400 personnes seulement étaient taxées pour un superflu. Le surplus contenait les cotes soumises à une sorte de composition arbitraire et les cotes indigentes complétement dégrevées.

Cinquante-deux commerçants seulement contribuèrent au *catasto* en 1431, et leur imposition totale dans laquelle la cote de la maison de Médicis figura pour 428 florins, ne s'éleva qu'à 5,501 florins, représentant environ 132,000 fr. de notre monnaie.

L'impôt du *catasto* était levé plusieurs fois par an, quelquefois à titre de prestation définitive, quelquefois à titre d'emprunt forcé. Le payement anticipé de la taxe donnait droit de la part de l'État à un intérêt de 5 pour 100. Mais alors aussi, tous ceux qui n'étaient pas inscrits sur le registre du cadastre, soit comme contribuant pour un superflu, soit comme venus à composition, soit comme indigents,

étaient privés de leurs droits civils et du bénéfice de la justice en matière criminelle.

Outre le *catasto* des citoyens de Florence, il y avait celui
des paysans, celui des Pisans soumis aux Florentins depuis
1406, enfin celui des étrangers. Des règles spéciales s'appliquaient à ces situations diverses.

Le *catasto* fut renouvelé à diverses époques pour suivre
le déplacement des fortunes et notamment en 1458. A
cette époque on renonça à exiger la présentation des livres
des négociants, présentation exigée en 1431, mais qui avait
eu pour résultat soit une tenue de livres frauduleuse, soit
l'abandon des professions commerciales. Les officiers du
catasto furent autorisés à traiter avec les contribuables pour
l'imposition du négoce et des valeurs mobilières autres que
les rentes sur l'État. A défaut d'accord on prenait l'estimation d'un certain nombre de citoyens.

En 1471, après un dernier renouvellement du *catasto*,
l'impôt se transforma et prit souvent, sous des noms divers,
le caractère d'une dîme générale sur les revenus. Le *duo-
decimo*, la *ventina*, l'imposta *progressiva*, la *gratiosa*, la *decima dispiacente*, *aggravata*, *exgravata*, prirent place dans
le vocabulaire financier de Florence.

L'impôt progressif, dont l'application se produisit dès
1442 dans cette cité démocratique, y affecta des formes très-
diverses. En 1442, on adapta au *catasto* quatorze degrés de
progression, depuis le taux de 4 pour 100 sur les revenus de
1 à 50 florins, jusqu'à celui de 33 1/3 pour 100 sur les revenus supérieurs à 1,500 florins. En 1446, l'échelle de la
progression s'étendit de 8 à 50 pour 100; en 1480, elle varia
de 5 à 16 2/3 pour 100, etc.

Ces systèmes variables et capricieux de taxes générales
sur les fortunes, furent remplacés en 1495 par une dîme
proportionnelle portant exclusivement sur les revenus im-

mobiliers et qui subsista pendant toute la monarchie des Médicis.

Mais si l'impôt progressif a disparu du budget toscan, après une dernière réapparition en 1506, l'idée de l'impôt sur le revenu semble y avoir laissé quelques faibles traces dans l'institution d'une contribution dite *personnelle* ou de *famille*, combinée actuellement dans ce pays avec l'impôt foncier. Remise en vigueur en 1850, après des décrets de rétablissement et d'abolition successifs, cette taxe est assise par répartition. On distribue par classes les contribuables de chaque commune en se fondant sur le revenu pro-bable, le prix du loyer, la profession et le nombre d'en-fants. Ceux dont le gain ou le salaire est seulement suffi-sant pour soutenir leur existence, sont dispensés de l'impôt, et les personnes ayant à leur charge une famille nombreuse peuvent être placées dans une classe inférieure à celle qui résulterait de leur revenu. Cette taxe spéciale à la Toscane conserve encore son existence distincte depuis la formation du royaume italien [1].

Après Florence, les impôts sur le capital et le revenu n'ont été nulle part pratiqués avec autant de suite et de durée que dans les Pays-Bas. Dès 1556, on voit Philippe II demander aux États de Hollande un tribut du *centième* denier des biens immeubles et du *cinquantième* denier de la valeur des marchandises. Ceux-ci le refusèrent, alléguant les frais de perception, les haines que susciteraient l'estima-tion des biens, l'impossibilité d'évaluer les produits si va-riables de la pêche, de la navigation et du commerce, enfin, la crainte du parjure inévitable au cas où l'impôt reposerait sur la loyauté des contribuables. « On ne doit imposer que » les immeubles, a dit un écrivain italien un peu absolu dans

---

[1] V. l'*Annuario del Ministero delle finanze del regno d'Italia pel* 1862, p. 22.

» sa doctrine, et le fait d'avoir voulu taxer les biens meubles
» souleva toute la Flandre contre le duc d'Albe [1]. »

Cependant en 1599, les États de Hollande votèrent spontanément une taxe sur les capitaux (*bezittingen*) fixée au deux
centième denier de toutes les possessions et levée sur les
fortunes dépassant 3,000 florins. Doublée, réduite, aggra-
vée, diminuée encore à différentes reprises, elle fut réduite
au millième denier en 1654. Cette taxe comprenant les
biens immeubles et meubles de toute nature, salaires et
traitements, atteignait même les revenus des personnes demeurant hors du pays. Les usufruitiers avançaient l'impôt
en rapport avec l'estimation de la propriété, mais, avec faculté, à l'expiration de l'usufruit, de répéter contre les propriétaires ce qu'ils avaient payé pour la valeur excédant le
capital au denier *neuf* de leurs revenus pendant l'année
1554. L'ordonnance de 1653 enjoignait aux contribuables,
sous peine d'infamie et d'une amende du quadruple, de
déclarer la valeur exacte de leur fortune sur un pied aussi
élevé que leur affection pour le bien public pourrait le leur
inspirer. Plus tard on rendit les magistrats des villes et des
bourgs responsables envers le Trésor, du produit de l'impôt,
calculé d'après le produit des années précédentes, sans autre
déduction que celle de la quote part des citoyens qui seraient
allés habiter une autre partie du pays, et de manière à ce
que les sommes ainsi déduites se retrouvassent par voie
d'accroissement sur les rôles d'autres localités. On autorisa ces magistrats à recouvrer, par voie de taxation supplémentaire, le déficit qui pouvait se produire à leur détriment.
Des dispositions furent prises en même temps, relativement
aux biens fonds aliénés à des étrangers. Ces biens durent
rester soumis à l'impôt, soit qu'ils demeurassent dans des

---

[1] Botero, *Razione di stato*, lib. VII.

mains étrangères, soit qu'ils eussent fait retour à des nationaux.

Cependant cette nouvelle taxe rencontrait de vives oppositions, et Jean de Witt ne l'admettait que comme une ressource applicable à de *grandes et extraordinaires nécessités*. L'invasion de la Hollande par les Français, en 1672, ramena la levée de l'impôt sur le capital, interrompue depuis 1669. A la suite de graves désastres, les États généraux décrétèrent des emprunts forcés et doublèrent même, à quelques mois de distance seulement, l'impôt sur les capitaux de toute sorte. Enfin le 10 janvier 1673, un nouveau deux centième denier, également sous forme d'emprunt forcé, amena dans l'assiette de l'impôt d'importantes modifications.

Depuis 1654, les augmentations de fortune survenues étaient sans profit pour le fisc, parce que la perception du deux centième denier était fondée sur les rôles primitifs plutôt diminués qu'accrus par des causes de réduction constatées avec plus de soin que les causes d'accroissement. Pour les atteindre, on s'adressa concurremment aux anciens rôles et à l'appréciation directe de certains éléments notoires de la richesse des citoyens, tels que les immeubles et les créances ayant une existence publique par leur nature ou par la garantie hypothécaire qui y était attachée. On s'attacha à constater les obligations, les rentes dues par l'État, les villes, les établissements publics et les sociétés de commerce ainsi que les traitements à la charge des caisses publiques. Les obligations et rentes capitalisées furent, quoique mobilières mais à cause de la certitude de leur existence, frappées d'un *deux centième denier réel* qui atteignait aussi les immeubles, estimés d'après le revenu en s'aidant des éléments du *verponding*. Les charges pesant sur chaque contribuable d'après l'assiette de ces deux centièmes deniers

réels, étaient comparées à celles qui résultaient des rôles du
deux centième denier *personnel* surtaxés d'un sixième à la
charge des contribuables imposés pour plus de 3,000 florins,
et le fisc eut, d'après l'édit de 1693, le choix de percevoir
l'impôt d'après la base qui lui était la plus avantageuse. En
même temps les traitements supérieurs à 400 florins furent
soumis à une taxe du quart de leur montant. Les propriétaires des immeubles hypothéqués étaient autorisés à retenir
le deux centième denier contre leurs créanciers.

Par l'assiette réelle de la contribution, on remontait aux
valeurs omises ou écartées du patrimoine des uns sans être
reportée dans les rôles personnels au patrimoine des autres;
ces accroissements compensant et au delà la diminution
de l'exemption résultant du nouveau système d'impôt réel en
faveur des objets mobiliers et des créances chirographaires.

On leva ainsi plusieurs fois le deux centième denier,
tantôt sur la base *réelle*, tantôt sur la base *personnelle*, surtout
lorsque les rôles personnels de 1654 eurent été refaits en
1674. Le système de l'impôt réel prit le dessus à partir de
1687. Depuis cette date, l'impôt qui avait pesé sur l'ensemble des fortunes, ne fut plus habituellement qu'une contribution sur plusieurs branches mobilières et sur la partie
immobilière de l'avoir des citoyens. On maintenait cependant dans l'imposition *réelle* la faculté pour le fisc d'exiger,
si l'option lui était profitable, le deux centième denier résultant des rôles personnels.

En 1715, 1716 et 1742, la Hollande interrompit la perception fréquente, sinon régulièrement annuelle, des deux centièmes deniers pour essayer d'une capitation graduée d'après
les revenus présumés et les circonstances extérieures de la
vie : telles que les loyers, les domestiques, les voitures et
les professions.

En 1715 et 1716, les contribuables étaient rangés en neuf

classes.payant de 5 à 200 florins. En 1742 il y en avait 37 payant de 6 à 1,200 florins au moins. En 1747 aussi, les États décrétèrent, à titre exceptionnel, un nouvel impôt connu sous le nom de *don libre*, calculé sur le pied de 1 pour 100 du montant net des biens possédés en Hollande ou au dehors, pour les fortunes comprises entre 1,000 et 2,000 florins et de 2 pour 100 pour celles qui étaient plus considérables. Quant aux fortunes inférieures à 1,000 florins, l'impôt pouvait s'acquitter par une offrande quelconque. Les biens étaient estimés sous le serment des contribuables qui étaient autorisés à déduire les dettes et à évaluer sui vant leur conscience les propriétés d'une consistance incertaine ou chanceuse. Étaient exempts de la taxe, les professeurs et pasteurs, leurs veuves, les militaires et les meubles d'un usage de première utilité. Les usufruitiers ou possesseurs de fidéicommis étaient assimilés aux propriétaires ; mais ils jouissaient de la faculté de répéter la moitié de l'impôt contre ces derniers ou les héritiers fidéicommissaires.

On assure que sous des influences d'opinion publique favorables, le produit de cette contribution volontaire fut considérable et atteignit 50 millions de florins [1].

La levée du deux centième denier paraît avoir cessé en 1790. De 1795 à 1804, des impôts vraiment généraux sur le capital ou le revenu furent fréquemment levés et quelquefois compliqués d'un caractère progressif très-élevé. Il en était ainsi par exemple, de la taxe extraordinaire de 1804. Répartie en 15 classes, dont la plus haute comprenait les revenus supérieurs à 30,000 florins, et la plus basse ceux de 300 à 800 florins, son taux s'échelonnait de 20 à 1 pour

---

[1] *Over de Belastingen*, etc., Amsterdam, 1837, p. 19, note 2. *Histoire des Impôts généraux sur la propriété et le revenu*, p. 90.

100 sur les revenus. Elle comprenait aussi un impôt sur le
capital qui était de 2 pour 100. Ceux qui devaient payer
moins de 500 florins étaient autorisés à faire une déduction
sur leur dette, déduction qui s'accroissait avec le nombre
d'enfants. Cette déduction était moitié moindre pour ceux
qui devaient verser plus de 1,000 florins. La taxe étant cu-
mulée avec d'autres perceptions levées sur les propriétés et
les revenus d'après des actes antérieurs, rencontra une si
vive opposition que l'année suivante ce système d'impôt
s'effaça pour faire place aux accises et au timbre qui furent
rétablis par le ministre Gogel.

Si l'impôt du centième et du deux centième denier s'était
peu à peu transformé en Hollande, si de *personnel* il était devenu *réel* et de *général* de plus en plus *spécial*, ces changements lui avaient néanmoins laissé un caractère de proportionnalité assez développé, et sauf les exagérations de certains moments, les impôts hollandais paraissent avoir été
mieux assis que la *catasto* et l'*imposta* progressive, devenus
entre les mains de la démocratie florentine une arme de
guerre pour détruire la richesse des partis vaincus.

L'idée de l'impôt direct général paraît ancienne dans la
Grande-Bretagne.

Les historiens anglais signalent les premières traces de
l'impôt général sur les fortunes dans leur pays au XIIᵉ siècle.
Les *quinzièmes* levés sur tous les biens sous Henri III et
Edouard III, les subsides qui les suivirent et qui consistaient
en une perception de 3/15ᵉˢ sur les revenus fonciers et
de 2/15ᵉˢ sur les revenus mobiliers, les *assessments* perçus
au XVIIᵉ siècle sous la domination du Parlement et sous le
règne de Charles II, s'adressaient à l'ensemble du revenu
des contribuables. L'importance supérieure des biens-fonds
et la plus grande facilité de les constater rendaient cependant
l'élément immobilier dominant dans ces diverses taxes;

aussi les *assessments* qui atteignaient en principe toute espèce de propriétés, s'appelaient-ils également *land-tax* ou
impôt territorial, signe certain de la prépondérance effective
du caractère foncier dans l'assiette générale de la contribution.   .

Guillaume III perfectionna la *land-tax*. Il fit établir une
taxe de 2 et puis de 4 schellings par livre sur tous les revenus provenant de biens-fonds et de 24 schellings sur 100
livres du capital représenté par les pensions, annuités, traitements, bénéfices industriels et professionnels ; ce qui, sur
un intérêt de 6 pour 100, taux de l'époque, constituait la
même proportion du cinquième par rapport au revenu imposé. Étaient exempts les capitaux placés dans les fonds
publics, ceux qui étaient employés à la culture des terres,
les dettes actives, le mobilier et la solde des militaires. La
prépondérance de l'élément foncier dans cette taxe dès son
établissement, l'assiette de l'impôt d'abord par voie de déclarations volontaires et ensuite de répartitions annuelles, la
fixité des contingents locaux qui en dérivaient et qui fut constamment maintenue plus tard, permirent à la fortune mobilière de soustraire à l'impôt ses augmentations ultérieures,
de telle sorte qu'elle ne contribua plus à la *land-tax* que pour
des contingents minimes.

En 1798, l'impôt territorial qui n'atteignait que la moitié
de la valeur réelle de la majeure partie des terres, et le cinquantième du capital mobilier de l'Angleterre, fut rendu
permanent sur le pied de 4 schellings par livre et sa partie
immobilière déclarée *rachetable*, par le propriétaire du sol
ou par un tiers, en remettant au trésor un titre de rente
3 pour 100 supérieur d'un dixième au montant de la contribution rachetée. Les conditions de ce rachat ont été ultérieurement modifiées, et l'opération reste encore inachevée
quoique toujours suivie depuis lors, et même facilitée par de

nouvelles dispositions législatives comme nous l'avons vu plus haut[1].

La guerre que l'Angleterre soutenait alors contre la France réclamant de nouvelles ressources, un acte de 1798, proposé par Pitt, et accueilli presque à l'unanimité par le patriotisme du Parlement[2], établit un nouvel impôt de quotité, appelé tantôt *income-tax* et tantôt *property-tax*, qui frappait d'un prélèvement de 1/120e les revenus de 60 à 65 livres sterling. Le taux de l'impôt s'élevait ensuite, suivant une série de proportions ascendantes de 5 livres en 5 livres, jusqu'aux fortunes de 200 livres de rente et au-dessus, qui supportaient une taxe de 10 pour 100, atténuée quelquefois par une faible déduction autorisée pour chaque tête d'enfant. Supprimée en 1802, en laissant un arriéré de 36,400,000 fr., l'*income-tax* fut rétablie l'année suivante sur de nouvelles bases, qui, modifiées en 1805 et 1806, restèrent les mêmes jusqu'en 1816. Dans ce système, tous les revenus fonciers et mobiliers furent soumis à un prélèvement de 10 pour 100 ; les revenus professionnels seuls furent affranchis de la taxe, s'ils étaient inférieurs à 50 livres sterling, et sujets, entre 50 et 150 livres sterling, à une taxe progressivement élevée jusqu'à 10 pour 100. C'était, dans ces termes, une ressource immense, produisant, année moyenne, environ 380 millions de francs, que nul autre impôt accidentel n'a probablement jamai procurée dans aucun pays, et qui servit puissamment le Royaume-Uni dans sa lutte contre le premier Empire français. La *property tax*, abolie en 1816, laissait un arriéré de près de 400 millions, dont la liquidation a duré jusqu'en 1831.

Cependant, cette force irrésistible, qui appelle partout

---

[1] Tom. Ier, p. 175.

[2] V. les détails intéressants sur la discussion relative à l'*Income-tax* dans le *Mercure britannique*, de Mallet du Pan, t. I, p. 582 et suiv., t. II, 122 et 226.

l'influence du principe de proportionnalité dans les contributions publiques, ramenait lentement l'Angleterre à l'*income-
tax*, bien que le Parlement eût fait anéantir, en 1816, les
documents de nature à en faciliter le rétablissement. Sans
cesse réclamé par d'éminents financiers, dans le but d'arriver par ce moyen au remaniement du système des contributions publiques, l'impôt sur le revenu rencontra en 1835,
dans R. Peel, un redoutable adversaire. Ce ministre com-
parait à cette occasion le léger fardeau du droit sur la
drèche, dont on demandait l'abrogation, au *fouet* de l'impôt sur le revenu que cette suppression devait, à son avis,
rendre inévitable. Sept ans plus tard, obéissant à des nécessités qui lui parurent dominantes, R. Peel lui-même, sacri-
fiant en même temps ses idées sur la taxe des céréales et sur
celle du revenu, fit voter, le 22 juin 1842, l'*income-tax* pour
trois ans. Cette taxe a été prorogée en 1845 et 1848, toujours sur les mêmes bases, et continuée depuis jusqu'à
l'époque actuelle.

L'acte du 22 juin 1842, en plaçant l'impôt de quotité sur
le revenu dans les attributions des directeurs du timbre et
des taxes, établit cinq catégories ou cinq cédules de revenus
imposables.

1re classe. A. Toutes terres, héritages, ou mieux tous immeubles par nature, sont imposés *au compte du propriétaire*,
à raison de 7 pence par livre sterling de revenu net annuel,
soit 2 fr. 92 c. pour 100.

2e classe. B. Les mêmes immeubles sont imposés *en raison
de la jouissance*, ou à titre de bénéfice de fermier, à raison
de 3 pence 1/2 par livre (1 fr. 46 c. pour 100) en Angleterre,
et de 2 pence 1/2 (1 fr. 04 c. pour 100) en Écosse.

3e classe. C. Pensions, annuités, dividendes, ou, plus exactement, revenus sur les fonds publics, imposés à 7 pence
(2 fr. 92 c.).

4ᵉ classe. D. Tous profits industriels, commerciaux ou autres, de quelque nature qu'ils soient et quelle que soit leur provenance, tous salaires et appointements personnels, à titre de travail ou d'industrie privée, imposés également à 7 pence.

5ᵉ classe. E. Enfin tous appointements de fonctionnaires publics, imposés à 7 pence.

Ainsi le propriétaire foncier, qui faisait valoir son bien lui-même, était imposé à raison de 10 pence 1/2 (4,38 pour 100) en Angleterre, et à raison de 9 pence 1/2 (3,96 pour 100) en Écosse. Tous les autres produits annuels, revenus ou salaires, ont été uniformément imposés à 7 pence, en des termes tels que l'impôt atteint, s'il est bien réparti, une très-forte part du produit des capitaux et du travail de la Grande-Bretagne.

Notons cependant ici d'importantes exemptions.

Sont affranchis de la taxe : 1° Tous ceux dont le revenu, joint aux appointements ou bénéfices, ne s'élève pas au-dessus de 150 livres sterling (3,750 fr.) ; 2° certains revenus des hôpitaux et sociétés charitables.

L'établissement de l'impôt sur le revenu, tel qu'il existe outre-Manche, supposerait, en France, quelque chose d'analogue à la fusion sous un même titre de la contribution foncière, de celle des patentes assises sur d'autres bases, et de divers autres impôts sur les rentes et les traitements, qui n'existent pas dans notre système financier.

On voit, par les termes de l'acte de 1842, que le sol et l'industrie de l'Irlande ne sont point atteints directement par l'*income-tax*, mais seulement au cas où ils seraient exploités par des personnes résidant dans la Grande-Bretagne. Les émoluments des charges qui doivent être remplies d'une manière nécessaire et permanente, et les fonds publics payables dans ce même pays, sont aussi exempts de l'impôt (art. 148 de l'acte). Mais les Irlandais peuvent être atteints par l'*income-tax*, soit comme propriétaires de fonds publics, soit comme associés à l'industrie ou en vertu d'emplois atteints par l'impôt sur le revenu.

Quant au principe de perception adopté par la loi de 1842, relativement à l'*income-tax*, il consiste à se placer, pour ainsi dire, à la naissance même du revenu territorial, pour exiger, à ce moment, du premier percepteur du revenu privé, la somme totale d'impôt que comporte ce revenu, sauf aux personnes associées à la jouissance de la terre, dans des mesures diverses, à retenir, chacune sur celle qui lui succède, l'impôt dont l'avance a été faite pour elle. Dans le cas, par exemple, d'un domaine grevé d'hypothèque à l'égard du propriétaire et exploité par un fermier, c'est à ce dernier seul que s'adresse le fisc, en exigeant de lui 10 pence 1/2 par 20 schellings de la valeur annuelle, dont 3 pence 1/2, comme contribution afférente à sa part dans le produit brut, supposée légalement égale à la moitié de la rente du propriétaire, et les 7 pence de surplus comme payées à la décharge de celui-ci. Plus tard, le fermier retient ce qu'il a avancé pour le propriétaire, et ce dernier déduit à son tour, au créancier hypothécaire, la part d'impôt afférente au chiffre de l'intérêt qu'il lui paye. En vertu de l'exemption générale consacrée au profit de tous les contribuables ayant un revenu inférieur à 150 livres sterling, le Trésor rembourse au créancier la retenue qu'il a subie, s'il ne possède pas le *minimum* imposable. Une amende rigoureuse interdit au créancier de refuser ou d'éluder cette rétention, toute convention contraire étant nulle. Toutefois la loi anglaise n'autorise la rétention de la taxe que sur les intérêts annuels et payés sur des profits et gains imposés à l'*income-tax*, ce qui semble obliger le créancier à connaître les sources sur lesquelles l'intérêt lui est payé,

II.   2

pour faire, suivant les cas, une déclaration distincte de ce revenu, ou seulement subir la rétention de la part du propriétaire débiteur.

Les bénéfices du fermier sont évalués à une quote part déterminée du produit du sol, c'est-à-dire moitié en Angleterre, et un tiers en Écosse : c'est une sorte d'abonnement ou de présomption légale contre laquelle le fermier seul pourrait réclamer.

Les dispositions de l'acte relatives à la quatrième classe ou cédule D soumettent à l'*income-tax* six principales subdivisions déterminées par l'acte législatif de 1842 (§ 100.)

1° Les profits de l'industrie et du commerce calculés sur la moyenne des trois dernières années ou d'un nombre d'années moindre, si l'entreprise est plus récente, sans que cette moyenne puisse excéder le profit de l'année courante, restriction qui, par l'alternative qu'elle comporte, implique une faveur pour les revenus commerciaux comparés à ceux qui proviennent de sources différentes : aucune réduction dans la balance des profits n'est allouée pour quelque cause que ce soit ;

2° Les profits bruts des professions, emplois ou carrières non contenus dans une autre catégorie de l'acte, sans aucune déduction ;

3° Les profits d'une valeur annuelle incertaine renfermés dans la première catégorie ;

4° Les intérêts provenant de capitaux en Irlande ou dans les colonies anglaises excepté ceux imposés sous la troisième catégorie ;

5° Les produits des terres en Irlande ou dans les colonies ;

6° Les profits et gains ne tombant pas sous l'une des règles précédentes, et non imposés sous l'une ou l'autre des catégories de l'acte législatif.

Tout contribuable compris dans la quatrième catégorie

peut s'abonner pour trois ans, sur sa déclaration acceptée par les commissaires. Par le contrat d'abonnement, le contribuable s'oblige à payer pendant ce temps l'impôt résultant de sa déclaration pour l'année courante, avec addition de 5 pour 100. En cas de fraude, amende de 50 livres et annulation du contrat d'abonnement.

La procédure anglaise relative à l'assiette de *l'income-tax*, assez difficile à suivre à cause de ses complications habituelles à la législation de ce pays, peut se résumer cependant en termes assez simples.

L'assiette de l'impôt a pour base la *déclaration du contribuable*. Comme garantie d'exactitude, on paraît admettre toute vérification directe et indirecte. Cependant il y a des règles particulières relatives à la découverte des revenus atteints par la cédule D [1]. Le triple droit est destiné à punir les déclarations mensongères.

L'assessor veille à ce que les rôles comprennent tous les contribuables. Il reçoit les déclarations et les transmet à l'inspecteur. Il prépare les taxations d'office à défaut de déclaration.

Les inspecteurs réviseurs, commissaires-adjoints et spéciaux contrôlent et modifient, s'il y a lieu, ces éléments préliminaires.

Les commissaires généraux ou les commissaires spéciaux statuent sur les différends qui s'élèvent entre les commissaires-adjoints et les inspecteurs, et sur les appels relevés par les contribuables contre les fixations des commissaires-adjoints.

En 1853, le gouvernement britannique en abaissant le minimum imposable de 150 à 100 livres sterling avec un

---

[1] V. notre *Histoire des Impôts généraux sur la propriété et le revenu*, pages 119 et 123.

tarif allégé pour les revenus de 100 à 150 livres, en appliquant l'impôt à l'Irlande qui a été assimilée à l'Écosse pour
le tarif des fermiers et occupants, et en la soumettant, sur
d'autres points, à un régime particulier, a annoncé la suppression de *l'income-tax* pour 1860. Mais cette prévision
n'a pu être réalisée, et avant cette date l'impôt a même
subi des phases d'une grande élévation puisqu'il a rapporté
en 1855 13,718,185 livres sterling.

Par un acte du 21 mars 1857, toutefois, *l'income-tax* a été
réduite pour l'année d'avril 1857 à avril 1858 de 16 pence
à 7 pence[1]. En 1859, l'impôt était de 6 pence[2], et plus
tard il a été relevé à 9 pence, produisant 1,100,000 livres
par penny[3].

La loi anglaise donne-t-elle lieu à beaucoup de fraudes,
ou pour nous servir d'une expression anglaise, *d'évasions?*
C'est un point sur lequel les avis sont partagés. Mac Culloch
prétend que malgré les investigations des assesseurs et la
modération de la taxe, *l'évasion* et la dissimulation sont
pratiquées sur une large échelle. Il ajoute que plusieurs
sont taxés suivant la somme entière de leurs revenus, *peut-
être même au-dessus.* Le grand nombre moins honnête, ou
plus heureux dans ses réclamations, réussit à esquiver une
partie de la taxe.

Un autre écrivain a évalué la dissimulation des revenus
imposables, avant 1816, à environ 10 pour 100 pour la cédule A, à 19 pour 100 dans la cédule B, et à 12 pour 100
dans la cédule D. Les deux autres cédules ne comportent pas
de fraudes considérables.

---

[1] V. la proposition de sir G. Lewis à cet égard dans *l'Annual Register* de 1857,
page 30.

[2] En moyenne d'après le discours de M. Gladstone, du 3 avril 1862 (Traduction française. p 57).

[3] *Ibid.*

Quant à la part de la fortune mobilière dans le poids de l'*income-tax*, elle est à peu près égale à celle de la propriété foncière, et la comparaison du produit des diverses catégories depuis l'établissement de l'impôt sur le revenu, montre que dès l'origine on s'est fort rapproché de ce résultat.

Le nombre des contribuables atteints sous la quatrième catégorie en 1848, était de 147,659, dont 73,095 n'étaient pas taxés pour une somme supérieure à 200 livres sterling de rente ; celui des contribuables atteints sous la cinquième catégorie, était de 49,707, dont 30,605 n'avaient point un revenu supérieur à 200 livres sterling. De la décomposition du nombre des personnes taxées sous ces cédules, on a induit par analogie, qu'il y avait environ 400,000 contribuables atteints par l'*income-tax*, payant en moyenne 13 livres sterling de taxe, somme fort supérieure à la moyenne correspondant dans l'einkommensteuer de Prusse, moyenne qui était de 179 fr. environ, à un taux de 3 pour 100 sur les revenus, très-rapproché de celui de l'*income-tax* suivant la législation de 1842.

Dans la même année 1848, il y avait sous les cédules D et E, 1720 contribuables, taxés comme ayant plus de 4,000 livres sterling, 10,388 ayant plus de 1,000 livres sterling de rente, et 19,823 ayant plus de 600 livres de revenu.

Ces calculs divers ne sont plus applicables aux faits qui ont suivi les modifications législatives de 1853, et, pour l'année 1860, nous savons que le nombre des contribuables atteints sous la cédule D a été de 273,745 pour la Grande-Bretagne, et de 17,457 pour l'Irlande.

Le journal de la *Société statistique* de Londres qui nous rapporte ces chiffres, a donné, en septembre 1861, divers autres éléments curieux de la statistique de l'*income-tax*.

Voici les chiffres qui montrent le progrès de la fortune

contribuable (*property*), successivement révélée aux recherches du Trésor : les unités représentent des millions de livres sterling, fractions négligées.

	Angleterre.	Écosse.	Irlande.
1854.	256,3	30,5	21,3
1855.	254,8	30,5	21,5
1856.	255,5	30,1	21,3
1857.	261,0	30,4	21,4
1858.	274,7	29,5	22,8
1859.	275,9	29,1	22,9
1860.	282,7	29,9	23,0

Un autre tableau donne la décomposition des 112,082 millions de livres sterling taxés sous la cédule A en 1860, en Angleterre :

Lands	42,940
Messuages	48,779
Tithes	54
Manors	212
Fines	225
Quarries	366
Mines	3,658
Iron-works	1,134
Fisheries	16
Canals	772
Railways	10,732
Gas-works	918
Other-property	2,088
General-profits	191
Total	112,082

On trouve dans l'*Économist anglais*, du 10 juillet 1859, un article curieux sur l'*income-tax*. Il aboutit à cette conclusion que l'accroissement du revenu des classes payant l'*income-tax* durant les neuf dernières années, est en lui-même une somme plus forte que la charge entière de la dette supportée par le Royaume-Uni, et est égal aussi au montant des sommes versées pendant ce temps au Trésor par les contribuables à l'*income-tax*.

Ce qui ressort de tous ces éléments c'est l'efficacité du mécanisme qui constate de pareils accroissements.

Les frais de perception de l'*income-tax* et des *assessed-taxes* réunis ont été, pour 1849, dans la proportion de 3 à 4 pour 100 par rapport au produit brut. Je ne saurais indiquer si la proportion est la même pour les *assessed-taxes* dont le produit est inférieur à celui de l'*income-tax* dans ce total.

Nous avons vu que cet impôt avait produit 15,298,932 livres sterling en 1815; fortifiée, augmentée, mise sur le pied de guerre depuis 1854, l'*income-tax* a rapporté à l'échiquier des sommes presque aussi considérables, résultat qui tout à la fois explique et tempère sous certains rapports les objections qu'il soulève, une taxe aussi productive rendant au pays qui la supporte des services malaisés à remplacer.

Non-seulement l'impôt sur le revenu semble prendre racine dans les institutions permanentes de l'Angleterre. Il a été transplanté récemment par elle dans son empire indien, et l'on a pu lire dans divers journaux le plan de l'*income-tax* conçu par M. Wilson sur le pied de 2 pour 100 relativement aux revenus de 240 à 600 livres sterling et sur le pied de 4 pour 100 à l'égard des revenus supérieurs. Dès la seconde année de l'établissement de cet impôt, on en attendait un produit de 3,500,000 livres sterling [1].

Si de l'Angleterre nous portons nos recherches dans les États-Unis de l'Amérique du Nord, où les colonies britanniques émancipées se sont organisées sous la forme démocratique, les impôts généraux sur les fortunes se présentent à nous comme représentant tantôt plus du quart, tantôt plus de moitié, tantôt enfin la presque totalité des contributions dans les États particuliers. Ils sont assis sur l'ensemble du capital sous les noms

[1] V. les *Moniteurs* du 14 mars 1860, et du 14 mars 1861.

divers de *mills tax, general tax, state tax, tax on real and personal estate*. Il y a même un État, le Mississipi, où l'on ne
trouve pas d'autre taxe. Quelquefois l'impôt est assis sur
tous les biens, à l'exception de cette partie du mobilier indispensable à l'existence, et que les lois ont soustraite aux
poursuite des créanciers[1]. Ailleurs, il ne frappe que les éléments de la fortune les plus faciles à atteindre. Dans le Ten-
nessee, par exemple, les objets soumis à la taxe sont la
terre, les esclaves, les étalons et les voitures; dans la Caro-
line du Sud, les terres, les esclaves et les fonds de commerce ;
dans le Texas, on exempte les fonds publics, locaux et étrangers, ainsi que l'argent qui ne rapporte point d'intérêts;
dans le Mississipi et la Virginie, certains objets de luxe paraissent seuls soumis à la taxe, en tant qu'elle porte sur le
mobilier. Partout l'impôt est assis sur le capital, estimé ordinairement d'après sa valeur vénale. Les dettes ne sont pas
toujours déduites de l'actif imposable, ou ne sont calculées
qu'incomplétement. L'impôt sur les esclaves et les animaux
se rattache à la capitation (*poll-tax*), qui, dans certains États,
est perçue sur les hommes libres. Malgré la difficulté d'estimer les valeurs mobilières, l'impôt atteint d'une manière
sérieuse cette partie de la fortune des citoyens de manière à
donner un produit, dans les proportions du sixième, du
quart, de la moitié et quelquefois davantage du produit
fourni par l'imposition du capital foncier. Quant au moyen
de découvrir et de fixer le capital sujet à la taxe, le système
le plus répandu est celui qui a son point de départ dans la
déclaration du contribuable contrôlée par la publicité et par
l'estimation d'assesseurs électifs. Dans quelques États l'im-

---

[1] Dans l'État du Texas, l'esprit démocratique a fait organiser pour chaque
citoyen une sorte de majorat insaisissable qui peut renfermer tout à la fois une
maison de ville, une propriété de 200 acres à la campagne et 250 dollars de mobilier. L'immunité d'impôt ne s'étend qu'à ce dernier objet.

pôt est assis par voie de quotité et dans d'autres par voie de répartition.

Mac Culloch pense que les contributions sur le capital ne peuvent se soutenir aux États-Unis qu'à cause de leur extrême légèreté. La taxe d'État n'était, par exemple, il y a peu d'années, que de 6 à 8 millièmes par dollar dans New-York, l'Ohio et l'Illinois [1].

Dans quelques États, l'impôt pèse du même poids sur les diverses parties du capital; dans d'autres, la taxe est graduée sur la nature des objets et non sur la quotité du capital constaté, comme dans le système *progressif* proprement dit.

Les revenus professionnels obtenus sans capital matériel échappant à l'impôt tel qu'il est organisé dans l'Amérique du Nord, pour atténuer le déficit résultant de cette circonstance, plusieurs États ont combiné avec la taxe sur le capital, une *income-tax* qui ne donne toutefois que de faibles produits. Preuve assez manifeste de la faveur qu'accorde l'esprit démocratique américain aux produits annuels du travail.

L'Ohio levait, en 1847, 1,187,381 dollars d'impôt sur le capital, et la Pensylvanie 1,380,781 dollars, tandis que l'État de New-York, le plus peuplé de ces trois États principaux de l'Union américaine, ne voyait de ce chef figurer dans ses ressources que la faible somme de 291,802 dollars. Mais, à la même époque, les *county-taxes* et les *town-taxes*, assises sur la même base, portaient le total de l'impôt général sur le capital, dans l'État de New-York, à 4,843,575 dollars, sur le pied moyen d'environ 2 dollars par tête. L'impôt a doublé depuis par l'accroissement du capital constaté.

Le mode d'assiette suivi dans l'État de New-York, et qu'il est peut-être permis de considérer comme un type, se compose des procédés suivants : déclarations des contribuables

---

[1] V. l'*Histoire des Impôts généraux*, p. 140.

révisées par des propriétaires voisins élus tous les deux ans par le suffrage universel, et soumis eux-mêmes au contrôle des super-réviseurs (*supervisors*) du comté ; dispense pour les commerçants de la production de leurs livres ; assujettissement de la propriété immobilière et mobilière à un impôt général et uniforme, cette dernière propriété se composant des meubles meublants, du numéraire, des marchandises, des cheptels, des créances sur débiteurs solvables, des actions dans les entreprises commerciales et industrielles, des fonds de l'État et même des fonds étrangers, excepté ceux de la Confédération américaine. Sont aussi exempts de l'impôt, les biens des établissements publics, charitables, religieux et littéraires. Les dettes chirographaires sont déduites sur le montant de la fortune mobilière du contribuable, tandis que, par une anomalie difficile à justifier, les dettes hypothécaires ne le sont point. La taxe sur les immeubles est perçue sur le propriétaire, et, à défaut de propriétaire connu, sur l'occupant. L'impôt sur le capital est versé annuellement en un terme unique. Des intérêts moratoires sont la peine du contribuable en retard.

Les frais de perception sont évalués de 3 à 5 pour 100 ; les salaires des assesseurs et réviseurs ajoutent à cette charge environ 2 pour 100.

D'après le *Journal des Économistes* d'octobre 1862, un impôt fédéral sur le revenu aurait été établi dans les États fédéraux du Nord sur le pied de 1/10e à 5 pour cent, avec prédominance du taux de 3 pour cent, et exemption des revenus au-dessous de 600 dollars. Nous ne connaissons pas les détails d'organisation de cet impôt.

En résumé, les Américains, par un système d'impôt direct qui leur est propre, bien qu'il ait quelque affinité collatérale avec celui de leur mère patrie, s'attachent surtout au capital, comme à l'essence même de la matière imposable. Ils mitigent cependant cette tendance à l'aide d'autres taxes sur les revenus professionnels, et quelquefois peut-être aussi en tenant compte du revenu dans l'estimation du capital.

S'ils paraissent avoir évité l'introduction du système *progressif*, ils ont souvent fait de ces taxes *proportionnelles* la ressource presque unique de leurs budgets particuliers.

Adopté depuis près de trois quarts de siècle dans les budgets des États particuliers de l'Union, l'impôt sur le capital et sur le revenu ne paraît pas soulever, dans l'Amérique du Nord, la moindre réclamation. Il est vrai que l'impôt y est fort léger et que ses produits y reçoivent un emploi soumis au contrôle sévère des contribuables. Nous savons, d'un autre côté, qu'aux États-Unis, un homme riche croit devoir à l'opinion de se consacrer à quelque opération d'industrie, de commerce, ou à quelque devoir public. Il s'ensuit que les taxes atteignant la propriété évaluée en capiatl, abstraction faite du revenu, constituent une sorte de prime indirecte offerte à l'activité humaine, qui a reçu dans cette partie du nouveau monde une impulsion brûlante.

Après l'Angleterre et l'Amérique, l'ordre historique nous conduit à étudier maintenant le mécanisme de l'impôt sur les fortunes, en vigueur, depuis quelques années seulement, dans les États de la Confédération germanique, où il tend à se généraliser, quoique différent partout dans ses règles et souvent remanié dans sa législation.

Les Allemands appellent les taxes générales sur le capital du nom de *vermœgensteuern* et les taxes sur le revenu du nom d'*einkommensteueurn*.

D'après un historien, la *vermœgensteuer* personnelle constituait le fonds du système des taxes dans le sud-ouest de l'Allemagne au moyen âge, tandis que l'impôt était plus territorialisé et plus varié dans le nord et l'est de la Confédération. Sous les noms de *schoss, schätzung, losung*, on levait dans les villes impériales de l'Allemagne, du xive au xviiie siècle, des taxes annuelles sur les fortunes. La *losung* de Nuremberg, notamment, est souvent citée par les financiers de l'Allemagne.

En Autriche, on établit à plusieurs reprises, de 1702 à 1806, diverses taxes générales, soit sur la propriété, soit sur le revenu, dont la législation admettait pour base avec la déclaration du contribuable la déduction des dettes par voie de retenue du débiteur sur le créancier, et fixait certains *minima* imposables très-variables. De 1799 à 1830, des taxes personnelles sous le nom de *classensteuern*, graduées d'abord suivant la qualité des contribuables, et se proportionnant ensuite à leur fortune, atteignaient en dernier lieu avec une progression de 2 1/2 à 20 pour 100 tous les individus possédant de 100 à 150,000 florins de rente.

De 1808 jusqu'à 1813, il exista également dans le grand-duché de Bade une taxe sur les profits et les capitaux estimés d'après leur revenu net et qui descendait par échelons progressifs du maximum de 6 pour 100 jusqu'à un taux inférieur à 1/2 pour 100.

Enfin un édit de 1812 succédant à diverses mesures analogues prises en 1807 et 1808, établit aussi en Prusse un impôt temporaire de 3 pour 100 sur tous les capitaux *actifs* et de 5 pour 100 sur tous les revenus obtenus par le travail et dépassant trois cents écus. M. Moreau de Jonnès, dans son ouvrage sur la Prusse [1] rapporte que ces impôts rendirent de 15 à 18 millions d'écus.

Ces applications isolées de l'impôt sur le revenu dont la législation nous est imparfaitement connue, n'étaient que le prélude de l'extension qu'il devait recevoir de nos jours en Allemagne dans une série de mesures sur le développement desquelles les précédents britanniques récents ont probablement exercé

[1] P. 295.

autant d'influence que les vieilles institutions germaniques.

En 1821, le duché de Saxe-Weimar voyait s'implanter dans sa législation l'*Einkommensteuer*, grevant les revenus fonciers évalués d'après la base de l'impôt territorial sans tenir compte des charges, les pensions au-dessus de 50 thalers par an, les dîmes et autres revenus, déduction faite des frais de perception les bénéfices du commerce et de l'industrie, ainsi que les intérêts des capitaux évalués au maximum de 3 pour 100, sous réserve pour le créancier d'établir un revenu moindre.

Les bénéfices du fermier étaient calculés à forfait à un tiers du prix du bail, n'étant toutefois atteints que s'ils dépassaient 50 thalers. Non-seulement l'ensemble des revenus était taxé jusque dans les quotités les plus faibles; mais il y avait présomption légale d'un bénéfice annuel de 30 à 50 thalers pour toute personne majeure et capable de travail (*erwerbsfähig*) par le fait seul de son existence. Les revenus des capitaux mobiliers devaient être déclarés avec le nom du débiteur, ostensiblement manifesté ou renfermé dans une enveloppe scellée, sous peine du double droit, en cas de dissimulation. La relation entre les contingents fixés par les lois de finances et les revenus estimés à l'avance donnait un quotient qui, appliqué aux revenus individuels, déterminait les cotisations de chaque contribuable. L'impôt était ainsi établi par *répartition* d'un contingent appliqué à l'aide d'un calcul de quotité.

Ces bases de la législation de Saxe-Weimar reçurent ultérieurement plusieurs compléments et modifications par des actes divers de 1823, 1824, 1827, 1836, 1840. Elles ont subi une révision nouvelle par deux lois des 18 et 19 mars 1851.

Aux termes de ces lois, l'impôt sur le revenu ne comporte, dans la généralité de son application, d'autres exceptions

que celles qui concernent les propriétés foncières possédées
par les citoyens de l'État hors du grand-duché, les entreprises industrielles et commerciales dans la même situation,
les traitements et pensions touchés sur les caisses étrangères, la liste civile du grand-duc, les apanages de sa famille,
les représentants diplomatiques des puissances étrangères
ainsi que leur suite, certains officiers pour leur solde, les
soldats pour le profit de l'industrie à laquelle ils pourraient se livrer, si ce profit n'atteint pas 30 thalers par an;
les étudiants pour les profits de leurs travaux, les mineurs
de dix-huit ans et les sexagénaires, pour tout revenu industriel inférieur à 15 thalers ; tous les pensionnaires sur caisses publiques ou sur fortunes privées [1] touchant, à ce titre,
une somme inférieure à 50 thalers ; les dépôts des caisses
d'épargne, inférieurs à 100 thalers, les biens des églises, paroisses et écoles, les fondations bienfaisantes et pieuses, les
indigents recevant des aumônes, les compagnies des chemins
de fer pour le produit de leurs lignes, sauf un impôt spécial
auquel elles doivent être sujettes.

On remarque dans la législation de 1851, comme dans
la législation antérieure, que l'*Einkommensteuer* de Weimar
n'a point le caractère d'*impôt sur l'aisance* qu'elle affecte le
plus souvent en d'autres pays européens dans l'ensemble
de son histoire. Sauf l'exemption relative aux profits divers, pensions, dépôts aux caisses d'épargnes, et aux bénéfices de fermages inférieurs à de faibles *minima*, tous les
revenus, quelle que soit leur quotité, sont soumis à la taxe.

Sont sujets à *déclaration* les revenus provenant de pensions sur les caisses publiques et communales, ou consenties
par suite de cessions de biens particuliers [2], les redevances

---

[1] *Auszügler.*
[2] *Auszüge (reservata rustica).*

emphythéotiques et seigneuriales, les rentes viagères et les intérêts de tous les capitaux, ainsi que les dividendes d'actions.

Sont, au contraire, appréciés par *estimation* les revenus commerciaux et industriels de toute nature, les profits de tous les fermages et services privés, et les revenus fonciers qui sont ainsi rapprochés de certains revenus mobiliers dans cette catégorie.

L'impôt afférent à la première catégorie de revenus est assis par quotité, d'après une proportion établie d'avance entre l'impôt et le revenu. Son produit peut, par conséquent, être accru ou diminué, dans une localité donnée, par le déplacement des revenus.

La taxe afférente à la seconde catégorie est assise, au contraire par voie de répartition d'un contingent préalablement assigné à la commune, et qui reste immuable, à moins qu'il ne soit modifié par le gouvernement. Ce principe, très-naturel pour les revenus fonciers, suppose que les revenus industriels ont, par rapport à une circonscription donnée, la même fixité approximative que les produits territoriaux. L'assimilation manque évidemment d'exactitude, et nous devons toutefois remarquer qu'en Prusse, pour le *gewerbsteuer*, comme dans le grand-duché de Weimar, en ce qui concerne cette branche spéciale de l'impôt sur le revenu, la taxe industrielle est regardée comme susceptible de répartition. Le législateur de Weimar a, du reste, prévu et réglé la possibilité de modifier successivement les contingents locaux.

Les déclarations doivent avoir lieu par billets cachetés, portant en suscription le nom et la demeure des déclarants, ainsi que le chiffre total de leur revenu spécifié plus en détail dans l'intérieur du billet.

Aucune déduction n'est autorisée pour créances passives, si ce n'est lorsqu'il s'agit des caisses d'épargne, banques et compagnies par actions, qui ne sont assujetties à l'impôt que sur leurs revenus nets.

Les contribuables doivent déclarer le revenu vrai de leurs capitaux. En cas de dissimulation, le taux d'intérêt présumé est celui de 4 pour 100, sous réserve pour le contribuable d'établir un taux d'intérêt moindre.

Des pénalités pécuniaires qui se sont élevées dans certains cas, jusqu'à une amende du quadruple par chaque année de continuation de la fraude, sont instituées contre les dissimulations de revenus. Une part des amendes est assignée aux percepteurs qui ont signalé la fraude.

Le sceau apposé sur la déclaration est rompu en présence de son auteur, si des soupçons sont élevés sur la vérité du contenu. Le déclarant est au besoin, mis en demeure de confirmer sa déclaration par serment.

En cas de contestation sur la sincérité des déclarations, il peut y avoir lieu tout à la fois à des recherches dirigées par l'administration supérieure et la commission financière locale (*Steuerlocalkommission*), et à des procédures judiciaires, conformément aux lois pénales.

La répartition de la seconde partie de chaque contingent local, s'effectue à l'aide d'une estimation dans laquelle le total du revenu de chaque contribuable doit être ramené à un multiple de 5 thalers, et ne peut, sauf quelques exceptions en faveur des petits agriculteurs et des petits fermiers pour lesquels il existe des cotes de 5 à 10 thalers, descendre au-dessous d'un minimum de 15 thalers.

Ce minimum est supposé appartenir à toute personne valide, de dix-huit à soixante ans, par le seul fait de sa capacité de travail, sans distinction d'état et de sexe, et indépendamment de l'appréciation exacte de ses profits.

Les maîtres sont responsables du payement de la taxe assignée à leurs domestiques, et sont, par conséquent auto-

risés à demander à ceux-ci la justification de son acquittement, ou à opérer la retenue de la contribution sur les
salaires.

Le produit de l'*einkommensteuer* de Saxe-Weimar, est
pour l'Allemagne l'un des plus considérables, si on le com-
pare à la population de l'État dans lequel il est perçu. Suivant
le système de 1821 et des lois subséquentes, ce produit s'é-
levait à 187,853 thalers pour l'année moyenne, calculée
de 1848 à 1850, et il a été évalué depuis la législation récente à 318,570 thalers pour la série des trois années 1854,
1855 et 1856.

Cette prévision, dont la supériorité, relativement au
chiffre précédent, paraît dériver moins des dispositions législatives nouvelles que du taux de la contribution votée par
les états, se décompose ainsi qu'il suit :

1° Impôt sur les revenus afférents à la première partie des contingents locaux
(pensions, rentes, intérêts de capitaux et dividendes), à raison de 12 deniers par
thaler ou 3,33 pour 100. . . . .   53,075 th.

  2° *Id.* sur les revenus afférents à la seconde partie des contingents locaux, suivant le même prorata, d'après la subdivision suivante : sur les revenus fonciers.   132,090

  Sur les revenus de toute autre source   133,305

  3° *Id.* sur les revenus des étrangers adonnés au commerce ou à
l'industrie dans le grand-duché.   100
                           Total. . . . .   318,570 th.

Ces prévisions du budget de la période triennale 1854 à
1856 ont été dépassées en 1854. Le produit de cette année a
été, en effet, de 333,837 thalers, ou de 1 thaler 8 silbergros
par tête, sur une population de 262,524 habitants.

L'impôt sur le revenu existait en germe depuis longtemps
dans la législation prussienne, et y avait été essayé pendant les guerres contre Napoléon Ier. Il y figure depuis
1851, proportionnel comme dans Saxe-Weimar, mais avec
des échelons approximatifs embrassant certaines classes

II.   3

de fortune fixées à l'avance, sans se prêter aux nuances intermédiaires qui pourraient représenter une proportionnalité rigoureuse avec les revenus du contribuable. C'est suivant la qualification même de la loi, un impôt sur le revenu classifié, indépendant d'ailleurs, d'un autre impôt dit *des classes* (*classensteuer*) dont nous nous sommes occupés plus haut et qui rapporte quatre fois davantage.

Depuis 1820, il existait en effet, en Prusse, un impôt par classes, sorte de capitation graduée, levée seulement sur la population des campagnes et des petites villes affranchies des taxes de mouture et de boucherie, suivant un système de compensation remontant au règne de Frédéric II. La situation des contribuables, dans l'une des catégories de la *classensteuer*, était déterminée par quelques indices tirés de l'existence extérieure. Quatre classes distinguant : 1° les journaliers et les domestiques ; 2° les paysans ; 3° les propriétaires et marchands ; 4° les riches, étaient subdivisées chacune en trois degrés, et cette échelle avait pour termes extrêmes le minimum de un demi-thaler, et le maximum de 144 thalers par an. La taxe moyenne des habitants soumis à la *classensteuer* était de 16 silbergros et 5 deniers par tête. Comme les taxes de mouture et d'abattage donnaient dans les villes qui y étaient sujettes un produit moyen de 51 silbergros par tête ou de 8 thalers 1/2 par familles de cinq personnes, il est aisé de voir que les habitants des campagnes et des petites villes étaient taxés en masse d'une manière plus légère que celle qui était adoptée pour les grandes villes ; mais qu'il en était tout différemment pour les contribuables aisés qui pouvaient payer pour la *classensteuer* jusqu'à 144 thalers par an et avaient ainsi un grand intérêt à se jeter dans les villes de premier ordre assujetties aux taxes de consommation. D'un autre côté, la considération de l'aisance qui faisait graduer la *classensteuer* de 1/2 thaler jusqu'à 144 thalers semblait provoquer une

élevation de ce maximum ou des moyens de taxation nouveaux pour les fortunes élevées dont la comparaison avec les
situations médiocres atteintes par les degrés divers de la
classensteuer réclamait une proportion d'impôt très-supé-
rieure à 144 thalers.

C'est pour remédier à ces inégalités de taxe qu'a été rendue
la loi de 1851, qui a eu tout à la fois pour objet la conservation limitée de la *Mahl-und-schlacht-steuer* et l'établissement
de l'*einkommensteuer*, comme complément de la *classensteuer*.
La loi de 1851, introduisant ce complément, a pu abaisser
le maximum de la *classensteuer* à 24 thalers par an, et les
classes atteintes par cet impôt au nombre de trois, dont chacune est subdivisée en douze degrés.

La première classe, ainsi que nous l'avons vu plus haut [1],
renferme tous ceux dont l'existence dépend du travail exercé
dans une condition inférieure, telle que celle de journalier,
ouvrier ou domestique.

La deuxième classe comprend les agriculteurs, artisans et
fermiers, qui subsistent par un travail indépendant, ainsi
que les personnes adonnées à des professions diverses qui
peuvent être classées par assimilation aux contribuables placés dans la situation qui vient d'être indiquée.

La troisième classe comprend tous ceux dont l'existence
manifeste un degré de bien-être supérieur à celui de la
deuxième classe, sans offrir l'apparence d'un revenu de
1,000 thalers qui détermine l'application de l'impôt sur le
revenu.

Ceux qui possèdent un revenu supérieur sont atteints par
l'*einkommensteuer*, suivant les trente classes représentées
dans le tableau suivant qui donne en même temps le nombre des contribuables en 1853, et dont il ressort aussi, comme

---

[1] Livre II, tome Ier, p. 139 et suiv.

conséquence de ce système de taxation par catégories, que les contribuables ayant 239,000 thalers de revenu, par exemple, payent le même impôt que ceux qui en ont 201,000, et ceux qui auraient 500,000 thalers de revenus contribuent comme ceux qui en ont seulement 240,000, etc.

IMPÔT SUR LE REVENU CLASSIFIÉ [1].

CLASSE.	TAXE annuelle.	REVENU des Contribuables.		NOMBRE des Contribuables.	RAPPORT avec le Nombre total.
1	30	1,000 à	1,200	14,428	32,490
2	36	1,200	1,400	7,355	16,562
3	42	1,400	1,600	4,721	10,631
4	48	1,600	2,000	5,499	12,383
5	60	2,000	2,400	3,556	8,008
6	72	2,400	2,800	2,214	4,985
7	84	2,800	3,200	1,469	3,308
8	96	3,200	3,600	1,176	2,648
9	108	3,600	4,000	640	1,441
10	120	4,000	4,800	917	2,065
11	144	4,800	6,000	795	1,790
12	180	6,000	7,200	514	1,157
13	216	7,200	9,600	421	0,948
14	288	9,600	12,000	258	0,581
15	360	12,000	16,000	186	0,419
16	480	16,000	20,000	98	0,227
17	600	20,000	24,000	56	0,124
18	720	24,000	32,000	42	0,094
19	960	32,000	40,000	17	0,038
20	1,200	40,000	52,000	16	0,036
21	1,560	52,000	64,000	11	0,025
22	1,920	64,000	80,000	5	0,011
23	2,400	80,000	100,000	3	0,007
24	3,000	100,000	120,000	3	0,007
25	3,600	120,000	140,000	2	0,004
26	4,200	140,000	160,000	3	0,007
27	4,800	160,000	180,000	»	»
28	5,400	180,000	200,000	»	»
29	6,000	200,000	240,000	1	0,002
30	7,200	240,000 et au-dessus.		1	0,002
				44,407	100,000

Par une disposition qui a peut-être quelque rapport avec

[1] D'après un renseignement ultérieur et non publié, je crois, le nombre des contribuables assujetti à l'impôt sur le revenu en 1857, c'est-à-dire 4 ans plus tard, a été de 55,337, dont 16,842 pour la 1re classe, 9,481 pour la 2e, 6,032 pour la 3e, 6,705 pour la 4e, 4,513 pour la 5e, 2,801 pour la 6e... 1 pour la 25e, 3 pour la 26e, 1 pour la 29e et 3 pour la 30e. En 1858, le nombre des contribuables était porté à 57,466, l'augmentation étant presque tout entière répartie sur les 16 premières classes.

l'assiette *approximative* de l'*einkommensteuer* résultant du système des *classes*, le législateur prussien n'a pas exigé du contribuable la déclaration directe de sa fortune. Il a reculé devant cette obligation, par ce motif prépondérant que les citoyens pourraient, à cet égard, entrer facilement *en conflit avec leur conscience.*

Le classement des contribuables est fait d'office par une commission composée pour un tiers de membres de la représentation du cercle et pour deux tiers de contribuables sujets à l'*einkommensteuer.*

Cette commission d'estimation ayant préparé les classements, il est donné avis aux intéressés qui peuvent réclamer devant une commission supérieure formée pour la circonscription de la régence. Le même droit appartient au président de la commission d'estimation pour modifier, s'il lui est possible, par son intervention, et son appel en sens contraire, l'opinion de la commission supérieure.

Lorsqu'elles sont saisies de réclamations émanant des contribuables, les commissions de régence possèdent des moyens d'instruction d'une étendue considérable. Elles peuvent faire entendre des témoins sous serment devant la justice compétente, poser aux contribuables diverses questions sur les détails de leur fortune, les sommer de produire tous les titres, baux, billets et livres de commerce en leur possession.

Si les renseignements et les productions demandées n'ont pas lieu dans le délai déterminé, le contribuable réclamant est considéré comme hors d'état de justifier sa réclamation. En l'absence de tout autre moyen de connaître la vérité, la commission peut aussi déférer le serment au réclamant et lui demander sous cette garantie la déclaration de ses revenus. Le contribuable peut, dans ces recours, agir soit par lui-même, soit par l'intermédiaire de deux experts qu'il initie à la connaissance intime de sa fortune. Si le réclamant fait une fausse déclaration de son revenu à la suite d'une réclamation, il est passible d'une amende du quadruple.

Les revenus fonciers, le produit des fabriques rurales et celui des usines, forges et carrières, doivent être évalués, soit d'après les baux courants, si les biens sont affermés, soit d'après la moyenne des trois dernières années, s'ils ne le sont point. Les bâtiments non affermés sont appréciés, quant à leur revenu, d'après les valeurs locatives courantes.

Les charges et impôts pesant sur les propriétés ainsi que les intérêts des dettes hypothécaires ou chirographaires à la charge du propriétaire, ne peuvent être déduites par les débiteurs qu'en indiquant le nom des créanciers et la date des titres.

Le revenu des capitaux comprend tous les intérêts de créances contre les particuliers, l'État, les caisses publiques, les États étrangers, les sociétés et entreprises d'intérêt public, les rentes viagères en argent ou en denrées, etc. La taxe est assise d'après le revenu stipulé ou d'après celui de l'année précédente pour les dividendes ou intérêts qui sont de leur nature variables et flottants. La déduction des dettes s'opère sur ces revenus et sur ceux de la classe suivante, sous la même condition que pour les revenus fonciers.

Une dernière classe de revenus comprend ceux qui proviennent du commerce, de l'industrie, des fermages, des fonctions publiques, des professions libérales, enfin tous les revenus réalisés sans la possession d'un capital mobilier ou immobilier. Les revenus fixes qui rentrent dans cette classe sont estimés d'après leur montant intégral; les bénéfices variables du commerce, des fermages, de l'industrie, sont évalués, autant que possible, d'après la moyenne des trois années précédentes. La loi règle certaines déductions à faire sur ces revenus, à raison de la détérioration annuelle des bâtiments

et outils, des frais de production et d'exploitation, des rete-
nues sur les traitements dans l'intérêt des caisses de pensions, etc. L'*einkommensteuer*, bien qu'établie surtout en vue
de compléter l'effet de la *classensteuer* pour les fortunes très-
élevées, a dû peser indistinctement en vue de la généralité
de son application, sur tous les citoyens possédant plus de
1,000 thalers de revenus, lors même qu'ils habiteraient l'une
des quatre-vingt-trois villes sujettes aux taxes de mouture
et d'abattage.

Cependant pour dégrever les habitants de ces villes qui auraient ainsi à supporter à la fois les taxes de consommation
et l'intégralité de l'impôt sur le revenu, le législateur leur a
accordé une remise de 20 thalers par an sur le montant de
l'*einkommensteuer*, qui pourrait être à la charge individuelle
de chacun d'eux. Le tableau suivant fait connaître les produits comparés de la *classensteuer* et de l'*einkommensteuer*
depuis 1851 jusqu'à 1857, en tenant compte d'un supplément de 25 pour 100, ajouté aux deux impôts en 1855 et
1856, par une mesure qui paraît avoir été renouvelée en
1859 par suite de circonstances politiques analogues [1] et n'a-
voir cessé que récemment.

PRODUIT.	CLASSENSTEUER.			EINKOMMENSTEUER.	
	NOMBRE DES CONTRIBUABLES et des Membres des familles atteintes.		PRODUIT.	NOMBRE des Contribua- bles.	PRODUIT.
	Au-dessus de 16 ans.	Au-dessous de 16 ans.			
1851	7,621,313	5,360,776	7,712,366	45,052	1,001,443
1852	7,658,602	5,385,263	7,788,592	43,391	2,031,148
1853	7,754,907	5,435,498	7,941,915 1/2	44,407	2,113,766
1854	7,881,756	5,508,746	8,092,911	47,722	2,298,275
1855	inconnu.	id.	10,128,761	inconnu.	3,054,838
1856	id.	id.	10,440,416	id.	3,282,297
1857	id.	id.	8,650,699	55,337	2,836,658

[1] V. le *Moniteur* du 8 mai 1859.

En combinant les résultats pour le trésor de l'impôt des
classes et de l'impôt sur le revenu, et comparant les *produits
financiers* de ces deux impôts avec la population de chaque
province du royaume prussien, on a pu classer les neuf provinces dans l'ordre suivant, sous le rapport des indications
de richesse fondées sur les résultats des deux impôts réunis :
1° Le Brandebourg ; 2° la Saxe ; 3° la province du Rhin ;
4° la Poméranie ; 5° la Westphalie ; 6° la Prusse occidentale ;
7° la Posnanie ; 8° la Prusse orientale ; 9° la Silésie.

On assurait, il y a quelques mois, qu'entre autres moyens
auxquels voulait recourir M. Von der Heydt pour faire face
aux augmentations du budget militaire en renonçant à la
surtaxe de 25 pour 100 ajoutée à certains impôts, il avait
l'intention d'élever le produit de l'impôt sur le revenu, en
remplaçant l'estimation de la commission par une déclaration
des contribuables. Cette déclaration aurait été faite sous la
foi du serment, les fausses déclarations auraient été sévèrement punies, et la liste des imposables et de leur revenu
aurait été publiée. On espérait faire produire ainsi à cet
impôt 2,500,000 thalers de plus [1].

L'année 1848 a vu instituer, tout à la fois, dans la Bavière,
un impôt sur le capital mobilier, sous le nom de *kapital-
rentensteuer*, dont nous avons parlé plus haut, et un impôt
général sur le revenu, sous le nom habituel en Allemagne
d'*einkommensteuer*.

Établi d'abord pour une année, celui-ci frappait progressivement tous les revenus supérieurs à 250 florins,
s'il s'agissait d'individus non mariés ; à 400 florins quand
les familles n'avaient pas plus de trois enfants, et à 500
florins dans tous les autres cas. La taxe variait de 2/10ᵉˢ pour
100 à 2 pour 100, tarif fort doux et qui ne produisait que

---

[1] *Gazette de la Bourse*, citée dans le *Moniteur* du 26 mars 1862.

486,912 florins, c'est-à-dire moins de 25 centimes par tête.
Le gouvernement bavarois a recherché une combinaison d'impôt plus productive, sans être oppressive. Une nouvelle loi
établie en 1850 n'a produit depuis cette date jusqu'en 1855,
qu'une moyenne de 530,000 florins ; et, d'un autre côté, l'impôt sur le revenu a été, pendant cet intervalle, discrédité dans
l'opinion, soit à cause des difficultés de son application, soit
à raison de l'échelle progressive qui y était appliquée, soit à
cause de la double taxation résultant pour certains revenus
de la réunion de l'*einkommensteuer* avec d'autres taxes directes sur le sol et sur l'industrie.

Les chambres de Bavière ont voté, en 1855, une nouvelle
contribution qui, tout en conservant le nom d'*einkommensteuer*, n'est point une taxe *générale* sur le revenu, mais seulement une taxe partielle sur les revenus non atteints par
d'autres impôts, c'est-à-dire : 1° les salaires ; 2° les revenus
professionnels exceptés de la taxe industrielle ou *gewerbsteuer*; 3° les traitements, pensions, prébendes et rentes viagères. Nous ignorons le produit de cet impôt.

Les quatre villes libres de l'Allemagne ont aussi leur impôt général sur la propriété et le revenu. A Brême, la taxe
progressive sur le capital (*Schossabgabe)* ne se lève que dans
des circonstances extraordinaires, tandis que l'impôt progressif sur le revenu, fait partie des ressources habituelles de
l'État. Une certaine somme est payée à découvert par les contribuables soumis à l'un et à l'autre de ces impôts; le surplus
est versé par eux, sans compte préalable, dans une caisse
fermée à presque tout contrôle. C'est à peu près l'impôt volontaire.

Le *brandsteuer* de Hambourg (taxe de l'incendie), ainsi
nommée à cause d'un désastre local qu'elle est destinée à
couvrir, atteint proportionnellement les fortunes entre 500
et 50,000 marcs, et progressivement celles qui dépassent ce

chiffre. L'impôt est assis sur le revenu, mais le revenu est lui-même estimé d'après le capital.

Lubeck et Francfort-sur-le-Mein ont des taxes sur le revenu, progressives et classifiées.

Nous avons vu que dans plusieurs États allemands, l'impôt qui nous occupe avait été établi sans égard à d'autres taxes préexistantes, de sorte que le dernier impôt faisait, jusqu'à un certain point, double emploi avec d'autres.

En Autriche, au contraire, le législateur n'a rien négligé pour que l'*einkommensteuer* tînt compte du système de contributions en vigueur. Idée sage assurément, mais qui a donné lieu à des complications infinies.

Voici les règles principales de l'impôt sur le revenu tel qu'il existe dans le vaste empire autrichien depuis 1849.

L'impôt est dû par tout habitant des provinces autrichiennes. Pour ce qui concerne les revenus fonciers, l'impôt se résume dans un supplément proportionnel à l'impôt territorial. Ce supplément, originairement différent dans les provinces italiennes et dans celles du reste de l'Empire, est aujourd'hui fixé uniformément au tiers en sus du produit ordinaire de l'impôt foncier et de l'impôt sur les maisons. Le propriétaire de terres et de maisons grevées de dettes hypothécaires, retient 5 pour 100 sur les intérêts ou autres charges annuelles qu'il doit payer.

Les revenus autres que ceux des biens fonds et des créances hypothécaires, sont divisés en trois classes, savoir : 1° les revenus industriels; 2° les revenus, profits, traitements et pensions, les bénéfices de fermages, les produits des mines et forges et de tous autres travaux tels que ceux des écrivains, artistes, médecins, fonctionnaires publics, etc.; ces revenus et ces profits sont calculés d'après la moyenne des trois années précédentes; 3° les intérêts et rentes ne dérivant pas du travail, y compris ceux des créances sur l'État.

L'impôt est de 5 pour 100 sur les revenus mobiliers de la première et troisième classe : il s'élève progressivement de 1 à 10 pour 100 pour les revenus de la deuxième classe. Quelques immunités ont été admises en faveur de certaines catégories d'individus et de certaines provinces de l'Empire. Il n'y a de *minimum* imposable que pour les revenus de la deuxième et troisième classes. Pour ceux-là, le minimum imposable dans les revenus de la classe, pris seuls en considération, est de 600 florins, et pour ceux-ci il est de 300 florins de revenu total, de sorte que dans toute fortune dont l'ensemble ne rapporte pas plus de 300 florins, la partie afférente à la troisième classe de l'*einkommensteuer* jouit d'immunité.

Les revenus mobiliers de la deuxième classe étant déjà atteints par l'*erwerbsteuer*, ou taxe sur l'industrie, et par la *bergfrohne*, ou redevance sur les mines, le législateur autrichien a établi certaines compensations entre ces impôts et l'*einkommensteuer* elle-même [1].

Des déclarations sont demandées aux contribuables. En cas de doute sur l'exactitude de leur déclaration, ceux-ci peuvent être interrogés sur les diverses branches de leurs revenus comme de leurs dépenses, et peuvent être tenus de produire leurs livres de commerce. Enfin, si une dissimulation de revenu est constatée, il y a lieu à triple droit.

Suivant le budget autrichien de 1855, le supplément d'impôt foncier rattaché à l'*einkommensteuer* est porté à 10,821,359 florins, le supplément à l'impôt des maisons à 2,109,232 florins, et le produit de l'*einkommensteuer* sur la fortune mobilière (imputation faite de la taxe industrielle suivant les cas) est de 6,651,700 florins. Total : 19,382,292 florins.

---

[1] V. *Histoire des Impôts généraux*, etc., pages 210 à 212

En 1857, nous apprenons, par une plus récente [1] publication, que le produit de l'*einkommensteuer* autrichienne, portant sur la fortune mobilière, a été de 8,458,830 florins, donnant une moyenne de 13 kreutzers par tête de population.

Si l'*einkommensteuer* autrichienne conserve une sorte de généralité, malgré la spécialité des règles applicables aux divers revenus qu'elle atteint, et malgré les déductions qu'elle subit en considération des taxes particulières sur certaines branches du revenu, les taxes du même nom, établies le 12 août 1848 dans le grand-duché de Hesse-Darmstadt, et le 31 octobre 1854, en Hanovre, frappent seulement les revenus exempts de l'impôt foncier ou des impôts sur les professions. Ce ne sont que des impôts partiels sur certains revenus, comme la taxe du même nom établie en 1855 en Bavière, et que nous avons déjà mentionnée plus haut. Ces taxes sont *complémentaires*, et non vraiment *générales* par elles-mêmes.

Dans le grand-duché du Luxembourg, une loi du 26 novembre 1849 a établi, en remplacement de l'impôt personnel et du droit de patente, une contribution mobilière dont sont affranchis les revenus, gains et bénéfices mobiliers inférieurs à 100 francs, ainsi que les pensions et traitements au-dessous de 200 francs. Cet impôt paraît atteindre tous les revenus mobiliers.

L'impôt sur le revenu est très-léger dans tous les États germaniques qui le pratiquent. Bien que le minimum imposable, lorsqu'il existe, soit en général moins élevé en Allemagne qu'en Angleterre, on remarque facilement une énorme disproportion entre les produits de la taxe dans ces deux pays. Différence que l'on peut sans doute attribuer à l'infériorité de la richesse générale, à une répartition diffé-

[1] Tafeln zur statistik des steuerwesens, etc , Wien, 1858, p. 193.

rente de la fortune entre les citoyens, et peut-être aussi à de moindres exigences.

Dans le but d'atteindre l'ensemble de la fortune des contribuables, les Allemands se sont tour à tour adressés ou simultanément à la propriété, au revenu, à des impôts généraux sur la totalité de la fortune, ou à des impôts spéciaux et complémentaires sur les branches de richesse jusqu'alors épargnées ; tantôt à l'impôt proportionnel, tantôt à l'impôt progressif ; à l'appréciation des revenus nets ou bruts, à l'évaluation aussi exacte que possible des fortunes, ou à cette taxation qui classe seulement les contribuables en prenant pour base l'évaluation approximative de leurs ressources, entre un maximum et un minimum donnés. C'est la plus grande variété de moyens dans l'unité d'un même but tendant à la taxation générale et directe de tous les revenus.

En Suisse, les impôts généraux sur la propriété et le revenu sont d'un produit faible relativement aux autres ressources du budget. Ils sont levés surtout dans les cantons d'origine germanique, mais il existe aussi dans celui de Genève, une taxe progressive, dite *Taxe des gardes*, frappant les capitaux mobiliers, à deux échelons, à savoir les valeurs de 5,000 à 50,000 francs dans la proportion de 1/2 pour 1,000, et les valeurs excédant 50,000 fr. dans celle 1 pour 1,000. On considère comme matière imposable toute valeur même non productive de revenu, à l'exception des immeubles situés dans le canton, des outils, collection d'art et de science et meubles meublants. Dans la Suisse allemande les *einkommensteuern* et *vermœgensteuern* existent depuis longtemps, avec le cortége ordinaire des déclarations obligées, des amendes en cas de fraude, et tous les inconvénients d'une publicité que M. Rossi ne craignait pas d'appeler *tyrannique* relativement à la législation de Zurich en particulier. Certaines de ces taxes comportent à Zurich et à Bâle un tarif progressif.

Ce qui caractérise spécialement en Suisse l'organisation des impôts généraux sur la propriété et le revenu, c'est l'association assez fréquente des deux types opposés que ces impôts présentent. La taxe sur le capital atteint, sous le nom de *vermœgensteuer*, les capitaux de toute nature, et, sous ceux d'*erwerbs und einkommensteuer*, les revenus produits sans capital. Il est facile de reconnaître dans cette forme de taxes helvétiques certaine analogie avec ce que nous avons constaté dans quelques États de l'Amérique du Nord où l'*Income-tax* est un accessoire de la taxc *on real and personal estate* ou impôt général sur la propriété des citoyens.

La Suède, la Russie, le Portugal, la Turquie, ont subi ou subissent encore à des degrés différents, des impôts directs généraux.

Ainsi, depuis 1810, la Suède a recours à une sorte d'impôt général sur le revenu remanié dès 1812. Désigné sous le nom d'*allmœn bevillning*, et affecté au budget de la dette publique, il a pour principal élément outre une taxe personnelle, une contribution sur les salaires, les professions et les propriétés (*afgift af lœn rœrelse och egendom*), comprenant, d'après l'ordonnance du 18 août 1812; 1° une taxe de 2 pour 100 sur les traitements inférieurs à 300 risdales, de 3 pour 100 sur les traitement de 300 à 600 risdales, et de 4 pour 100 sur les traitements plus élevés;

2° Une taxe sur les commerçants, fabricants, artisans ou bourgeois de 5 pour 100 du revenu de l'année précédente;

3° Une taxe de 2 1/2 pour 1,000 de la valeur des propriétés foncières.

L'impôt a été modifié et en général adouci depuis 1812. En vertu d'une loi de 1823, la taxe relative aux salaires a été remaniée dans le sens de ce que les Allemands appellent la *classification*, c'est-à-dire en réglant les cotes suivant des chiffres ronds pour les revenus compris de tel à tel taux.

On a rattaché quelquefois au *bevillning*, dans les époques de grand besoin, des surtaxes progressives, et en 1812, par exemple, la surélévation des cotes de 5,000 risdales et au-dessus jusqu'au taux de 73 1/4 pour 100 en sus de la cote principale [1].

Enfin, on a rattaché aussi à l'*allmœn bevillning* en 1812, 1817 et 1818, des impôts sur les domestiques, les cartes à jouer, les meubles de soie et divers autres objets de luxe.

La somme la plus forte qui ait été produite par l'impôt général de Suède, est celle de 3,297,586 risdales *species*, représentant 4,220,910 risdales de banque au cours postérieur à 1830, c'est-à-dire environ 9 millions de francs, somme qui figure aux comptes de l'année 1815.

En résumé, l'impôt général de Suède n'est pas une taxe sur les diverses branches de la fortune aussi complète que l'*einkommensteuer* allemande ou l'*income-tax* britannique.

C'est une création mixte qui réunit diverses taxes spéciales, telles que seraient en France la contribution foncière, celle des patentes et une taxe sur les traitements, en les supposant, quant aux deux premières, assises sur d'autres bases qu'elles ne le sont en réalité chez nous, et groupées sous un type et une dénomination uniques. On ne voit pas comment les créances sur l'État ou les particuliers seraient atteintes par cet impôt d'après les notions que nous avons pu nous procurer sur ses bases fondamentales.

L'impôt sur le revenu, en Russie, remonte à une antiquité très-reculée [2]. On ignore l'époque de sa première appari-

---

[1] V. l'article consacré à l'impôt général de Suède dans la *Revue contemporaine* du 28 février 1857.

[2] Ces renseignements, sur les anciennes traditions russes relatives à l'impôt sur le revenu, nous ont été communiqués par un jeune érudit moscovite, M. de K...

tion, mais on en voit l'existence au xv° et au xvi° siècles
sous le nom de cinquième, de dixième ou de vingtième
dienga. Il portait le caractère d'un impôt extraordinaire, qui
se prélevait en temps de guerre. Un historien du xvii° siècle,
Katoschichine dit, qu'à propos de la guerre avec la Pologne
et la Suède, on avait prélevé un vingtième sur les revenus
des marchands, des propriétaires de terrains et des paysans;
qu'en 1652, cet impôt fut porté au dixième et puis au cinquième, et que le dernier taux a duré pendant trois années,
« *comme autrefois il était d'usage de prélever cet impôt en temps
de guerres,* » ajoute le chroniqueur. L'oukase de 1662, énu-
mérant toutes les classes de la nation, ordonne le prélèvement d'un impôt du cinquième sur le revenu de leur commerce; mais en beaucoup d'autres occasions, il est ordonné
par la loi que cet impôt doit s'étendre aussi sur les revenus
dûs à l'industrie et à la terre. Avec le temps, il paraît que cet
impôt, changeant de caractère, devint un impôt ordinaire. Dans un oukase de 1698 de Pierre Ier, il en est parlé
dans ce sens; reparaissant dans les années 1721 et 1722,
il disparaît subitement sans que nous en sachions la cause.

Pour ce qui regarde le mode de son assiette, il semble
qu'il devait se prélever d'après les indications des contribuables eux-mêmes, et sur leur serment. On permettait des
plaintes et des dénonciations de fraude. Plus tard, par l'oukase de 1662, nous voyons que le mode de répartition avait
changé, et nous trouvons qu'il y avait des individus élus
parmi les citoyens et chargés en même temps de déterminer la quote de chacun et de la prélever.

Réintroduit dans l'année 1812, cet impôt tombait sur
les propriétaires de terres habitées par les serfs. Chacun devait donner connaissance de son revenu, *quelle qu'en fût la
cause.* Ainsi c'était un impôt sur le revenu total d'une certaine classe de la société. Les dénonciations n'étaient pas

reçues ; on se fiait à la conscience. L'impôt était gradué : les
revenus au-dessous de 500 roubles restaient libres, ceux de
500 payaient 1 pour 100 ; ceux de 500 à 2,000 payaient
1 1/2 pour 100 ; ceux de 2,000 à 4,000 payaient 2 pour 100,
ceux de 4,000 à 6,000 payaient 3 pour 100, et ainsi de suite
jusqu'aux revenus de 18,000 roubles qui payaient 10 pour
100, ce qui était le maximum de la progression. Ensuite le
gouvernement crut devoir recourir à des mesures coerciti-
ves contre ceux qui n'envoyaient pas leur cote ou qui tar-
daient à le faire. En 1820, cet impôt fut aboli et il n'existe
rien de ce genre dans la législation actuelle. Nous voyons
seulement qu'un publiciste russe a fait naguère la proposition d'y recourir de nouveau [1].

L'impôt de 1812 aurait été, dit-on, sans résultat financier
sérieux. Le gouvernement espérait en tirer 12 millions de
roubles ; il n'en obtint que deux au plus. Il est vrai que,
suivant M. de Tourgueneff, qui nous rappelle cette institution [2], la déclaration du revenu était entièrement laissée
à la conscience des contribuables d'un pays où ce côté de la
moralité publique, surtout à l'époque dont nous parlons,
passe pour avoir été peu avancé.

En Portugal, l'origine de l'impôt sur le revenu remonte à
la *dizima*, levée en 1645 et 1646 et modifiée dans son assiette
par un édit du 9 mai 1654 [3]. Le préambule de cet édit
explique que la *dizima* ou *decima* fut votée pour fournir
1,300,000 crusades par an, mais qu'elle devait rapporter
davantage si elle était bien assise ; que la *decima* était
votée pour trois ans si la guerre contre la Castille avait une

---

[1] V. ce que rapporte *le Nord* du 29 avril 1862, sur la proposition de
M. Tchernischewski.

[2] *La Russie et les Russes*, tome II, p. 383.

[3] Le mot *dizima* ne signifie pas toujours en portugais *impôt général du dixième ;*
à quelques époques, le taux de cet impôt a varié, tout en conservant le nom de
dizima ou *dizimo*.

aussi longue durée, et que si la guerre se continuait, elle pouvait être prorogée par le consentement des peuples (po-vos). L'État ecclésiastique devait contribuer pour 150,000 cru-sades, les biens patrimoniaux des ecclésiastiques restant taxés à part [1].

« Toutes personnes et corporations, dit M. Schœfer [2], à l'exception des hôpitaux et maisons de miséricorde, payent annuellement, aux termes de l'ordonnance de 1654, le dixième de leur revenu, soit qu'il provienne des biens fonds, du commerce, des traitements, pensions, rentes ou de toute autre source. Aucune exemption, aucun privilége ne dispensent de cette obligation. »

« Les règles d'après lesquelles le revenu foncier ou *dixième* devait être découvert, attestent jusqu'à un certain point, ajoute l'historien, des vues économiques et politi-ques, en matière d'impôt, plus élevées que celles des temps anciens. »

« Le revenu des cultivateurs qui exploitent les terrains d'autrui est évalué d'après le bénéfice qui leur reste, après déduction de la rente du propriétaire, des frais de la culture, de l'entretien du bétail et de la semence. On a égard aux ré-sultats acquis dans les fonds voisins. Les propriétaires qui exploitent leurs fonds payent le dixième du montant des fer-mages antérieurs, et en outre du profit qu'ils retirent de leur industrie agricole. Les propriétaires qui habitent leurs maisons payent le dixième du loyer qu'ils pourraient en re-tirer. La situation est la même pour les fonctionnaires royaux et communaux, auxquels des logements sont concédés. On déduit sur le revenu des maisons un dixième pour les frais

---

[1] V. la *Collecçao chronologica da Legislaçao Portugueza, compilada e anno-tada por José Justino de Andrada e Silva. Segonda serie*, 1648-1656. Lisboa, 1856, p. 302 et suiv.

[2] *Geschichte von Portugal*, t. V, p. 85.

d'entretien, et l'impôt n'est prélevé que sur le surplus. Dans l'industrie de Lisbonne, les maîtres contribuent pour 1,200 réis au moins ; les ouvriers pour 400 réis [1]. Les maîtres très-pauvres peuvent être taxés à une somme moindre. Si des gens de métiers (*gewerbsleute*) vendent des produits non ouvrés, ils ont à payer là-dessus le dixième outre leur cote industrielle. »

Il y avait certaines exemptions pour les orphelins vivant de salaires, les indigents, les hôpitaux, etc.

L'impôt paraît avoir été assis sur les fortunes brutes ; mais relativement aux dettes l'avance faite par les débiteurs était recouvrée sur les créanciers [2].

L'assiette et la perception de la taxe étaient dirigées par une junte supérieure composée de deux membres appartenant au clergé, deux à la bourgeoisie, deux à la noblesse, et de quelques fonctionnaires fiscaux, et par des juntes locales composées d'un surintendant fiscal, d'un noble et d'un bourgeois. Il y avait des précautions spéciales pour taxer les seigneurs et personnes très-riches qu'on pouvait craindre de voir échapper à l'impôt [3].

Bien que nous ne trouvions pas le dixième mentionné dans les états des revenus du Portugal donnés pour les années 1716 et 1754 par l'historien allemand Schœfer, la mention qu'en fait l'auteur des *Mémoires concernant les impositions et droits* à la fin du dernier siècle concourt à établir à nos yeux, simultanément avec d'autres documents et avec les faits actuels, que la législation de 1654 a projeté son influence fort au delà du temps pour lequel elle avait d'abord été consacrée. Le mystère profond dont le gouvernement portugais avait

---

[1] Les réis valent 6 fr. 12 c. au millier, ce qui porte le *conto* ou million de réis à 6,120 fr.

[2] V. les art. 8 et 19 du titre II, l'art. 12 du titre III.

[3] Art. 19 du titre III.

l'habitude d'entourer ses finances, explique l'incertitude de l'historien sous ce rapport.

Du reste, l'on trouve aujourd'hui dans les recettes portugaises les membres essentiels d'une véritable contribution générale sur le revenu épars, sous des noms divers, dans la nombreuse série des impôts directs du royaume.

La *Contribuição predial*, ou contribution foncière, est portée au budget de 1854-1855, pour un produit de. . . . . 1,220,063,420 r.
La *Decima dos juros,* ou dixième des intérêts pour . . .   131,744,586
La *Decima industrial,* ou dixième de l'industrie, pour. .   193,138,835
L'Imposto de *maneio de fabricas* [1], ou l'impôt sur le revenu des fabriques, pour.   4,162,434

               Total. . . . . 1,549,109,275 r.

Si l'on ajoute à ces impôts la retenue de 25 pour 100 opérée sur les rentes de l'État et sur les traitements (decima dos ordenados), on voit que cet ensemble de contributions forme une sorte de taxe générale sur le revenu, quoique frappant très-inégalement ses diverses branches.

La *decima dos juros* atteint tous les capitaux, même ceux qui sont prêtés à titre gratuit. Elle est, dans ce cas, à la charge de l'emprunteur; mais si le prêt est onéreux, l'impôt passe sur la tête du prêteur qui doit l'acquitter, sauf à en faire la retenue au moment du payement de l'intérêt.

La Turquie retire un tiers de ses ressources d'un impôt qui a été comparé à tort ou à raison à l'*income-tax.* Cette contribution nommée aujourd'hui *vergu*, et autrefois *salian*, varie de 10 à 25 pour 100, suivant les localités. D'après un écrivain [2], elle est prélevée sur la fortune présumée, immobilière, mobilière ou commerciale, et porte indistinctement sur tous les sujets du grand seigneur, musulmans ou rayas. D'après un autre écrivain, l'impôt prendrait dans certaines parties de la

---

[1] Il n'est que de 5 pour 100.
[2] Cor. *Revue des Deux-Mondes* de 1850, septembre.

Turquie la forme d'une capitation graduée. Dans le pachalik d'Adana, par exemple, le *salian* qui atteint seulement les hommes mariés quelle que soit leur religion, serait imposé très-arbitrairement d'après la fortune des habitants divisés en trois classes. Ceux de la première paient 60 piastres, ceux de la seconde 30, et ceux de la troisième 15 [1].

Si nous consultons maintenant les annales reculées de l'histoire financière de notre pays, nous trouvons qu'il a aussi subi, à diverses époques, une sorte d'impôt général sur le revenu. Nous ne parlons pas des levées d'argent extraordinaires faites sous Louis VII, Philippe-Auguste, Philippe le Bel, le roi Jean, et qui avaient souvent, indépendamment de leur assiette à la fois foncière et mobilière, un caractère progressif. Nous avons déjà vu ailleurs que la taille sous ses diverses formes, en vigueur dans tout le royaume, affectait au moins en principe tous les biens mobiliers et immobiliers du contribuable. Les nombreux priviléges que les tailles comportaient avaient conduit le célèbre Vauban à former le plan d'une imposition plus équitable et plus favorable *au menu peuple. La dîme royale* du savant maréchal avait toutefois le grave défaut d'être une perception en nature, un prélèvement sur le produit brut du sol, pleine sous ce rapport d'inconvénients pratiques et même d'injustice distributive. Les malheurs publics firent mettre en pratique quelque chose de la pensée de Vauban. Quand il fallut sauver, par des efforts extraordinaires de tout genre, la France des misères et des hontes d'un démembrement sous Louis XIV, le gouvernement établit d'abord une taxe de capitation, divisée en vingt-deux classes dont nous avons déjà parlé plus haut [2]. Quelques années après, le danger augmentant, le contrôleur

---

[1] *Revue contemporaine*, tome XXV, page 61, art. de M. Poujade.
[2] T. I, p. 147 et s.

général Desmarets fit adopter l'impôt du dixième sur les revenus de toute espèce, fonciers, mobiliers, industriels et professionnels, impôt consacré par une déclaration du roi donnée à Marly, le 14 octobre 1710. Conformément à l'idée de Vauban, la déduction des dettes ne s'opérait pas directement au profit des contribuables, mais seulement par voie de retenue envers le créancier, ainsi que nous l'avons constaté dans la législation de l'*income-tax*. Un des articles de l'édit obligeait les contribuables à faire connaître leurs revenus sous peine du double droit en cas de non déclaration, et du quadruple droit pour fausse déclaration.

Le principe de généralité, tant relativement aux personnes que relativement à la nature des biens, qui était le fondement de l'assiette du dixième, trouva de nombreux obstacles dans l'esprit de privilége dont la société française de l'époque était malheureusement imprégnée. Le roi, à partir de 1711, consentit des abonnements avec le clergé, l'ordre de Malte, les pays d'États ; divers arrêts du conseil constatent que l'exécution de l'édit du dixième avait rencontré les plus grandes difficultés, et que sa rigueur de principe avait subi de nombreuses transactions et exemptions dans l'exécution.

Le produit du dixième n'est pas exactement connu, et divers renseignements font hésiter entre les limites extrêmes d'un produit annuel de 21 ou de 37 millions de livres constaté de 1710 à 1714 [1].

En 1717, le dixième des biens fonds fut supprimé, mais on laissa subsister celui des offices et pensions. En 1725, les frères Paris établirent une dîme en nature ou cinquantième de tous les produits. Le gouvernement renonça dès la seconde année à ce mode d'imposition et se contenta soit du

---

[1] V. à cet égard l'*Histoire des Impôts généraux sur la propriété et le revenu*, p. 275.

cinquantième en argent, soit des abonnements que consentirent les provinces, afin d'être débarrassées du nouvel impôt.

De 1733 à 1737, le dixième fut rétabli sur le type de 1710 et avec des transactions et abonnements plus considérables encore que dans la première période de son existence. Il en fut de même de la troisième levée du dixième qui eut lieu de 1741 à 1748. L'année suivante, le contrôleur général Machault d'Arnouville fit décréter un impôt du vingtième qui devait être levé annuellement, sans autre exception que les rentes précédemment exemptées du dixième. L'édit relatif à cette nouvelle imposition portait « qu'il n'y en avait point » de plus juste et de plus égal, puisqu'elle se répartissait » sur tous et sur chacun des sujets du roi, dans la proportion » de leurs facultés. » L'article 11 de l'édit de 1749 répétant la disposition de l'article 8 des trois déclarations de 1710, 1733 et 1741 sur le revenu des *particuliers commerçants et autres, dont la profession est de faire valoir leur argent*, leur imposait le vingtième des revenus et profits que *leur bien* pouvait *produire*, « sans qu'il puisse être exigé d'eux la déclara- » tion d'autres biens que de ceux énoncés aux articles 4 et 5 » du présent édit. » Cette formule semblait exclure les revenus professionnels obtenus sans capital. Le vague de la législation sous ce rapport paraît avoir donné lieu à beaucoup d'arbitraire dans l'assiette des vingtièmes d'industrie supprimés plus tard hors des villes [1].

Les dixièmes perçus jusqu'alors n'avaient été établis que pour un petit nombre d'années. Le décret de 1749 sur le *vingtième* n'assignant pas de limites à la perception du nouvel impôt, il rencontra dans toutes les classes, clergé, noblesse, parlement, et jusque dans le tiers-état lui-même,

---

[1] V. *l'Hist. des Impôts généraux*, etc., pages 283, 284 et 286 notamment.

mais surtout dans les pays d'États, une opposition extraordinaire. Machault d'Arnouville voulait que tous les propriétaires fissent une déclaration exacte de leurs biens. Cette disposition fut éludée par le clergé, ensuite par les pays d'États,
au moyen d'abonnements auxquels le gouvernement consentit. D'un autre côté on renonça aux avantages progressifs
de l'assiette par quotité. L'édit de 1763 ordonna que le montant des vingtièmes payés par les paroisses et collectes pour
raison des biens compris dans les dénombrements ne pourrait être augmenté, et la transformation de l'impôt en taxe
de répartition s'accomplit par degrés successifs.

Cependant le vingtième ainsi modifié et presque mutilé
fut maintenu, et, plus tard, aggravé d'un second, et même
de 1760 à 1763 et de 1783 à 1785, d'un *troisième vingtième*.
Au moment où la révolution de 1789 éclata, l'impôt des
vingtièmes, souvent modifié, retouché, dénaturé, depuis le
célèbre édit de 1749, rapportait annuellement environ 25
millions de livres par vingtième. Soit qu'on admette pour le
dixième de 1710 le produit de 21 ou celui de 37 millions,
l'accroissement relatif de produit pour l'impôt du *vingtième* a
son importance. Aussi l'assemblée-nationale reconnaissait-
elle, dans l'impôt des vingtièmes, quelques-uns des caractères
de justice qu'elle recherchait dans l'assiette du système des
taxes nouvelles. « Malgré ces vices, disait-elle, dans son
» adresse à la nation, décrétée le 24 juin 1791, l'impôt
» des vingtièmes était encore celui de tous les impôts le
» moins odieux, parce qu'il frappait sur tous les citoyens. »
Cette même assemblée constatait, d'ailleurs, et là était le
côté déplorable, que les privilégiés avaient tout mis en
œuvre pour s'exempter de l'impôt. Elle rappelait la préten-
tion de plusieurs parlements, qu'un vingtième ne devait pas
être un vingtième pour tout le monde; elle leur reprochait
d'avoir effrayé les directeurs et les contrôleurs, d'où il résul-

tait « que les pauvres sans protection acquittaient les
» vingtièmes avec exactitude, mais qu'aucun noble, aucun
» magistrat, même qu'aucun riche que l'on pût soupçonner
» en liaison avec quelques magistrats, ne payait plus de
» moitié ou des deux tiers de ce qu'il aurait dû. »

Il est aussi à remarquer que malgré la généralité de son
principe, la taxe du vingtième était considérée comme ayant
manqué en partie son but relativement à la richesse mobilière. On trouve d'utiles renseignements sur l'opinion publique à cet égard dans les vœux émis par la noblesse, le
clergé, le tiers-état, lors de la rédaction des cahiers de 1789.
Le clergé de Laon, de Metz, etc., demanda avec la noblesse
de Limoges, du Périgord, etc., que les possesseurs de rentes
perpétuelles et viagères fussent soumis à l'impôt sur le
même pied que les propriétaires fonciers. Sur beaucoup de
points, le tiers-état émit des vœux pareils. Plus explicite que
tous, celui de la Rochelle dit « qu'il y avait lieu d'atteindre
» par une imposition les propriétaires de richesses mobi-
» lières, trop longtemps soustraites à l'acquittement des
» charges de l'État, ou qui n'y avaient pas été assujettis
» dans la proportion de leurs facultés. »

Lorsque la révolution vint détruire un système financier
qui avait admis la considération de la *qualité* des personnes
pour déterminer leur obligation relativement aux charges
publiques, il était naturel qu'on se reportât vers l'idée de la
taxation des biens, abstraction faite de la situation des possesseurs, et le système de l'impôt foncier assis d'une manière analogue aux anciennes tailles réelles répondait naturellement à cette tendance. Un pareil impôt avait aussi
l'avantage de se plier aisément à cette forme de répartition,
qui était considérée dans le préambule de l'édit de 1788,
comme conforme aux droits législatifs du pays et aux principes nouveaux sur la légitimité de l'impôt. Enfin la richesse

mobilière était plus restreinte que de nos jours, et l'école physiocratique avait dans ces circonstances beau jeu à soutenir, dans une assemblée où elle était influente, que l'impôt ne pouvait, suivant ses maximes, se lever ailleurs que sur le produit net du sol. Aussi l'un de ses chefs, Dupont de Nemours, nous a-t-il attesté ses efforts pour empêcher l'introduction des patentes dans le système des taxes nouvelles.

Toutes ces circonstances étaient peu propices à l'établissement d'une contribution sur la généralité des revenus.

L'embarras de l'assemblée nationale pour taxer la fortune mobilière paraît cependant avoir été assez grand. Elle voulait avant tout, dit le rapporteur du projet de la loi des patentes « éviter l'insulte que ferait à la liberté toute inquisi-» tion domestique, » et se trouvait par cela même engagée à rechercher l'imposition détournée de la richesse mobilière. Après un essai de contribution patriotique ou d'impôt général et volontaire levé en 1789 sur le revenu et qui n'était pas de nature à se renouveler, l'assemblée nationale se préoccupa d'un bon système d'impôt direct sur la richesse. Elle résolut en principe de pondérer le nouvel impôt foncier et l'impôt mobilier de manière à demander à la propriété territoriale le sixième et à la propriété *mobilière* le dix-huitième seulement de leur revenu. Pour atteindre ce but, on établit par la loi du 18 janvier 1791 dix-huit classes de revenus, déterminées par une induction tirée suivant des proportions diverses du loyer de l'habitation. Ainsi, l'on admit que les loyers de 12,000 fr. répondraient à un revenu douze fois plus considérable; ceux de 4,000 à 5,000 fr. à un revenu octuple; ceux de 2,000 à 2,500 fr. à un revenu sextuple; ceux de 500 à 1,000 fr. à un revenu quadruple; ceux de 100 à 500 fr. à un revenu triple, et au-dessous de 100 fr. à un revenu double. Les pères de trois à six enfants descendaient d'une classe ; ceux qui avaient plus de 6 enfants, les journaliers, artisans et marchands, descendaient de deux classes, et s'ils se trouvaient dans la dernière classe étaient réduits de moitié.

Les célibataires étaient au contraire élevés d'un degré. Une taxe de 5 pour 100 frappait le revenu présumé d'après cette base. Cette taxe était progressive par rapport au chiffre du loyer, mais elle était, au moins dans l'intention du législateur, proportionnelle par rapport au chiffre du revenu. Toutefois comme le loyer indique aussi bien l'aisance provenant de la richesse foncière que celle qui résulte du revenu mobilier, ceux qui payaient une contribution foncière étaient et devaient, suivant la logique de cette législation, être autorisés à en déduire le montant de leur taxe mobilière établie sur le logement. Si cette dernière contribution ne suffisait pas pour fournir le contingent demandé à l'impôt mobilier, on y suppléait par la *cote d'habitation*, nouveau prélèvement d'un trois-centième du revenu présumé d'après les loyers d'habitation, et portant également sur les propriétaires fonciers et sur les autres contribuables.

En fixant la contribution foncière au sixième du revenu, l'assemblée constituante ne voulait point taxer la propriété mobilière dans une proportion supérieure au dix-huitième et même provisoirement au vingtième. La raison de cette différence était dans le calcul d'une prime d'assurance et d'une récompense du labeur nécessaire pour faire valoir les capitaux mobiliers, élément qu'elle estimait fort largement aux deux tiers du produit brut de ces mêmes capitaux.

La législation de 1791 subit assez rapidement dans son assiette les variations les plus marquées, pour aboutir enfin au régime actuel de la contribution mobilière ou taxe proportionnelle au montant des loyers dont nous nous occuperons en détail en traitant des taxes sur les jouissances. Le caractère proportionnel du nouvel impôt qui, au moins suivant la théorie de l'assemblée constituante, le constituerait par le fait progressif en sens inverse par rapport aux reve-nus, et l'absence de déduction pour les cotes foncières, commandent en effet, de le considérer surtout comme portant sur la jouissance des appartements.

La seule raison qui pourrait encore, en effet, continuer à justifier dans une faible mesure le nom de contribution *mo-bilière* donné à notre impôt sur les loyers, est la différence de participation des revenus fonciers et des revenus mobiliers dans les dépenses des logements. Mais si l'on considère que, malgré cette différence légère, la valeur locative des habitations correspond tout à la fois au revenu foncier et au revenu mobilier, on pourrait plutôt voir dans notre contribution mobilière un impôt général sur le revenu qu'un impôt spécial sur la fortune mobilière, et en effet, les Allemands ont quelquefois comparé la *Miethsteuer* ou taxe sur les loyers avec l'*Einkommensteuer* ou taxe générale sur les revenus [1].

Le caractère éminemment ambigu et inexact relativement à son nom de l'impôt *mobilier* permettait, en présence des développements continus imprimés à la richesse mobilière par l'extension du crédit public et des grandes entreprises commerciales et industrielles, de soulever en France la question de l'impôt sur le revenu.

L'imprévu d'une révolution, la défaveur dont les taxes sur les consommations avaient été frappées à la suite de cette grande commotion, firent éclore cette question d'une manière hâtive et prématurée, à une époque où ni les études des hommes d'État, ni les discussions de la science et de la presse n'avaient préparé les esprits en France à sa discus-

---

[1] V. à cet égard la note 1 de la page 304, dans notre histoire des *Impôts géné-raux sur la propriété et le revenu.*

sion et où la proposition qui la soulevait devait aussi naturellement recevoir de la situation du gouvernement dont elle émanait, la couleur subsistant encore pour plusieurs d'une innovation absolument révolutionnaire, si ce n'est même socialiste, couleur que ses adversaires les plus éclairés nous paraîtraient cependant avoir quelque tort, au point de vue d'une impartialité élevée, de persister à lui maintenir.

Le projet soumis par M. Goudchaux, ministre des finances, à l'assemblée constituante de 1848, ne concernait que le *revenu mobilier*, et différait sous ce rapport des divers systèmes d'impôts généraux sur le revenu que l'histoire nous a fait le plus connaître.

La base de cette combinaison financière ainsi scindée était, sous le rapport logique, sujette à de graves objections, en se sens que la déduction des dettes de toute nature, même de celles qui étaient relatives à des acquisitions foncières, et l'établissement de minimums imposables se combinaient assez mal avec un impôt assis sur une seule branche de la fortune des citoyens.

D'un autre côté, on dût se demander si une contribution générale combinée avec l'établissement de minimums imposables ne serait pas plus convenable dans ses effets économiques que le système proposé, le poids de l'impôt foncier étant, ainsi que nous l'avons vu, considéré par quelques financiers comme confondu dans la valeur du sol.

La commission de l'assemblée constituante, chargée d'apprécier le projet présenté par M. Goudchaux, sentit en partie la gravité de ces raisons ainsi que les motifs de doute sur le mérite général de l'impôt proposé ; mais les circonstances de l'année 1848 dominèrent dans ses discussions toute autre considération. En présence de la charge considérable résultant pour les contribuables de l'impôt foncier accru des 45 centimes additionnels incomplétement soldés, la commission

préféra d'un côté une taxe difficile à l'oubli des nécessités
du trésor, et d'un autre côté la voie de l'humanité et de la
prudence lui sembla meilleure que celle d'une logique fort
rigoureuse ; sous l'influence de ses idées, le cadre proposé
par le ministre fut même plutôt rétréci qu'étendu par elle, en
ce sens que les bénéfices des fermiers lui parurent devoir
participer à l'immunité accordée déjà par le projet minis-
tériel au revenu foncier.

En rejetant, d'un autre côté, l'assiette par répartition, et
adoptant le principe de la quotité, la commission rentra
dans les principes les plus vrais et les plus naturels de tout
impôt sur le revenu.

La situation financière ayant paru un instant plus rassu-
rante, et les difficultés relatives à l'établissement du nouvel
impôt ayant été senties par le gouvernement, le projet fut,
avant toute discussion, retiré par M. Passy, ministre des
finances, qui annonça l'intention d'en soumettre le principe
à une étude nouvelle.

En effet, sous l'influence des divers votes financiers de
l'assemblée constituante, et en présence d'une situation toujours grave pour le Trésor, M. Passy présenta, le 9 août 1849,
un projet nouveau d'impôt sur le revenu.

Voici quelles furent les principales dispositions du projet
de loi :

« Art. 1ᵉʳ. A partir du 1ᵉʳ janvier 1850, il sera établi une
taxe personnelle, proportionnée à la fortune et aux facultés
des contribuables.

» Cette taxe sera due par tous les habitants qui, d'après
la législation actuelle, sont passibles de la contribution de
trois journées de travail. Elle sera exigible dans la commune
du domicile réel.

» Art. 2. La taxe personnelle sera augmentée d'un
dixième pour chaque domestique attaché au service de la

personne ou au soin du ménage, sans que, dans aucun cas, ce supplément puisse excéder vingt francs par domestique.

» Art. 3. Tout habitant passible de la taxe devra déclarer au secrétariat de la mairie, par lui-même ou par un fondé de pouvoir, le chiffre de ses revenus de toute origine, et, quand il y aura lieu, le nombre de ses domestiques.

» Art. 4. Dans chaque commune un comité composé du contrôleur des contributions directes, du maire et d'un citoyen désigné par le préfet, rectifiera les déclarations qui seraient reconnues inexactes, suppléera à celles qui n'auraient pas été faites et dressera la matrice du rôle.

Les articles 5, 6, 8, 9 et 10 réglaient les moyens de réclamation par les intéressés, et un droit d'allégement par les répartiteurs communaux.

L'article 7 fixait le taux de la taxe à 1 pour 100.

L'article 11 établissait cinq centimes par franc pour décharges, réductions, etc.

Le dernier article était conçu dans ces termes :

« Art. 12. Pour 1850, la taxe établie en exécution de la présente loi sera réduite, pour chaque contribuable, de la cote des trois journées de travail comprises dans le rôle général. »

Dans l'exposé des motifs, M. Passy repoussait l'idée de l'impôt sur le revenu ou sur le capital exclusivement mobilier. Il pensait qu'un impôt aussi exclusif changerait, au détriment général, *les relations déjà établies entre les existences privées.* « On croit ne toucher qu'aux choses, disait-
» il, ne faire que réparer une omission de la loi ; on atteint
» rudement et exclusivement les personnes dont la fortune se
» compose en tout ou en partie des biens auxquels sont
» demandées les rétributions nouvelles. Avec la portion des
» revenus qu'on leur ôte disparaît pour elle la partie du

» capital qui la produisait, et il en ressort un manque de
» justice distributive qui se traduit en commotions écono-
» miques et en souffrances réelles. »

Le ministre évaluait le produit de l'impôt proposé à
60 millions, tout en pensant que le revenu brut de la France,
ce revenu qui, dans sa répartition successive et générale,
se résout en revenus définitifs et nets pour chacun des
citoyens, montait à beaucoup plus de 6 milliards.

Ce projet avait pour but l'établissement d'un véritable
impôt général sur le revenu, sans déduction des dettes et
avec l'addition implicite d'un impôt sur les domestiques.

Il fut écarté du plan financier adopté par M. A. Fould,
successeur de M. Hippolyte Passy au ministère des finances,
à la fin de l'année 1849. Le gouvernement se contenta d'apporter aux lois d'impôts quelques modifications de détail
parmi lesquelles nous croyons pouvoir signaler comme
spécialement conçues dans un sens juste et, à nos yeux,
progressif, l'augmentation des droits d'enregistrement sur
les biens meubles et l'établissement du droit de mutation
par succession ou donation sur les inscriptions du grand-
livre, et sur les fonds publics et actions des compagnies et
sociétés d'industrie et de finances étrangères. Aucun projet
d'impôt sur le revenu ne paraît avoir, au moins ostensiblement, occupé depuis l'attention du gouvernement français.
Toutefois on peut consulter avec quelque intérêt les discussions du budget des exercices 1862 et 1863, à propos desquels la question a été touchée. Dans cette dernière discussion, M. Granier de Cassagnac a semblé mitiger l'aversion
que l'impôt lui avait d'abord inspirée en rappelant que
MM. Thiers et Berryer en auraient, en 1848, semblé accepter
le principe. M. Émile Ollivier a déclaré qu'il ne pouvait
admettre l'*income-tax* que sous forme de déclaration non
contrôlée. M. Magne, au nom du gouvernement, a combattu

fortement le principe de l'impôt et tandis qu'un député (M. de Beauverger) proscrivait l'impôt progressif, l'impôt sur le revenu et l'impôt somptuaire comme étant *de la même famille*, M. Vuitry a fait appel aux répugnances *de la chambre et du pays* contre l'impôt sur le revenu, pour appuyer l'impôt sur les voitures qu'il considérait comme *fermant la porte* aux innovations fiscales [1].

A nos yeux, l'établissement d'un impôt de ce genre en France, présente plus de difficultés que dans la Grande-Bretagne, l'Autriche et la Prusse, où nous l'avons vu successivement s'implanter.

Quoique la contribution mobilière française ne soit pas un véritable impôt sur le revenu, ainsi que nous avons essayé de le démontrer, cependant on peut constater qu'elle remplit, au moins pour les fortunes moyennes, comme la plupart des taxes sur les jouissances dont nous parlerons plus tard, quelques-uns des effets que produirait un impôt sur le revenu. Elle peut, dans un système d'analogies établies entre l'organisation des recettes publiques chez les diverses nations de l'Europe, représenter, *jusqu'à un certain point*, la fonction que remplit, en Prusse et en Autriche, l'impôt sur le revenu.

Mais cette objection, tirée de l'organisation générale du système des impôts français, a une importance beaucoup moindre que celle qui s'appuie sur le libéralisme des mœurs, sentiment qui, bien ou mal entendu, paraît, aux yeux de plusieurs, incompatible avec la loi des déclarations et avec l'autorité des contrôles qu'il est nécessaire d'y rattacher. Ajoutons qu'aux yeux de plusieurs autres, l'*income-tax* présente à la démocratie des armes dangereuses, et qu'il faut en proscrire l'usage par crainte de ses abus [2].

[1] V. *Moniteur,* séances des 16 et 23 juin 1862.
[2] Guizot, *Revue des Deux-Mondes* du 1er juillet 1856.

On ne saurait aborder, au reste même avec doute, la question d'avenir de ces impôts dans certains pays, sans avoir essayé d'abord et préférablement de résumer les faits généraux qui semblent gouverner les circonstances de leur établissement et les conditions de leur organisation. On remarque, en effet, quelques circonstances qui accompagnent habituellement l'établissement de ces taxes, et en même temps certains traits permanents dans la législation qui s'y rapporte.

Ces deux ordres de faits nous paraissent constituer ce qu'on nous permettra d'appeler, le premier, les *lois d'existence*, le second, les *lois d'organisation* des impôts généraux sur la propriété et le revenu, lois dont l'empire n'est pas, du reste, absolu ni sans exception, et ne peut surtout absolument lier l'avenir, mais qui rendent seulement compte du plus grand nombre des faits retracés par l'histoire.

Tandis que les pays habités par la race germanique pure, ou par ses principales branches, l'Allemagne, la Scandinavie, la Grande-Bretagne et l'Amérique du Nord, supportent presque universellement des taxes de cette nature, l'histoire financière des peuples néo-latins ne nous a fait connaître qu'un petit nombre d'applications isolées, temporaires ou fautives des mêmes contributions. En Suisse même, pays de race mixte, le domaine des impôts généraux sur la propriété et le revenu semble, sauf l'exception de Genève, se restreindre aux frontières qui circonscrivent la race et la langue allemandes.

Cette différence d'aptitude morale, relativement aux impôts dont il s'agit, qui résulte entre les races germaniques et les races latines de l'histoire et de la statistique contemporaine, paraît avoir frappé depuis longtemps l'observation de quelques publicistes italiens. Machiavel, Botero, Broggia ont mentionné comme exceptionnelles les coutumes allemandes sous ce rapport.

Nous devons penser que la différence de ces résultats provient plutôt de la diversité des caractères et des mœurs politiques, que des formes de l'intelligence dont nous ne voulons pas cependant nier absolument l'influence.

Ce qui signale les procédés d'application des impôts généraux sur la propriété et le revenu, c'est la nécessité d'une certaine mesure de loyauté [1] de patience et même de spontanéité chez les contribuables [2].

Déclarations, examen des déclarations, interrogations au besoin sur les affaires privées, procès permanent entre le fisc et les particuliers, pour parler le langage parlementaire français du xviiie siècle, l'impôt sur le revenu semble, jusqu'à présent, au moins, n'avoir existé qu'à ce prix.

N'est-il pas facile de comprendre, qu'à l'exemple des individus, certaines nations peuvent présenter, relativement à

[1] Outre les faits constatés à Genève, à Brème et en Hollande, et dont l'intérêt a frappé même des auteurs assez anciens, tels que Machiavel, il faut mettre au compte de la moralité des peuples germaniques ces restitutions assez nombreuses au Trésor britannique qui forment ce que les Anglais appellent *conscience money*. (V. le *Times* du 9 janvier 1856.)

En France le produit des réparations de ce genre, heureusement croissant, a été cependant jusqu'ici très-peu considérable. Le ministère des finances a recueilli sous ce rapport :

En 1849.	600 fr.			
En 1850.	4,000			
En 1851.	200			
En 1852.	1,000			
En 1853.	4,711			
En 1854.	9,982			
En 1855.	11,049 55	dont	874 39	par le Clergé.
En 1856.	100,132 46	»	2,041 20	id.
En 1857.	58,337 65	»	18,233 40	id.
En 1858.	28,486 87	»	1,402 »	id.
En 1859.	38,976 92	»	4,450 70	id.
En 1860.	40,164 29	»	19 07	id.
En 1861.	44,424 37	»	8,636 22	par des Anonymes.

(Renseignements dus à l'obligeance de M. Thomas, caissier central du Trésor.)

[2] *Selbst-Schätzung*, dit M. Rau, § 402, note A, *self taxation*, dirait un Anglais par analogie de *self government*.

d'autres, les caractères d'une plus grande sincérité, d'une plus grande disposition à s'imposer spontanément, et d'une plus grande patience, en vue d'une juste fin? Est-il contraire à l'observation morale d'admettre que certaines populations possèdent, avec un tempérament plus froid ordinairement, une plus forte dose de cette équité naturelle, si nécessaire dans la pratique de l'*income-tax* tout à la fois chez les contribuables appelés à déclarer leur fortune, et chez les jurés ou commissaires chargés de contrôler et de rectifier ces déclarations?

La nature des mœurs politiques peut bien apporter ici son contingent à la différence des caractères nationaux.

Je ne saurais affirmer qu'il y ait chez les races germaniques plus d'autorité ou plus de liberté que chez les peuples néo-latins. Ce qui paraît certain, c'est que l'autorité et la liberté y sont distribuées et conçues d'une manière différente.

Les peuples germaniques semblent accepter plus facilement que les races néo-latines l'autorité placée près de l'individu, au foyer de la famille, dans la ville ou dans la localité. Chez les peuples néo-latins, l'autorité est plutôt comprise comme une autorité d'État et sous la forme officielle. Ici elle est plus patriarcale et demande plus à la confiance; là, elle est plus militaire et demande plus à la soumission. Ici elle repose plus sur la raison et le sentiment de la dépendance de l'individu à l'égard de la société qui l'entoure; ailleurs, le prestige et la force sont plus nécessaires pour assujettir à son empire des mœurs plus individualistes et plus défiantes [1].

---

[1] Les personnes d'expérience qui ont comparé sous ce rapport divers pays de l'Europe ont observé que, chez certains peuples, l'antagonisme entre l'administration et les administrés est beaucoup plus prononcé que chez certains autres. Là où cet antagonisme est pour ainsi dire passé dans les mœurs, il se manifestera au plus

Ne résulte-t-il pas de ce contraste, que révéler sa fortune
à ses concitoyens, subir quelques contrôles, redoutés comme
arbitraires, de la part des magistrats ou citoyens de sa localité, est plus tolérable aux mœurs de la race germanique qu'à
celles de la race néo-latine ?

Que sera-ce si des événements politiques ont multiplié
entre les citoyens des causes de division qui les empêchent d'avoir confiance les uns les autres dans leur justice
réciproque [1] ?

A côté du fait de race, il en est un plus facile à prévoir
et à expliquer parmi ceux qui paraissent déterminer l'établissement des taxes de la nature de celles qui nous occupent.

Je veux parler du fait économique résultant du développement de la richesse mobilière.

Il n'est pas difficile de démontrer combien les proportions
relatives de la fortune immobilière et de la fortune mobilière varient suivant les siècles et les pays. La richesse mobilière, longtemps restreinte, cachée, d'un produit difficile
et incertain dans une nation, y devient souvent, sous l'influence de la civilisation, tout à la fois plus considérable,
plus évidente et plus productive. Qui pourrait appliquer à la
richesse mobilière de la France au xixe siècle les observations des jurisconsultes romains et de Despeisses, qui, d'après eux proclamait, au xviiie siècle, la jouissance des capi-

---

haut degré dans la discussion de questions pareilles à celles que comporte l'établissement d'un impôt sur le revenu et pourra soulever sous ce rapport les difficultés pratiques les plus graves. M. Passy a ingénieusement exposé la relation qui
existe en France sous ce point de vue entre le passé des populations et leurs répugnances présentes. *Journal des Économistes*, d'avril 1857, p. 90. V. aussi p. 83
et 94.

Il y a lieu de remarquer que nos anciens impôts du dixième et du vingtième
n'ont presque jamais été assis *en fait* sur la déclaration des contribuables, qui en
était cependant la base théorique et légale.

[1] Un prince d'Allemagne disait un jour en ma présence, peut-être dans ce sens :
« Les Français ont subi trop de révolutions pour avoir l'impôt sur le revenu. »

taux mobiliers, comparée à celle des immeubles, si chanceuse, si pénible et si périssable?

N'est-il pas évident que dans notre temps la richesse mobilière s'accroît dans sa quotité et se manifeste davantage dans sa forme extérieure par l'association, en quelque sorte publique, des grands capitaux, et, d'un autre côté, qu'elle acquiert une régularité de produit capable d'exciter l'envie des propriétaires fonciers, et qui rend certaines de ses branches susceptibles d'une évalution plus exacte que celle des revenus territoriaux? Sous l'influence d'une situation économique pareille, l'instinct favorable à l'admission de la taxe sur les valeurs mobilières, qui paraît respirer chez les peuples de race germanique, se développe d'une manière précoce, comme l'historien peut le remarquer, en Hollande et dans les villes hanséatiques; tandis que la répugnance inverse des races néo-latines cède à la puissance du fait économique, comme nous le constatons dans les annales de Gênes et de Florence.

Il n'est pas difficile d'ajouter à ces deux circonstances telles particularités de l'organisation financière d'un pays donné, comme le peu de développement du système des contributions directes déjà existantes, et ensuite l'état de l'opinion publique à l'égard des taxes de consommation et des autres revenus indirects.

Quelle que soit l'opinion que l'on adopte sur le mérite respectif des impôts directs et indirects, quelque modification d'esprit public que l'on puisse par conséquent attendre du temps dans le sens d'une préférence à donner à l'une ou à l'autre de ces deux branches d'impôts, toujours est-il qu'une expérience à peu près constante témoigne la disposition instinctive des peuples à satisfaire aux besoins de leur gouvernement par un emploi combiné de ces deux genres de ressources.

De là, lorsqu'une de ces deux grandes branches du revenu public est peu développée, la tendance naturelle à la compléter plutôt que de recourir à tout autre genre de revenus.

C'est donc jusqu'à certain point, en raison du développement de l'impôt indirect dans un pays qu'on peut quelquefois apprécier les chances de l'établissement de l'impôt sur le revenu. L'histoire financière de la Grande-Bretagne offre, sous ce rapport, un exemple remarquable. Lorsqu'en 1842 sir Robert Peel fit établir l'*income-tax*, l'impôt direct supportait dans le Royaume-Uni, la plus grande partie des charges locales ; mais les contributions indirectes subvenaient presque seules aux dépenses de l'État ; tandis que le budget s'élevait à 52,313,433 livres sterling ; le total de l'impôt assis sur la terre et de la taxe des fenêtres, n'atteignait que la somme de 2,878,484 liv. sterl. [1] C'était tout au plus, on le voit, un vingtième des charges imposées au profit de l'État, tandis qu'en France, les impôts correspondants, auxquels on peut joindre la contribution personnelle et mobilière et les patentes, représentant dans le budget des recettes de l'État de 1,700 millions, près de 450 millions, c'est-à-dire plus de 25 pour 100 [2]. Il était naturel qu'un impôt direct sur les revenus vînt détruire ou du moins atténuer en Angleterre l'immunité partielle dont jouissaient, relativement aux dépenses de l'État, les propriétaires des biens-fonds, ainsi que les détenteurs de capitaux, et compenser, pour les classes élevées, la charge des taxes de consommation sur les classes indigentes.

[1] L'impôt sur les maisons, qui avait produit, en 1834, 1,262,754 liv. st., avait été aboli l'année suivante (Mac Culloch, ch. 1er).

[2] V. le projet de budget pour 1858. En ne tenant compte que des recettes applicables aux charges de l'État, le budget des voies et moyens s'abaisse à environ 1,200 millions, mais les impôts indirects se réduisent aussi à environ 350 millions. La proportion reste à peu près la même.

La généralité du nouvel impôt, le principe de la déduction des dettes qu'il comporte naturellement, la facilité d'en exempter les petites fortunes devaient, d'un autre côté, rendre l'établissement de l'*income-tax* moins impopulaire que n'eût été l'introduction de divers impôts directs spéciaux.

Quelque commodité que présente le système des contributions indirectes, en ce qu'il élude par sa forme en quelque sorte *anesthésique* une partie des répulsions que soulèvent en général les taxes; on ne saurait nier que les discussions dont il est l'objet, et qui ont pu quelquefois diminuer l'espèce d'illusion résultant de la confusion du montant de l'impôt avec le prix des choses consommées, n'aient eu pour résultat de frapper certaines de ses branches d'une sorte d'impopularité au moins temporaire, prise en considération par les gouvernements.

De là, l'idée de voir dans l'*income-tax* une sorte d'impôt de compensation, suivant la théorie de M. Mill et de divers Allemands [1].

Ne perdons pas tout à fait de vue, à propos de l'établissement des impôts généraux sur la propriété et le revenu, l'influence des principes politiques relativement à la répartition des taxes. Peut-être l'esprit démocratique, par les idées du droit commun qu'il comporte et favorise, joue-t-il un certain rôle dans la préparation des institutions de cette nature. Peut-être son déclin a-t-il contribué faiblement à la disposition du *catasto* de Florence et du *deux-centième denier* levé en Hollande aux XVIIe et XVIIIe siècles.

Cependant on doit reconnaître, l'histoire à la main, qu'il est peu de circonstances dans lesquelles l'intervention d'une pareille cause puisse être indiquée, sans que le fait de race

---

[1] V. sur la théorie de M. Mill, le petit ouvrage d'Émile Broglio; *Dell' imposta sulle rendita. Lettere al conte di Cavour.* Torino, 1856, vol. 1, p. 71 à 73.

et le fait économique, ce dernier lié souvent, on le sait, au fait politique, n'en rendent suffisamment compte.

Quant aux circonstances qui semblent avoir fait préférer, chez certains peuples, l'impôt sur la propriété à l'impôt sur le revenu, elles sont pour nous entourées de quelque mystère, et peut-être ont-elles été quelquefois purement accidentelles. Il semble, toutefois, d'après l'exemple de la Suisse et de l'Amérique du Nord, que l'assiette de l'impôt sur le capital convient davantage aux pays dans lesquels l'esprit très-démocratique se plaît à taxer des valeurs inertes et improductives, dont la possession emporte une certaine présomption de luxe, et que l'impôt sur le revenu aurait entièrement épargné.

Après avoir recherché, dans la limite de nos observations, les faits qui accompagnent ordinairement l'institution des impôts généraux sur la propriété et le revenu, essayons de préciser les caractères organiques sous lesquels ces taxes se présentent habituellement dans l'histoire.

Il faut le constater d'abord, ces impôts, comme les autres, font en général partie d'un système de ressources varié et complexe ; ils n'existent guère à l'état isolé.

L'idée mise en avant par quelques théoriciens modernes, de convertir toutes les taxes en une contribution unique sur le revenu, n'est pas seulement repoussée par la science [1] et par l'observation exacte de la nature des impôts, elle est encore dénuée de toute espèce de précédents historiques considérables [2].

---

[1] Rau, Finanzwissenchaft, § 399.

[2] M. Thiers a ingénieusement comparé les impôts à une charge physique qui, pour être supportable a été répartie sur plusieurs points de la surface du corps qui la soutient. (*De la propriété*, p. 380.)

L'impôt unique serait plus dur qu'un système quelconque d'impôts variés. De plus, il ne produirait pas le résultat qu'on essayerait de lui demander. Mac Culloch a établi, par exemple, en réfutant la théorie de l'impôt unique, que le revenu

Un des traits les plus caractéristiques et les plus saillants de l'impôt sur le revenu, une circonstance qui fait en quelque sorte partie de leur définition, est leur application générale à toute espèce de biens mobiliers et fonciers, produits de capitaux ou bénéfices d'industrie. Il en résulte une différence essentielle entre l'introduction de ces impôts dans un pays et une addition proportionnelle quelconque à un système incomplet de taxes directes préexistantes.

Cette universalité caractéristique des impôts généraux sur la propriété et le revenu, universalité qui est la condition tout à la fois de leur justice et de leur fécondité, fait habituellement soumettre à leur empire une nature de biens pour laquelle on a souvent réclamé une complète immunité au nom des intérêts bien entendus des États ou du caractère sacré des contrats. Nous voulons parler, non-seulement des traitements et salaires publics, mais encore des engagements de la dette nationale.

Des gouvernements loyaux et expérimentés en matière de crédit public, tels que ceux de la Hollande et de l'Angleterre, n'ont pas craint de soumettre, depuis longtemps, à l'impôt général sur la propriété ou le revenu, les rentes servies à leurs créanciers, même lorsquelles avaient été originairement déclarées franches de taxes.

Ce qui distingue plus nettement encore l'impôt sur la propriété ou sur le revenu de toute espèce de centimes addi-

territorial de la Grande-Bretagne, évalué par lui à 59,500,000 liv. st. ne couvrirait pas la dépense ordinaire du pays, laquelle, en comprenant les dîmes, les taxes des pauvres et autres charges semblables, excède, dit-il, 73,000,000 liv. sterl. (Taxation, p. 51.)

Ce que nous avons dit dans le chapitre précédent de la conversion hypothétique de la taille et de la capitation en vingtièmes, étant appliqué aux autres contributions de l'ancien régime, toutes pareillement converties en vingtièmes, il en résulterait qu'il eût fallu 19 vingtièmes pour remplacer tous les impôts perçus par l'ancien gouvernement français. V. Necker : *De l'administration des finances*, VI, et l'*Histoire des Impôts généraux sur la Propriété et le Revenu*, p. 293.

tionnels à des taxes spéciales préexistantes portant sur des revenus particuliers, c'est le principe de la déduction des dettes qu'il comporte souvent avec lui sous des formes très-diverses, et qui a été étendu quelquefois jusqu'à la considération des charges de famille inhérentes à la position des contribuables.

Ce principe de la déduction des dettes est tellement caractéristique des applications qui ont été faites dans le temps moderne des impôts sur les capitaux ou sur le revenu, qu'il n'a été méconnu que dans un petit nombre de législations [1].

A ces caractères les plus habituels des impôts qui nous occupent, il faut en ajouter d'autres encore qui tiennent à la nature de ces taxes par des liens logiques, intimes, et qu'on voit rarement et difficilement brisés.

Pour indiquer tout d'abord celui de ces caractères qui est le plus en rapport avec la déduction des dettes dont nous venons de parler, il est facile de remarquer, dans l'étude des précédents relatifs à l'impôt du revenu ou du capital, que l'établissement d'un minimum imposable accompagne habituellement cette forme de contribution. Il est même permis de poser, avec une certaine justesse, cette règle, que le *minimum* imposable est susceptible de s'élever en raison du nombre et de l'importance des taxes directes qui accompagnent l'impôt général sur la propriété ou le revenu.

On ne s'est pas contenté quelquefois d'exempter les petites fortunes des impôts dont nous étudions la législation ; on a appliqué à ces contributions une échelle progres-

---

[1] L'*einkommensteuer* de Weimar ne comporte pas la déduction des dettes ; elle est d'un autre côté partiellement établie par voie de répartition, et n'exige pas d'une manière générale un minimum de revenu.

Les impôts sur la propriété en Amérique ne comportent pas toujours la déduction des dettes, et ce principe ne s'applique pas non plus d'une manière absolue dans la législation autrichienne.

sive, soit dans la Grèce démocratique, louée à tort, sous ce
rapport, par Montesquieu, soit dans quelques États modernes
dont la constitution politique est très-différente. Il faut se
hâter d'ajouter qu'ordinairement, en Angleterre, et, à ce
qu'il paraît, en Suède, par exemple, le tarif proportionnel
a promptement repris la place usurpée par l'impôt progressif.
Là où il n'a pas définitivement repris l'empire, il a tout au
moins reconquis une partie de son influence [1].

Les taxes générales sur la propriété et le revenu étant
destinées à atteindre tout à la fois les biens immobiliers qui
sont localisés et les biens mobiliers qui ne sauraient l'être;
devant tenir compte, souvent en même temps, des dettes de
chaque contribuable, comme des ménagements dûs aux
revenus trop modiques; et suivant ainsi la fortune personnelle plutôt que des biens ayant une assiette permanente :
ces impôts, disons-nous, sont presque nécessairement assujettis dès lors à la loi d'un règlement par quotité [2].

L'assiette de l'impôt sur le capital ou sur le revenu étant
établie par voie de quotité, les seuls moyens que les législateurs aient pu employer pour son application pratique sont
la déclaration des contribuables et l'estimation spontanée ou
contradictoire opérée par certaines autorités ou par de
simples citoyens désignés de diverses manières.

Il est à remarquer qu'une très-grande variété de systèmes
a été essayée, sous ce rapport, chez les différents peuples.

Ici l'impôt a été une contribution presque volontaire, et
même l'acquittement en a été couvert du voile du secret [3].

Ailleurs, la déclaration ou le versement sont encore libres
de toute contradiction, mais ils peuvent subir, par la publi-

[1] V. le nouveau projet de loi sur l'*einkommensteuer* de Bavière sur lequel les
deux chambres se sont accordées le 10 avril 1856.
[2] Dans le grand-duché de Saxe-Weimar et quelques états particuliers de l'Amérique du Nord, l'impôt paraît cependant être assis au moins en partie par répartition.
[3] Brême, Genève autrefois, la Hollande en 1747.

cité plus ou moins étendue à laquelle ils sont assujettis, un certain contrôle de pudeur morale [1].

Dans un très-petit nombre de législations, on a, au contraire, négligé ou évité avec soin la déclaration des contribuables [2].

Plus souvent on a fait concourir les deux moyens d'instruction, et, après avoir demandé aux contribuables tout ce que leur loyauté permet d'en attendre, on a eu recours, pour la fixation définitive de la cote de chacun, à des commissions quelquefois composées d'éléments purement administratifs, mais souvent aussi formées de manière à associer la force des éléments administratifs avec une sorte de représentation des contribuables, ou même constituées en jury de citoyens, chargés de statuer sur des questions intéressant la propriété privée [3].

[1] Tel est l'état actuel des choses à Genève, où deux conseillers d'État sont seuls témoins des versements.

La publicité des déclarations qu'on peut concevoir comme le frein d'un pouvoir de *self-taxation* discrétionnaire, confiée aux contribuables s'associe d'un côté à Zurich et en Amérique à un système de contrôle positif et sévère.

[2] Par exemple en Prusse, à Lübeck et à New-York, dans la législation antérieure à 1850.

Le projet proposé par la commission de l'assemblée constituante française de 1848, commission composée de MM. Vivien, Faucher, Billault, de Rémusat, Stornu, de Corcelles, Besnard, David (du Gers), Delzons, Dusollier, Gaulthier, de Rumilly, Girerd, Louvet, Voirhaye et de Parieu, n'exigeait pas non plus la déclaration des contribuables. Il la rejetait sur le second plan et l'admettait seulement comme pouvant résulter de la réclamation du contribuable contre la taxation d'office. Cette décision que nous nous rappelons avoir été prise, comme presque toutes celles de la commission dont nous fûmes le rapporteur, à la majorité d'une seule voix, parait avoir eu pour base une hésitation peu logique devant la conséquence du principe de l'impôt accepté par la commission. La loi prussienne de 1851 a sans doute adopté depuis une disposition analogue, mais dont l'inconvénient s'atténue peut-être à cause du classement par approximation du revenu des contribuables qui est le principe de l'*einkommensteuer* prussienne.

[3] Sans sortir de l'Allemagne, nous pouvons rappeler que la prédominance de l'élément administratif et fiscal se trouve en Autriche; la disposition inverse existe dans la législation bavaroise, et la loi prussienne tient en quelque sorte le milieu entre les deux autres.

L'organisation de l'impôt sur le revenu, si variée sous le rapport des moyens de vérification de la matière imposable, est, au contraire, à peu près uniforme sur un point très-controversé, cependant, par les théoriciens, nous voulons parler de l'identité du taux de l'impôt à l'égard des diverses natures de revenus.

Cette identité, à laquelle il a été dérogé dans l'établissement de la taxe badoise de 1808 [1], a été le sujet de plusieurs objections soulevées, non-seulement dans les écrits de divers économistes [2], mais encore, à plusieurs reprises, dans les débats du parlement britannique et dans la préparation de l'*einkommensteuer* prussienne.

Pour établir la nécessité de proportions d'impôts, différentes suivant la nature des divers revenus, on fait observer que l'individu jouissant d'un capital fixe et permanent est, au fond, dans une situation très-différente de celle du fonctionnaire amovible jouissant d'un traitement précaire et tout au plus viager, ou d'un industriel qui n'obtient son bénéfice que par les efforts répétés de son intelligence ou de ses bras.

En supposant trois contribuables jouissant, dans ces diverses situations, d'un revenu annuel égal, on fait remarquer que leur aisance n'en est pas moins fort inégale et différente.

Pour que ceux-ci se trouvassent dans une position aussi avantageuse que celui-là, pour qu'il fût juste de leur appliquer le même impôt, il faudrait, dit-on, qu'outre le même revenu, ils pussent épargner annuellement, et par un procédé analogue à celui de l'amortissement, un excédant suffisant pour reproduire, après l'extinction du revenu temporaire, un capital propre à le perpétuer.

---

[1] V. p. 153, de l'*Histoire des Impôts généraux*.

[2] Consultez à cet égard en sens divers Rau, V. 398, note 1, Mac Culloch, p. 122. Benvenuti, ch. xviii, et Voorthuysen, *De direkte Belastingen* 2ᵉ partie, p. 33, etc.

M. Mac Culloch établit, d'après ce calcul, qu'un revenu viager de 1,000 livres, pour une personne âgée de quarante ans, et à laquelle il reste 27 ans 64/100 d'existence, d'après les tables de probabilité de la vie humaine, ne représente pas une valeur plus considérable qu'un revenu constant de 66 livres, et devrait, par conséquent, en supposant le taux de l'impôt fixé à 10 pour 100, supporter non 1,000 livres, mais seulement 66 livres de contribution [1].

Cette théorie qui a pour but d'arriver à ce qu'on nomme en Angleterre la *discrimination* des divers genres de revenus, semble spécialement placée chez nos voisins sous le patronage de l'esprit démocratique, qui se propose ainsi de favoriser les revenus naissants du travail par rapport à ceux qui proviennent en tout ou partie du capital [2].

La base de ce système, identique à celui qui prétend dégager dans la fortune du citoyen le superflu du nécessaire, consiste à vouloir réaliser par la taxation une charge intimement et absolument égale pour chaque contribuable.

J'adresse à ce principe un double reproche.

L'application rigoureuse en est impossible, et elle suppose nécessairement une déviation plus ou moins grande du principe de l'impôt sur le revenu.

Pour arriver au but désiré dans l'esprit du système, il faudrait tenir compte, en effet, des charges de famille, des chances de la vie, en un mot, de tous les détails infinis qui différencient la nature des ressources et des dépenses du contribuable.

---

[1] Taxation, p. 124.

[2] Cette question, vivement débattue en 1851 chez nos voisins, a été réveillée plus récemment par une motion de M Hubbard, qui a été renvoyée à un comité parlementaire, malgré l'opposition de M. Gladstone. Ce comité a conclu, en 1861, au maintien du système en vigueur. Cependant, certaines modifications sont proposées dans un travail ingénieux de M. Sargant, publié en 1862, dans le *Journal de la Société statistique de Londres*.

Les premiers pas qu'on ferait dans le calcul exact de tous les éléments délicats de l'aisance individuelle conduiraient à la recherche d'une valeur abstraite et singulièrement compliquée, en raison tout à la fois du capital, du revenu et des dépenses nécessaires du contribuable [1].

Comment résoudre, dans cette voie, même les plus simples problèmes, et par exemple, celui de l'évaluation comparative des revenus divers provenant soit du capital seul, soit de l'industrie seule, soit tout à la fois du capital et de l'industrie? Comment distinguer nettement dans les entreprises commerciales, dans la direction des offices ministériels, dans toutes les industries qui ont besoin d'avances, le produit du capital et le profit résultant du travail et de l'habileté personnelle?

Le produit territorial est lui-même souvent un revenu mixte, de nature compliquée et de permanence variable, puisqu'il comprend à la fois la rente due à la fertilité propre du sol, et celle qui peut dériver soit de travaux accidentels, comme des défrichements, des engrais exceptionnels, des défoncements du sol, des plantations, etc., soit de circonstances passagères affectant surtout le produit des propriétés bâties, comme l'interruption ou l'ouverture de certaines voies de communication, la création ou la destruction de certaines industries, etc., etc.

M. Mac Culloch l'a dit avec raison [2] : « Deux lots de terre » actuellement affermés au même prix peuvent avoir une

---

[1] Le *Morning Chronicle*, du 17 janvier 1853, en rendant compte de l'écrit de M. Hemming intitulé; *A just income-tax how possible,* et constatant que le système de la taxation sur le capital était en définitive proposé par cet écrivain, partisan de l'impôt différentiel sur les diverses espèces de revenus, disait non sans quelque raison : « Au fond, c'est à ce résultat que doivent arriver tôt ou tard les auteurs de projets, s'ils ont été conduits soit par un sentiment instinctif, soit par des conclusions précipitées, *hasty assumptions,* à rejeter la règle simple de la taxation égale.

[2] P. 123. A treatise on the principles of taxation.

» valeur de revenu différente, si les produits de l'un d'eux
» sont dûs en grande partie à l'influence passagère de cer-
» taines améliorations. »

Si l'on veut mêler à l'estimation actuelle la prévision de
l'avenir, comment donc déterminer une taxe sur la fortune
même territoriale?

Sur quelle base encore pourrait-on estimer le revenu
d'une mine ou d'une carrière susceptible d'épuisement?

On se heurte contre mille difficultés dans cette voie qui
semble se bifurquer bientôt à l'infini devant l'observateur.
Car il ne faudrait pas moins tenir compte de la durée probable des revenus que du travail différent, nécessaire pour
les réaliser ; de telle sorte qu'on devrait rechercher, au dessous du taux appliqué aux revenus d'une propriété permanente, un degré de proportion différent pour les revenus
mixtes qui proviennent à la fois du capital et du travail, et
parmi ceux qui n'ont point pour base un capital permanent,
distinguer les annuités viagères appartenant à l'oisif du
revenu acquis dans l'exercice journalier d'une profession.

Et si l'on admet un minimum imposable, il devient
encore nécessaire, comme le faisait remarquer M. Goulburn
dans le parlement anglais de 1848, d'avoir un minimum spécial approprié à chaque nature de revenus, et, par suite, un
minimum mixte et composé, applicable à la réunion de plusieurs espèces de revenus [1].

Il n'y a donc à nos yeux que deux solutions possibles : ou
imposer le revenu tel qu'il est, sans s'occuper de sa nature,
de son origine, ni de la situation de celui qui le perçoit, ni
de rien qui concerne le capital créé ou le capital à créer, ou
entrer dans l'appréciation illimitée et pratiquement impos-

---

[1] M. Goulburn ajoutait à plusieurs arguments qui précèdent cette considération,
peut-être contestable, que le revenu élevé de plusieurs professions était en partie
fondée sur le caractère temporaire de leur exercice.

sible de la nature du revenu, et aussi de tous les besoins de celui qui le perçoit, en franchissant toutes les bornes qui circonscrivent la nation fondamentale d'une *income-tax*, et mélangeant évidemment la base du capital avec celle du revenu.

Sans doute, certains revenus sont moins stables et plus intéressants que d'autres; mais la durée de l'impôt ne subira-t-elle pas les mêmes chances et l'influence des mêmes causes? Ne viendra-t-elle pas rétablir ainsi l'équilibre qui paraissait troublé?

« Si le revenu des personnes qui exercent une profession, dit un écrivain néerlandais de nos jours[1], a une durée moindre que celui des propriétaires, l'impôt qui pèse sur les premiers cesse aussi avec leur mort, ou est diminué, soit par la maladie, soit par d'autres circonstances, tandis que l'impôt qui porte sur les propriétaires passe, après leur décès, à la charge de leurs héritiers. »

Quant à la condition du travail nécessaire pour la réalisation de certains revenus, elle n'établit pas une cause de différence plus sérieuse que telles ou telles charges inhérentes à la position du contribuable, à la constitution de sa famille, charges que les législations fiscales ont, en général, renoncé à prendre en considération[2].

Ajoutons enfin que dans divers systèmes de contributions, le capital lui-même supporte des taxes propres, comme les droits d'enregistrement, en France, par exemple, et que cette circonstance diminue considérablement l'inégalité alléguée entre le sort des revenus de capitaux et des revenus produits sans capital.

Ces diverses raisons nous paraissent plus que suffisantes

---

[1] De direkte Belastingen, etc., t. II, p. 174.

[2] M. de Voorthuysen fait remarquer que si les revenus des capitaux sont perçus dans l'oisiveté, les capitaux eux-mêmes ont été créés par le travail, t. II, p. 38.

pour justifier le sentiment général des législateurs qui ont établi l'impôt sur le revenu sur un pied d'uniformité parfaite, quelles que soient la source et la nature des divers revenus taxés. Cette solution, logiquement conforme au principe de l'impôt sur le revenu, a été imitée en sens inverse par les législateurs américains qui ont généralement taxé le capital d'une manière uniforme, sans rechercher la quotité plus ou moins grande des revenus, et qui ont même, dans certains États, aggravé l'impôt sur les capitaux improductifs et les objets de luxe, comparativement aux capitaux de luxe.

Si l'on résume les différents caractères assignés aux impôts sur le capital et sur le revenu par l'étude comparée de leur histoire, et que nous venons de rappeler successivement, on est conduit à dire que ces impôts, ordinairement superposés à plusieurs autres, sont établis par voie de quotité, et d'après un taux uniforme sur les capitaux ou les revenus de toute nature, déduction faite des dettes, et avec immunité pour les fortunes au-dessous d'un minimum déterminé.

Telle est la formule qui pourrait résumer avec le plus de brièveté et le moins d'imperfection le développement historique des institutions qui ont été le sujet de nos recherches.

Mais si les impôts généraux sur la propriété et le revenu peuvent, à l'aide de ces remarques, être aussi bien compris de nos lecteurs que la plupart de ceux qui sont acclimatés dans le sol financier de la France, peut-être ne devons-nous pas quitter le sujet sans rechercher les avantages et les inconvénients de cette nature de taxes, pratiquées chez plusieurs des peuples qui nous accompagnent dans le progrès de la civilisation.

Le système actuel de nos contributions repose, en général, sur la base de la proportionnalité, en ce sens que les auteurs des diverses constitutions qui nous ont régis depuis soixante ans, ont paru regarder leur formule relative à la proportionnalité de l'impôt comme suffisamment remplie par le système financier existant.

Toutefois, il est nécessaire de reconnaître que le terme dont le rapport avec l'impôt constitue la proportionnalité dans notre législation fiscale n'est ni le capital, ni le revenu du contribuable, mais un certain ensemble complexe qui comprend tout à la fois diverses parties du revenu brut, et certaines conséquences ordinaires de la fortune telles que la valeur locative plus ou moins élevée de l'habitation du contribuable, ses consommations diverses, et enfin, pour les prestations en nature, le nombre des bras, des voitures et des animaux de trait dont il dispose. L'impôt n'est donc pas rigoureusement proportionnel à la fortune des citoyens ; il l'est seulement à certains signes plus ou moins directs, plus ou moins fidèles de cette fortune.

L'impôt général sur le capital ou sur le revenu, par la base même sur laquelle il repose, affecte une tendance tout à la fois plus simple, plus générale et plus juste. Il se propose de dépasser le signe, souvent arbitraire, pour atteindre en réalité la fortune du contribuable. Son objet exclusif est de frapper directement les biens et revenus de toute nature et de toute origine, non dans leur produit brut, mais dans leur produit net et utile.

Cet impôt a donc pour caractère essentiel de chercher une application rigoureuse du principe de proportionnalité qui est la première des règles établies par Adam Smith, comme les critériums du mérite des impôts et de leur conformité aux conditions fondamentales qu'ils doivent remplir : « *The* » *subjects of every state,* » a dit le savant économiste, « *ought* » *to contribute towards the support of the government, as nearly* » *as possible in proportion to their respective abilities; that is*

» *in proportion to the revenue which they respectively enjoy*
» *under the protection of the state* [1]. » Or, la conformité à
cette règle de proportionnalité n'est pas seulement un avantage de justice morale pour la société, c'est encore un avantage économique réel. Car les taxes vraiment proportionnelles sont les seules qui respectent parfaitement la répartition
naturelle de la richesse, et qui laissent au travail toute sa
liberté et toute sa récompense en affectant ses profits du prélèvement le plus équitable possible.

L'avantage de proportionnalité que les impôts généraux sur
la propriété et le revenu paraissent retirer du principe même
sur lequel ils sont assis est-il purement théorique, ou bien
les résultats statistiques fournis par l'étude des finances de
divers peuples européens permettent-ils d'établir sous ce
rapport quelques confirmations positives d'une induction
que la spéculation semble par elle-même justifier?

Cette question retire un haut intérêt de tout ce qui est dit
et écrit en France depuis quelques années sur la taxation de
la fortune mobilière. Sans prétendre l'éclairer d'une manière complète, nous espérons au moins pouvoir l'entourer
de quelques renseignements instructifs.

La richesse agricole d'un pays est susceptible d'un accroissement presque indéfini. Le perfectionnement des labours
et des amendements divers auxquels le sol est soumis,
l'amélioration des races animales et de tous les instruments
du travail n'ont pas de bornes rigoureusement marquées, et
laissent à l'activité et à l'intelligence de l'homme la perspec-
tive de progrès immenses.

Toutefois, si la nature des perfectionnements agricoles est
indéfinie, le champ sur lequel ils s'étendent est borné. L'é-
tendue géographique du pays et la profondeur de la couche

---

[1] Recherches sur la nature et les causes de la richesse des nations, l. V,
ch. xi, part. 11.

végétale sont pour l'agriculture la plus savante des barrières infranchissables.

Il n'en est pas de même de la richesse mobilière. Elle n'est pas assujettie aux mêmes restrictions d'espace. Les nations les plus éloignées deviennent ses tribulaires par le commerce. Il n'y a pour ainsi dire aucune limite pour le nombre des manufactures qu'elle peut élever et exploiter, des vaisseaux qu'elle peut construire et charger, des échanges qu'elle peut instituer, des trésors métalliques qu'elle peut entasser.

Aussi l'accroissement de cette richesse est-il souvent plus rapide que celui de la richesse immobilière, et, malgré la difficulté d'arriver à des chiffres précis sur des questions de ce genre, la proportion de la richesse mobilière, par rapport à la richesse foncière, paraît s'être considérablement augmentée dans les temps modernes.

On peut en trouver un indice dans la comparaison des valeurs soumises en France aux droits de mutation par décès. En 1835, ces mutations intéressaient 552,737,197 fr. de valeurs mobilières, et 984,497,817 francs de valeurs immobilières. C'était presque la proportion de 1 à 2 entre ces deux natures de valeurs. En 1853, les valeurs mobilières atteintes s'élevaient à 819,922,271 fr. et les valeurs immobilières à 1,176,410,461 francs. La proportion est au-dessous de 1 à 1 1/2. Il est vrai que, dans l'intervalle entre ces deux années, quelques valeurs mobilières auparavant non sujettes aux droits de mutations, comme les inscriptions sur le grand-livre, les fonds publics et actions des compagnies ou société d'industrie et de finances étrangères, ont été soumises au droit d'enregistrement; mais ces valeurs ne représentent, pas leur importance, qu'une portion minime de la différence entre les résultats de ces deux exercices pris à dix-huit années de distance, et elles ne dépassent guère

100 millions sur le chiffre de 1853 [1]. En 1860 les valeurs mobilières transmises par décès étaient évaluées 1,179,018,831 fr. et les valeurs immobilière 1,544,979,533 fr., c'est la proportion de 1 à 1 1/3.

Ces résultats des comptes relatifs à l'enregistrement tendent à montrer que la fortune mobilière de la France, en tenant compte de la facilité avec laquelle elle peut être soustraite aux droits de mutation, est en réalité aussi forte et peut-être plus considérable que la fortune immobilière [2].

D'autres calculs tendent à la confirmation de ce résultat.

Le travail administratif exécuté en vertu de l'art. 2 de la loi du 27 août 1850, a fait ressortir au chiffre de 2,643,365,716 fr., le revenu des immeubles de la France.

Et d'un autre côté, M. Cochut a estimé, il y a quelques années, à 3,137,000,000 fr. les revenus mobiliers de la France d'après la décomposition suivante, dont certains éléments paraissent plutôt inférieurs que supérieurs à la réalité [3].

Bénéfices industriels et commerciaux.	1,555,000,000 fr.
Offices ministériels et professions libérales.	364,000,000
Traitements, pensions et rétributions.	454,000,000
Rentes de capitaux placés sur l'État ou dans les entreprises particulières.	764,000,000
	3,137,000,000 fr.

Dans un ordre particulier de placement du capital mobilier, le progrès a été d'une rapidité singulière.

[1] Des observations analogues sur le produit de la *legacy-duty* et de *l'income tax* ont conduit M. Wilson à calculer l'accumulation annuelle du capital de l'Angleterre à raison de 60 millions sterling ou 1,500 millions de francs par an. *Capital currency and Banking*, préface : p. XI.

[2] Un député de l'Isère, M. Delay, prétendait déjà en 1791 que les revenus mobiliers de la France égalaient les revenus fonciers. Il estimait les revenus mobiliers du royaume à 1,050,000,000, dont 400,000,000 de fonds publics et capitaux, 340,000,000 de salaires publics, etc.

[3] *Revue des Deux-Mondes*, janvier 1849.

M. Legentil, dans son rapport fait à la chambre des députés, le 23 avril 1838, sur le projet de loi relatif aux sociétés anonymes et en commandite, constatait que les versements présumés faits sur les actions de création française ayant cours à la Bourse, s'élevaient à environ 670,000,000 fr.

Lorsque le gouvernement a proposé, en 1856, au corps législatif, un projet de loi relatif aux sociétés en commandite, projet qui avait dû, dans l'origine, s'étendre aux sociétés anonymes, des recherches faites par l'administration du commerce constataient l'existence de 351 sociétés anonymes, parmi lesquelles 252 avaient un capital divisé en actions dont la valeur nominale s'élevait à 1,929,000,000, tandis que les 99 autres étaient divisés en parties aliquotes d'une valeur nominale indéterminée [1].

Quant aux sociétés en commandite, dans une seule année, entre le 1er juillet 1854 et le 30 juin 1855, le Journal général des Affiches avait publié 457 sociétés de ce genre, établies à Paris, et dont le capital nominal atteignait presque 968,000,000 fr.

Dans un pays où le développement de la fortune mobilière est si grand et si rapide, quelles sont les bases de son imposition ?

Ces bases ressortent des observations suivantes :

Sauf les bénéfices industriels et commerciaux, qui sont grevés d'une contribution dont le produit total est d'environ 60 millions, la fortune mobilière n'est atteinte que par une contribution qui grève en même temps la fortune immobilière. Nous voulons parler de la contribution dite à tort *mobi-*

---

[1] Sur les éléments du chiffre total de 1,929,00,000 fr., les chemins de fer représentaient 1,215,000,000, les canaux, 114,000,000, les entreprises financières, 91,000,000, les assurances maritimes, 81,960,000, les assurances contre l'incendie, 75,000,000, les assurances sur la vie, 64,000,000, les forges, fonderies et hauts-fourneaux, 47,620,000, les bateaux à vapeur, 40,640,000, les autres spécialités n'absorbaient que des capitaux d'un chiffre moindre.

lière, qui porte sur les loyers de toute nature et dont les cotes ne s'élèvent en général qu'à des chiffres très-modérés.

Ainsi, d'après les cotes de 1856, il n'y avait en France, dans cette année, que 1,641 personnes assujetties à cette contribution pour une cote supérieure à 400 fr. en principal et centimes additionnels; 1,319 se trouvaient dans le département de la Seine, 63 dans la Seine-Inférieure, 52 dans les Bouches-du-Rhône, 40 dans la Loire, les 167 autres cotes étaient réparties dans 35 autres départements.

Les cinq cotes mobilières les plus fortes du département de la Seine étaient :

La 1re	de	3,329 fr.	10 c.	en principal et	5,374	avec les cent. additionn.
La 2e	de	2,325	60	—	3,754	—
La 3e	de	1,991	07	—	3,214	—
La 4e	de	1,656	54	—	2,674	—
La 5e	de	1,433	51	—	2,314	—

Il n'y avait donc dans le département de la Seine, que quatre cotes supérieures à 2,500 fr., et il est probable que ce nombre ne recevait aucune augmentation dans le reste de la France.

En 1857, la liste des patentables les plus fortement imposés [1] au rôle des divers départements, en y comprenant la Banque de France et les grandes compagnies de chemins de fer, ne comptait que 270 cotes supérieures à 2,500 fr. [2]

[1] Quelques patentables étant imposés dans plusieurs départements pour plus de 2,500 fr., il en résulte autant de doubles emplois dans les listes réunies. Mais cet excès dans le nombre est compensé par cette circonstance que diverses cotes inférieures à 2,500 fr. forment un total supérieur par leur réunion à la charge du même contribuable.

Je dois à l'obligeance de M. le ministre des finances Magne la communication des divers chiffres que je cite ici relativement à la contribution mobilière et à la contribution des patentes.

[2] Quant à une autre taxe qui est en partie mobilière, en tant que se rapportant à des actions considérées comme mobilières aux termes de l'art. 529 du Code Na-

Environ 300 contribuables paient donc en France plus de
2,500 fr. de taxe mobilière, en comprenant sous ce nom,
aussi bien que la contribution vraiment et spécialement mobilière des patentes, la contribution des loyers faussement
nommée mobilière, et qui grève l'ensemble des revenus de
toute nature.

Cet état de choses représente-t-il une imposition directe
considérable de la fortune mobilière en France, comparativement à ce qui existe dans certains autres pays? Il est permis d'en douter, et il suffira de rappeler à cette fin que dans
la Grande-Bretagne, en 1848, il y avait dans la catégorie D
de *l'income-tax*, renfermant les industriels et commerçants,
2,284 personnes taxées pour plus de 3,000 liv. sterl. de revenu, et dans la catégorie E, 205 personnes imposées sur la
même base. Ces 2,489 contribuables payaient chacun au taux
adopté pour *l'income-tax*, en 1842 (2,91 pour 100), un peu
moins de 90 liv. sterl. ou 2,250 fr. de taxe [1]. En 1848, 22
contribuables anglais payaient notamment *l'income-tax* dans
la catégorie D sur un revenu total de 1,720,593 livres, c'est-
à-dire, 43,014,825 fr., ce qui portait la moyenne de ces 22
fortunes à 1,955,219 fr. de rente, et la moyenne des cotes

poléon, confirmé par la loi du 21 avril 1810, et en partie immobilière, d'après la
nature de son objet fondamental, c'est-à-dire la redevance des mines, elle fournissait, en 1855, un produit de 916,991 fr., réparti sur 852 établissements appartenant à des particuliers ou à des associations; 27 mines contribuaient à elles
seules pour 581,580 fr. 41 c.; et parmi elles la mine d'Anzin payait 54,223 fr.
88 c. de redevance soit fixe, soit proportionnelle ; Douchy payait 37,287 fr. 72 c.;
et il est difficile de penser que plus de 100 ou 120 mines payassent en conséquence
plus de 2,500 fr. de redevance. V. le tableau, p. 317 du tome Ier du présent ouvrage.

Du reste, je ne parle ici de la redevance des mines que comme se rapportant
à un emploi mixte du capital mobilier et d'un fonds immobilier. Les mines sont,
en effet, immeubles en France comme en Angleterre, où leur produit est imposé
à *l'income-tax* sous la même rubrique que les produits de la propriété foncière.

[1] Sur le pied de 10 pour 100 auquel *l'income-tax* a été souvent portée en
temps de guerre, les cotes supérieures à 100 l. st. dans les cédules D et E, se
seraient accrues en 1848 de sept à huit mille (*Ann. de l'Écon. politique* pour 1850,
p. 294).

à 56,896 fr., au taux minimum de 2,91 pour 100[1]. On voit combien la taxe directe de la fortune mobilière en France semble légère par rapport à ce qui a lieu dans la Grande-Bretagne, sous le régime de *l'income-tax*, même en tenant compte de la différence du développement industriel et commercial dans les deux pays et du taux différent des fortunes. On est obligé, en effet, de décupler le nombre des cotes élevées de la France pour atteindre les résultats numériques corrélatifs de la taxation anglaise sur la fortune mobilière.

Il y a une autre manière plus générale de pressentir, sinon de constater rigoureusement, l'infériorité de la taxation directe de la fortune mobilière en France par rapport à la mesure d'impôt que supporte la même nature de richesse en d'autres pays.

La statistique de l'impôt sur le revenu dans la Grande-Bretagne et dans le grand-duché de Saxe-Weimar, établit que, par une coïncidence assez remarquable, si l'on songe à la diversité des deux pays, les contingents du revenu mobilier et du revenu foncier, dans le produit total de l'impôt, sont presque égaux respectivement entre eux dans chacun de ces deux États[2].

En France, au contraire, il est aisé de voir que, comme nous l'avons déjà fait observer ailleurs[3], la part de la fortune mobilière dans l'impôt direct n'est guère que d'un cinquième[4].

[1] Mallet du Pan, en racontant dans le *Mercure britannique* (t. II, p, 122 et suiv.) l'établissement de l'impôt sur le revenu en Angleterre, en 1798, sur le pied du dixième du revenu, dit que 21 propriétaires de la grande-Bretagne étaient considérés comme devant contribuer pour 2,000 l. st. au moins. Il place en tête de cette liste, M. Beckford, comme devant payer 11,000 l. st.; le duc de Northumberland, 8,000 l. st.; le comte de Lonsdale, 7,500, le marquis de Donegal 6,000 l. st., etc.

[2] *Histoire des impôts généraux sur la propriété et le revenu*, p. 126, 127 et 166.

[3] *Ibid.*, p. 218. On modifierait peu cette proposition si l'on reportait à la charge de la propriété mobilière une partie de l'impôt des fenêtres.

[4] M. Levasseur, dans un article, du reste, fort judicieux, inséré dans *la Patrie*

L'avantage de proportionnalité qui semble résulter de l'application aussi bien que du principe des impôts généraux sur la propriété et le revenu est donc un avantage sérieux, en rapport avec la politique moderne aussi bien qu'avec les principes éternels de justice qui régissent les sociétés.

L'impôt sur le capital ou sur le revenu présente un second avantage qu'on ne saurait non plus lui dénier : il est peu compliqué dans ses moyens d'assiette et de recouvrement, et, par suite, donne lieu à peu de frais pour sa perception ; il doit, au reste, peut-être une partie d'un tel avantage, qui lui est commun avec d'autres impôts directs, à cette circonstance qu'il met en œuvre plus ou moins complétement, pour son assiette, les moyens déjà établis pour les autres contributions auxquelles il est superposé.

D'après M. de Raumer, les frais de perception de l'*income-tax*, dans l'organisation de 1806, ne dépassaient pas 3 pour 100 [1] ; ceux de l'income-tax actuelle ne paraissent guère supérieurs. D'autre part, les frais de l'*einkommensteuer* prussienne semblent inférieurs à cette proportion. En Amérique, l'impôt sur le capital entraîne des frais de perception un peu plus considérables, mais qui sont très-éloignés de ceux qu'occasionnent les taxes sur les consommations.

Tels sont les avantages sérieux et incontestables de l'im-

du 18 mars 1857, sur les questions d'impôts, a fait remarquer qu'un produit de 70 millions pour l'impôt direct sur la fortune mobilière en Angleterre, était peu considérable relativement au produit des patentes et d'une partie de la contribution mobilière qui atteint en France la même nature de richesses. L'auteur paraît avoir un peu perdu de vue que la fortune mobilière en Angleterre supporte les *licences* et une part des *assessed-taxes* outre sa part dans l'*income-tax*. C'est donc le rapport du produit de l'impôt direct sur les valeurs mobilières avec le produit de l'impôt direct sur les immeubles qu'il faut comparer surtout dans chacun des deux pays, et non en tout cas le produit spécial et isolé des branches mobilières de l'*income-tax* avec les impôts directs sur la fortune mobilière en France, si l'on veut rapprocher des termes tant soit peu identiques.

[1] V. p. 143 de l'édition allemande. — Rau, qui cite cet écrivain, dit à tort, ce me semble, 10 pour 100 (§ 400, note A).

pôt général sur le revenu ou sur la propriété. On ne saurait nier cependant qu'il est exposé, d'un autre côté, à de graves reproches.

Nous ne regardons pas comme tels ceux qui, formulés par certains économistes [1], consistent à dire que l'impôt dont nous parlons tend à réduire les dépenses du contribuable en frappant un revenu sur lequel n'ont pas été encore acquittées ses charges personnelles, tandis que l'impôt de consommation porte sur un revenu disponible. Sans doute, un des avantages de l'impôt de consommation est de se confondre avec le prix des choses et de s'acquitter ainsi peu à peu, quelquefois aussi d'être payé pour ainsi dire facultativement, lorsqu'il ne s'agit pas de consommations nécessaires. Mais l'impôt général sur le revenu est, sous le rapport du reproche qui lui est adressé et dont nous nous occupons, dans le même cas que toutes les taxes directes; il est même juste de faire observer que la plupart de ces impôts, ne tenant pas compte des dettes du contribuable, frappent un revenu plus brut en quelque sorte que le revenu atteint par l'*income-tax*.

Il est d'ailleurs incontestable que tous les impôts diminuent, dans une certaine mesure, l'aisance des citoyens. La contribution directe réduit le revenu disponible dans la main même du contribuable, et, de son côté, l'impôt de consommation diminue la quantité des choses qui peuvent être acquises avec le même revenu. Entre ces divers résultats, il y a moins de différence, en définitive, qu'on ne paraît le supposer quelquefois [2].

---

[1] Notamment Raumer, dans l'ouvrage que nous avons plusieurs fois cité.

[2] Il est juste de faire observer que l'établissement de *l'income-tax*, en 1842, dans la Grande-Bretagne, ne paraît pas avoir réduit les dépenses de la classe qui l'a supportée. Léon Faucher cite en ce sens un passage remarquable du discours prononcé par lord Stanley le 4 avril 1845 (*Études sur l'Angleterre*, édition de 1856, t. II,

On a aussi reproché à l'impôt sur le revenu, en tant qu'appliqué aux professions, de grever la chose la plus digne d'encouragement : le travail de l'homme [1].

Reproche de peu de valeur, suivant nous. Est-ce que l'impôt des patentes ne frappe pas le travail des commerçants? Est-ce que les impôts divers qui pèsent sur les propriétés bâties ne tendent pas à décourager les entrepreneurs de ces constructions? Là où se trouve, en définitive, une cause productive de richesse, n'est-il pas juste que cette richesse contribue aux charges publiques? Protéger indistinctement et aveuglément le travail, ce serait, de près ou de loin, affranchir de l'impôt presque toutes les fortunes qui ont dans le travail leur source la plus légitime.

M. Léon Faucher a reproché à l'impôt sur le revenu d'équivaloir à la théorie de l'impôt unique, les arguments en sa faveur, s'ils sont justes, devant conduire à sa généralisation. Nous ferons remarquer d'abord que cette objection ne porte pas directement contre le mérite de l'impôt; en second lieu, si elle peut avoir quelque fondement en ce qui concerne les impôts directs, que l'impôt sur le revenu pourrait à la rigueur absorber, elle en a beaucoup moins relativement aux impôts indirects, dont le but et l'utilité sont, jusqu'à un certain point, en dehors de ceux auxquels l'impôt sur le revenu peut répondre, sous le rapport du mode par lequel ils atteignent les fortunes privées.

Cet économiste distingué, mais un peu susceptible de prévention, a réprouvé aussi l'impôt sur le revenu comme contenant fatalement le principe progressif. N'avons-nous pas répondu d'avance à ce reproche abstrait en exposant les faits historiques de divers pays, et notamment ceux qui se sont

p. 101). Le calcul de l'orateur anglais est fondé sur le produit des *assessed-taxes* qui atteignent plusieurs dépenses de luxe.

[1] M. Du Puynode, *De la monnaie, du crédit et de l'impôt*, t. II, p 254.

développés en Angleterre, où l'*income-tax* n'a jamais eu qu'un tarif légèrement progressif, tarif aboli même plus tard pour laisser exclusivement place au principe d'une proportionnalité rigoureuse? En Prusse, l'impôt sur le revenu est proportionnel; dans l'Amérique démocratique, l'impôt sur le capital, sujet à la même objection, a conservé son caractère de proportionnalité. On peut dire, sans doute, que l'impôt sur le revenu s'adapte plus facilement qu'un autre à l'établissement d'un tarif progressif; mais nous ne croyons pas qu'on puisse y voir, sous aucun point de vue, la cause de l'introduction de ce tarif lui-même.

Il n'est pas vrai non plus de considérer les impôts généraux sur la propriété et le revenu comme les instruments spéciaux d'une politique exclusivement démocratique. La fortune mobilière n'est pas réservée à l'aristocratie : on pourrait même dire qu'elle est plutôt dans le monde le lot du travail à ses débuts, que celui du travail consacré par l'hérédité ; et sous ce rapport, la taxation générale des revenus ne peut être considérée (bien que conforme peut-être sous quelques rapports à certains instincts de la démocratie) comme la dépendance naturelle d'aucun principe politique particulier.

Par une idée au reste presque radicalement opposée à la précédente, quelques écrivains ont pensé que l'impôt sur le revenu était lié à l'existence d'un *patriciat*. M. Lullin de Châteauvieux (dans les Lettres de Saint-James), M. Léon Faucher ont semblé admettre que des gouvernements aristocratiques doivent naturellement imposer à l'aristocratie elle-même des taxes spéciales comme compensation des avantages du pouvoir qui lui appartient. Mais nous croyons cette doctrine sans appui suffisant dans l'histoire des aristocraties modernes [1].

[1] V. l'*Histoire de Venise*, par Daru (*passim*), l'*Histoire du peuple Bernois*, par

Si les divers reproches adressés à l'impôt sur le revenu et que nous venons de rappeler sont à nos yeux empreints de quelque prévention, il en est cependant de sérieux et de fondés.

Le premier défaut réel de l'impôt du revenu est l'infirmité même des moyens adoptés à la fin qu'il se propose, et qui, dans certains cas, peuvent conduire à l'arbitraire.

La supputation des revenus fonciers, des rentes sur l'État, des revenus provenant des actions de compagnies industrielles ne rencontre pas, il est vrai, de graves difficultés. Il en est de même, jusqu'à un certain point, pour les créances qu'on peut atteindre, soit par voie de retenue autorisée, soit par l'effet des déclarations des contribuables intéressés à se faire allouer les déductions provenant de leurs dettes. Mais pour les revenus professionnels et surtout pour l'industrie proprement dite, la difficulté est profonde.

L'exemple de l'Angleterre en est une preuve. La législation de ce pays a tranché plutôt que dénoué le nœud gordien, au sujet des bénéfices de l'exploitation agricole, en fixant à une quotité de la rente le revenu présumé des fermiers. Mac Culloch a fait remarquer que cette mesure arbitraire peut donner lieu quelquefois à des injustices extrêmes, par exemple, lorsqu'il s'agit de fermiers dont l'entreprise se résume en pertes.

Quant aux commerçants, le problème se complique par le péril de porter atteinte au crédit nécessaire à leur profession, non moins que par la difficulté de constater d'une manière précise les résultats de leurs spéculations [1].

Herzog, en allemand, p. 149 et 526. Sur la Suède et le Danemark, V. John Payne. *Epitome of history*, p. 35 et 50.

[1] Il y a eu, sous ce rapport, en Angleterre, un débat très-remarquable, dans l'affaire des frères Fielden, lesquels soutenaient opiniâtrement qu'ils supportaient une taxation injuste. V. Mac Culloch dans son ouvrage sur la taxation et les notes diverses qui sont jointes aux deux éditions du livre. La note en appendice, p. 479 de la 1re édition, ne se retrouve plus dans la seconde.

Quelle recherche redoutable que celle dont le résultat peut être de condamner le négociant malheureux à la dure alternative de répandre sur sa situation une lumière fatale à son crédit, ou d'acheter par un impôt, mensonger la conservation du prestige de fortune dont il est encore environné ! Aussi l'on ne saurait trop remarquer les dispositions de l'ancienne loi anglaise admettant entre le fisc et le négociant contribuable l'interposition d'un arbitre secret (*referee*) qui payait absolument comme le contribuable genevois, sous la seule responsabilité de sa conscience [1].

Ne peut-on pas même adresser de plus graves reproches à une loi qui permet indirectement à la déloyauté et à la fraude de rejeter sur la sincérité et la probité le poids des charges qui devaient être partagées suivant la mesure de la fortune?

Tout en faisant ressortir les inconvénients que peut présenter dans l'application, sous ce rapport, l'impôt général sur le revenu, on ne saurait faire, suivant nous, remonter à la loi l'immoralité de ceux qui la violent ; et l'existence de diverses taxes qui, comme l'enregistrement, les douanes, les taxes sur les boissons ouvrent une porte à la fraude, proteste contre une appréciation outrée sous cet aspect moral des inconvénients reprochés aux impôts dont nous nous occupons [2].

Toujours est-il vrai, cependant, qu'en effaçant par la généralisation de l'impôt direct la faveur faite à certains revenus, on n'obtient ce résultat qu'au prix de certaines in-

---

[1] V. Raumer, *Die Britische Bestenerung*, etc. Dans la loi actuelle d'Angleterre, on a établi l'interrogation et l'enquête comme moyen de découvrir la vérité. V. notre *Histoire des Impôts généraux sur la propriété et le revenu*, p. 129.

[2] Ne peut-on se demander, même sous ce rapport, si dans le mouvement de la civilisation, l'aggravation des devoirs moraux de l'homme n'est pas un symptôme du progrès social et une condition, comme un corollaire des développements de la liberté des institutions? Je pose la question aux moralistes, sans la résoudre.

justices individuelles, dans la recherche des revenus d'une découverte trop difficile.

Il importe, au reste, de peser les inconvénients de tout système de taxe, soit relativement aux autres impôts auxquels il serait substitué, ou qui pourraient être établis à sa place dans un moment donné, soit surtout relativement aux mœurs et à la situation du pays dans lequel on le suppose introduit. Il ne s'agit pas seulement de chercher la meilleure loi, mais aussi la loi que chaque peuple doit le mieux supporter.

Sous ce rapport, les particularités nationales et financières que nous avons relevées plus haut, reprennent leur valeur en ce sens que chez des peuples divers les avantages ou les inconvénients des impôts dont nous nous occupons peuvent être à la fois plus considérables et plus fortement sentis.

La plupart des considérations que nous venons de résumer, relativement aux avantages et aux inconvénients des impôts sur le revenu, s'appliquent simultanément à ces impôts sur le capital dont nous avons remarqué çà et là quelques applications.

La différence fondamentale entre l'impôt sur le capital et l'impôt sur le revenu consiste, on le sait, dans cette circonstance, que le premier de ces impôts atteint des valeurs improductives épargnées par le second, et épargne des revenus produits sans capital et qui sont atteints au contraire par le premier [1].

L'une et l'autre de ces différences nous paraît un désavantage relatif de l'impôt sur le capital, et à nos yeux les impôts *annuels* ne sauraient avoir de base plus équitable que l'aug-

[1] Les Allemands et les Suisses ont quelquefois remédié à cet inconvénient des impôts sur le capital en joignant à leur *vermœgensteuer* une taxe sur les revenus produits sans le secours d'un capital. Cela a eu lieu notamment lors de l'établissement des impôts généraux levés en Autriche en 1702 et 1734 (V. *Histoire des Impôts généraux*, p. 152).

mentation de la fortune du contribuable par les fruits, augmentation périodique comme l'impôt lui-même [1]. Toutefois l'esprit démocratique peut changer cette appréciation dans le double intérêt d'atteindre à titre d'impôt somptuaire des valeurs improductives dont la possession est considérée comme constituant un véritable luxe et aussi d'exonérer les revenus du travail. C'est cette cause sans doute qui explique l'existence, dans les États-Unis d'Amérique, de quelques taxes sur le capital que nous avons précédemment étudiées.

Sous ces divers aspects, les impôts généraux sur la propriété et le revenu présentent certains avantages presque inséparables de l'inconvénient des moyens qui les procurent. Tout est question de balance entre les divers instincts qui se disputent, sous ce rapport, la raison des gouvernements et le cœur des peuples, et le suprême législateur du monde a voulu qu'une certaine mesure de mal fût presque toujours liée au bien dans les œuvres et les institutions des hommes.

Nous sommes, quant à nous qui examinons ici ces ques-

---

[1] Mac Culloch, *Taxation*, p. 109 et suivantes, explique qu'à ses yeux l'impôt sur le capital peut empêcher ou retarder l'emploi le plus utile de la richesse. « Si une taxe est imposée sur le revenu, dit-il, elle établit une propension à en dissimuler le montant; mais elle ne conduit personne à employer des procédés ou des instruments inférieurs dans ses entreprises. Tel est cependant l'effet inévitable des taxes sur le capital ou la propriété. Dès qu'elles sont établies, chacun essaie d'en éluder le poids en cachant une partie de sa propriété, ou l'employant d'une autre manière. Les personnes engagées dans les occupations industrielles s'efforcent de les continuer à l'aide d'un moindre capital. Chacun se sent éloigné de dépenser ses capitaux nouvellement produits en améliorations ou en travaux, craignant de laisser paraître ainsi un accroissement de richesses et d'être exposé par là à une augmentation d'impôts. Dans de pareilles circonstances, l'affaire n'est point de paraître riche, mais de passer pour pauvre, et la réalité correspond trop souvent à l'apparence qu'on ambitionne. Nous avons déjà vu que c'était là une des plus fâcheuses conséquences de la taille en France, et tel doit être en un plus grand ou moindre degré l'effet de toutes les taxes proportionnées au capital ou à la propriété des individus. Si un impôt pareil avait existé en Angleterre dans le dernier demi-siècle, le progrès des manufactures ou de l'agriculture n'eût certainement pas été aussi grand qu'il a été en réalité. »

tions, principalement sous un aspect général et scientifique, portés toutefois à admettre que la pensée de proportionnalité dans les taxes, dont l'établissement des impôts directs généraux et l'extension intelligente et discrète ou le perfectionnement des impôts directs spéciaux sont des corollaires divers, est destinée à occuper une place croissante dans les préoccupations des législateurs, et qu'elle s'appuie sur les plus légitimes considérations de la morale, de la politique et de l'intérêt des nations.

L'application modérée, prudente et successive, de ce principe de justice salutaire, est l'une de ces pensées dont l'ami de l'humanité, le politique à vues élevées, peuvent dire sans présomption ni attitude chimérique, avec un poëte généreux de l'Allemagne, qu'elle doit être suivie, pour le bien des hommes, sans compter les échecs ou les obstacles.

Ein Anschlag
Den hœhere vernunft gebar, das leiden
Der menschheit drængt, zehntausendmal vereitelt
Nie aufgegeben werden darf.

LIVRE IV.

PRÉAMBULE.

Nous avons étudié successivement les diverses taxes sur les capitaux et revenus considérés comme éléments de richesse et comme ressources facilitant à ceux qui en sont investis la participation aux charges publiques.

Il est des biens dont la possession ne saurait être envisagée sous le même aspect, et que les législateurs ont regardés cependant comme pouvant servir de base à des contributions équitables et légitimes.

Un particulier possède des voitures, des chevaux et des chiens de luxe. Il emploie les services d'un personnel domestique nombreux. Il a loué dans une ville une maison opulente.

Ces animaux sont probablement sa propriété. Ce loyer, ces services lui *appartiennent* pour un temps, en tant qu'il a les ressources nécessaires pour les solder.

Cependant si ces jouissances diverses sont évidemment des symptômes de richesse, elles n'en renferment pas les éléments propres. Elles supposent l'aisance, mais ne la constituent pas.

Il est vrai qu'elles caractérisent habituellement la fortune ; mais c'est par les dépenses qu'elles occasionnent, et non par les profits qu'elles procurent. Cela est si . vrai que le législateur ne recherche pas quel est le propriétaire de ces objets, mais seulement qui en possède l'usage. Et d'un autre côté, le même objet, qui est imposé parce qu'il sert à tel emploi, cessera de l'être s'il reçoit une autre destination. Tel animal qui pourra être taxé, parce qu'il sert à une jouissance personnelle, cessera de l'être s'il est attaché à l'exploitation d'un fonds agricole et s'il se rapproche ainsi de ces animaux, qu'un financier italien, Broggia, a déclaré ne pouvoir être taxés séparément de la terre, parce qu'ils ne sont autre chose, dit-il ingénieusement, que des *plantes animées.*

Il nous a paru impossible, malgré la confusion qui a été faite quelquefois entre les objets de luxe possédés à titre de propriété et les autres biens qui composent la fortune des contribuables [1], de classer et de confondre parmi les impôts sur les biens les taxes levées à l'occasion de ces jouissances, et que certains économistes ont, au contraire, renfermées dans la classe des taxes sur les dépenses et rapproché ainsi un peu des impôts sur les consommations [2].

D'un autre côté, il n'est pas moins difficile de confondre complétement les impôts levés sur ces objets de luxe et de convenance avec les taxes sur les consommations. Ce n'est pas une simple consommation accidentelle, c'est une *jouissance continue* jusqu'à un certain point que les législateurs ont voulu atteindre, lorsqu'ils ont imposé les loyers, les

---

[1] Par exemple, les meubles d'ornement ont été assez souvent compris dans les impôts généraux sur le capital. Sous un autre rapport, certains objets mobiliers rentrent parmi les outils ou instruments qui servent à graduer les taxes sur l'industrie. Le café avec billard supporte, par exemple en France, une patente plus forte que le café sans billard.

[2] Rau, section VIII.

chevaux et les domestiques. Et cette différence, dans la nature de l'usage, en a amené une autre aussi grave dans le mode d'assiette de l'impôt qui s'y rapporte. Les taxes sur les consommations sont indirectes, parce qu'il est impossible de rechercher le consommateur à raison du fait instantané dans lequel s'épuise son rapport avec l'objet consommé. Les taxes sur les objets dont nous parlons sont, au contraire, directes, et peuvent être assises, comme les autres impositions de ce genre, sur des relations continues constatées dans des rôles nominatifs et annuels.

Nous avons donc pensé, avec les autorités les plus sérieuses, que ces impôts devaient former une catégorie spéciale. Nous ne pouvions la caractériser suffisamment *par le luxe* que supposent la plupart des objets soumis à ces impôts, parce que ce caractère, bien qu'*habituel*, n'est point absolument *général* pour les objets que ces taxes embrassent, et qu'un loyer médiocre, un seul chien, un seul domestique, quelquefois atteints par ces impôts, ne constituent pas des objets véritablement *de luxe*; lors même, d'autre part, que ces taxes portent sur des objets possédés à titre de propriété, c'est la commodité qui en résulte plutôt que la valeur qui s'y rattache que le législateur cherche à atteindre. Souvent même ce dernier taxe le fait de la jouissance de ces objets séparés de leur propriété. Nous avons donc cru pouvoir grouper les impôts en question sous le titre commun d'impôts sur les *jouissances*. Cette classe d'impôts comprend tous ceux qu'on a appelés quelquefois *somptuaires;* mais aussi certaines taxes pour lesquelles ce nom eût paru l'application d'une idée trop systématique.

Ayant envisagé, par ces motifs, la catégorie des impôts sur les jouissances comme devant fournir l'une des bases fondamentales de notre classification des taxes, nous avons

cru pouvoir y comprendre les impôts qui, comme celui des
portes et fenêtres, pourraient, s'ils étaient considérés isolé-
ment, être rattachés au besoin à l'impôt foncier, les portes
et fenêtres étant un accessoire obligé des habitations. D'a-
près la plupart des législateurs, le locataire est en effet plus
ou moins obligé de les payer. En France, par exemple,
l'impôt des portes et fenêtres a été mis à la charge des propriétaires, mais les locataires sont assujettis à un recours de la
part de ces derniers. Et ce sont ceux-ci qui acquittaient dans
la Grande-Bretagne la *window-tax* lorsqu'elle y était appliquée.

Les impôts sur les jouissances n'occupent le plus souvent
qu'une place assez restreinte dans les systèmes financiers,
que la statistique du temps présent et surtout l'histoire du
passé nous révèlent. M. Dureau de la Malle nous fait cependant connaître l'existence chez les Romains d'une taxe sur
les fenêtres, et M. Levasseur traduit l'*ostiarium* levé sous
l'empire romain par l'expression d'impôt sur les portes et
fenêtres [1].

La Grande-Bretagne, la France, la Belgique et les Pays-
Bas sont les États de l'Europe dans lesquels les impôts sur
les jouissances sont le plus développés : dans le premier
pays, sous le nom d'*assessed-taxes ;* dans les autres, sous les
formes diverses de l'impôt appelé ici *personnel* et là *mobilier*.

Les *assessed-taxes* isolées de la *land-tax*, qui en est rapprochée dans les divisions du budget anglais, mais considérées comme comprenant les taxes sur les fenêtres, produisaient, en 1843, 3,225,919 livres sterling. Cette somme
est environ le tiers de celle qui est produite par l'ensemble
des impôts directs britanniques, si on considère comme tels
les *assessed-taxes*, la *land-tax* et l'*income-tax* à un taux très-

---

[1] *Économie politique des Romains*, t. II, p, 487 ; *Histoire des classes ou-
vrières en France*, t. I, p. 73 et 74.

bas. Si l'on tient compte de l'élévation du produit de l'*income-tax* dans les dernières années, la proportion descend du *tiers* au *sixième* seulement [1]. La même proportion du *tiers* se trouve approximativement dans les Pays-Bas et la Belgique entre le produit de l'impôt personnel et le total des impôts directs [2], tandis qu'en France les impositions analogues, c'est-à-dire la contribution personnelle et mobilière, et celle des portes et fenêtres représentent seulement le quart environ de la totalité des impôts directs et même une proportion très-inférieure à ce quart, si l'on retranche de la contribution personnelle et mobilière tout ce qui correspond à une capitation, à proprement parler, *personnelle*.

Les impôts sur les jouissances sont fort anciens dans les Pays-Bas [3]. Ils ont joué un assez grand rôle dans le système fiscal des anciennes Provinces-Unies, dans le système intermédiaire introduit en 1805, et aussi dans les institutions actuelles du royaume des Pays-Bas [4]. Les six classes de l'impôt personnel belge et néerlandais contiennent à elles seules le cadre presque complet des divers impôts sur les

[1] Produit de la *land-tax* en 1843......   1,159,149 l. st.
  — de l'*income-tax*...............   5,387,455 —

[2] Dans le budget néerlandais de 1850, sur un total de 18,400,000 florins du produit attendu des trois impôts directs, foncier, personnel et des patentes, le personnel figurait pour 5,988,000 florins. (*Bijlagen tot het verslag der handelingen van de tweede Kamer der Staten general*, 1849-1850, t. II, p. 44.) En Belgique, d'après le budget de 1853, l'impôt personnel donnait 9,460,000 fr. sur 31,317,750 fr. du produit des taxes directes.

[3] Nous avons observé à propos de l'impôt sur les revenus industriels, la marche de l'institution se développant de front dès la fin du dernier siècle, en Angleterre et en France, et irradiant ensuite rapidement en Allemagne, en Italie et en Espagne. Ici la marche n'a pas été aussi rapide, aussi uniforme quant aux objets taxés, aussi régulière. L'Angleterre et les Pays-Bas ont commencé l'essai des taxes modernes sur les jouissances dans les xviie et xviiie siècles. La France n'y est entrée que plus tard, mais par un pas de géant, en instituant son impôt sur les loyers.

L'Allemagne et l'Italie en sont à leurs débuts dans la voie où l'Espagne n'est pas encore entrée.

[4] Engels, p. 114, 130, 134, 145, 153, 185, 186, 188, etc.

jouissances connus chez les divers peuples. Ces six classes comprennent en effet : 1° les logements ; 2° les portes et fenêtres ; 3° les cheminées ; 4° le mobilier ; 5° les domestiques ; 6° les chevaux. En rattachant à la quatrième catégorie tous les objets de luxe matériels et inanimés ; à la sixième, les divers animaux imposés dans d'autres pays, et les moyens de transport variés qui concourent à l'utilité que les chevaux procurent, on embrasse en réalité presque tous les objets dont la jouissance est devenue l'objet d'un impôt.

Examinons, en suivant approximativement cet ordre, les principaux faits qui se rattachent à l'histoire des contributions sur les jouissances, et commençons par les impôts sur les loyers, sur les cheminées, sur les portes et fenêtres et sur le mobilier, qui constituent à nos yeux la première division naturelle du sujet [1].

---

[1] J'ai songé d'abord à diviser ce livre en plusieurs chapitres qui eussent été consacrés séparément à l'impôt des portes et fenêtres, à l'impôt sur les loyers, à celui qui frappe les domestiques, les chevaux, les voitures, etc.

J'en ai été détourné par les considérations suivantes.

Les divisions peu nombreuses rendent plus sensible le lien commun de ces divers impôts. Elles fortifient l'unité synthétique au lieu de la diversité analytique qui, suivant moi, domine souvent trop dans notre littérature nationale et amène parfois le sacrifice des vues d'ensemble à celles de détail. Le premier volume de cet ouvrage a été rédigé et distribué dans cet esprit évident.

En second lieu, certains des chapitres que j'aurais pu former dans le livre actuel, sur les bases indiquées, eussent été très-courts. Pour rendre acceptables des subdivisions aussi étroites, il faudrait le trait supérieur et la mise en relief puissante, parfois même un peu affectée, qui rend tolérable par exemple certaines subdivisions de l'*Esprit des lois*. Ce sont ces motifs qui m'ont décidé à ne former dans ce livre que deux chapitres.

CHAPITRE I.

DES IMPÔTS SUR LES LOGEMENTS, CHEMINÉES, PORTES, FENÊTRES
ET MOBILIERS.

Les impôts que nous groupons dans ce chapitre et qu'il est
très-difficile d'isoler absolument les uns des autres en étudiant leur développement, parce qu'ils se sont quelquefois
remplacés mutuellement, ont cela de particulier et de commun entre eux, qu'ils se rattachent à l'habitation de l'homme
de la manière la plus étroite, et que la plupart d'entre eux
semblent même former double emploi avec l'impôt foncier
sur les bâtiments. Ce qui les en différencie cependant, et ce qui
constitue leur caractère propre, c'est qu'ils sont en général
à la charge des locataires ; de telle sorte que la maison
d'habitation est grevée comme capital ou source de revenus
entre les mains du propriétaire et comme occasion de dépenses entre celles du locataire. M. Sismondi a dit sous ce
rapport, avec certaine raison, que la taxe sur les fenêtres,
rangée en France parmi les contributions directes, était
plutôt un impôt sur la consommation des maisons [1]. Il

---

[1] *Nouveaux principes d'économie politique*, t. II, p. 204.

n'avait pas assez étudié la classification des impôts pour reconnaître qu'il y a bien d'autres taxes *directes* sur les dépenses de l'homme.

Les taxes sur les habitations et sur leurs accessoires sont
les plus productives de toutes les contributions sur le luxe,
d'autant plus que leur nature les appelle à descendre presque jusqu'à atteindre le nécessaire.

Sinclair a retrouvé dans les annales du Bas-Empire les
traces d'un impôt sur les cheminées, établi par Comnènes.
Il a cité aussi une taxe sur les foyers, levée par Marguerite,
reine de Danemark et de Norwége [1], et il a rappelé ensuite
celle qui avait été perçue sur le même objet en Angleterre.

On sait que l'impôt foncier, sous sa forme dernière de
land-tax, a été établi dans la Grande-Bretagne en 1689. Il
atteignit les maisons entre les mains du propriétaire dans
les mêmes proportions que les terres [2].

Dès avant cette dernière époque, on s'était préoccupé dans
la Grande-Bretagne d'imposer les habitations, à la charge
plutôt de ceux qui en jouissaient que de ceux qui en étaient
propriétaires. Un impôt sur les foyers (*hearth money*) avait
été établi dans le xviie siècle, et il avait, sur le pied de
2 schellings par foyer, donné 162,882 livres en 1661 et
200,000 livres en 1685.

Cet impôt était devenu fort impopulaire. Le collecteur
devait entrer dans toutes les pièces de l'habitation pour vérifier la manière imposable. Ces visites domiciliaires rendaient la taxe odieuse, et le colonel Birch avait déclaré que
c'était un signe d'esclavage qui ne laissait pas subsister
d'homme libre en Angleterre [3].

---

[1] *Analysis of the sources of public revenue.*
[2] Ad. Smith, édition anglaise de 1786, t. III, p. 288.
[3] « *That badge of slavery by which a freeholder was not left in England.* »
Tayler, p. 31.

Guillaume III, à son entrée dans la Grande-Bretagne, s'empressa d'abolir cette taxe impopulaire, et sa décision à cet égard était si opportune, que Jacques II, lorsqu'il s'efforça de regagner son trône, dut se résoudre à la confirmer [1].

Toutefois l'impôt sur les foyers, maintenu en Irlande encore à l'époque de Sinclair [2], fut remplacé par une taxe analogue dans la Grande-Bretagne.

Les maisons, quoique déjà frappées par la *land-tax*, devinrent en effet, par un acte de la septième année du règne de Guillaume III, l'objet d'un impôt spécial [3].

Chaque maison, à l'exception des simples *cottages*, dut supporter une contribution de 2 schellings par an. La taxe s'élevait à 6 schellings pour les maisons qui avaient plus de neuf fenêtres, et à 8 schellings pour celles qui en avaient plus de dix-neuf. « Le nombre des fenêtres pouvait, suivant la remarque d'Ad. Smith, être compté du dehors, et, dans tous les cas, sans qu'on fût obligé d'entrer dans toutes les chambres des habitations. »

L'impôt était assis par les commissaires institués pour la *land-tax* et payable par semestre. Il était à la charge des personnes qui habitaient la maison.

Cette nouvelle taxe céda la place elle-même à une autre forme d'imposition : l'impôt des fenêtres, *window-tax*, qui subit successivement diverses altérations et augmentations, et qui est souvent cité dans les auteurs anglais du XVIIIe siècle. Burgoyne, dans sa comédie de *l'Héritière*, fait allusion à une fenêtre condamnée par la parcimonie d'un contribuable, et Ad. Smith rapporte qu'au moment où il écri-

---

[1] Macaulay, *Histoire de Guillaume III*, traduction française, t. I, p. 34 et t. II, p. 127.

[2] *Analysis of the sources of public revenue*, p. 78.

[3] *Tomlins Law Dictionary*, voy. *Taxes*, et Ad. Smith, t. III, p, 290.

vait son livre sur la *Richesse des nations,* en 1775, l'impôt consistait, outre un paiement de 3 schellings par maison en Angleterre, et de 1 schelling en Écosse, en un droit progressif sur les fenêtres qui variait depuis le taux de 2 pence par fenêtre, pour les maisons qui n'avaient pas plus de sept fenêtres, jusqu'à celui de 2 schellings par fenêtre pour les maisons percées de vingt-cinq fenêtres ou d'un plus grand nombre.

Cet état de choses existait depuis 1766, ainsi que nous le constatons dans un mémoire traduit en français en 1768, et qui a été attribué à M. Grenville. Ce mémoire présente les droits comparés sur les fenêtres avant et après 1766 [1].

C'était, avant 1766, 1 sch. par fenêtre de maison ayant de huit à onze fenêtres, et 1 sch. 6 d. par fenêtre de maison ayant de douze à vingt-cinq fenêtres. Cela avait existé ainsi depuis la deuxième année de Georges III.

Après 1766, le droit fut marqué par une progression plus variée, depuis 2 deniers par ouverture pour la maison à sept fenêtres jusqu'à 2 schellings pour la maison à vingt-cinq fenêtres.

Cette multiplicité des degrés de progression était critiquée dans le mémoire attribué à M. Grenville. « Aujourd'hui qu'il se trouve quatorze classes au lieu de deux, disait l'auteur, la plupart des propriétaires des maisons en Angleterre, voudront, en bouchant une fenêtre, descendre à une classe plus basse, et par là ils feront une épargne sur toutes les autres. »

L'auteur pensait que, par ce motif, la modification du tarif serait sans augmentation de produit définitif pour le Trésor, bien qu'un accroissement de recettes de 53,300 liv.

---

[1] V. p. 150 du Mémoire et suiv.

en eût été attendu. Nous voyons, par le livre de Smith, dans la citation que nous en avons faite tout à l'heure, que le système avait été conservé malgré les critiques de Grenville.

Les deux éléments de l'impôt sur les maisons et de l'impôt sur les fenêtres, ainsi associés dans la législation anglaise à l'époque ou écrivait le savant économiste, ont été ensuite opposés respectivement.

Soixante ans plus tard, la taxe sur les fenêtres était fort abaissée ; on la supprimait même pour les maisons qui n'avaient pas plus de six fenêtres et qui ne représentaient pas une valeur locative supérieure à 5 liv. par an. Quant à l'impôt sur les maisons, il était réduit aux habitations d'une valeur locative supérieure à 10 liv. st. et mis à la charge des habitants et locataires. Son produit était, en 1843, de 1,262,754 liv., et il était aboli tout à fait vers la même époque par le chapitre XIX des statuts de la quatrième et cinquième année du règne de Guillaume IV [1].

Mais en 1851, la situation a été modifiée en sens presque inverse par la suppression de la taxe sur les fenêtres, et le rétablissement de la taxe sur les maisons au taux de 9 deniers par livre ou 3 3/4 pour cent de rente sur les maisons habitées par les propriétaires, et de 6 deniers ou 2 1/2 pour cent sur celles qui sont occupées par des tenanciers ou des commerçants. On a exempté de cette taxe les maisons dont le produit n'excédait pas 20 liv. par an, et on s'attendait à voir ainsi 3,100,000 maisons sur 3,500,000 soustraites à l'application de l'impôt [2].

Le produit de cette taxe était évalué à 600,000 livres, ce qui est un peu inférieur au tiers du produit de l'impôt sur

---

[1] *Tomlins Law Dictionary*, au mot *Taxes*, et Voorthuysen, t. I, p. 49, de son ouvrage hollandais sur les taxes directes et Mac Culloch, chap. ier de son ouvrage sur l'Impôt.

[2] Tayler, *History of the Taxation*, p. 120.

les fenêtres supprimé [1], mais en réalité le produit de la taxe, en 1852, a été de 707,046 liv. 12 sur 461,919 maisons [2].

Cette taxe pèse sur les locataires. Elle est ce que les Anglais appellent *tenants-tax*.

M. Mac Culloch (p. 66) critique l'immunité des maisons au-dessous de 10 liv. st. ou de 20 liv. st. de loyer, admise aux termes de la loi anglaise, à diverses époques. Cet auteur qui justifie l'impôt sur les maisons comme impôt sur le revenu présumé payé par le locataire (p. 67), et ne repousse même pas absolument certaines gradations dans le taux de cet impôt (p. 65), paraît oublier que l'impôt sur le revenu comporte de sa nature certain *minimum* imposable, par cela seul qu'il se réfère à l'ensemble dé la situation personnelle, ce que ne font pas les impôts réels. Il n'est donc pas surprenant qu'une taxe sur une jouissance en rapport fréquent avec la fortune, exempte aussi les jouissances rapprochées du cercle des conditions indispensables de l'existence. Cette disposition a été d'autant plus naturelle dans la loi anglaise de 1851, que comme le fait remarquer M. Mac Culloch lui-même, la taxe sur les maisons était instituée en remplacement de la taxe sur les fenêtres, dont certaines maisons étaient exemptées d'après leur peu d'importance.

C'est par une pensée analogue à cette immunité de la taxe anglaise des maisons que certaines villes de France ont été autorisées à racheter, par un prélèvement sur le produit de

---

[1] *Ibid. Tabular view of Taxes repealed and imposed*, ch. vii.

[2] *Accounts and papers* : finances; 1852. P. 401. Voici le détail :

Number of houses charged at six pences in the pound,		Amount of duty.			Number of houses charged ad nine pences.	Amount of duty.		
England and Wales. .	179,234	200,182	19	2	252,213	463,204	4	8
Scotland.	6,377	5,288	11	9	24,095	38,340	17	1
	185,611	205,471	10	11	276,308	501,545	1	9
	276,308	501,545	1	9				
Totaux.	461,919	707,016	13	8				

leur octroi, les cotes mobilières au-dessous d'un chiffre déterminé.

La contribution des portes et fenêtres, introduite en France par la loi du 4 frimaire an VII, à l'imitation de la *window duty* de l'Angleterre, et qui avait aussi peut-être quelque précédent national [1] a subi un assez grand nombre de modifications résultant de lois ultérieures.

Voici quels sont, dans le dernier état de législation, son taux, son assiette et son incidence.

Le tarif de la loi de 1832 se divise en deux parties :

La première concerne les maisons de une à cinq ouvertures exclusivement.

La taxe est réglée d'après le nombre des ouvertures et la population, suivant le système que voici :

Dans les villes et communes au-dessous de 5,000 âmes, où les portes ne sont pas distinguées des fenêtres, une ouverture paie 0,30 c. ; deux ouvertures, 0,45 c. ; trois ouvertures, 0,90 c. ; quatre ouvertures, 1 fr. 60. ; cinq ouvertures, 2 fr. 50 c.

Dans les villes de 10,000 à 25,000 âmes, de 25,000 à 50,000, de 50,000 à 100,000, et dans celles au-dessus de 100,000 âmes, des proportions analogues, mais d'un chiffre plus élevé, s'appliquent aux divers nombres d'ouvertures. Le maximum est fixé à 8 fr. 50 c. pour les maisons à cinq ouvertures dans les villes au-dessus de 100,000 âmes.

La seconde partie du tarif, qui concerne les maisons à six ouvertures et au-dessus, se subdivise en trois parties, suivant la nature et la position des ouvertures, savoir :

1° Portes cochères, charretières et de magasins ; le droit s'élève, suivant six échelons, depuis 1 fr. 60 c., dans les

---

[1] Voltaire, dans le *Siècle de Louis XIV*, au chapitre sur la situation de la France, parle d'une taxe sur les portes cochères imposée par le cardinal de Richelieu en temps de guerre.

villes au-dessous de 5,000 âmes, jusqu'à 18 fr. 80 c., dans les villes au-dessus de 100,000 âmes.

2° Portes ordinaires et fenêtres du rez-de-chaussée, de l'entresol et des deux premiers étages.

Le droit s'élève de 0,60 c. à 1 fr. 80 c. par fenêtre, suivant les six classes de villes d'après leur population.

3° Fenêtres du troisième étage et des étages supérieurs.

La taxe est fixée à 0,60 c., dans les villes et communes au-dessous de 5,000 âmes , et à 0,75 c. dans toutes les autres.

On voit que cette classification a été conçue dans le but d'éviter le reproche d'inégalité, adressé constamment à la contribution sur les portes et fenêtres, puisqu'à côté de la proportion résultant du nombre des fenêtres, le législateur a groupé divers autres éléments différentiels et gradués, qui sont : la population du lieu, la dimension de la maison résultant du total de ses ouvertures, enfin, la nature et la position même de ces ouvertures.

Il ne paraissait peut être pas possible d'aller plus loin dans ces efforts pour rendre proportionnelle à l'aisance présumée des habitants d'une maison, la contribution assise sur les portes et fenêtres.

Cependant on a été au delà ; et par les lois de finances de l'exercice 1852 et de l'exercice 1855 et 1856, on a autorisé les conseils municipaux de Paris, de Lyon et de Bordeaux à établir, pour la répartition du contingent de ces villes, dans la contribution des portes et fenêtres, un tarif spécial combiné de manière à tenir compte à la fois de la valeur locative et du nombre des ouvertures.

Mais il est nécessaire de reconnaître que cette mesure a équivalu à peu près à la transformation d'une partie de l'impôt des portes et fenêtres, dans les villes dont il s'agit, en un supplément à l'impôt mobilier.

L'impôt des portes et fenêtres a été tour à tour de quotité et de répartition ; depuis 1832 il a conservé définitivement ce dernier caractère. Son principal s'est élevé de 22 millions en 1832, à 25,263,571 fr. en 1850, par suite de l'application de l'art. 2 de la loi du 17 août 1835, sur les constructions nouvelles, et à 27,900,000 fr. de principal dans le budget de 1859. Avec les centimes additionnels, l'impôt s'élève à environ 43,000,000 fr., ce qui diffère peu du produit de la taxe des fenêtres dans la Grande-Bretagne, qui était, au moment de son abolition, en 1851, de 1,879,000 liv. st.

La contribution est exigible contre les propriétaires et usufruitiers, fermiers et locataires principaux des bâtiments et usines, sauf leur recours contre leurs locataires particuliers, pour le remboursement de la somme dûe à raison des locaux par eux occupés. Quand le bâtiment est occupé par le propriétaire et un ou plusieurs locataires, ou par plusieurs locataires seulement, la contribution des portes et fenêtres d'un usage commun, est acquittée par les propriétaires ou usufruitiers [1].

L'impôt des portes et fenêtres paraît avoir été établi comme supplément de l'impôt mobilier en 1798, et c'est sous ce rapport qu'il est principalement considéré comme une charge du locataire, dans le rapport du député Legrand, qui a précédé la loi du 4 frimaire an VII [2].

Tandis que l'impôt des portes et fenêtres atteint les ouvertures des bâtiments et usines [3], notre impôt *mobilier* a pour

---

[1] Art. 12 et 15 de la loi du 4 frimaire an VII.

[2] Voy. *Moniteur* de l'an VII, p. 258

[3] Art. 2 de la loi du 4 frimaire an VII. Un autre article de la même loi exempte de l'impôt « les portes et fenêtres servant à éclairer ou à aérer les granges, bergeries, étables, greniers, caves et autres locaux non destinés à l'habitation des hommes, ainsi que toutes les ouvertures du comble ou toiture des maisons habitées. » Ces dispositions semblaient comprendre tous les bâtiments affectés à l'indus-

base la valeur locative des parties de bâtiment servant à l'habitation personnelle [1].

Il est dû, comme la taxe personnelle, à laquelle il est intimement uni dans le système de la répartition de nos impôts directs, par chaque habitant français ou étranger, de tout sexe, jouissant de ses droits, et non réputé indigent, et à raison de toute habitation meublée, située, soit dans la commune du domicile réel, soit dans toute autre commune.

Cette contribution grève tout à la fois le propriétaire et l'usufruitier qui exercent sur l'habitation un droit immobilier, et le simple locataire, dont le droit, aux termes de nos lois, conserve un caractère purement mobilier.

En 1837, sur un total de 34,000,058 fr. pour la contribution personnelle et mobilière, l'impôt mobilier avait fourni 21,488,458 fr. [2]. En 1850, le principal des deux contributions s'est élevé à 35,328,918 fr. 49 c. D'après le budget de 1859, il est porté à 37,300,000 fr. La plus grande partie de cette somme, comme dans les proportions constatées en 1837, reste toujours relative à la contribution mobilière [3].

La contribution sur la valeur locative d'habitation doit son nom impropre de *contribution mobilière* à ce qu'elle a été

---

trie. Mais l'art. 19 de la loi du 4 germinal an XI dit, en sens contraire, que les propriétaires des manufactures seront taxés seulement pour les fenêtres de leurs habitations personnelles et celles de leurs concierges et commis. La distinction entre les *usines* et les manufactures embarrasse souvent la jurisprudence. Mais les bâtiments affectés au commerce paraissent devoir être sans difficulté soumis à la taxe des portes et fenêtres, quoiqu'ils ne servent pas de base à l'assiette de l'impôt mobilier. Ces diversités d'assiette entre les taxes foncières, mobilières et des portes et fenêtres ajoutent à l'ensemble des obstacles qui empêchent la fusion quelquefois désirée d'impôts d'ailleurs rapprochés par leur objet commun, qui est la propriété bâtie.

[1] Loi du 21 avril 1832, art. 13 et 17.

[2] Voyez notre 1er volume, p. 154.

[3] Macarel et Boulatignier, *De la fortune publique*, t, III, p. 290.

regardée, par le législateur français, comme le seul moyen d'atteindre la fortune mobilière directement.

Dès 1791, on avait cherché à taxer, sous cette forme, cette branche de la richesse, déjà prise en considération auparavant [1].

La cote mobilière était fixée, par la loi du 18 février 1791, au vingtième du revenu mobilier évalué d'après le loyer. Un loyer de maison de 100 fr. supposait un revenu double ; de 100 fr. à 150 fr., un revenu triple ; de 500 à 1,000 fr., un revenu quadruple, et ainsi de suite.

On déduisait du revenu, ainsi calculé d'après le loyer, le montant du revenu foncier, dont le contribuable justifiait avoir payé l'impôt.

Une contribution assise sur ces bases méritait logiquement, sinon rigoureusement, le nom de *mobilière.* Aujourd'hui, l'impôt sur les valeurs locatives ne mérite aucunement ce nom. Il n'est mobilier que par opposition à l'idée d'une contribution exclusivement foncière.

D'après l'art. 20 de la loi du 21 avril 1832, dans les villes qui ont un octroi, le contingent personnel et mobilier peut être payé en totalité ou en partie par les caisses municipales, sur la demande qui en est faite aux préfets, par les conseils municipaux.

La portion à percevoir au moyen d'un rôle doit être répartie en cote mobilière seulement, au centime le franc des loyers d'habitation , après déduction· des faibles loyers, que les conseils municipaux croient devoir exempter de la cotisation.

Les délibérations prises par les conseils municipaux ne

---

[1] L'assemblée nationale, était-il dit dans l'instruction législative du 13 janvier 1791, savait d'ailleurs que dans plusieurs villes des administrateurs éclairés avaient réparti l'ancienne capitation à raison des loyers, et avaient trouvé ce moyen plus propre que tout autre à prévenir les inégalités et les injustices.

doivent recevoir leur exécution qu'après avoir été approuvées par ordonnance royale. Il y avait, en 1861, huit villes ayant profité de cette faculté de l'art. 20 de la loi de 1832 [1]. Paris est en tête de ces villes qu'on appelle parfois *rédimées* sous ce rapport de la contribution mobilière. En 1830, d'après le rapport au roi, les villes rédimées en tout ou partie étaient au nombre de vingt-cinq [2]. Trois d'entre elles, Paris, Nantes et Valognes appliquaient à l'impôt mobilier un tarif progressif. En 1837, le nombre des villes rédimées en tout ou partie était de seize [3]. La diminution du nombre est donc progressive depuis 1830.

Outre cette faveur facultative pour les petits loyers, la loi de 1832 établit, en règle générale, la dispense de toute contribution mobilière pour l'*indigence*. Le conseil municipal dresse la liste des réputés indigents.   •

L'art. 31 de la loi du 21 avril 1832 portait qu'il serait soumis aux chambres de cinq ans en cinq ans, un nouveau projet de répartition entre les départements, tant de la contribution personnelle et mobilière, que de la contribution des portes et fenêtres.

L'art. 2 de la loi du 14 juillet 1838, renouvelant, avec quelques modifications, cette disposition, portait qu'il serait soumis aux chambres, dans la session de 1842, et ensuite de dix années en dix années, un nouveau projet de répartition entre les départements, tant de la contribution personnelle et mobilière que de la contribution des portes et fenêtres. Cette disposition n'a point été exécutée par suite des difficultés qu'a éprouvée, en 1841, l'opération du recensement. La loi du 4 août 1844 abrogea l'art. 2 de la loi de 1838, et

---

[1] V. suprà, notre premier volume, *loco citato*.

[2] V. le curieux état de ces villes annexé au Rapport de 1830 et divisé en 4 catégories.

[3] Macarel et Boulatignier, t. III, p. 290.

prescrivit seulement la modification des contingents dépar-
tementaux pour les contributions personnelle et mobilière,
suivant les maisons détruites ou construites, et pour la contribution des portes et fenêtres, suivant le classement des
communes d'après la population [1].

L'impôt sur les logements n'a pas été introduit dans le système des revenus publics de la France, à titre d'impôt sur une
jouissance, mais comme une forme particulière d'impôt
général sur le revenu mobilier. Les faits ultérieurs ont tendu
à dénaturer cette signification théorique, et à faire prévaloir
le caractère d'impôt spécial sur une jouissance considérée
justement comme très-susceptible de servir de base à un
impôt.

Il est à remarquer en effet que les législateurs français du
siècle dernier avaient eu de nombreux devanciers dans leur
disposition à faire du logement, apprécié d'après la valeur
du loyer, le *criterium* extérieur de la fortune des contribuables, point de vue qui explique pourquoi l'impôt sur les
loyers a, en France, une extension qu'il n'a point dans
d'autres pays [2].

W. Petty, dans son traité des taxes, parle souvent de ce
qu'il appelle l'*excise accumulative* ou l'impôt sur une dépense
liée à plusieurs autres, et, à ses yeux, la taxe des loyers
paraît la meilleure des taxes de ce genre, la matière imposable étant facile à constater, d'un usage dont la suppression

---

[1] Voy. les *Éléments du droit public et administratif*, par M. Foucart, 4ᵉ édit.,
t. II, p. 388 à 390.

[2] Pour M. Hofmann, l'impôt sur les loyers, considéré en lui même, est lié aux
taxes directes sur le luxe. « Le logement, dit-il, n'est pas par lui-même un luxe.
Mais dans la mesure où les logements deviennent plus commodes, et sont en
même temps élégants et brillants, ils manifestent une dépense qui dégénère en *luxe*
et en devient même une des manifestations de ce genre les plus coûteuses.» (P. 223.)
De là la disposition de cet écrivain à concentrer l'impôt sur les loyers dans les
villes importantes et pour les logements d'un prix élevé, conformément, au reste,
à la pratique des quelques villes françaises rédimées (Hofmann, p. 237 et 244).

est difficile, et servant ainsi de base au produit le plus net [1].

C'est cette même théorie qui paraît avoir inspiré Mathieu Decker lorsqu'il a eu la pensée de faire d'un impôt sur les loyers l'impôt unique possible pour les besoins d'un pays donné [2]. Mais il s'agissait, pour W. Petty et Mathieu Decker, comme pour le législateur français, lorsqu'il a institué la contribution mobilière, de saisir la proportion de la fortune d'après l'importance du logement.

Lorsqu'au contraire, au moyen âge on imposait les maisons sans considération de leur importance, on s'éloignait entièrement de cette recherche de proportionnalité et l'on préludait à la pensée de l'égalité proportionnelle par un procédé un peu empreint d'égalité brutale.

Nous avons quelquefois fait remarquer, dans le cours de ces recherches, les relations qui rapprochent des taxes très-différentes, absolument comme dans le règne animal certains genres ont des points de contact quelquefois inattendus avec d'autres.

Les capitations se rapprochent des impôts sur les consom-

---

[1] Voy. le chap. xv intitulé : *Of Excise.*

[2] Le pamphlet assez rare de Mathieu Decker est intitulé : *Serious considérations on the several high duties which the nation in general (as well as it's trade in particular) labours under, whith a proposal for préventing the running* (contrebande) *of goads, discharging the trader from any search and raising all the publick supplies by one single tax.* By the late sir Mathieu Decker, 7ᵉ édition. Londres, 1756. 32 p. in 8°. (La 1ʳᵉ édition est datée de Londres, 1743, et a aussi 32 pages; elle porte : *By a whill wisher to the good people of great Britain.*) P. 14, on lit : « My proposal in short is this that there be but one single excise duty over all great Britain and that upon houses. » Mais on voit que l'impôt proposé par l'auteur est une sorte d'impôt sur les revenus fonciers, car il dit p. 19 : « The method i would point for collecting this duty is that every house in England which is either let for or inhabited by its owner worth 200 l. a year or upwards, or where the inhabitant is in possession of a real estate of 100 l. a year or more, let the house he liveth in be great or small, should pay 100 l.; and that all house may be ranged in their several classes, the lowest at 5 l. and the middle ones in proportion whith the addition of real estates annexed to them.

mations de nécessité ; l'impôt foncier et l'impôt sur les mutations nécessaires ont des rapports incontestables dans leurs résultats, de même les capitations ont des ressemblances frappantes avec les taxes sur les habitations, lorsqu'on ne tient aucun compte, comme il paraît en avoir été ainsi pour les *fouages* du moyen âge, de l'ampleur ou de la valeur locative des habitations. C'est ce que semble avoir senti Étienne Pasquier, lorsqu'il dit : «Par le même avis des » États, on met une nouvelle charge d'impôt sur le peuple, » qui se lève par capitations et feu, que l'on appela du com- » mencement *fouage*. Ce fut levé pour une fois et à petite » somme par tête [1]. »

La Pologne a été souvent soumise à une taxe sur les cheminées (podymne), qui avait été instituée pour la première fois en 1629, à l'occasion d'une guerre contre la Suède. Levé jusqu'en 1768, réorganisé en 1775, l'impôt a été en vigueur jusqu'en 1796 [2]

A Berlin il existe, outre la contribution foncière, un impôt prélevé sur les locataires (mieth steuer) à raison de 6 2/3 p. 100 du prix de location, avec exemption en faveur des loyers qui ne dépassent pas 30 thalers [3]. Les propriétaires qui occupent eux-mêmes leurs maisons y sont assujettis comme les locataires.

Le Piémont a modifié, par une loi du 28 avril 1853, les impôts personnel et mobilier, introduits par l'édit royal d 14 décembre 1818 [4]. L'impôt mobilier a été établi en raison

[1] *Recherches sur la France*, chap. xi.
[2] Golenski, p. 44.
[3] Cette taxe a été d'abord du douzième et ensuite du quinzième du loyer. La moyenne du produit de 1815 à 1821 a été de 170,538 thalers par an, au taux de 8 2/3 p. 100. Celle des produits de 1831 à 1838, sur le pied de 6 2/3 p. 100, a été de 283,280 thalers. (Hofmann : *Die Lehre von den Steuern*, p. 239 à 241.)
[4] Dans le budget italien de 1862, la taxe personnelle et mobilière qui paraît se rapporter presque exclusivement aux anciennes provinces piémontaises, est comp-

de la valeur locative des habitations et de leurs dépendances.
Il est assis par quotité et varie de 4 à 12 pour 100, suivant
l'élévation des valeurs locatives et la population des villes.
Le minimum de valeur locative imposable est de 150 livres à
Turin, et de 40 livres dans les communes au-dessous de
1,600 âmes de population. Voici, au reste, le tableau inséré
dans l'article 4 de la loi :

CATÉGORIES.	4 %	5 %	6 %	7 %	8 %	9 %	10 %	11 %	12 %
1. Cité et territoire de Turin jusqu'à l.	150	300	500	1,000	1,500	2,000	3,000	4,000	5,000 au-dessus.
2. Cité de Gênes.	120	240	400	800	1,200	1,600	2,000	3,000	4,000 id.
3. Communes de 20,000 h. et au-dessus.	80	120	200	400	600	800	1,200	1,600	2,000 id.
4. Communes de 10 à 20,000 h.	70	105	175	350	525	700	950	1,200	1,500 id.
5. Id. de 5 à 10,000 h. . . .	60	90	150	300	450	600	800	1,000	1,200 id.
6. Id. de 1,600 à 5,000 h. .	50	75	125	250	375	500	650	800	1,000 id.
7. Id. au-dessous de 1,600 h.	40	60	100	200	300	400	525	650	800 id.

L'Espagne ne paraît avoir aucune taxe sur les jouissances.
Un impôt sur les loyers y a été quelque temps perçu et ensuite abandonné [1].

L'impôt sur les loyers, sous le nom d'impôt *personnel*,
avait pris place dans le système de contributions centralisées,
établies dans les Pays-Bas au commencement de ce siècle,
sur l'initiative du grand pensionnaire Schimmel Penninck.
Aujourd'hui cet impôt, réuni à l'impôt sur les portes et
fenêtres et à l'impôt sur les cheminées, représente avec eux
les trois premières branches de la taxe personnelle perçue
dans les Pays-Bas depuis 1817.

Ce genre d'impôt est, comme nous avons déjà eu l'occasion de le dire, très-ancien dans cette contrée.

Il est question de l'impôt sur les foyers (haarstede) en

tée pour 7,387,863 liv. de produit ; mais la ventilation entre le personnel et le
mobilier n'est pas donnée dans le tableau que nous avons sous les yeux (*Annuario del ministero delle Finanze del* 1862, p. 382).

[1] Conte, t. II, p. 158.

Hollande, dès l'année 1537. La proposition de l'établir fut alors repoussée par le motif que cet impôt atteignait les pauvres aussi fortement que les riches [1].

En 1553 l'impôt fut établi sur le pied de 6 stuivers par foyer [2], et rapporta de 36,000 à 37,000 florins. Il fut levé, dans le siècle suivant, sur un taux plus élevé et ordinairement à titre de contribution de guerre, notamment en 1664, sous le gouvernement de Jean de Witt, à l'approche des hostilités entre la Hollande et Charles II [3].

Il fut, en 1665, mis pour moitié à la charge des propriétaires et des locataires, et dénaturé par une relation établie avec le loyer des bâtiments, en ce sens que les magasins et greniers privés de foyers furent supposés en posséder un nombre proportionné à leur valeur locative.

L'impôt sur les foyers fut fondu en 1732 dans la contribution foncière [4].

Lorsqu'un système unitaire de contributions fut établi en Hollande en 1805, un nouvel impôt de 10 pour 100 sur les loyers fut établi sous le nom d'impôt *personnel*. Il fut perçu sur les locataires et propriétaires habitant leur maison, et destiné à atteindre les logements comportant quelque luxe. Les maisons d'une valeur locative totale inférieure à 30 florins en furent exemptes.

A la suite de la réunion de la Hollande à l'empire français, le système de nos impôts fut introduit dans les Pays-Bas.

Dans le nouveau système d'impôts fondé par la loi de 1821 et 1822, et ultérieurement remanié depuis la séparation de la Hollande et de la Belgique par les lois hollan-

---

[1] Over de Belastingen, etc., p. 99.

[2] *Ibid.* p. 108, et Engels, p. 153 et suiv. Il résulte des renseignements de cet auteur (p. 95) que les autres provinces unies avaient des taxes généralement analogues à celles de la province de Hollande.

[3] Voy. l'ouvrage de Simons sur *J. de Witt et son temps.* 2ᵉ partie.

[4] Over de Belastingen, p. 149.

daises de 1833, 1836 et 1843 [1], l'impôt personnel a été assis sur les six bases que nous avons déjà fait connaître [2], et dont les trois premières se rapportent aux habitations d'une valeur locative supérieure à certains taux déterminés relativement à la population de la commune, tandis que les trois autres intéressent les objets mobiliers, les domestiques et les chevaux [3].

La première base de l'impôt personnel néerlandais est la valeur locative sur laquelle l'impôt dû par l'habitant pèse dans la proportion de 5 pour 100.

Le nombre des ouvertures, combiné avec la population du lieu, constitue la seconde base de l'impôt personnel sans aucune différence fondée sur l'étage auquel les ouvertures appartiennent, ni sur le nombre total des ouvertures de la maison [4].

L'impôt sur les foyers, troisième base de l'impôt personnel, s'élève, au contraire, progressivement par rapport au nombre des foyers dans le même logement. Les calorifères sont considérés comme équivalents à un certain nombre de cheminées égal à celui des pièces qu'ils chauffent, déduction faite des pièces renfermant un foyer taxé.

[1] La loi du 28 juin 1822, sauf de légères modifications dans les lois du 20 décembre 1831 et 12 mai 1837, est restée en vigueur en Belgique. En 1849, il a été proposé par M. le ministre des finances de Belgique de remplacer les foyers dans l'assiette de l'impôt personnel par les voitures, et d'introduire dans la loi de 1822 quelques changements dont certains étaient analogues aux modifications hollandaises. Le minimum de location applicable aux trois premières bases était élevé de manière à exempter 400,000 maisons sur 700,000 comptées dans le royaume. (Voy. l'*Exposé des motifs* du 16 février 1849, p. 7.)

[2] Voy. la subdivision du produit de l'impôt personnel dans le budget de 1834, d'où il résulte que les trois premières bases donnent environ les 3/4 du produit total.

[3] Voy. sur les diverses branches de l'impôt personnel le petit recueil de M. Ciriaci. La Haye, 1843.

[4] L'art. 13 de la loi du 18 juin 1822 établissait une distinction entre les portes et fenêtres du rez-de-chaussée et des deux premiers étages, et celles des étages supérieurs et des caves habitées dans les villes au-dessus de 5,000 âmes.

L'impôt est de 35 centimes pour un seul foyer, et de 5 florins par chaque foyer, quand le nombre s'en élève à dix dans la maison et ses dépendances, ou l'appartement habité par le contribuable, soit propriétaire, soit locataire.

Les fours ne sont pas soumis à l'impôt.

Le mobilier avait été déjà imposé [1] dans le système néerlandais de 1805, d'après un tarif gradué depuis 1 pour 100 sur le mobilier, valant de 500 à 4,000 florins, jusqu'à 1 1/2 pour 100 sur le mobilier valant plus de 8,000 florins.

Le mobilier servant à l'agriculture et à l'industrie, les bibliothèques, les collections de tableaux, les vêtements journaliers n'étaient pas compris dans le mobilier taxé ; les joyaux et les objets d'or et d'argent n'étaient comptés que pour moitié de leur valeur.

Suivant la législation relative à cette quatrième base de l'impôt personnel, la taxe a été rendue proportionnelle sur le pied de 1 pour 100. Le minimum, exempt d'impôt, se détermine d'après la valeur locative de l'appartement où le mobilier est déposé, et varie suivant la population de la commune. Enfin la liste des objets exempts est plutôt accrue que diminuée. Les joyaux, montres et objets d'or et d'argent sont taxés pour toute leur valeur. L'impôt frappe la jouissance du mobilier sans qu'on recherche la propriété ou la durée de la location. Les contribuables peuvent éviter l'estimation de leur mobilier en lui supposant une valeur déterminée par l'application d'un certain coëfficient à la valeur locative de leur logement, suivant la population.

Si les législations belge et hollandaise ont grevé d'impôts l'ensemble du mobilier garnissant les habitations, beaucoup d'autres États ont perçu des taxes sur certains objets spéciaux qui peuvent être atteints par la voie directe lorsque la pos-

[1] Engels, p. 188.

session en est, de sa nature, durable. On peut étudier des détails de ce genre dans les budgets américains, où l'on voit la taxe sur les montres, par exemple, figurer dans les recettes de plusieurs États, comme aussi la taxe sur les couteaux-poignards, les quilles et les pianos au Mississipi [1].

Il y a quelque chose de semblable dans les finances sué-doises. L'*allmœn bevillnning* a compris quelquefois des taxes sur les montres et aussi sur les meubles d'acajou et de soie. Une pièce tapissée de soie payait 6 rixdales en 1812 [2]. Ces dernières taxes, qui ont eu quelque analogie en Hanovre, je crois, se rattachent aux taxes sur les logements. L'Angleterre a perçu, comme l'Amérique et la Suède, des taxes sur les montres, mais l'essai n'a duré qu'un an [3].

L'argenterie n'a pas été seulement imposée à l'aide d'un droit de marque, comme en Angleterre [4] et en France, mais encore comme objet de luxe en Prusse, de 1809 à 1812 [5].

Les jeux sont taxés dans divers pays; les cartes sont impo-sées par diverses voies indirectes sur lesquelles nous revien-drons ailleurs; elles l'étaient avec les dés, en Hollande au XVIIIe siècle, nous ne savons d'après quel mode [6].

Les quilles sont imposées à Brême [7], les billards dans la

---

[1] Le produit de l'impôt, vers 1849, sur 912 pianos était de 516 dollars; 184 *bowie Knifes* ou couteaux-poignards payaient 184 dollars (*American Almanach de* 1849.) On a parlé récemment du projet de taxer les parapluies dans les États *fédéraux* belligérants de l'Amérique du Nord.

[2] *Revue contemporaine* de novembre 1857.

[3] Voy. l'ouvrage intitulé : *l'Angleterre en* 1800, imprimé à Cologne en 1801, p. 271, et le recueil chronologique anglais intitulé : *The Tablet of memory*. Lon-don, 1809, p. 120.

[4] Voy. Mac Culloch, *Taxation*, p. 275. Dans l'*École de la médisance*, de She-ridan, il est fait allusion à l'impôt sur certaine vaisselle (*french plate*); ailleurs, de la taxe sur l'argent travaillé (*wrought plate*). D'après le *Tablet of memory*, le *plate act* a duré de 1756 à 1780.

[5] Hofmann, p. 231.

[6] Engels, p. 145.

[7] Reden, t. I, p. 1574.

même ville, dans le canton de Vaud et à Genève [1]. M. Ritter von Hauer, rapporte que ces deux jeux furent simultanément taxés en Autriche en 1692.

En Angleterre, l'impôt sur la poudre à cheveux et les armoiries sont surtout des accessoires de la taxe sur les domestiques et les voitures [2].

La république de Venise a taxé même les perruques [3],

Charles XII, dans ses malheurs, établit une taxe sur tous ceux qui portaient de la soie dans l'étoffe de leurs vêtements, des perruques ou des épées dorées [4].

Par son édit du 23 avril 1743, Frédéric le Grand abolit divers impôts bizarres qui étaient levés en Silésie et qui étaient probablement perçus par la forme indirecte, tels que des taxes sur les bottes et autres chaussures, ainsi que sur la danse [5]. Les bottes et souliers ont été aussi imposés en Autriche, en 1642, et en Hollande, de 1674 à 1680 [6].

Il a été question, en Hollande, de taxer les fleurs, à l'époque où ces ornements de jardin étaient devenus dans ce pays l'objet d'un commerce passionné [7].

On ne sait trop s'il faut placer dans les impôts sur les jouissances, ou plutôt dans les impôts indirects sur les consommations, certaines des taxes que nous venons de rappeler,

[1] *Ibid.* Philippon et Hottinger, p. 96. Les billards figuraient aussi pour un produit de 6,685 livres dans le tableau des revenus de la Toscane, suivant le rapport adressé par M. Bowring à lord Palmerston. (Traduction italienne, publiée à Londres en 1838, p. 9.) Dans le budget du royaume d'Italie, pour 1862, le produit de cette taxe est porté à 8,800 liv. (*Annuario*, p. 384.)

[2] Voy. Rau, § 427 (d), *et infrà* ce que nous disons de ces taxes.

[3] Daru, *Histoire de Venise*, t. IV, p. 669. 1re édition.

[4] Voltaire, *Histoire de Charles XII*; Sinclair, *Analyse des sources du revenu public*, p. 44.

[5] *Vie de Frédéric II*, publiée en 1788 à Strasbourg, chez Treuttel, p. 221 et 223.

[6] V. Ritter von Hauer et Engels (p. 140).

[7] Kerroux, *Abrégé de l'histoire de la Hollande*, p. 587.

et surtout le petit timbre levé dans les Pays-Bas sur des marchandises de luxe [1] dont certaines, comme les pendules et
horloges, paraissent cependant en eux-mêmes des objets
de jouissance plutôt que de consommation.

[1] Engels, p. 194.

CHAPITRE II.

L'impôt sur les jouissances ne s'est pas arrêté aux habitations, à leurs accessoires fonciers et mobiliers : après les objets matériels, il a atteint les êtres animés, appropriés à des titres divers au service de la richesse, tels que les domestiques, les chevaux, etc., dont l'entourage et les services ont paru un luxe facile à atteindre et plus caractérisé que les conditions de l'habitation, souvent communes, sauf l'importance à toutes les classes de citoyens.

Cependant les impôts sur les domestiques en particulier sont peut-être nés aussi des impôts de capitation que le maître était tenu d'acquitter pour ses serviteurs. D'après l'article 15 de la loi piémontaise du 28 avril 1853, un impôt sur les domestiques est rattaché à l'impôt personnel : cette dernière taxe est accrue de 3 liv. par servante et de 6 liv. par serviteurs, sans distinction, soit que lesdits domestiques reçoivent ou non le logement et la nourriture de ceux qu'ils emploient.

Lorsque les capitations ont fait place à des impôts plus justes et mieux répartis, on a considéré le nombre des domestiques comme un indice de la fortune de leurs maîtres,

et cet impôt a acquis dans certains pays quelque développement.

La république de Venise leva, à l'époque de la guerre de
Chioggia, une taxe de 3 livres d'argent par mois pour chaque
esclave que posséderaient les citoyens [1].

Dans la Hollande, dont il faut toujours parler comme de
la terre classique de la fiscalité, les impôts sur les domestiques sont fort anciens. Dès l'année 1636 [2], une taxe de
1 florin par tête pour chaque domestique de l'un ou l'autre
sexe y fut établie, sous le nom de *heeregeld*. En 1680, l'impôt fut gradué et porté à 6 florins par domestique pour les
citoyens qui étaient cotisés au 200° denier sur une valeur de
1,000 florins au moins [3], et à 3 florins par tête pour ceux
qui étaient moins riches.

En 1749, le *heeregeld*, combiné avec un autre impôt
nommé *redemptiegeld*, fut établi sur une échelle progressive
par rapport au nombre des domestiques ; le tarif était de 4
florins pour un domestique, 14 pour deux, 24 pour trois,
36 pour quatre, et 10 florins par domestique au-dessus de
cinq.

En 1791, la progression fut rendue plus rapide et en
même temps son accroissement fut indéfini, de telle sorte
que l'impôt de 6 florins pour un domestique, était 530 florins pour vingt domestiques.

Les ouvriers étaient assujettis à un droit fixe de 3 florins
par tête. Lors de l'établissement du système unitaire des
contributions dans les Pays-Bas en 1805, la progression
établie par la loi de 1791 fut adoucie [4].

---

[1] Daru, t. III, p. 79.

[2] Engels, p. 130.

[3] On appelait demi-capitalistes ceux qui étaient reconnus possesseurs de
1,000 florins, et capitalistes complets ceux qui possédaient 2,000 florins. (Engels,
p. 144).

[4] Engels, p. 186.

L'impôt sur les domestiques, ainsi acclimaté par un usage séculaire, a été incorporé dans l'ensemble de l'impôt personnel néerlandais, dont il constitue le cinquième élément. Dans cette nouvelle législation, les domestiques et ouvriers ont été divisés en cinq classes [1] : la première classe comprend les domestiques attachés au service de la personne, de la maison ou de l'écurie ; la deuxième, les serviteurs attachés à un travail permanent de jardinage ; la troisième, les serviteurs, aides et apprentis des deux sexes exclusivement employés dans l'exercice des professions étrangères aux manufactures et au trafic, telles que l'agriculture, la boulangerie, la boucherie, la pharmacie, etc. ; des prescriptions et conditions minutieuses établissent la limite entre la troisième et la première classe, relativement aux domestiques agricoles qui rendraient quelques services personnels à leurs maîtres. La quatrième classe comprend les domestiques attachés au service d'écurie chez les agriculteurs, médecins, ecclésiastiques et fonctionnaires publics, dans certaines conditions déterminées, et les jardiniers, non compris dans la deuxième classe ; les femmes de chambre, de quinze à dix-huit ans; les ouvriers servant des fabricants et traficants ; et ceux de quelques autres professions dont les maîtres paient la taxe de première classe relativement à leurs chevaux. La cinquième classe comprend les serviteurs attachés à la garde d'une maison en l'absence des maîtres.

Le droit dû dans la première classe s'élève progressivement avec le nombre des serviteurs. Il est de 5 florins pour un domestique et de 270 florins pour douze domestiques ; le droit est de 40 florins par domestique au-dessus de ce chiffre.

Dans la deuxième classe, le droit est de 15 florins pour un jardinier et de 5 florins pour un aide-jardinier.

[1] Ciriaci, p. 17.

Dans la troisième classe, la taxe est de 2 florins par tête.

Dans la quatrième classe, de 3 florins.

Et dans la cinquième, de 6 florins.

Sans vouloir mentionner les diverses dispositions de détail relatives à l'assiette de la taxe néerlandaise sur les domestiques, nous nous bornerons à ajouter que la loi consacre des immunités relatives aux gouverneurs et gouvernantes, sous-maîtres et sous-maîtresses, employés à l'éducation ; aux messagers et couriers ne portant pas de livrées, ne demeurant pas chez leurs maîtres ou attachés au service de plusieurs ; aux nourrices ; aux femmes de chambres, âgées de moins de quinze ans ; aux ouvriers de la troisième classe âgés de plus de soixante-cinq ans, aux couturières ne travaillant pas plus de trois jours par semaine dans le même ménage ; aux serviteurs attachés aux établissements d'instruction ou de bienfaisance publique ; aux domestiques et ouvriers parents au troisième degré des maîtres qu'ils servent ; aux ouvriers des fabricants et commerçants, qui ne rendraient aucun service ; enfin aux servantes attachées seules aux personnes tenant chez elles au moins quatre enfants ou petits-enfants mineurs.

Genève devait tirer, en 1846, 19,000 francs d'un impôt sur les domestiques [1].

Prittvitz et Hoffmann nous apprennent aussi que des taxes analogues ont été levées en Prusse de 1810 à 1814 et nous donnent à ce sujet divers détails [2].

La Suède a eu des taxes sur les chapelains domestiques

---

[1] *Der Staats haushalt der Schweizerichen Eidgenossenschaft*, par Hottinger, p. 96.

[2] Pour les domestiques mâles employés à l'usage personnel, le taux était de 6 th. pour un domestique, de 16 th. pour 2, de 30 th. pour 3, de 48 th. pour 4, de 75 th. pour 5, et au-dessus de ce nombre de 20 th. par tête. Pour les servantes, la taxe était de 4 th. pour 2, de 9 th. pour 3, de 16 th. pour 4, de 25 th. pour 5 et de 6 th. par tête si le nombre dépassait 5 (*Die Lehre von den. Steuern*, p. 229, et Prittwitz, *Theorie der Steuern und Zœlle*.

considérés comme objet de luxe pour les familles qui les entretenaient. Nous n'en parlons ici que pour les nécessités de la classification systématique. Les domestiques proprements dits donnaient lieu aussi, dans le même temps, à la même époque de 1812, à des impôts croissant progressivement avec le nombre des domestiques employés [1].

Le Portugal a dans son budget une taxe sur les *criados* (domestiques) [2] *y cavalgaduras* (chevaux).

Ceci nous amène à un objet assez fréquemment taxé dans l'histoire, les chevaux et voitures.

L'antiquité offre des traces d'impositions pour les voitures, et Nerva passe pour avoir aboli une lourde taxe de cette nature [3].

Si nous voulions passer de l'antiquité aux annales des peuples barbares modernes, nous signalerions aujourd'hui l'impôt sur les chameaux dans divers pachaliks turcs [4]. Est-ce toutefois un impôt sur une jouissance ou sur un élément de *richesse* agricole arbitrairement choisi?

D'après M. Ritter von Hauer, un impôt de 3 florins par mois fut établi en 1697 sur les voitures de louage et calèches, à Vienne en Autriche.

Au xviie siècle, on levait en Hollande, sur les propriétaires de chevaux, un impôt de 1 ou 2 stuivers par mois, suivant

---

[1] Article sur l'impôt général de Suède dans la *Revue contemporaine* de 1857.

[2] Quelques Etats du sud de l'Amérique septentrionale ont spécialisé les esclaves parmi les objets qu'ils paraissent avoir voulu saisir comme la principale représentation de la propriété mobilière. Mais le *Moniteur* du 1er juin 1862 mentionne le projet émis à Washington de frapper un impôt très-lourd sur la propriété en esclaves. Il aurait pu y avoir là un moyen de rendre l'esclavage onéreux aux maîtres. Des mesures plus violentes paraissent avoir occupé depuis lors la scène, dans le conflit au sujet des esclaves entre les deux parties de l'ancienne confédération américaine,

[3] Voy. Sinclair, *Analysis of the sources*, p. 80.

[4] *Revue contemporaine*, t. XXV, p. 65 et suiv., article de M. Poujade sur les finances de la Turquie.

l'âge des animaux [1]. A la même époque, les charrettes et voitures étaient grevées d'une taxe établie depuis 1671 [2] et qui variait suivant des catégories déterminées, depuis 2 stuivers et 8 deniers, jusqu'à 1 florin et 10 stuivers par trimestre.

En 1671, cette taxe rentra dans un nouvel impôt sur les carrosses, calèches, voitures, chevaux, yachts et barques de plaisir, impôt qui répondait aux besoins de la guerre imminente entre les Provinces-Unies et la coalition de la France et de l'Angleterre.

Le droit fut :

Pour un carrosse à 6 chevaux de. . . . . 100, fl.
— un carrosse à 4 chevaux de. . . . . · . 75
—   — à 2 chevaux de. 50
— une voiture couverte à 4 chevaux de. 65
—   —   — à 2 chevaux de. 40
— une voiture découverte, chaise ou calèche à 2 chevaux de. . 30
—   —   — à 1 cheval de. 20
— un cheval de selle. 15

Pour une voiture de ville sans chevaux, l'impôt était de 12 à 15 florins et plus tard de 5 à 15 florins.

Tous ceux qui payaient l'impôt sur les transports [3] ou qui étaient·obligés d'entretenir des chevaux pour l'exercice de leur profession, tels que les brasseurs, fabricants de drèche ou de gruau, débitants d'huile, etc., étaient dispensés de l'impôt Les yachts et les barques de plaisir, supportaient un impôt du vingtième de leur valeur [4].

En 1749, on ajouta aux prescriptions de 1671 un droit sur les loueurs de chevaux qui était de 20 florins pour un

[1] Engels, p 114.
[2] Ibid., p. 134 et suiv.
[3] Cet impôt, appelé rcergeld, établi en 1666, était du quart du prix des places dans les voitures ou barques de transport. (Engels, p. 139.)
[4] Engels, p. 133.

cheval, qui s'élevait ensuite graduellement à 100 florins pour six chevaux, et avait son maximum à 120 florins pour six chevaux.

Cette législation fut remplacée en 1781 par une taxe dite *plaisier-geld*, levée sur tous ceux qui avaient à leur usage ou louaient à d'autres des chevaux, voitures ou bateaux d'agrément, comme le nom de cette taxe *sur le plaisir* l'indiquait assez.

L'impôt était :

Pour une voiture à 4 roues appartenant à un particulier.	150 fl.	
Avec 4 chevaux.	100	en sus.
Avec 3 chevaux.	80	en sus.
Avec 2 chevaux.	70	en sus.
Pour une voiture à 2 roues avec plus d'un cheval. . .	40	
Pour une voiture à un cheval.	30	
Pour un cheval de selle.	20	
Pour chaque cheval, autres que ceux de voiture et de selle, mais pouvant servir à remplacer ces derniers . .	11	
Les loueurs de voiture payaient pour un cheval. . . .	22	
Pour 2 chevaux.	33	
Pour 3 chevaux.	44	
Pour 8 chevaux.	140	
De 8 à 10 chevaux.	150	
De 10 à 12 —	160	
De 12 à 15 —	170	
De 15 à 20 —	190	
Et au-dessus de ce nombre, 20 fl. en sus pour cinq chevaux.		
Les voitures et charrettes des agriculteurs non suspendues et à un seul cheval, celles des fabricants de gruau, bouchers et blanchisseuses supportaient un droit de. .	5 fl.	10 st. p. 100
Les propriétaires et loueurs de yachts et bateaux de plaisir payaient un impôt, les premiers (par 100 fl. de valeur) de.	5	10 st. p. 100
Les seconds (pour 100 fl. de valeur) de.	7	

En 1805 [1] l'impôt fut assis sur les chevaux de luxe, soit de selle, soit de trait, possédés, soit à titre de propriété, soit

___
[1] Engels, p. 186.

à titre de location, dans la progression suivante qui est assez remarquable par ses intermittences.

Pour le premier cheval	25 fl.
— le second —	45
— le troisième —	25
— le quatrième —	75
— le cinquième —	25
— le sixième —	115
Et pour chaque cheval en sus.	50

Il y eut en outre un droit de 6 florins sur les chevaux de commerçants, fabricants et blanchisseurs et 1 florin 10 sur les chevaux employés à l'agriculture. Ce dernier droit s'élevait à 5 florins, si ces animaux étaient aussi employés à un service d'agrément [1].

Dans la législation actuelle de l'impôt sur les chevaux qui constitue la sixième base de la contribution personnelle néerlandaise, les animaux sont soumis à l'impôt dès que leur dentition indique l'âge de quarante-deux mois, et divisés en six classes.

La première classe contient les chevaux de luxe, c'est-à-dire ceux qui servent à la selle ou sont employés à tirer des voitures suspendues : le droit est de 25 florins pour un cheval, 55 pour deux, 80 pour trois, et 20 florins par cheval en sus. Le droit est réduit d'un cinquième en faveur des personnes habitant des communes dont la population ne dépasse pas 3,000 âmes, qui ne possèdent pas plus de deux chevaux de la première classe, et dont les domestiques ne portent pas de livrée.

La seconde classe renferme : 1° les chevaux jusqu'au maximum de deux, dans les conditions déterminées pour la première classe, mais qui sont employés par des médecins, officiers de santé, chirurgiens, accoucheurs ; au delà du

---

[1] V. Engels, p. 187 et pour les produits en 1807 et 1808 le tableau inséré, p. 207.

nombre de deux, les autres rentrent dans la première classe.

2° Le cheval d'un ecclésiastique des campagnes attelé à une voiture suspendue, les autres chevaux rentrant dans la première classe. (Il y a immunité pour le *cheval unique* appartenant à un ecclésiastique des campagnes et qui n'est point employé à l'attelage d'une voiture suspendue.)

3° Le cheval employé à un attelage suspendu, mais qui appartient à un fonctionnaire de l'État, tenu d'avoir des chevaux d'après les règlements de sa profession, ou à un militaire. Les autres chevaux dans les mêmes conditions, sont rangés dans la première classe.

Sont exemptés les chevaux appartenant aux officiers de l'armée et de la milice (schuttery), ainsi qu'aux fonction · naires publics, conformément aux obligations réglementaires, mais qui ne sont pas employés au tirage de voitures suspendues.

Le droit de la deuxième classe est de 15 florins par cheval.

La troisième classe comprend les chevaux employés par les agriculteurs, soit pour la selle, soit pour l'attelage des voitures suspendues, sans siége séparé pour le cocher.

On classe de la sorte un cheval pour l'agriculteur qui cultive au moins quatre arpents de terre labourable ou huit arpents de pâturage ou de prairie, et deux chevaux pour celui qui cultive au moins dix arpents de terre labourable ou vingt arpents de pâturage ou de prairie. Les chevaux au-delà de ce nombre et consacrés au même usage restent dans la première classe.

Quant aux chevaux uniquement employés au service de l'agriculture, ils sont tout à fait exempts d'impôts.

Le droit dans la troisième classe est de 10 florins pour un cheval et de 25 florins pour deux chevaux au service de la selle ou des voitures suspendues sans ressorts de fer ou

d'acier. Il descend à 5 florins pour un cheval et 16 florins
pour deux chevaux attelés à des voitures suspendues d'une
autre manière.

La quatrième classe comprend les chevaux dont les services sont loués, comme ceux des maîtres de poste, entrepreneurs de diligences, loueurs, etc.

Toutefois les chevaux loués d'une manière permanente à
la même personne rentrent dans la première classe, et
l'impôt est payé par les locataires. On considère même
comme tels les chevaux loués à la journée à la même personne, suivant une répétition moyenne de quatre jours au
moins par semaine.

Le droit dans la quatrième classe est de 8 florins par
cheval.

On range dans la cinquième classe, sous un droit de
3 florins par cheval, les chevaux employés au service des
fabriques et de l'industrie, ainsi qu'au transport des personnes et des marchandises dans les voitures non suspendues. Toutefois les chevaux employés au tirage des bateaux
ne contenant que des marchandises paient seulement le
demi-droit affecté à la cinquième classe.

Une sixième classe a été établie en vue des marchands
de chevaux qui n'emploient pas les animaux en leur possession à la location ou à l'attelage des voitures suspendues,
suivant les emplois qui déterminent la quatrième ou la première classe.

Le droit de la sixième classe est de 25 florins par dizaine
de chevaux; les fractions de dizaine comptent pour une
dizaine entière.

Un système analogue à celui de la Hollande a été après
la révolution de 1830 conservé dans le royaume de Belgique, sauf quelques modifications proposées en 1848 et
dont je n'ai pas su le résultat définitif, et M. Rau évalue à

290,000 fr. le produit de la taxe sur les chevaux dans ce pays [1].

Dans la Grande-Bretagne, les taxes sur les domestiques, sur les chevaux et voitures et sur les chiens remontent au XVIIIᵉ siècle et sont rapprochées avec d'autres taxes de ce genre, sous la rubrique des *assessed-taxes*.

Dès 1693 même, les voitures de louage de Londres furent soumises à une taxe et placées sous l'administration de commissaires, en dépit de la résistance des femmes des cochers qui s'attroupèrent autour de Westminster et Whitehall et huèrent les représentants [2].

Dans le XVIIIᵉ siècle, Smith mentionnait un droit de 4 liv. st. par an pour le privilége de rouler carrosse, et ce droit avait été institué en 1747. Il fut à la fin du siècle porté à 9 liv. 12 sch. [3].

Le produit de l'impôt sur les domestiques dont l'origine remonte, dit-on, à l'année 1775 [4], dans la Grande-Bretagne, était, en 1843, de 200,252 liv. st., d'après Mac Culloch [5], et celui de l'impôt sur les chevaux et voitures de 376,000 liv. st. d'une part et de 428,904 liv. st. d'autre part [6].

Le dernier acte réglant les *assessed-taxes* dans la Grande-Bretagne est du 20 août 1853.

La cédule C se rapporte aux domestiques, la cédule D aux voitures, les cédules E et F aux chevaux et mulets, la cédule G aux chiens, la cédule I aux personnes portant de la poudre aux cheveux, et la cédule K aux armoiries.

---

[1] § 427.

[2] *Histoire de Guillaume III*, par Macaulay, traduction d'Amédée Pichot, t. II, p. 217.

[3] Voy. la *Richesse des nations*, traduction de Garnier, t. II, p. 570. (Édition de 1843.) Voy. aussi la traduction de l'ouvrage de Raumer, p. 212, et Sinclair, *History of the public revenue*, t. II, p. 29.

[4] *The Tablet of memory*, p. 116.

[5] *Taxation*, p. 486.

[6] *Id., ibid.*

Le droit annuel pour les domestiques est de 1 liv. 1 sch. pour les domestiques au-dessus de dix-huit ans et de 10 sch. 6 deniers pour les domestiques au-dessous de dix-huit ans. Il est payable par les maîtres. Sont exemptés les membres de la famille royale, les officiers des armées de terre et de mer pour leurs domestiques-soldats, les ascendants, servis par des fils ou petit-fils, âgés de moins de vingt-un ans, les marchands de comestibles, les aubergistes et loueurs de chevaux, pour certains de leurs domestiques, etc.

L'impôt sur les domestiques avait produit dans la Grande-Bretagne, 183,542 liv. en 1843. Le produit, malgré une réduction de taxe prononcée en 1853, a été de 198,297 liv. pour l'année terminée au 31 mars 1860 [1].

Le droit sur les voitures est, par an, déterminé ainsi qu'il suit :

Pour les voitures à quatre roues traînées par 2 chevaux ou mulets. . . . . 3 liv. 10 s.

Pour les mêmes voitures traînées par un cheval ou un mulet. 2 liv.

Pour les voitures à quatre roues ayant chacune moins de 30 pouces de diamètre et traînées par deux poneys ou mulets, aucun d'eux n'ayant plus de 13 mains de hauteur. . . . 1 liv. 15 s.

Pour les mêmes voitures traînées par un seul cheval ou un seul mulet. . . . . 1 liv.

Pour toute voiture ayant moins de 4 roues et traînée par deux chevaux ou mulets. . . . . 2 liv.

Pour toute voiture traînée par un cheval ou un mulet. . . 15 s.

— — par un poney ou un mulet n'ayant pas 30 mains de hauteur. . . . . 10 s.

Le droit est réduit à moitié si la voiture n'est gardée que pour la destination du louage.

---

[1] Les produits des *assessed-taxes* pour cette époque récente sont empruntés par moi aux notes instructives que M. Hendriks a ajoutées à la traduction anglaise donnée par lui dans le *Journal de la Société statistique de Londres* de juin 1861, de mon Étude concernant les *Impôts sur les jouissances*, publiée dans le *Journal des Économistes* d'avril 1862 et complétée en même temps que remaniée dans le présent livre.

Il y a des droits particuliers de 2 liv. 6 den. 8 pour les voitures à quatre roues et de 1 liv. 6 sch. 8 den. pour les voitures ayant moins de quatre roues, possédées par des voituriers dans le but principal de transporter des marchandises.

Sont exemptées les voitures des membres de la famille royale, les voitures publiques pour lesquelles une licence est payée, les voitures servant exclusivement à l'agriculture, même lorsqu'elles serviraient à porter leur propriétaire et sa famille au lieu du culte divin.

Le produit de la taxe pour les voitures a été, dans l'année expirée au 31 mars 1860 [1], de 319,334 liv.

Le droit pour les chevaux est déterminé ainsi qu'il suit :

Pour tout cheval de course.	3 liv. 17 s.
Pour tout cheval ou mulet excédant 13 mains de hauteur et entretenu pour la selle ou pour traîner une voiture sujette à l'impôt.	1 liv. 1 s.
Pour tout cheval ou mulet non compris dans les deux articles précédents, mais ayant plus de 13 mains de taille. .	10 s. 6
Pour tout poney ou mulet n'atteignant pas 13 mains et entretenu pour la selle ou le tirage d'une voiture sujette à l'impôt.. . . . , ...	18 s. 6
Pour tout poney ou mulet servant à tout autre usage. .	5 s. 3

Le droit est réduit à 10 sch. 6 den. pour les médecins, ecclésiastiques et fermiers qui n'ont qu'un cheval ou mulet de selle ou de trait.

Les membres de la famille royale, les possesseurs de chevaux employés pour l'agriculture, les voitures publiques, le service militaire, les mines, la reproduction, etc., sont

---

[1] Outre l'impôt général sur les chevaux, il existe un impôt local à Glascow sur les mêmes animaux. Son taux est de 21 schellings par cheval. Nous trouvons ce fait mentionné dans le *Rapport sur les taxes locales* du Royaume-Uni, rédigé pas MM. Fisco et Vanderstraeten et déposé par le ministre des finances de Belgique. Bruxelles, 1859. V. p. 247 et 315.

exemptés sous diverses conditions énumérées dans les cédules E et F.

Le produit pour l'année finie au 31 mars 1860, a été de 358,686 liv.

La cédule G règle l'impôt sur les chiens, établi, dit-on, pour la première fois en Angleterre en 1796 [1]. Elle fixe un droit annuel de 12 sch. sur ces animaux, avec cette clause que l'impôt ne peut dépasser 39 liv. 12 sch., quel que soit le nombre des chiens possédés en même temps par le même contribuable, ou 9 liv. pour un nombre quelconque de lévriers (*greyhounds*).

Sont exemptés de la taxe, les chiens (*dogs*) appartenant aux membres de la famille royale, ceux qui ne sont pas âgés de six mois au moment de la déclaration demandée, enfin ceux qui sont entretenus exclusivement pour la garde et la conduite du bétail et qui n'appartiennent pas à des espèces déterminées (*greyhound, hound, pointer, setting dog, spaniel, lurcher or terrier*).

D'après un journal français (*Constitutionnel* du 27 janvier 1856), l'Angleterre possédait à la même époque 19,995 lévriers, 14,500 chiens de chasse et de fantaisie, 218,770 chiens communs et 900 meutes payant en tout 5,565,700 fr. de taxe. M. Hendriks a donné une statistique rectifiée qui se résume dans un produit de 199,746 liv. pour 333,252 chiens, ce qui donne un chiffre moindre, soit d'une manière absolue, soit relativement au nombre de chiens taxés. L'impôt au reste produit, aujourd'hui suivant ce statisticien, le triple de ce qu'il rapportait à l'origine, et cela grâce à l'accroissement des droits.

L'impôt sur la poudre à cheveux peut-être surtout considéré comme un accessoire de la taxe sur les domestiques

---

[1] *The Tablet of memory*, p. 108.

en Angleterre. Toute personne qui se sert de poudre à cheveux, y paye annuellement 1 liv. 3 sch. 6 den.

Exemption pour les serviteurs des membres de la famille royale.

Cet impôt qui rendait, en 1796, 210,136 liv., n'a produit en 1855 que la somme dérisoire de 1,405 liv.

L'impôt sur le port d'armoiries, sur voitures, cachets, argenterie ou tout autre objet, est de 2 liv. 12 sch. 9 den. par an, si le contribuable paye déjà pour une voiture, 3 liv. 10 sch., et de 13 sch. 2 den. dans les autres cas.

Exemption pour les membres de la famille royale ou pour les personnes portant certaines armoiries publiques par droit d'office.

L'édit du 28 octobre 1810, qui établit en Prusse des taxes de luxe sur les domestiques, en introduisit aussi qui atteignaient les voitures, les chevaux et les chiens.

Une voiture à quatre roues destinée à la *commodité personnelle*, payait 8 th. par an. Une voiture à deux roues ne payait que 6 th.

Quant aux chevaux, l'impôt était progressif, comme nous l'avons déjà constaté pour les domestiques.

1 cheval de selle ou de voiture payait.	6 th.
2 chevaux payaient par tête.	8
3 chevaux.	10
4 ou plus.	15

Chaque chien, sauf ceux qui servaient à l'agriculture ou à l'exercice d'un métier, était taxé à 1 th. par tête [1] Cette dernière taxe transformée est la seule qui ait survécu aux circonstances de lutte nationale qui avaient fait introduire en Prusse les contributions en question.

Hofmann, p. 229 et 230. D'après cet écrivain, l'impôt sur les domestiques, chevaux et voitures dont on avait attendu 213,470 th., rendit seulement 158,828 th. en 1811.

On trouve en Suisse quelques impôts sur les jouissances
de luxe. Ainsi il avait été établi, en 1803, dans le canton de
Vaud, un impôt sur les domestiques mâles, les chevaux de
selle ou de cabriolet, les voitures et les permis de chasse,
soit sans chien, soit avec un ou plusieurs chiens. Plus tard,
ces impôts ont été modifiés ; on en a exempté les domestiques, mais on y a ajouté une taxe sur les billards que nous
avons citée plus haut.

Ces impôts modifiés ont produit en moyenne 7,852 fr.
dans les dix années écoulées de 1821 à 1830 [1].

Une taxe spéciale sur les chiens, établie dans le même
canton quelques années plus tard (loi du 11 juillet 1833),
paraît avoir donné à elle seule un produit aussi considérable [2].

A Bâle, par la loi du 7 avril 1818, les chevaux de selle supportent un impôt de 16 fr., et les voitures à deux chevaux
une taxe de 30 fr. [3].

A Brême, d'après la loi du 28 décembre 1816, le droit est
de 25 rl. pour une voiture à deux chevaux ; cela semble s'appliquer même aux chevaux du commerce et de l'industrie [4].

L'Union américaine a quelquefois levé, pour ses besoins
extraordinaires, des taxes sur les voitures [5].

Rome moderne a eu longtemps une taxe sur les chevaux
de luxe. M. Hendriks pense en avoir trouvé la trace dans les
comptes du revenu public de la Cité en 1594-95. On la trouve
mentionnée dans les budgets de l'empire français au temps
où Rome en faisait partie. L'art. 4 de la loi du 20 avril 1810
porte que la contribution sur les chevaux de luxe de la ville

---

[1] *Des impôts dans le canton de Vaud*, par Philippon, p. 17 à 23, 32, 86 et
123.
[2] *Ibid.*, p. 33.
[3] Rau, § 427.
[4] Rau, § 427.
[5] Seybert, *Statistical annals*.

de Rome sera perçue en 1811 sur le même pied qu'en 1810.
C'est sans doute cette même taxe qui est citée dans la Statistique de l'Italie du comte Serristori, publiée à Florence
en 1839. Le produit de la *tassa su i cavalli* en 1835, est
donné dans ce recueil comme atteignant 82,306 écus, les
frais de perception étant de 650 [1].

La loi du 1er mai 1853, imposant une taxe sur les voitures
publiques et particulières en Piémont, se compose des dispositions suivantes :

Le titre Ier est relatif aux voitures publiques. La taxe est
d'un certain nombre de centimes par cheval et par kilomètre sur chaque course pour certaines voitures, et de
sommes fixes de 70 à 10 liv. pour les autres voitures par-
courant de petits rayons ou voitures de place.

Le titre II traite des voitures particulières.

D'après l'art. 13, la taxe sur les voitures particulières est
due pour les voitures *suspendues* destinées au transport des
personnes, sans égard au titre par lequel on en a l'usage ou
la disponibilité.

Art. 14. La taxe est fixée :

Pour toute voiture à deux roues et à un seul cheval, à
7 liv. 50 c. par an dans les communes ayant une population
moindre de 50,000 habitants, et à 10 livres dans les communes d'une population supérieure.

Pour toute voiture à quatre roues et à un seul cheval, à
15 livres par an dans les communes ayant moins de 50,000
habitants, et à 20 livres pour les communes d'une population plus grande; s'il y a deux chevaux, l'impôt est de
40 livres par an.

On considère comme à deux chevaux les voitures ayant
plus de trois places disponibles pour le transport des per-

[1] *Statistica degli stati pontificii*, p. 35.

II.   10

sonnes, en y comprenant celle du conducteur, lors même qu'elles seraient alternativement employées avec un seul cheval.

Les chars de côté et les chars-à-bancs non suspendus *su molle*, à un seul cheval et ayant un seul siége outre celui du conducteur, sont assimilés, pour la taxe, aux voitures à deux roues à un seul cheval.

Les traditions du régime fiscal français offrent peu de traces des impôts sur les jouissances en dehors de ceux qui sont établis sur les loyers, portes et fenêtres.

On dirait que les impôts de luxe répugnent un peu à une nation qui aime l'éclat, et ne veut pas interposer la main sévère et inquisitoriale du fisc entre l'homme et la propriété qui est pour lui un objet de vanité ou de plaisir.

L'impôt sur les chapeaux, essayé sous Louis XIV, et qui fut considéré comme ayant presque ruiné les manufactures françaises n'eut ce résultat que par suite de la réglementation exclusive qui y était associée [1].

Mais l'édit de M. de Silhouette, sur l'imposition du luxe (septembre 1759), inspiré sans doute par Forbonnais, son collaborateur, resta sans exécution, et valut au ministre d'être remplacé par M. Bertin, le 21 novembre de cette même année [2]. « La prodigalité et le luxe qui règnent encore dans les villes, avait dit le contrôleur général, ne paraissent pas per-

[1] *Moniteur* du 27 novembre 1858. Forbonnais : *Recherches*, etc., t. I, p. 54.
[2] Voy. *Collection de comptes rendus*, imprimée à Lausanne en 1788 (ouvrage attribué à Mathon de La Cour). Cependant, d'après un écrivain moderne : « Silhouette aurait peut-être triomphé de la résistance intéressée du parlement si les exigences intempestives de la guerre et de la cour ne l'eussent bientôt forcé à se dépopulariser par le rétablissement d'anciens impôts justement décriés. » (Compte rendu de l'ouvrage anglais de M. Murray sur les *Finances de Louis XV. — Débats* du 13 novembre 1858 et l'ouvrage anglais, p. 269.) On trouve dans un ouvrage français placé sous le nom d'un homme d'État du temps de M. de Silhouette, une proposition d'impôt sur les chevaux et domestiques : Voy. *Testament du maréchal de Bellisle*, p. 174 et suiv.

mettre de se dispenser d'attaquer tous les moyens de luxe qui sont susceptibles d'être taxés. C'est, d'ailleurs, le seul moyen d'étendre les impositions sur la classe des riches, dont la fortune se renferme dans un portefeuille, et que les emprunts n'ont que trop multiplié aux dépens des autres classes [1]. »

A la fin du siècle dernier, la résistance des parlements n'avait servi qu'à engloutir leurs attributions politiques, parfois mal exercées comme peu régulièrement acquises, et l'on établit de nouveau, dans notre pays, pendant la période révolutionnaire, quelques impôts sur le luxe, qui y ont été de peu de durée. Les lois des 13 janvier, 18 février 1791, 18-22 mars 1793, 25 juillet 1795, 22 thermidor an IV, 14 thermidor an V, 2 nivôse an VII, 26 germinal an XI, et 24 avril 1806, ont établi, modifié et successivement aboli des taxes sur les domestiques, chevaux et voitures.

Le *Rapport au roi*, de 1830, parlant d'un des tarifs de

[1] Voici le texte des art. 3 et 4 de l'édit portant établissement d'une *subvention générale* dans le royaume, enregistrée dans le lit de justice du 20 septembre 1759, et supprimée en février 1760.

Art. 3. — « Voulons qu'à commencer du 1er janvier de l'année prochaine, il soit payé par les maîtres, savoir : 50 livres par tête pour les maîtres-d'hôtels, pour chaque valet de chambre et pour le premier domestique d'office et de cuisine, dans toutes les villes et faubourgs des villes de notre royaume ; 20 livres par tête dans la ville et les faubourgs de Paris et dans la ville de Versailles, et 12 livres dans les villes et faubourgs des villes de province, pour les valets, portiers, porteurs, cochers, postillons, palefreniers et autres domestiques mâles quelconques, et les 4 sols pour livre en sus. »

« Voulons, disait l'art. 4 de l'édit, qu'à commencer du 1er janvier prochain, il soit levé annuellement dans toutes les villes et faubourgs des villes de notre royaume 20 livres par cheval de selle, de carrosse, de chaises et autres appartenant aux particuliers domiciliés dans les dites villes et faubourgs, et les 4 sols par livre en sus. N'entendons comprendre dans le présent article les chevaux des troupes, ceux des Académies, des marchands de chevaux, des postes et messageries de province, ceux des charrettes à louer pour l'usage du public, ni ceux destinés à l'exploitation des fermes, si aucunes y a dans les faubourgs des dites villes.

Le premier président Molé dans son discours au lit de justice avait réclamé l'exemption des chevaux des marchands et des académies. La cour des aides, dans ses remontrances du 22 septembre, avait critiqué le vague de la qualification des villes et faubourgs et les difficultés relatives aux qualités diverses des domestiques imposés.

cette époque (celui de 1795), dit que ce tarif *forçait la richesse elle-même à prendre les attributs de la misère et à subir le joug de cette ruineuse égalité, qui était devenue l'idole du jour.*

Aujourd'hui, l'impôt des prestations en nature, relatives au service des chemins vicinaux, est en réalité un impôt sur les facultés de travail, puisqu'il atteint les hommes valides en raison de leur nombre et de celui des chevaux et voitures qu'ils possèdent. Mais sous ce dernier aspect on ne peut nier qu'il n'atteigne immédiatement certains objets qui servent de base chez d'autres peuples à l'impôt sur les jouissances. Aussi l'existence de l'impôt des prestations a-t-il fourni le principe de certaines objections lorsqu'un impôt sur les voitures a été discuté dans le corps législatif de France en 1862.

Mais ce sont des animaux domestiques autres que ceux auxquels avait pensé le législateur de notre période révolutionnaire, qui ont été les premiers atteints en France par une taxe de la catégorie de celles que nous examinons dans le présent chapitre.

Les chevaux ne sont pas, nous l'avons déjà vu, les seuls animaux qui aient fixé l'attention du législateur financier.

Les chiens qui sont taxés, comme nous l'avons constaté, en Angleterre en même temps que les chevaux, et qui le sont peut-être surtout en tant qu'ils sont les compagnons des plaisirs de l'homme, ont été aussi taxés dans plusieurs autres pays, où le législateur, en les atteignant, s'est peut-être moins préoccupé de l'élément somptuaire à considérer que des intérêts de l'hygiène publique.

Les chevaux, comme les chiens, sont taxés au profit des villes en Danemark [1].

Voy. Octrois, *Dictionnaire d'économie politique.*

La Grande-Bretagne, le Wurtemberg, le grand-duché de Bade [1], le grand-duché de Hesse [2], celui d'Oldenbourg [3], la principauté de Valdeck [4], la ville de Brême [5], le grand-duché de Weimar [6], les cantons de Zurich, de Bâle-campagne, de Vaud et de Thurgovie [7], ont compris dans leurs recettes la race canine pour des sommes peu considérables, et au profit desquelles les communes sont plus ou moins intéressées [8].

Un décret du grand-duc de Toscane du 3 juillet 1856, rapporté dans le *Moniteur* français du 14 juillet, imposait au profit des communes, une taxe variable de 2 à 15 livres sur les chiens de toute espèce (y compris au moindre taux les chiens de fermier et de berger).

On sait qu'un impôt sur les chiens, souvent proposé sous le gouvernement de 1830, préparé aussi une première fois infructueusement sous le second empire en 1852 [9], a été enfin établi en France à partir de 1er janvier 1856 et au profit des communes.

Aux termes de la loi du 2 mai 1855, la taxe ne peut excéder 10 fr. ni être inférieure à 1 fr. Des décrets rendus en conseil d'État doivent régler, sur la proposition des conseils municipaux et après avis des conseils généraux, les tarifs à

[1] Rau, § 427.
[2] Reden, t. I, p. 438.
[3] *Ibid.*, p. 1041.
[4] *Ibid.*, p. 1498.
[5] Reden, t. I, p. 1574.
[6] 5,700 th. de produit d'après le budget de 1854, 1855, 1856.
[7] Hottinger, p. 38, 64, 82, 88.
[8] En Wurtemberg, pour partie, dans l'Oldenbourg pour le tout. La loi du 8 septembre 1852 pour le Wurtemberg a pour point de départ un article 1er ainsi conçu : « Il sera perçu au profit du trésor un impôt sur tous les chiens qui auront dépassé l'âge de trois mois. Dans chaque arrondissement communal les caisses des pauvres recevront la moitié de ce qui aura été versé dans la caisse de l'administration des finances.
[9] L'art 15 du projet de 1852 établissait une taxe uniforme de 5 fr. par chien de toute espèce, en exceptant seulement les chiens qui servent à diriger les personnes atteintes de cécité, ceux qui sont employés à la garde et à la conduite des troupeaux.

appliquer dans chaque commune. Un règlement d'administration publique a dû déterminer les formes à suivre pour l'assiette de l'impôt, et les cas où l'infraction à ses dispositions donnerait lieu à un accroissement de taxe, accroissement limité au quadruple de la taxe fixée par les tarifs.

Le règlement d'administration publique du 4 août 1855 a décidé que les tarifs ne comprendraient que deux taxes, la plus élevée pour les chiens d'agrément ou servant à la chasse, la moins élevée pour les autres chiens. Il a obligé les contribuables à une déclaration annuelle *à la mairie* du nombre et de la destination de leurs chiens. Le tableau suivant, dont j'ai dû la communication à l'obligeance de M. Vandal, directeur général des contributions directes, donne les principaux résultats de l'impôt dans la première année de son établissement; on y voit en résumé que la taxe a donné : en 1856, 6,046,471 fr. 50 pour 1,870,875 chiens, soit environ 3 fr. 20 par chien et 20 cent. par tête relativement à l'ensemble de la population française.

ÉTAT présentant, par catégorie, le produit de la taxe municipale sur les chiens pour 1856.

CATÉGO-RIES.	TAUX des TAXES.	NOMBRE DE					MONTANT DES TAXES			TOTAL.
		Com-munes.	Chiens.	Taxes simples.	Taxes doubles.	Taxes triples.	simples	doubles	triples	
1re...	10 fr. »	23	72.490	71.117	682	681	711.170 »	13.640	20.430	745.240 »
	8 »	9.755	185.551	170.665	14.097	789	1.365.320 »	225.552	18.936	1.609.808 »
	6 »	15.938	182.330	168.851	12.558	921	1.013.106 »	150.696	16.578	1.180.380 »
	5 »	11.085	98.269	90.792	6.712	765	453.960 »	67.120	11.475	532.555 »
Total	....	36.801	538.630	501.425	34.049	3.156	3.543.556 »	457.008	67.419	4.067.983 »
2e...	5 »	1	3.205	3.194	1	10	15.970 »	10	150	16.130 »
	3 »	80	15.600	15.516	16	68	46.545 »	96	612	47.256 »
	2 »	9.642	315.800	313.851	137	1.812	627.702 »	548	10.872	639.122 »
	1 50	15.975	504.240	500.157	267	3.816	750.235 50	801	17.172	768.208 50
	1 »	11.103	493.390	486.015	368	7.007	486.015 »	736	21 021	507.772 »
Total	....	36.801	1.332.235	1.318.733	789	12.713	1.926.470 50	2.191	49.827	1.978.488 50
Total des deux catégories...		36.801	1.870.875	1.820.168	34.838	15.869	5.470.076 50	458.995	117.246	6.046 471 50

L'impôt des chiens fait sentir son poids très-diversement

suivant le taux adopté dans les différentes localités, comme aussi suivant le nombre et la destination des chiens. Dans les pays où le goût de la chasse est répandu, l'impôt est souvent assez productif, et nous connaissons des communes rurales peu importantes dans lesquelles, par suite de circonstances de ce genre, il constitue une ressource utile pour le budget municipal.

L'impôt semble avoir amené la destruction d'un certain nombre de chiens, car, d'après une note que je dois à l'obligeance de M. de Janvry, successeur de M. Vandal, il n'en serait resté en 1860 que 1,746,514, donnant une taxe totale de 5,345,923 fr.

En 1851, le gouvernement a pensé que le système des déclarations annuelles pour l'assiette de la taxe des chiens pouvait être adouci en faveur des contribuables, et sur l'avis de la majorité des conseils généraux consultés en 1860, il a rendu le décret suivant :

Article 1er. — Les possesseurs de chiens qui, dans les délais fixés par l'art. 5 du décret réglementaire du 4 août 1855, auront fait à la mairie une déclaration indiquant le nombre de leurs chiens et les usages auxquels ils sont destinés, en se conformant aux distinctions établies par l'art 1er du même décret, ne seront plus tenus de la renouveler annuellement. En conséquence, la taxe à laquelle ils auront été soumis continuera à être payée jusqu'à déclaration contraire.

Le changement de résidence du contribuable hors de la commune ou du ressort de la perception, ainsi que toute modification dans le nombre et la destination des chiens entraînant une aggravation de taxe, rendront une nouvelle déclaration obligatoire.

Art. 2. — Les art. 5 et 10 de notre décret précité sont modifiés dans les dispositions qui seraient contraire au présent décret.

Le compte-rendu de *l'état actuel de l'Algérie*, en 1862, mentionne (p. 47) l'existence d'une taxe sur les chiens au profit des communes de l'Algérie.

En Angleterre, d'après les renseignements qui m'ont été fournis, le principe de la déclaration annuelle est en vigueur, et une amende est due par le contribuable qui ne renvoie pas rempli de ses réponses le petit questionnaire que l'administration lui fait adresser par la poste ; mais on assure que l'amende n'est pas exigée. lors même qu'elle serait encourue, et le collecteur se bornerait à porter dans ce cas la même taxe que l'année précédente.

Quoique les taxes sur les consommations paraissent cons- tituer le fonds des revenus publics en Australie, la taxe sur les chiens a été aussi établie dans la terre de Van-Diemen en 1846 [1].

Il ne faut peut-être pas s'étonner que les volailles aient été quelquefois atteintes par les financiers, spécialement en Angleterre et en Pologne [2]. Philomèle elle-même est tombée sous la main du fisc, et les rossignols fournissaient à la fiscalité prosaïque de la ville de Brême un revenu de 25 risdales d'or d'après les prévisions du budget de 1850 [3].

Les impôts de la nature de ceux qui nous occupent dans le chapitre actuel sont naturellement assis par déclaration et par voie de quotité [4].

Ils paraissent, comme partie d'un ensemble de taxes sur les dépenses, se légitimer par cette considération que la plupart des impôts de consommation grevant indistincte- ment le pauvre autant que le riche, certains impôts sur les consommations ou les jouissances de luxe rétablissent une compensation équitable. Ils peuvent aussi être consi- dérés comme des impôts qui atteignent un peu plus la fortune mobilière dépensée dans le luxe des villes que les revenus territoriaux, et c'est ce qui explique peut-être leur extension dans certains pays et leur restriction dans d'autres.

Tout en écartant les objections contre ces impôts em-

---

[1] *Histoire de la colonisation pénale*, par M. de Blosseville, t II, p. 15 et 88.

[2] Thèse de M. Golenski. Il cite une charte de Henri IV d'après Rymer pour ce qui concerne la *Pulletria*.

[3] Reden, t. I, p. 1575.

[4] Voy. l'Exposé des motifs de M. Frère-Orban, rapporté plus haut.

pruntées à la prévention ou à l'interprétation trop sévère de telle ou telle expérience du passé, il est juste de reconnaître qu'ils ont quelquefois échoué lorsqu'ils se sont adressés au luxe dans l'enfance. Tel paraît avoir été le sort des taxes prussiennes sur les domestiques, les voitures, les chevaux et les chiens, établies en 1810 et abandonnées le 2 mars 1814, par acte du quartier général de Chaumont [1], date triste pour nous à rappeler.

La taxe sur les voitures publiques et particulières, établie dans le Piémont par la loi du 1er mai 1853, ne figure elle-même que pour 341,000 fr. dans le budget italien pour 1862.

C'est peut-être en partie la même cause qui a fait échouer les impôts sur les domestiques, chevaux et voitures, établis en France à l'époque de la révolution. Je laisserai à d'autres le soin de rechercher si trop d'égards pour la commodité des classes aisées, de la part du législateur de la période suivante, n'y a pas aussi un peu contribué, et me bornerai à rappeler les réflexions empreintes d'amertume qu'a émises sous ce rapport l'auteur d'un ouvrage publié en France sous la Restauration, et dont la conclusion ne saurait être opposée au gouvernement du second Empire [2].

« Il est à remarquer, dit-il, que la contribution somptuaire a été supprimée pour les voitures riches, et qu'elle a été conservée sous un autre nom pour les diligences [3], les

[1] Voy. Hoffmann, p. 231. Cet écrivain a dit un mot spirituel, mais peu concluant sur les taxes des domestiques. Il leur reproche *d'atteindre aussi fortement les hommes occupés ou obligés à la représentation que ceux qui entourent leur fainéantise de collaborateurs.* (P. 88.)

[2] *Des impôts et des charges des peuples en France,* par L. de Boislandry, p. 50.

[3] Nous traiterons ailleurs de l'impôt sur les voitures publiques qu'il n'est pas sans difficulté de bien classer, mais qui ne nous parait certainement pas une taxe sur une *jouissance,* malgré le rapprochement fait ici par M. de Boislandry.

voitures et cabriolets de place principalement employés par
les classes moyennes et inférieures. Tant il est vrai que l'intérêt personnel de la puissance et de la richesse tend toujours à diminuer ses charges et à les rejeter sur les classes
inférieures, qui ne peuvent ou ne savent pas s'en défendre.
La saine politique eût voulu, au contraire, que la taxe somptuaire eût été conservée, etc. »

La lutte entre les diverses classes de la société pour la répartition des charges publiques est, sans doute, un fait général dans l'histoire. Mais peut-être le faux préjugé d'un honneur mal compris a-t-il quelquefois pesé en cette matière
autant que le calcul égoïste de l'intérêt matériel [1].

D'après les mémoires du duc de Gaëte (t. I, p. 227), la
taxe somptuaire fut supprimée à partir de 1807, parce
qu'elle « donnait lieu à des recherches fatigantes pour les
contribuables, et excitait des réclamations pour un produit
médiocre. »

Ainsi que nous le rappelions tout à l'heure, le second
Empire a cherché tout à la fois, non sans difficulté et non
sans succès, à rétablir quelques impôts de la nature de
ceux qui avaient été abandonnés en 1807.

Le 12 juin 1852, un projet de loi dont l'exposé des motifs était signé de MM. Charlemagne, Stourm, Boinvilliers
et Leroy de Saint-Arnaud, proposait l'établissement d'un
impôt sur les voitures et les chevaux de luxe.

Les articles 11 à 14 réglaient, ainsi qu'il suit, l'assiette
de cet impôt auquel était associé, dans l'article 15, un impôt sur les chiens, réglé depuis par une loi distincte :

Art. 11. — A partir du 1er janvier 1853, il sera perçu pour chaque voiture de
luxe un droit annuel qui sera réglé conformément aux proportions suivantes :

[1] « Lorsqu'on exerce une vocation honorable, disait Despeisses, on n'est
pas cotisé pour l'industrie à cause d'icelle, car ce serait l'avilir. » *Traité des
tailles*, art. 9.)

	Voitures à 4 roues.	Voitures à 2 roues.
A Paris	120 fr.	60 fr.
Dans les communes d'une population agglomérée de 50,000 habitants et au-dessus .	90	45
De 10,000 habitants à 50,000.	60	30
De 3,000 à 10,000.	30	15
Au-dessous de 3,000.	20	10

En outre des tarifs qui précèdent, il sera perçu pour chaque voiture portant des armoiries un droit fixe de 50 fr.

Art. 12. — Sera considérée comme voiture de luxe toute voiture particulière à caisse suspendue sur ressorts.

Néanmoins, les voitures particulières servant habituellement au transport des denrées ou marchandises ne seront pas soumises à la taxe, quels que soient d'ailleurs leur forme et le mode de leur construction.

Sont également exemptées de la taxe les voitures appartenant aux carrossiers et loueurs de voitures patentés, lorsqu'elles ne seront pas affectées à leur usage personnel.

Art. 13. — A partir de l'époque déterminée dans l'art. 11, il sera perçu pour chaque cheval de luxe un droit annuel établi conformément aux proportions suivantes :

A Paris.	60 fr.
Dans les communes de 50,000 hab. et au-dessus. . .	45
De 4,000 habitants à 50,000.	30
Au-dessous de 4,000 habitants.	15

Art. 14. — Ne sont pas considérés comme chevaux de luxe les chevaux habituellement employés soit à un service public, soit aux travaux de l'agriculture, de l'industrie et du commerce, ainsi que les chevaux appartenant aux marchands et loueurs patentés, et qui sont l'objet de leur commerce.

Sont également exempts de la taxe les chevaux âgés de moins de quatre ans, les étalons approuvés ou autorisés et les juments exclusivement consacrées à la reproduction.

Le projet fut froidement accueilli au corps législatif; il fut retiré, quant aux articles en question.

Peu d'années après, en 1856, une loi consacrant le principe d'une taxe sur les voitures servant au transport des personnes dans la capitale, fut votée par le corps législatif, malgré un rapport digne d'attention de M. O'Quin (13 avril 1855). Mais le sénat s'opposa à la promulgation de la loi. Le motif qui fut le plus développé à l'appui de ce vote dans le

sénat fut l'omission d'un maximum de taxe dans les dispositions de la loi qui autorisait la ville de Paris à établir l'impôt. On disait aussi qu'un dissentiment existait entre le
conseil municipal de la Seine, qui voulait assujettir à l'impôt
toutes les voitures, même celles qui servaient au transport
des denrées, matériaux et marchandises, et le gouvernement en conseil d'État qui avait restreint l'impôt aux voitures servant au transport des personnes. Sur la première
objection qui était la plus grave, la seule même sérieuse, on
répondait que les taxes d'octroi et plusieurs autres sont
annuellement consacrées par le corps législatif sans maximum. Il est toutefois nécessaire de reconnaître qu'il y avait
quelque contradiction entre l'absence de maximum pour
l'impôt des chevaux et voitures en 1856, et les garanties
dont l'établissement de l'impôt des chiens en 1855 avait été
entouré sous ce rapport. Il y avait peut-être dans cette
situation quelque inconséquence. A une assez faible majorité, le Sénat s'opposa à la promulgation de la loi.

En 1858, le gouvernement songea à reprendre la question
et à réconcilier les vues du conseil d'État et du conseil municipal sur l'assiette de l'impôt des chevaux et voitures.

Une commission composée en partie de membres du conseil d'État et de membres du conseil municipal de la Seine,
commission que nous avions l'honneur de présider, maintint le système du conseil d'État, et la matière fut traitée amplement dans un rapport rédigé par M. le vicomte de
Luçay, auditeur au conseil d'État et secrétaire de la commission, rapport qui n'a reçu aucune publicité. Le dissentiment persistait toutefois entre le conseil d'État et l'administration du département de la Seine, lorsque le projet du
budget des recettes de 1863 a repris, en l'agrandissant et
l'étendant à la France entière, la pensée applicable seulement en 1856 à la ville de Paris.

Nous renvoyons les lecteurs à l'exposé des motifs de M. le conseiller d'État de Lavenay [1] et au compte rendu de la discussion assez épineuse et incidentée à laquelle ont surtout pris part MM. Baroche, Vuitry, de Lavenay, le comte de la Tour Du Miral, de Perpessac, Vernier, Segris, Granier de Cassagnac, le vicomte Clary, Millet, Roques-Salvaza, et Morin de la Drôme [2].

L'impôt est en définitive établi d'après les dispositions suivantes incorporées dans la loi des finances [3].

Art. 4. A partir du 1er janvier 1863, il sera perçu une contribution annuelle par chaque voiture attelée et pour chaque cheval affecté au service personnel du propriétaire, ou au service de sa famille.

Art. 5. Cette contribution sera établie d'après le tarif suivant :

VILLES, COMMUNES ou localités dans lesquelles le tarif est applicable.	SOMME A PAYER Non compris le fonds de non-valeur par chaque		
	VOITURE		CHEVAL DE SELLE ou D'ATTELAGE.
	à 4 roues.	à 2 roues.	
Paris...	60 fr.	40 fr.	25 fr.
Les Communes autres que Paris ayant plus de 40,000 âmes de population...............	50	25	20
Les Communes de 20,000 à 40,000 âmes.....	40	20	15
Les Communes de 3,000 âmes à 20,000 âmes.	25	10	10
Les Communes de 3,000 âmes et au-dessous..	10	5	5

Art. 6. Les voitures et les chevaux qui seront employés en

[1] *Moniteur universel*, annexe au procès-verbal, de la séance du 6 mars 1862. L'esprit de cet exposé consiste surtout à considérer l'impôt des chevaux et voitures, comme l'*accessoire* et le *complément* de la *contribution des portes et fenêtres et de la contribution personnelle et mobilière*. Cette imitation de la théorie de la législation belge avait guidé M. de Forcade, prédécesseur de M. Fould au ministère des finances, dans la première préparation du projet que ce dernier ministre adopta au moins en partie et fit soumettre au conseil d'État.

[2] Voir *Moniteur* des 24 et 26 juin 1862.

[3] Collection Duvergier, p. 180 et suiv.

partie pour le service du propriétaire ou de la famille, et en partie pour le service de l'agriculture ou d'une profession quelconque donnant lieu à l'imposition d'une patente, ne seront point passibles de la taxe.

Art. 7. Ne donnent pas lieu au paiement de la taxe : 1° les chevaux et voitures possédés en conformité des règlements du service militaire ou administratif, et par les ministres des différents cultes ; 2° les juments et étalons exclusivement consacrés à la reproduction ; 3° les chevaux et voitures exclusivement employés aux travaux de l'agriculture ou d'une profession quelconque donnant lieu à l'application de la patente.

Art. 8. Il sera attribué aux communes un dixième du produit de l'impôt établi par l'art. 4 qui précède, déduction faite des cotes ou portions de cotes dont le dégrèvement aura été accordé.

Art. 9. La contribution établie par l'art. 4 précité est due pour l'année entière en ce qui concerne les faits existants au 1er janvier.

Dans le cas où à raison d'une résidence nouvelle, le contribuable devient passible d'une taxe supérieure à celle à laquelle il a été assujetti au 1er janvier, il ne doit qu'un droit complémentaire égal au montant de la différence.

Art. 10. Si le contribuable a plusieurs résidences, il sera, pour les chevaux et voitures qui le suivent habituellement, imposé dans la commune où il est soumis à la contribution personnelle, conformément à l'article 13 de la loi du 21 avril 1832; mais la contribution sera établie suivant la taxe de la commune dont la population est la plus élevée. Pour les chevaux et les voitures qui restent habituellement attachés à l'une de ces résidences, le contribuable sera imposé dans la commune de cette résidence et suivant la taxe afférente à la population de cette commune.

Art. 11. Les contribuables sont tenus de faire la déclaration des voitures et des chevaux à raison desquels ils sont imposables, et d'indiquer les différentes communes où ils ont des habitations, en désignant celles où ils ont des éléments de cotisation en permanence.

Les déclarations sont valables pour toute la durée des faits qui y ont donné lieu; elles doivent être modifiées dans le cas de changements de résidence hors de la commune, ou du ressort de la perception, et dans le cas de modifications survenues dans les bases de cotisation.

Les déclarations seront faites ou modifiées, s'il y a lieu, le 15 janvier, au plus tard, de chaque année, à la mairie de l'une des communes où les contribuables ont leur résidence.

Si les déclarations ne sont pas faites dans le délai ci-dessus, ou si elles sont inexactes ou incomplètes, il y sera suppléé d'office par le contrôleur des contributions directes, qui est chargé de rédiger, de concert avec le maire et les répartiteurs, l'état matrice destiné à servir de base à la confection du rôle.

En cas de contestation entre le contrôleur et le maire et les répartiteurs, il sera, sur le rapport du directeur des contributions directes, statué par le préfet, sauf référé au ministre des finances, si la décision était contraire à la proposition du directeur, et, dans tous les cas, sans préjudice, pour le contribuable, du droit de réclamer après la mise en recouvrement du rôle.

Art. 12. Les taxes seront doublées pour les voitures et les chevaux qui n'auront pas été déclarés ou qui auront été déclarés d'une manière inexacte.

Art. 13. Il est ajouté à l'impôt cinq centimes par franc pour couvrir les décharges, réductions, remises ou modérations, ainsi que les frais de l'assiette de l'impôt et ceux de la confection des rôles, qui seront établis, arrêtés, publiés et recouvrés comme en matière de contributions directes.

En cas d'insuffisance, il sera pourvu au déficit par un prélèvement sur le montant de l'impôt. .

Les impôts sur les jouissances sont très-diversement jugés. Il est contre ces impôts une objection banale qu'il ne faut pas s'exagérer, c'est celle qui consiste à les rejeter comme improductifs.

On a fait observer avec raison, et un publiciste contemporain l'écrivait naguère dans le *Journal des Économistes*, qu'en Angleterre même les *assessed-taxes* ne dépassaient pas 1 million et demi de livres sterling de produit [1]. Mais nous avons vu plus haut que les taxes vraiment assises sur les jouissances ne s'élèvent pas à moins du tiers des impôts directs dans quelques pays de l'Europe.

Le dilemme, d'après lequel ces impôts ne produisent rien ou arrêtent le luxe, nous semble également démenti par la raison et l'expérience. Il y a un milieu raisonnable et utile à trouver entre ces deux résultats et nous ne pouvons adhérer non plus au reproche contenu dans le *Rapport au roi de 1830*, imputant à ces taxes *le vice radical de détruire la matière même de l'impôt et de ne pas frapper exclusivement sur celui que le tarif cherche à atteindre.*

Nous ne croyons pas davantage, avec l'auteur du même

---

[1] D'après Mac Culloch, l'impôt produit :

Sur les domestiques.	200,252 liv. st.
Sur les chevaux.	376,002
Sur les voitures.	428,904
Sur les chiens.	151,857
10 0/0 additionnels.	289,403
Autres *assessed-taxes*.	234,220

Ce résultat que ne modifient pas sérieusement les chiffres plus récens que nous avons donnés plus haut, d'après M. Hendriks, confirme l'assertion émise par M. Baudrillart dans le *Journal des Économistes* de décembre 1857. Mais il en serait tout autrement si l'on comptait soit la *house tax*, soit les *window taxes*, suivant les temps, parmi les *assessed-taxes*, comme font les Anglais habituellement.

rapport, qu'on doive proclamer les taxes somptuaires incompatibles avec une répartition de la fortune publique, analogue à celle de la France moderne.

En tout cas, l'objection tirée du manque de fécondité de certaines de ces taxes peut être opposable à ceux qui voudraient faire des impôts de cette nature la base des revenus publics d'une nation ; mais elle manque de portée s'il s'agit de discuter leur admission à un rang modeste et utile dans le système des recettes d'un pays qui doit suffire à des grands besoins publics.

On a introduit en France, depuis une dizaine d'années, des contributions nouvelles, telles que l'impôt des biens de mainmorte, l'impôt sur les chiens et l'impôt sur la transmission des valeurs mobilières, qui sont, certes, tous réunis, d'un revenu très-inférieur à celui des *assessed-taxes* de la Grande-Bretagne. L'économiste pur, qui embrasse dans leur ensemble les résultats de la science, peut dédaigner les petites sources de revenus plus aisément que l'économiste financier, aux prises avec les détails des budgets, et qui est habitué à admettre que, dans les recettes comme dans les dépenses publiques, les petits ruisseaux font les rivières.

Nous comprenons donc très-bien qu'on adhère à l'opinion d'un de nos économistes contemporains, lorsqu'il a dit : « En Angleterre, la taxe des domestiques, celle des voitures, celle sur les armoiries et la poudre à poudrer sont des impôts excellents, quoique d'un produit médiocre [1]. »

Il faut remarquer, au reste, que les impôts de cette nature sont surtout admissibles et doués de quelque fécondité, lorsqu'ils portent sur des objets non de pure fantaisie, comme l'étaient ces chapeaux de femme (*chip hats*), dont

[1] Courcelle-Seneuil, *Traité théorique et pratique d'économie politique*. Paris, 1859, t. II, p. 233. Sismondi, dans ses *Nouveaux principes d'économie politique*, t. II, p. 208, s'exprime dans le même sens.

parle Mac Culloch [1], et que l'impôt dont ils furent chargés, en 1797, fit disparaître bientôt de la mode, mais plutôt d'une commodité et d'une utilité permanente, tels que les chevaux, les domestiques, les voitures, etc.

Il est, pour ainsi dire, de la nature des taxes sur les jouissances de ne pas atteindre fortement les jouissances restreintes du pauvre.

Nous avons cité les exceptions pour certaines fenêtres dans la législation anglaise du dernier siècle, qui ont fait dire à M. de Tocqueville que les immunités d'impôts au xviii° siècle étaient en Angleterre pour le pauvre, en France pour le riche. — Telles sont encore celles qui existent au profit des petits loyers dans certaines villes de France, à Berlin et en Piémont.

Mais quand on arrive aux domestiques, chevaux et voitures, ce n'est pas seulement la qualité et la quantité des objets taxés ; c'est presque leur nature qui exclut du rayon de l'impôt l'indigence véritable.

Ce qui semble recommander jusqu'à certain point les taxes dont nous nous occupons, c'est non-seulement l'adhésion que leur donnent la majorité des écrivains qui ont réfléchi sur la matière, mais encore cette circonstance qu'ils sont fréquents dans les pays avancés en civilisation et inconnus dans les pays reculés. Ne les cherchez guère en Russie, en Espagne ni en Italie, sauf les innovations des derniers temps. Vous les trouvez plutôt dans les civilisations avancées de la Hollande, de la France et de l'Angleterre. On ne peut affaiblir cette considération en remarquant qu'ils semblent surgir en Turquie et que les impôts sur les loyers viennent d'être mentionnés à Constantinople [2].

Le nombre de ces taxes et en particulier la spécialité de

[1] P. 167.
[2] Notamment dans l'*Indépendance belge* du 16 avril 1860.

celles auxquelles ce chapitre est consacré ne marquent pas toujours le poids des charges réelles qu'elles font peser sur les classes opulentes, et les diverses contributions de la Grande-Bretagne ne présentent pas un ensemble notablement plus lourd pour les contribuables pris individuellement, que notre seul impôt mobilier, dans notre capitale parisienne, relativement à certains de ses habitants.

Je reproduis pour la curiosité de mes lecteurs la quittance semestrielle des *assessed-taxes* acquittée par un des douze juges d'Angleterre, il y a peu d'années. On verra qu'elle suppose pour l'année entière une charge totale d'environ 1,200 fr. seulement pour un grand nombre de chiens, chevaux, domestiques et voitures, ce qui correspond à peu près à la cote mobilière d'un hôtel loué à Paris au prix de 12,000 à 13,000 fr. On pourra retrouver aussi dans cette quittance comme une sorte de spécimen de poids relatif des divers impôts de ce genre dans une maison opulente de Londres ; c'est ce qui excusera son insertion dans nos recherches [1].

Que s'il ne s'agissait pas d'un magistrat, mais d'un des grands chasseurs de la Grande-Bretagne, on arriverait aisément à des chiffres plus considérables, comme, par exemple,

[1]

House Tax	7 l.	17 s.	1
10 Male Servants	4	15	3
4 Carriages with four wheels	6	5	»
d° with two wheels	»	»	»
4 Horses for riding or drawing Carriages	2	2	»
Horses for Trade	»	»	»
4 Dogs	1	14	»
Hair Powder	»	11	9
Armorial Bearings	1	6	4 d. 1/2
Horse Dealer's Duty	»	»	»
Composition	»	»	»
Land Tax	»	»	»
. L	24 l.	14 s.	4 d. 1/2

LAND AND ASSESSED TAXES

1855-1856

No.
Parish or Place of

FIST MOIETY.

Received of M^r
the 16 day of Novembre 1855, the Sum of Twentifour Pounds fourteen Shillings and 4 1/2 Pence, for Two Quarters' Taxes due 20 th. September, 1855, the particulars of which are stated in the margin.

————————*Collector.*

NOTE. — Persons removing from the Parish or Place, without first paying the duties, render themselves liable to a Penalty of L. 20.

à cette somme de 8,638 liv. que M. le baron de Nervo, dans ses Études sur les budgets de la France et de l'Angleterre, rattache à une partie de chasse, mais qui se divise probablement entre plusieurs chasseurs [1]. pour leur charge de l'année entière.

M. Bastoggi, dans un exposé financier fait au parlement de Piémont, a allégué [2] que la taxe sur les portes et fenêtres et la taxe mobilière donnaient en France un poids supérieur par tête à celui de la taxe personnelle belge, malgré sa sextuple base en Belgique [3]. Je crains que les centimes additionnels de nos impôts n'aient été confondus avec le principal dans ce calcul; mais cette observation tend toujours à montrer que nous avons en France des taxes de ce genre peu nombreuses, mais assez productives dans leur résultat.

Les impôts appelés somptuaires, comme ceux dont nous traitons sous ce chapitre (et quelques-uns de ceux du chapitre précédent méritent à la rigueur le même nom), n'ont qu'une communauté d'*épithète* avec ces *lois somptuaires* destinées, d'après le *Dictionnaire de l'Académie, à restreindre et régler* les dépenses, lois qui, il y a deux ou trois siècles, interdisaient telle ou telle étoffe à telle classe de citoyens, ou qui dans d'autres temps dictaient l'ordre donné par Philippe le Bel aux riches de son temps d'envoyer à la Monnaie le tiers au moins de leur vaisselle d'or et d'argent [4]. On a pu, sous ce rapport, mais seulement par une singulière exagération, représenter ces impôts sous un jour odieux à la liberté des mœurs modernes, et un écrivain qui a laissé échapper peu des

[1] *Budgets de la France et de l'Angleterre*, 1862, p. 135 et 136.
[2] *Times* du 4 juillet 1861.
[3] Au budget belge de 1861, l'impôt personnel figure en principal pour une somme de 9,400,000 fr. et pour 940,000 fr. de centimes additionnels.
[4] Leber, *Essai sur l'appréciation de la fortune privée au moyen âge*, p. 28.

sophismes possibles dans la plupart des matières qu'il a traitées, M. Proudhon, n'a point manqué celui-là [1].

Ce sont là de vains fantômes; ils peuvent tout au plus répondre à des rapprochements arbitraires, erronés et passés de mode [2]; il n'y a aucun rapport entre des mesures prohibitives surannées, et le fait du Trésor qui, en taxant une jouissance, confesse et professe par cela même son intérêt à la voir subsister et même se multiplier. Il faut conclure, avec Mac Culloch, que « ces droits agissent en fait comme une espèce de *loi somptuaire améliorée,* ayant tous les effets utiles sans presque aucun des résultats injustes des règlements qui ont porté ce nom [3]. »

Il n'est donc pas besoin, pour les absoudre contre le reproche d'une analogie forcée, de faire remarquer que les lois somptuaires elles-mêmes étaient impuissantes contre la vanité. « Ce qui défend la magnificence, a dit le marquis d'Argenson [4], en raffine le goût et irrite les désirs pour ne pas paraître plus petit que ceux qui sont exempts de la prohibition. »

Une circonstance générale qui peut disposer quelques esprits, après avoir écarté ces objections exagérées, à accueillir favorablement les taxes modérées sur les objets de luxe,

---

[1] *Théorie de l'impôt,* p. 162. Condorcet a pensé cependant aussi que les impôts somptuaires avaient été en général établis par l'aristocratie dans son intérêt. (Voy. le tome XXI de ses œuvres.)

[2] J.-B. Say a cru devoir rapprocher par leurs motifs les règlements que nous distinguons si profondément. « Sans proscrire directement certaines consommations, a-t-il dit, auxquelles les gouvernements trouvent des inconvénients, ils se contentent quelquefois d'y mettre des obstacles par le moyen de l'impôt; c'est ainsi qu'en Angleterre on a soumis à des droits non-seulement les carrosses, mais les chiens, la poudre à poudrer, les montres de poche. » Ce point de vue nous paraît aussi inexact que celui qui ressortait des paroles de M. de Silhouette, citées plus haut (p. 146) d'après la *Collection des comptes-rendus,* etc., *concernant les finances* de 1758 à 1787.

[3] *Taxation,* p. 19.

[4] *Considérations sur le gouvernement ancien et présent de la France,* p. 243. Amsterdam, 1765.

résulte de cette observation que le prix de ces objets va généralement en s'abaissant par rapport au prix des objets de première nécessité. C'est tout au moins ce qu'a démontré M. Leber dans son Essai sur l'appréciation de la fortune privée au moyen âge, relativement aux variations des valeurs monétaires et du pouvoir commercial de l'argent [1].

A ces titres divers, nous sommes portés à penser que ces impôts sont plutôt destinés à grandir qu'à décroître dans l'avenir financier des nations modernes.

Dans les pays surtout, comme la France, la Belgique et les Pays-Bas, où la fortune mobilière n'est point taxée à l'aide du procédé des déclarations, comme elle est en Angleterre, en Prusse et en Autriche, les impôts sur les jouissances fournissent un moyen assez heureux de l'atteindre au même taux et suivant la même proportion, sinon même suivant une proportion plus forte que la fortune immobilière du pays.

Peut-être, je dois en convenir, les impôts en question n'atteignent-ils ce résultat qu'au risque d'être ou d'avoir pu être considérés par quelques esprits comme *inquiétants* pour la *propriété*, dont ils atteignent les manifestations les plus élevées, pour l'*égalité*, puisqu'ils désintéressent les classes indigentes, et pour la *liberté civile* [2], puisqu'ils exigent (au moins certains d'entre eux) des déclarations assez fréquentes de la part des contribuables. Mais quelles sont les taxes qui résisteraient à ces analyses ombrageuses plutôt inspirées par l'imagination colorée des orateurs politiques, ce nous semble, que par la science réfléchie des financiers?

---

[1] 2ᵉ édition. Paris, Guillaumin et Cᵉ, 1847, p. 58 et 59 notamment.

[2] Ce triple reproche a été adressé en 1862 à l'impôt progressif et à l'impôt sur le revenu… choses, pour le dire en passant, très-dissemblables, par un document d'une autorité considérable, l'Adresse d'un des grands corps de l'État français.

LIVRE V.

PRÉAMBULE.

Nous croyons devoir distinguer et étudier séparément dans le *Traité des Impôts* cinq classes d'impôts, qui portent sur les personnes, sur les richesses, sur les consommations, sur les jouissances et sur les actes. Mais deux de ces classes dominent cependant un peu les autres et, par leur nature, aussi bien que par l'importance de leur produit, elles semblent comme les pôles du système général des impositions.

Les taxes sur les richesses constituent l'élément fondamental de l'impôt direct; les taxes sur les consommations forment la partie la plus considérable des impôts indirects. Les autres impositions ne peuvent être placées qu'au second rang. La contribution sur les personnes, reste d'une science fiscale toute primitive; les impôts sur les jouissances, inventés avec le luxe, et, comme lui, restreints dans leur développement; enfin les impôts sur les actes eux-mêmes, quoique plus productifs, sont évidemment subordonnés aux deux types principaux que nous venons d'indiquer.

La plupart des auteurs considèrent l'impôt sur les richesses comme le plus rationnel, et l'impôt sur les consommations comme le plus commode et le plus productif. Un économiste contemporain, M. Courcelle-Seneuil, dans son *Traité théorique et pratique d'Économie politique*, est plus favorable aux taxes sur les consommations : il pense que ces taxes sont préférables, même en théorie, aux impôts sur les revenus. Elles ont l'avantage, fort grand à ses yeux, de demander peu aux riches économes, qui augmentent encore leur fortune, et beaucoup aux riches prodigues, qui la diminuent. Nous croyons que cet auteur sacrifie trop aisément à une pensée de moralisation abstraite, et peut-être un peu chimérique, un autre intérêt, non moins important en cette matière positive, celui de la justice distributive. Cependant, malgré la faveur marquée qu'il accorde en principe aux taxes sur les consommations, M. Courcelle-Seneuil n'a pu s'empêcher de reconnaître que ces taxes ne sauraient porter sur tous les objets de consommation, et qu'elles tombent trop souvent sur les objets qui servent à l'usage de la classe moyenne ou inférieure; aussi a-t-il été amené à n'admettre d'impôts que sur certaines consommations de luxe, dans le système de taxation idéale vers lequel, suivant lui, le législateur doit graviter.

C'est qu'en effet l'assiette des impôts de consommation dépend, bien plus que celle des impôts sur les richesses, de faits accidentels et locaux : c'est moins leur principe rationnel que leur produit facile qui les recommande. Aussi ce système de taxe n'a-t-il jamais été conçu dans une pensée de généralité analogue à celle qu'on a suivie quelquefois dans l'établissement des impôts directs. La méthode expérimentale et analytique semble la meilleure, quand il s'agit de décider si des impôts devront être établis sur tel ou tel des objets qui sont à l'usage de l'homme, tandis que les taxes sur la richesse peuvent être soumises à une formule plus

générale et à des procédés plus rationnels. Cependant, si les
taxes de consommation dépendent, plus que les autres, de
l'état géographique, agricole et industriel de chaque pays,
les taxes directes sur les biens sont soumises aussi, quoique
dans une moindre mesure, à des considérations analogues ;
et, malgré les principes communs qui les dominent habituellement, elles ont aussi une certaine variété qui se rattache
aux aptitudes morales, aux divers instincts, et à l'état de
civilisation plus ou moins avancé de chaque société.

Les impôts sur les consommations peuvent être divisés,
soit d'après la nature des objets qu'ils atteignent, soit d'après
le lieu et le moment où ils sont perçus. La première considération donne lieu à des classifications fort nombreuses ;
car la multiplicité des objets susceptibles d'être taxés n'a,
pour ainsi dire, aucune limite. La seconde base se prête à
une division plus large, plus simple, et par conséquent plus
usuelle ; car les circonstances dans lesquelles les objets de
consommation peuvent être atteints se ramènent aisément à
quelques cas bien distincts et peu nombreux. Tout au moins
a-t-on toujours établi une grande ligne de démarcation entre
les taxes de consommation perçues à la frontière d'un pays,
et qui portent le nom de *douanes*, et celles qui sont établies
dans l'intérieur du pays, et qui reçoivent, chez plusieurs
peuples, le nom d'*accises* ; enfin, dans certains États, on distingue celles qui sont levées dans l'intérêt de quelques localités, et que nous nommons *octrois*. Ce sont en général de
petites *douanes urbaines*.

On nous permettra de suivre, dans notre travail, la division la plus large, en séparant avant tout les accises et les
douanes. Toutefois, nous commencerons par embrasser d'un
coup d'œil les caractères généraux communs aux diverses
taxes sur les consommations ; ensuite nous entrerons dans
les spécialités, et alors nous tiendrons compte successive-

ment de la nature des taxes suivant la double division que nous venons de tracer, et enfin, subsidiairement, de la diversité en quelque sorte individuelle des objets taxés.

Il semble que les législateurs, au sujet des taxes de consommation, aient surtout consulté des considérations d'un ordre purement pratique. Peut-être se sont-ils moins préoccupés, surtout dans l'origine, de la nature des objets qu'il convenait d'atteindre, que de la facilité avec laquelle ils seraient atteints. Ils paraissent avoir particulièrement recherché les objets dont la production, étant localisée, pouvait être aisément surveillée, et qui, par là, offraient plus de commodité à être frappés en masse et atteints, pour ainsi dire, à la source même. Le sel, par exemple, est donné par la nature sur un petit nombre de points, tels que les bords de la mer, les mines de sel gemme et les sources solifères : aussi a-t-il été, dès les premiers temps, une matière essentiellement imposable aux yeux du législateur. D'autres objets, dont la production est moins restreinte, peuvent cependant être saisis, dans les centres où la civilisation les réunit, pour leur faire subir les transformations qui les rendent propres à notre usage. Ainsi, le blé se rassemble, pour se transformer en farine, dans les moulins, qui sont maintenant d'un emploi général, et les animaux, pour être tués et nous fournir leur viande, dans les abattoirs publics. C'est là que le fisc est venu souvent asseoir ses exigences.

Ce n'est pas seulement dans l'établissement des impôts de consommation établis à l'intérieur des pays, mais aussi dans la constitution des douanes, ou impôts établis à la frontière, que la facilité plus ou moins grande à saisir les objets, a exercé une grande influence, et a inspiré quelquefois la rédaction des tarifs.

Ces mêmes considérations de commodité pratique, qui ont une si grande importance quand il s'agit des taxes de con-

sommation, ont amené, dans l'histoire des impôts de cette
classe, des faits qu'on ne retrouve pas dans l'histoire des impôts directs. Nous voulons parler de ces unions ou associations formées entre divers États, dans le but de faciliter, par
une législation uniforme et par une surveillance commune,
la perception des taxes qui sont nécessaires à chacun d'eux.
On voit aujourd'hui une grande partie de l'Allemagne grou-
pée dans l'union douanière si connue sous le nom de
Zollverein. Le royaume de Hanovre, le duché de Brunswick,
le duché d'Oldenbourg, et plusieurs petits États se sont aussi
unis pour la perception des accises sur la bière et l'alcool. La
Prusse, les États de l'union Thuringienne et la Saxe se sont
concertés également pour l'établissement et la perception de
l'impôt sur l'alcool. Ces mêmes États sont associés à l'élec-
torat de Hesse-Cassel, pour la perception en commun de
l'impôt sur le vin (*weinsteuer*).

Nous n'avons pas besoin de faire observer qu'il existe une
étroite connexité, dans la législation de chaque État, entre
les taxes de consommation qui sont perçues dans l'intérieur
du territoire, et celles qui sont assises à la frontière. Certains objets peuvent être taxés à la frontière sans l'être dans
l'intérieur ; mais aucun objet ne saurait être rationnellement
taxé dans l'intérieur du pays sans être également frappé à
l'importation. Cette règle ne s'étend pas seulement sur les
objets absolument identiques ; elle atteint aussi ceux qui
sont d'un usage analogue et qui peuvent se remplacer réciproquement. Supposons que l'on taxât, dans l'intérieur d'un
pays, certaines denrées alimentaires, et qu'en même temps
on laissât libre l'importation de denrées d'un usage analogue, il est évident que, par un tel système, on ajouterait,
aux charges que l'impôt ferait peser sur le produit national,
celles qui résulteraient pour lui de la concurrence étrangère.
Cette connexité entre les charges que supportent les pro-

duits du dedans et ceux du dehors, entraîne une relation
semblable entre les mesures qui peuvent leur être favorables.
Ainsi les avantages résultant des primes payées à la sortie,
ou *drawbacks*, sont accordés également aux objets qui sont
réexportés après avoir payé à l'entrée les droits de douane,
et aux objets analogues qui sont simplement exportés après
avoir supporté les impôts de consommation intérieure. La
législation des sucres, des spiritueux, des tabacs, dans les
finances françaises, montre l'appui réciproque que se prêtent les dispositions sur l'impôt de consommation intérieure, et celles qui intéressent la douane. Cette garantie
mutuelle des deux sortes d'impôts s'étend quelquefois jusqu'à la poursuite de produits d'une analogie éloignée. Pour
soutenir les droits de douanes sur le café, les Anglais ont
imposé la chicorée.

Il y a cependant une distinction qui peut être établie, et
qui se trouve vraie dans beaucoup de cas, entre les taxes
perçues à l'entrée du pays et celles qui atteignent les consommations intérieures. Les taxes douanières frappent souvent des objets manufacturés, parce que le législateur craint
peu de nuire aux industries étrangères, et que souvent
même il veut protéger énergiquement les industries nationales. Les taxes intérieures, ou accises, frappent ordinairement de préférence les produits naturels ou ceux dont la
fabrication est simple et presque nécessaire : si elles portaient sur des produits manufacturés, et surtout sur ceux
qui exigent un travail considérable et coûteux, elles risque-
raient d'en entraver et d'en empêcher même la fabrication
intérieure, au profit du travail étranger.

L'étude des tarifs des divers impôts de consommation, soit
qu'ils se perçoivent à la frontière, soit qu'ils se lèvent dans
l'intérieur du pays, a une importance toute particulière,
parce que la quotité de ces impôts peut exercer une grande

influence sur la quantité des objets qui y sont soumis. Les taxes sur la richesse à l'état stable n'ont point cette influence ; elles ne modifient pas habituellement d'une manière très-sérieuse la quantité de richesse qu'elles atteignent.

Mais les taxes sur la richesse circulante s'insinuent, pour ainsi dire, dans les canaux par lesquels la circulation s'opère, et peuvent les obstruer ou les dégager, selon qu'elles sont plus ou moins considérables. Les taxes pesantes rétrécissent la circulation : les taxes légères la facilitent. De là des relations pleines d'intérêt entre l'élévation de l'impôt et l'extension de la consommation, du moins quand il s'agit d'objets qui, comme le sel et le tabac, peuvent être constamment tenus, par la production, au niveau des goûts ou des besoins publics. Il arrive souvent que la consommation s'accroît en même temps que s'abaissent les taxes ; quelquefois même cet abaissement contribue d'une autre manière à augmenter la quantité des matières sujettes aux droits, en réduisant l'intérêt de la fraude et en faisant cesser presque complétement la contrebande. C'est ainsi qu'une seule mesure peut avoir des résultats de plus d'un genre, et que, d'après un mot de Swift, qui n'est pas une simple boutade, deux et deux ne font pas toujours quatre en matière financière. Mac Culloch a consacré le chapitre x de son ouvrage sur l'impôt à l'examen de l'importante question que nous ne faisons qu'indiquer ici. Il cite, en faveur de l'abaissement des taxes, de remarquables exemples tirés de l'histoire des impôts sur le thé et les esprits en Angleterre et sur le sucre en France. On peut encore consulter à ce sujet l'ouvrage de Rau sur la *Science des Finances,* et un discours de M. Passy, que l'on retrouvera dans le *Moniteur* de 1843.

Il est de la nature des taxes sur les consommations d'être des taxes de quotité, assises sur les denrées elles-mêmes et non sur les personnes ou sur les localités. Cependant on est arrivé, par des voies peu rationnelles, à en faire, dans certains pays, des taxes de répartition. C'est sous cette forme qu'est assis, dans les États sardes, ce qu'on appelle *canone gabellario*. L'abonnement, qui est usité aussi dans plusieurs pays, tend à convertir pour l'abonné la taxe indirecte en une taxe directe, susceptible d'être établie par rôle. Aussi l'abonnement est-il nommé par les financiers espagnols *encabezamiento* ou *enrôlement*.

Le législateur néerlandais semble avoir recherché, dans l'organisation de l'accise sur le sucre, l'avantage d'un revenu fixe, qui ne peut être habituellement donné que par une taxe de répartition : le produit *minimum* de cet impôt est fixé, par l'article 1er de la loi du 26 avril 1852, à 750,000 florins par semestre; quand il n'atteint pas ce chiffre, les raffineurs sont tenus d'avancer la différence.

M. Hoffmann, qui comprend les impôts sur les consommations dans la grande classe des *impôts sur les actes*, a fait une observation qui s'applique peut-être aux *actes consommateurs* plus qu'à tous les autres, et par conséquent aux impôts établis sur ces actes plutôt qu'aux autres impôts. Il a remarqué, comme l'avait déjà fait Forbonnais [1], que ces taxes se lèvent plus facilement dans les populations condensées des villes, que parmi les habitants clairsemés des campagnes. Cette considération a souvent conduit les législateurs de certains États à établir dans les villes des taxes de consommation qui n'existent pas dans les campagnes de ces mêmes pays. Nous citerons comme exemples les droits d'entrée sur les boissons, en France, certaines taxes de consommation dans l'empire d'Autriche, les droits d'abattage et de mouture en Prusse.

Comme tous les impôts de quotité, les impôts sur les consommations sont d'un produit variable. « L'impôt indirect, dit M. d'Hauterive dans ses *Notions élémentaires d'Économie*

---

[1] *Recherches*, etc., t. 1, p. 542.

politique, n'a de règle constante ni dans les modes, ni dans la mesure. » Ces variations ont cependant leurs lois ; trois ou quatre causes principales les dominent. La consommation varie suivant l'accroissement ou la diminution de la population, suivant l'affluence ou l'éloignement des étrangers qui viennent visiter le pays, suivant les goûts de bien-être qui modifient les habitudes de la population, enfin suivant la confiance plus ou moins grande qui anime les contribuables et les pousse soit à prodiguer leurs ressources, soit à diminuer, par l'épargne, les occasions de leurs dépenses. A ces causes statistiques et morales, sur lesquelles les circonstances politiques exercent souvent une grande influence, il faut joindre, pour certains objets, les causes climatériques et agricoles. S'il est des matières de consommation qui ne manquent jamais, il en est d'autres dont la nature s'est faite la dispensatrice mesurée, et qu'elle ne fournit que sur des points restreints et dans des circonstances favorables. Jamais les sources de l'impôt sur le sel n'ont été taries, au moins en France, par les conditions de la production : mais l'oïdium, la gelée et bien d'autres causes encore sont venues souvent restreindre la consommation de cette liqueur généreuse dont la production et la fabrication constituent une des plus belles richesses de notre agriculture.

Nous avons dit que l'agglomération de populations nombreuses offre des difficultés spéciales pour la perception des impôts de consommation. On ne s'étonnera donc pas de voir souvent des taxes de cette nature levées sur les habitants des villes pour subvenir à l'administration et aux dépenses locales. Tels sont, par exemple, en France, en Belgique et en Hollande, les droits d'octroi qui ne sont pas de simples suppléments aux taxes levées pour le compte de l'État, mais des impôts spéciaux, atteignant, tantôt des objets que l'État ne taxe point, tantôt, sous certaines restrictions, les matières que l'État impose. Les lignes d'octroi sont, entre les divers groupes de population d'un même pays, ce que sont les lignes douanières entre les différents peuples. Le législateur, en établissant les octrois, a dû se préoccuper de certaines considérations analogues à celles qui président à l'établissement des douanes : il a dû, par exemple, s'efforcer de pondérer les intérêts concurrents des productions et des industries rivales. Mais le problème est beaucoup moins compliqué pour ces douanes urbaines que pour les douanes nationales.

Avant même la constitution de l'économie politique, comme science, on avait posé ce principe généreux et humain, que les taxes doivent plutôt atteindre les consommations de luxe que celles de nécessité. Un politique espagnol du xviie siècle, Saavedra Faxardo, dans son *Tableau du Prince chrétien*, a établi nettement cette règle : « *Nec imponi debent tributa*, dit-il, *iis rebus quæ ad vitam præcisè sustentandam sunt necessariæ, sed iis potius, quæ deliciis desserviunt, aut curiositati, aut ostentationi et pompæ.* (On ne doit point établir de taxes sur les choses nécessaires à la vie, mais sur celles qui ne sont que des objets de jouissance, de curiosité, ou d'ostentation et de parade.) [1] »

En prenant en grande considération ce principe, on doit toutefois rappeler que les mots *nécessaire* et *superflu* n'ont qu'une valeur relative, qui dépend des habitudes de chaque peuple. Mac Culloch dit quelque part que le thé, le sucre et le savon sont à peu près les seules consommations

---

[1] Voici comment s'exprime, dans la Bibliothèque des Économistes espagnols, D. Manuel Colmeiro sur l'ouvrage de Saavedra Faxardo, ambassadeur d'Espagne au congrès de Westphalie.

« OEuvre de grande érudition et de grand enseignement, et aussi précieuse pour l'excellence de la doctrine que pour la pureté, l'élégance et le nerf du style. Détourné par d'autres pensées, l'auteur regarde seulement de profil les matières d'économie politique, mais quand il s'en occupe, par exemple, pour parler des impôts, de la monnaie, de la population, des arts, du commerce, il de montre la pénétration, brille par l'originalité et s'élève au-dessus des préoccupations vulgaires, etc. »

nécessaires qui soient aujourd'hui taxées dans la Grande-
Bretagne : à coup sûr, ce sont là des *nécessités* absolument
inconnues aux habitants d'une partie de nos campagnes. Il
ne faut pas oublier non plus que les objets destinés à un
usage analogue ont entre eux une corrélation naturelle, et
que le prix des uns réagit sur le prix des autres. Souvent
leur bas prix contribue à maintenir sur eux un droit élevé :
quelquefois la tradition historique concourt au même résultat. En France, le tabac est plus imposé, par rapport à sa valeur intrinsèque, que ne l'est l'alcool ; l'alcool
l'est plus que le sucre ou le café, le sucre ou le café plus que
le vin. Ces matières peuvent, à la rigueur, être toutes rangées, chez nous, parmi les objets de luxe. Mais le sel est très-
lourdement imposé, comme le tabac, quoique le sel soit
nécessaire à beaucoup d'usages et particulièrement à l'alimentation. Ce fait s'explique à la fois par les deux motifs que
nous citions plus haut. D'une part, la valeur intrinsèque du
sel est peu considérable ; d'autre part, il était taxé autrefois
à un taux beaucoup plus considérable encore. M. Leber, dans
son curieux ouvrage sur l'*Appréciation de la fortune privée au
moyen âge*, estime que la gabelle atteignait, sous Louis XIV,
plus de vingt-cinq fois la valeur du sel rendu dans les dépôts
de l'État.

Les législateurs de l'Europe, au moyen âge, n'ont connu,
pour ainsi dire, aucun frein dans l'application des taxes sur
les consommations. Ils ont quelquefois joint à la rigueur du
monopole un étrange arbitraire dans le choix des objets
qu'ils y ont soumis. A Naples, Frédéric II s'était réservé,
suivant M. Cibrario, la vente du sel, du fer, de l'acier, de la
poix et la dorure des cuirs. « Il y avait, ajoute le savant
auteur de l'*Économie politique du moyen âge*, une sorte
de monopole temporaire, qui interdisait aux sujets, pendant un temps déterminé de l'année, la vente de leur vin,

afin que le prince ou le seigneur pût se défaire du sien. »

Forbonnais comprenait déjà bien l'inconvénient de ces excès. En même temps qu'il réprouvait les *exclusifs* ou monopoles, il écrivait les réflexions suivantes qui sont pleines de justesse [1]. « Rien au monde n'est si délicat que la nature des impôts sur les consommations ; ce sont les plus doux, les plus abondants ; mais ils ont des proportions de rigueur soit avec les autres genres d'impôts, soit avec une infinité d'autres circonstances. »

On rencontre de nos jours, dans certains pays jaloux de la liberté du commerce, des dispositions plus vives, empreintes d'une sorte de réaction contre les droits de consommation. L'article 29 de la Constitution fédérale de la Suisse, en date du 12 septembre 1848, est ainsi conçu : « Le libre achat et la libre vente des denrées, du bétail et des marchandises proprement dites, ainsi que des autres produits du sol et de l'industrie, leur libre entrée, leur libre sortie et leur libre passage d'un canton à l'autre, sont garantis dans toute l'étendue de la Confédération. Sont réservés : (*a*) quant à l'achat et à la vente, la régale du sel et de la poudre à canon ; (*b*) les dispositions des cantons touchant la police du commerce et de l'industrie, ainsi que celle des routes ; (*c*) les dispositions contre l'accaparement ; (*d*) les mesures temporaires de police de santé, lors d'épidémies et d'épizooties (les dispositions mentionnées sous les lettres *b* et *c* ci-dessus doivent être les mêmes pour les habitants du canton et pour ceux des autres États confédérés ; elles sont soumises à l'examen du conseil fédéral et ne peuvent être mises à exécution avant d'avoir reçu son approbation) ; (*e*) les droits accordés ou reconnus par la Diète et que la Confédération n'a pas supprimés ; (*f*) les droits de consommation sur les vins et autres bois-

[1] *Recherches*, etc., t. I, p. 542.

sons spiritueuses, conformément aux prescriptions de l'art.
32. »

Sans aller jusqu'à cette réprobation des taxes sur presque
toutes les consommations, on peut dire qu'elles doivent
éveiller l'attention et la sollicitude constante du législateur.
« Rien, dit M. d'Hauterive dans ses *Notions élémentaires
d'Économie politique,* ne peut absoudre les gouvernements
qui ne consultent, dans la fixation, l'assiette et le mode de
ce genre d'impôts, que leurs convenances et leurs besoins,
sans avoir égard aux droits et aux nécessités de l'industrie.
Le système de l'organisation de ces impôts est certainement,
de tous ceux qui font partie de l'organisation générale, le
plus mobile et le plus compliqué. » Aux *circonstances* que
Forbonnais a recommandé de prendre en considération au
sujet de ces impôts, il faut dans notre siècle ajouter les impressions de l'opinion publique et du sentiment moral des
peuples.

Nous devons ajouter, l'histoire à la main, que le système
des taxes sur les consommations est aussi éminemment per-
fectible. Il suffit, pour s'en convaincre, de se rappeler que
l'organisation des entrepôts, si favorable, et, on peut le dire,
si nécessaire au commerce, pour restreindre le payement
des taxes à la quantité des matières consommées dans l'intérieur du pays, ne compte pas encore, en France et en
Angleterre, deux siècles d'existence.

CHAPITRE I.

DES TAXES DE CONSOMMATION A L'INTÉRIEUR DES ÉTATS.

PRÉLIMINAIRES.

Les impôts de consommation, qui sont perçus dans l'intérieur des États et qui portent en Belgique le nom d'*accises*, en Angleterre celui d'*excise*, en Italie celui de *dazio*, en Allemagne celui de d'*aufschlag*, composent souvent une grande partie des revenus publics. Souvent même ils sont supérieurs, sous ce rapport, aux taxes perçues à la frontière sur l'importation, l'exportation et le transit. Ils atteignent les objets de consommation, soit au moment de la production, soit à la circulation, soit à l'entrée dans certaines villes ou localités déterminées, soit au moment de la vente au détail. La facilité de les percevoir à l'entrée des villes a fait très-souvent négliger le principe qui prescrit l'égalité de l'impôt entre les habitants du même pays. En France, les vins, cidres, poirés et hydromels sont frappés, dans les villes populeuses, soit au profit de l'État, soit au profit des administrations locales, de droits dont ces mêmes produits sont dispensés quand ils se consomment dans les campagnes. L'Espagne et l'Autriche vont plus loin : elles taxent, dans certaines cités, au profit du Trésor public, des objets épargnés dans tout le reste du territoire. La forme du monopole a été fréquemment affectée aux taxes de consommation. Le midi de l'Europe, surtout, a eu souvent recours à ce procédé qui fait d'une branche de commerce une sorte de droit domanial. Aujourd'hui encore, en Espagne, le gouvernement peut employer le monopole pour la perception de certains droits de consommation dans les villes peuplées de moins de 2,000 habitants.

Les divers modes que l'on peut choisir pour l'assiette de l'impôt touchent à des intérêts de plus d'un genre. Il faut tenir compte du produit fiscal, de la facilité de la perception, et aussi de certains principes de liberté commerciale, de justice et de civilisation. Si l'on ne s'attachait qu'à faire tomber les charges sur les consommateurs de la manière la plus équitable et la mieux proportionnée, il faudrait toujours préférer le mode de perception qui atteint les objets le plus près de la consommation. Ce mode est le moins onéreux pour le contribuable : la matière que la taxe vient atteindre a déjà subi tous les déchets, qu'on n'aurait pu calculer qu'approximativement si l'on avait perçu les droits antérieurement. Quand on admet cette considération, on s'étonne que l'Angleterre ait pu, à une certaine époque, asseoir une taxe sur le verre encore en fusion.

Les impôts sur les consommations admettent, mieux que certains autres, le procédé de l'abonnement. Les arrangements de ce genre sont souvent tolérés, pour des individus, des villes, des masses considérables de population. La ville de Paris a, par exemple, en matière de boissons, un droit de remplacement qu'on peut considérer comme tenant lieu de diverses taxes imposées par la législation générale, et dont elle se trouve dispensée. En Autriche, la ville de Trieste a racheté, moyennant une somme fixe et annuelle de 525,000 florins, le droit de consommation appelé *verzeh-rungsteuer*, qui pèse sur tout l'empire, et spécialement sur les villes fermées. Laybach et Cracovie jouissent de facilités analogues.

Quand les taxes de consommation atteignent les objets au moment de la vente, elle tendent à se confondre avec les impôts assis sur les mutations de propriété. Mais il y a entre ces deux formes d'impôts cette différence que les droits de consommation assis dans l'intérieur du pays ne frappent que des matières spéciales, et en vertu de considérations spéciales, tandis que les droits de mutation ne tiennent presque aucun compte de la destination et de la nature de l'objet transmis, pour s'occuper uniquement de sa valeur. On peut convenir cependant qu'un droit général sur les mutations mobilières, tel que l'impôt de l'*alcavala*, emprunté proba-blement par les Espagnols aux Arabes, équivalait, par ses effets, à ceux de plusieurs impôts réunis sur les consom-mations. Dans le grand-duché de Bade, on appelle *accis* le droit de mutation sur les propriétés immobilières. Nous trou-vons donc ici à signaler un rapprochement entre des impôts, très-différents d'ailleurs par leur nature, comme le natura-liste fait ressortir quelquefois de curieuses analogies, sur certains points particuliers, entre des genres organiques profondément séparés par leurs caractères généraux.

Le régime de surveillance auquel sont assujetties les fabriques d'objets frappés par les taxes de consommation intérieure, a motivé certaines mesures qui restreignent ou modifient la liberté absolue du commerce et de l'industrie. Nous citerons particulièrement la nécessité imposée aux fabricants de se soumettre aux mesures de l'*exercice* ou sur-veillance intérieure et domiciliée, et l'obligation de fabriquer des *minima* déterminés; une prescription de cette dernière espèce se trouve dans notre législation sur les sels et dans le projet de loi présenté au Corps législatif en 1858, au sujet des capsules fulminantes. Ici encore, quoique la base sur laquelle repose l'impôt, soit essentiellement physique, les considérations morales qui recommandent ou condamnent tel ou tel procédé relatif à l'assiette de l'impôt, se présentent de nouveau avec toute leur force, et doivent être mûrement pesées par le législateur.

La nature des objets susceptibles d'être soumis à des droits de consommation est fort diverse, leur nombre est illimité. Nous croyons cependant qu'on peut diviser ces matières en trois catégories, tirées de la nàture même des consommations en faisant ressortir subsidiairement le caractère plus ou moins nécessaire qu'elles ont dans la vie de l'homme et les résultats financiers qu'elles peuvent donner.

D'après ces principes, nous distinguerons dans nos recherches : 1° Les comestibles, parmi lesquels les condiments, tels que le sel et le sucre, tiennent la première place au point de vue financier; 2° les boissons ; 3° les consommations diverses, parmi lesquelles les combustibles ou les matériaux nécessaires aux constructions ont infiniment moins d'importance ficale que cette consommation vaporeuse et olfactive introduite dans nos sociétés à la suite de la découverte d'un monde nouveau, et dont le rôle important dans l'ordre financier trouve peut-être moins son explication dans un besoin réel que dans un caprice de la mode, facilement transformée en une loi de l'habitude.

SECTION I.

DES IMPOTS SUR LES COMESTIBLES.

ARTICLE I.

L'IMPOT DU SEL [1].

Parmi les divers objets de consommation qu'atteignent les législations financières, le sel est peut-être celui qu'il convient de placer en première ligne. La contribution qui frappe cette denrée est aussi ancienne que générale ; on la retrouve en remontant aux époques les plus éloignées, on la rencontre sous les climats les plus différents : à ce double titre, elle méritait le rang que nous lui donnons dans l'ordre de nos recherches.

Le sel est obtenu par l'homme sous des formes diverses. On le retire : 1° du sein de la terre, à l'état solide ; 2° des sources salées, par l'évaporation ; 3° des sables de la mer, par le lavage ; 4° des eaux de la mer, par l'évaporation. Le premier de ces procédés s'applique notamment en Pologne, en Hongrie, en Catalogne, dans quelques parties de la France ; le second dans les Basses-Pyrénées, dans nos provinces de l'Est, dans le Tyrol ; le troisième en Normandie ; le quatrième sur les côtes de différents pays, et notamment sur nos côtes de la Méditerranée et de l'Océan. Dans toutes ces conditions diverses, l'extraction du sel est d'une surveil-

---

[1] M. le vicomte de Luçay, auditeur au Conseil d'État, a bien voulu me remettre des notes étendues sur l'histoire de l'impôt du sel en France, notes que j'ai accueillies avec gratitude et employées avec la confiance que méritaient à mes yeux, outre leur caractère, les publications personnelles et estimables par lesquelles l'auteur s'est déjà fait connaitre.

lance facile ; sa valeur intrinsèque est modique : ce sont là deux raisons qui facilitent l'établissement d'une taxe sur cette denrée.

Aussi l'impôt du sel remonte-t-il à une haute antiquité. On remarquera que chez nous cet impôt avait reçu le nom de *gabelle*, que son étymologie permet d'appliquer à tous les impôts, et que les financiers italiens et espagnols appliquent en effet à diverses taxes : il semble que nos financiers l'aient regardé en quelque sorte comme l'impôt par excellence, tandis que les contribuables le regardaient peut-être comme l'impôt le plus onéreux.

La Bible renferme plus d'un renseignement curieux sur les institutions des peuples dont elle nous retrace les destinées. Elle nous apprend que l'impôt du sel existait en Syrie sous les successeurs d'Alexandre. Le chapitre x du livre 1ᵉʳ des *Machabées* rapporte que Démétrius l'adoucit pour les Juifs : « *Et nunc absolvo vos et omnes Judæos a tributis et pretia salis indulgeo.* »

A Rome, le monopole du sel paraît avoir été de bonne heure délégué à des particuliers. Cet état de choses fut changé en l'an 246 de Rome, comme l'a remarqué avec raison un auteur italien, M. Louis Guarini, dans son ouvrage sur *les Finances du peuple romain*. C'était au moment où la République soutenait la guerre contre Tarquin et Porsenna. La royauté déchue conservait encore des partisans, et le sénat devait être désireux de supprimer toute cause d'irritation dans le peuple en adoucissant les impôts. Il décida que le monopole du sel serait administré directement par l'État; cette mesure avait pour but de réduire le prix du sel devenu exorbitant : « *Salis quoque vendendi arbitrium, quia impenso pretio venibat, in publicum omne sumptum, ademptum privatis.* » Ce sont les expressions de Tite-Live, au chapitre ix du livre II de ses Histoires. Trois siècles plus tard, le monopole fut modifié. Les Romains, qui aimaient les surnoms, appliquèrent au principal auteur de ce changement une épithète qui a trompé certains auteurs, tels que MM. Dureau de la Malle et Mac Culloch : ils ont attribué à ce personnage l'invention d'un procédé fiscal connu depuis longtemps, et dont il n'avait fait que modifier l'application.

A cette époque, Rome luttait contre Carthage ; Annibal était en Italie, et les besoins de l'État réclamaient de nouvelles ressources. Tous les citoyens étaient unis contre l'ennemi commun : le sénat pouvait sans crainte élever les impôts. Mais il paraît que les augmentations furent inégales ; un sentiment de vengeance particulière avait quelque peu altéré l'équité d'un des magistrats qui présidèrent à la répartition de l'impôt. « Les consuls, dit Tite-Live, mirent aussi un nouvel impôt sur le sel. Jusque-là cette denrée n'avait été vendue qu'au prix de six deniers, à Rome et dans toute l'Italie ; ils la laissèrent à Rome au même taux, mais la portèrent à des prix plus ou moins élevés dans les villes de foires ou de marchés. On attribuait cette augmentation de taxe à l'un des censeurs, irrité contre le peuple parce qu'il avait subi naguère une injuste condamnation ; on remarqua même que cette surcharge porta principalement sur les tribus qui avaient provoqué cette injustice ; de là Livius fut surnommé *Salinator*. »

Le monopole du sel paraît avoir subsisté, sauf quelques changements de détail, pendant tout le cours de la République. « Sous les empereurs, dit M. Dureau de la Malle, les particuliers semblent avoir recouvré le droit de fabriquer et de vendre du sel à bas prix, soit au fisc, soit aux fermiers généraux des salines. » L'impôt, d'après le même écrivain, avait été sous l'Empire *fixe, modéré, perçu à la fabrication, et ne gênant ni l'agriculture ni les contribuables.*

On ne s'étonnera pas de retrouver l'impôt du sel établi,

au moyen âge, dans tout le midi de l'Europe. Les traditions romaines contribuaient à l'y introduire, et la nature l'y a soutenu par une production abondante.

Dans quelques contrées du nord, les circonstances semblent beaucoup moins favorables à cette branche de revenu public. M. Alfred Maury, dans un savant travail sur la philologie comparée, a constaté que les langues finnoises et tartares n'ont pas de nom pour désigner le sel, et que, pour suppléer à cette insuffisance, elles ont dû emprunter des mots au rameau philologique sanscrit-grec-latin. Il rapporte en outre que l'usage du sel resta long-temps inconnu aux habitants de l'Europe septentrionale, et que Christian II, roi de Danemark, gagna les paysans suédois en leur apportant ce condiment. L'*Histoire du Danemark*, par Mallet; la *Vie de Gustave Wasa*, par Archenholz, renferment des documents sur ce sujet.

On peut trouver, dans la savante *Histoire de Venise*, par Daru, des détails relatifs à l'impôt du sel (*ufizio del sale*), qui fut établi dans cette république italienne jusqu'au xviii⁰ siècle.

Mais la France a été, dans les siècles passés, la véritable patrie de l'impôt sur le sel. Nulle part le produit financier de cette taxe n'a été plus considérable, ni son assiette plus curieuse à étudier; nulle part les impressions morales qu'elle a fait naître n'ont été plus vives et plus ardentes. A tous ces titres, on nous permettra d'étudier avec quelque détail le système assez compliqué de nos anciennes gabelles.

L'opinion commune fixe à l'année 1342 l'établissement du premier impôt sur le sel. Il fut créé par Philippe de Valois, à titre d'*aide*, et pour faire face à des besoins imprévus; mais il ne conserva pas longtemps ce caractère temporaire : comme beaucoup d'autres impôts indirects, il devint définitif et perpétuel à l'avénement de Charles VI. Déjà il avait

reçu le nom générique de gabelle, qu'il finit par garder
seul.

Jusque vers la fin du règne de François Ier, le sel resta
marchand; il était vendu dans les greniers du roi, pour le
compte des particuliers, qui étaient tenus de l'y faire conduire. Les droits royaux étaient perçus lors de chaque vente
par des officiers spéciaux (grenetiers, contrôleurs), et le prix
du sel payé aux marchands. Le montant du droit avait été
originairement fixé au cinquième du prix de vente; mais,
depuis, des *crues* avaient été ordonnées dans certaines provinces; d'autres, au contraire, jouissaient de modérations
considérables, quelques-unes même d'exemptions. La diversité de la taxe et les imperfections du mode de régie donnaient lieu à des fraudes, à des malversations nombreuses.

Une ordonnance de 1541 supprima les greniers, remplaça
le droit à la vente par un droit à l'enlèvement des marais
salants, et autorisa les marchands, après acquittement de
ce droit, à transporter et vendre le sel partout où bon leur
semblerait. Une ordonnance de l'année suivante fixa le droit
pour tout le royaume au taux uniforme de 24 livres par
muid, et assujettit à la gabelle les sels destinés au commerce avec l'étranger, et leurs salaisons maritimes. Cette
tentative prématurée d'uniformité souleva de violentes réclamations. D'un autre côté, la liberté de vendre en tous lieux,
accordée aux marchands, avait occasionné l'accumulation
de cette denrée dans certaines parties du royaume, pendant
qu'elle faisait défaut dans d'autres provinces.

On fut obligé, dès 1543, de revenir au système antérieur.
En 1544, deux ordonnances de juillet et de décembre pres-
crivirent le rétablissement des anciens greniers à sel, et l'extension de ce mode de régie à plusieurs provinces privilégiées,
où il n'avait pas encore été appliqué. La Guyenne, la Saintonge, le Poitou et l'Angoumois protestèrent, les armes à la

main, contre cette onéreuse innovation. L'insurrection fut réprimée; mais le gouvernement jugea plus prudent d'en prévenir le retour en accédant aux offres des États de ces rovinces. Il leur abandonna d'abord la perception de l'impôt, puis, en 1553, les affranchit à perpétuité des droits de gabelles, moyennant une somme, une fois payée, de 1,194,000 livres.

Quelques années auparavant, les marchands avaient été définitivement exclus de la vente du sel dans les pays de gabelle. Une ordonnance de janvier 1547 avait décidé que le droit de fournir les greniers royaux serait mis en ferme à partir de 1548. D'après la même ordonnance, la perception des droits royaux dut être également affermée. Dans l'origine, chaque grenier était affermé en particulier. En 1578, fut créée la ferme générale des droits pour les gabelles de France; vingt ans après, elle acquit la ferme des approvisionnements. Peu à peu elle absorba toutes les fermes particulières qui avaient encore subsisté quelque temps, et, au moment de la révolution de 1789, elle était seule chargée de la perception des droits sur le sel dans toute l'étendue du royaume et de l'approvisionnement de tous les greniers.

Il ne faudrait pas croire que, pour être perçus par une seule ferme, les droits sur le sel fussent devenus uniformes. Rien au contraire n'était plus varié, en France, que la législation financière du sel. Nous avons indiqué une distinction créée par l'édit de 1553 : il y en avait beaucoup d'autres. Certaines provinces avaient, lors de leur annexion, stipulé et obtenu des franchises et des immunités. La situation n'était même pas identique dans tous les pays de gabelle. Suivant Moreau de Beaumont, le royaume se divisait, pour l'impôt du sel, en quatre zones irrégulières : pays de grandes gabelles, pays de petites gabelles, comprenant les gabelles de salines; pays rédimés, pays exempts. Nous allons indiquer rapidement quelles étaient, en 1789, la législation et l'administration de ces différents pays.

Les pays de *grandes gabelles* comprenaient les généralités de Paris, Orléans, Tours, Bourges, Moulins, Dijon, Châlons, Soissons, Amiens, Rouen, Caen, Alençon. Dans ces généralités se trouvaient un grand nombre de lieux privilégiés : nous en parlerons plus loin. Les pays de grandes gabelles étaient régis par l'ordonnance générale de 1680, qui avait déterminé tout ce qui concernait les approvisionnements, les ventes et les moyens de conservation, c'est-à-dire la répression des fraudes et abus.

Les *approvisionnements* devaient être exclusivement faits en sels français ; l'importation des sels étrangers n'était permise qu'en cas de disette et sur une autorisation expresse. Les propriétaires des marais salants étaient tenus de les sauner suffisamment, de manière que la ferme générale y pût prendre chaque année, au prix courant, la quantité de muids réglée par arrêts du conseil. Les sels, chargés sur bateaux français, autant que faire se pouvait, étaient transportés et déposés, sous le contrôle d'officiers mesureurs, dans des magasins entretenus par la ferme générale aux embouchures de la Loire, de l'Orne, de la Somme et de la Seine. De là, ils étaient dirigés, suivant les besoins, sur les divers greniers, où ils ne pouvaient être livrés en vente qu'après deux années de séjour.

Les greniers se divisaient, pour la vente du sel, en *greniers de vente volontaire*, et *greniers d'impôt*. Dans les premiers, le sel était levé par les ressortissants, suivant leurs besoins ; toutefois, ils étaient tenus d'en faire une consommation minima annuelle, pour pot et salière, de 7 livres par individu âgé de plus de sept ans (7 livres représentaient un 14ᵉ du minot de Brouage, qui pesait de 96 à 98 livres).

C'était là ce que nos pères nommaient le *devoir de gabelle*, et ce *devoir* devait être accompli dans les six premiers mois de l'année, sous des peines sévères, qui allaient jusqu'à la contrainte par corps pour les taillables, jusqu'à la saisie des revenus pour les nobles et ecclésiastiques.

Le sel destiné aux salaisons devait être distingué, lors de la levée, sous peine de confiscation. Comme moyen de contrôle pour l'accomplissement du devoir de gabelle, les collecteurs et syndics des villes franches étaient tenus de remettre chaque année, aux commis de la ferme générale, copie de leurs rôles, avec indication du nombre des membres de chaque famille, de la quantité des bestiaux, etc. L'accomplissement du devoir de gabelle était une lourde charge pour les nécessiteux ; une déclaration de 1709 en dispensa à l'avenir tous les pauvres, c'est-à-dire ceux qui étaient imposés à moins de trente sous de taille ou de capitation dans les villes franches ; ils avaient la faculté de prendre du sel en détail, au poids ou à la mesure, chez les *regrattiers*, particuliers commissionnés par la ferme générale, qui vendaient au même prix que le grenier, sauf une légère augmentation pour bénéfices et frais de transport. Défense était faite à tous ceux qui consommaient annuellement plus d'un boisseau de sel dans leurs maisons, de s'approvisionner aux regrats.

Les *greniers de vente par impôt* avaient été établis dans les paroisses voisines de la mer et des pays exempts, où la possibilité de s'approvisionner de faux sel aurait rendu à peu près nul le débit des greniers de vente volontaire. La quotité de l'impôt était réglée annuellement, pour chaque grenier, par arrêt du conseil ; la répartition entre les villes et villages confiée à l'intendant avec le concours des officiers des greniers ; la confection des rôles remise à des collecteurs qui levaient dans les huit jours, de chaque quartier, le sel de la paroisse, et le délivraient aux habitants dans la huitaine suivante. Les collecteurs étaient solidairement responsables du recouvrement du prix du sel. A leur défaut, la responsabilité incombait aux principaux habitants. Les nobles et ecclésiastiques, ne pouvant être compris aux rôles d'imposition, étaient, comme dans le ressort des autres greniers, assujettis au devoir de gabelle. Défense était faite, sauf quelques exceptions, d'employer le sel d'impôt aux grosses salaisons.

Il y avait, dans les pays de grandes gabelles, 250 greniers à sel, 179 de vente volontaire, 34 d'impôt et 37 mixtes.

La distribution du sel se faisait, dans ces greniers, par les agents de la ferme générale, sous la surveillance d'officiers du roi (grenetiers, contrôleurs, etc.), chargés de contrôler la quantité et la qualité des livraisons. Ces mêmes officiers jugeaient, en première instance, les contraventions commises par les faux sauniers. Necker, dans son *Traité de l'administration des finances* (1785), évalue à 760,000 quintaux la quantité de sel débitée annuellement pour le compte du roi, dans les provinces de grandes gabelles ; la population de ces provinces étant environ de 8,300,000 âmes, la consommation moyenne par tête d'habitant de tout sexe et âge, était, par suite, de 9 livres 1/6ᵉ, c'est-à-dire supérieure au *devoir de gabelle*. Le prix moyen du quintal était, à la même époque, de 62 livres.

Les *moyens de conservation* comprenaient, outre ceux que nous avons déjà énumérés, la police des priviléges et la répression du faux sauuage.

Les priviléges étaient de deux sortes : ils existaient en faveur d'individus ou de localités. Les priviléges individuels recevaient le nom de *francs-salés*. Il y avait des francs-salés d'*attribution* ; c'étaient des exemptions de gabelles accordées à certains offices par l'édit qui les avait créés ; ces exemptions, dont jouissaient, par exemple, le Parlement, la

Cour des aides et celle des comptes, les Chancelleries, les receveurs généraux, faisaient, en quelque sorte, partie de l'intérêt de la somme versée pour l'acquisition de l'office ; elles ne dispensaient pas du payement du prix marchand du sel. Il y avait des francs-salés de *gratification* et des francs-salés d'*aumône* ; ceux-ci, comme leur nom l'indique, étaient à titre complétement gratuit. Les uns s'accordaient aux gouverneurs et états-majors de certaines places ; les autres à quelques communautés religieuses. Tous les francs-salés avaient pour caractère d'être exclusivement limités à la consommation personnelle des privilégiés. Le don ou la vente du sel entraînait déchéance.

Les *lieux privilégiés* étaient nombreux dans les pays de grandes gabelles. On doit placer en première ligne les pays de *quart-bouillon* (élections d'Avranches, Domfront, Coutances, Mortain, Carentan, Saint-Lô, Valognes, Vire et une grande partie de l'élection de Bayeux), ainsi nommés, parce qu'originairement ils étaient assujettis à un droit s'élevant au quart du prix du sel. Des crues successives avaient porté aux 2/5 ce droit, qui se percevait à la vente. Le sel consommé par les pays de quart-bouillon était fabriqué sur les lieux mêmes ; on le regardait comme d'une qualité inférieure. La régie du quart-bouillon n'avait pas seulement pour objet la perception des droits ; elle était aussi destinée à prévenir le transport frauduleux dans les provinces voisines ; à cet effet, la consommation annuelle de chaque individu, au-dessus de huit ans, avait été limitée à 25 livres pesant, tant pour pot et salière que pour les grosses salaisons ; aucun usager ne pouvait lever le sel que sur production d'un certificat du curé de sa paroisse. La population des pays de quart-bouillon était d'environ 505,000 âmes ; la consommation annuelle s'élevait à 115,000 quintaux, ce qui faisait une consommation moyenne de 19 liv. 1/2 par tête. C'est le double de la consommation que nous avons constatée dans les pays de grandes gabelles.

Les villes du Hâvre, de Dieppe, de Fécamp, de Saint-Valery-sur-Somme, de Saint-Valery en Caux, de Honfleur, d'Eu, du Tréport, du Bourg-d'Ault et de Cherbourg, ainsi que les paroisses du Rethélois, jouissaient d'exemptions ou de modérations d'impôt. Les habitants de toutes les villes et paroisses de Normandie et Picardie pouvaient prendre, dans les greniers de leur domicile, le sel au prix marchand, pour les salaisons de poissons.

C'était dans le gouvernement de Brouage qu'existaient la plupart des marais salants. Le sel y était soumis primitivement à un droit principal de 35 sous par muid, crues non comprises : le muid de Brouage équivalait aux 2/5 du muid de Paris. L'ordonnance de 1680 réduisit le droit à 30 sous 9 den. pour le sel qui servait à l'approvisionnement des gabelles.

Le droit de Brouage et celui de la *traite de Charente* atteignaient les sels destinés à la consommation des provinces rédimées. L'ordonnance de 1680 avait prescrit, à l'enlèvement et au transport des sels de Brouage, des formalités nombreuses, afin de prévenir les fraudes. Le concours de jurés mesureurs, la prise de congés étaient obligatoires ; les commis de la ferme générale avaient droit de visite, et, en cas de contravention, de saisie sur les bâtiments employés aux transports des sels. Dans une zone de 4 lieues de chaque côté des rivières de la Sèvre nantaise et du Lay en Bas Poitou, sur toute l'étendue de la traite de Charente, il était interdit d'établir aucun entrepôt ni magasin de sel ; la consommation annuelle des habitants de cette zone était fixée à 2 boisseaux par ménage de 8 personnes.

L'histoire de notre ancienne législation fiscale montre une grande préoccupation relative à la répression du faux saunage. Il est naturel d'en parler à propos des pays de grandes gabelles, dans lesquels cette fraude présentait le plus grand intérêt.

Malgré toutes les précautions adoptées, malgré le droit de perquisition et de recherche attribué aux commis de la ferme générale dans les maisons de tous les bourgs et villages limitrophes, la contrebande du sel avait pris un très-grand développement. Il est vrai que l'inégalité des droits établis dans les différentes provinces offrait à la fraude un appât considérable : le muid de sel, qui valait 59 livres dans le Maine, n'en coûtait que 2 ou 3 à quelques lieues de là, en Bretagne; l'habitant du Limousin et de l'Auvergne avait pour 9 livres ce que celui du Berry et du Bourbonnais payait jusqu'à 61 livres.

Il y avait deux principales espèces de faux saunage : le premier consistait dans une filtration imperceptible provenant des provinces exemptes; il était combattu par l'établissement de dépôts, ; le second avait pour objet l'introduction, le commerce et l'usage de ce qu'on appelait le faux sel dans les pays de gabelles. Le commerce du sel étranger était interdit à peine des galères à perpétuité. Celui du sel, pris ailleurs qu'aux greniers et regrats, entraînait des peines graduées, suivant la gravité du délit. La peine de mort était prononcée contre les faux sauniers attroupés en armes, au nombre de 5 et plus; s'ils se réunissaient au nombre de moins de 5, ils étaient condamnés à 3 ans de galères et à 300 livres d'amende pour la première fois; la récidive était punie de mort. La peine était de 200 livres d'amende et, en cas de récidive, de 400 livres, et de 9 ans de galères contre les faux sauniers sans armes avec chevaux et charrettes; de 200 livres d'amende et, en cas de récidive, de 6 ans de galères et 300 livres d'amende contre les faux sauniers à porte-col, sans armes ; dans les cas où les hommes encouraient la peine des galères, les femmes étaient condamnées au fouet et au bannissement.

Malgré ces pénalités rigoureuses, le nombre des faux sauniers ne faisait que s'accroître. Necker, dans son *Traité de l'administration des Finances*, dit que, par année commune, le faux saunage occasionnait en France 3,700 saisies dans l'intérieur des maisons; qu'on arrêtait, sur les grands chemins et dans les lieux de passage, 2,300 hommes, 1,800 femmes, 6,600 enfants, 1,100 chevaux et 50 voitures; et qu'enfin le crime de contrebande sur le sel et le tabac envoyait en moyenne chaque année 300 individus et en maintenait constamment 17 à 1,800 sur les galères de l'État.

Les *petites gabelles* comprenaient le Lyonnais, le Forez, le Beaujolais, le Mâconnais, le Velay, le Haut-Vivarais, la Bresse, le Bugey, le Valromey et le pays de Gex ; la Provence, le comtat d'Avignon, Arles et les Maries; le Dauphiné ; le Languedoc, le Bas-Vivarais, le Roussillon, le Rouergue, ûne partie de la haute Auvergne. Ces divers pays se subdivisaient, pour les gabelles, en quatre catégories : gabelles du Lyonnais; gabelles de Provence ; gabelles de Dauphiné ; gabelles de Languedoc. L'ordonnance de 1680 ne leur était pas applicable ; ils étaient régis par des règlements particuliers, et le prix du sel avait été fixé, pour chaque chambre et grenier, par arrêts du conseil.

Les *approvisionnements* se faisaient dans l'étendue de la ferme des petites gabelles, aux salins de Peccais, Peyriac, Sijean, en Languedoc; et à ceux de Hyères, les Ambiez, Berre, Badou et les Maries, en Provence. Les salins de Peccais étaient de beaucoup les plus considérables ; le prix que la ferme devait payer aux propriétaires avait été fixé à 42 liv. 15 sous par muid de 171 minots, savoir : 30 liv. droit principal, et le surplus comme droit de *blanque* (primitivement d'un *blanc*), accordé pour l'entretien et la réparation des salins. De son côté, la ferme générale retenait sur le droit principal celui de *septem* ou du septième, établi à l'origine à titre d'inféodation. Les sels des différents salins restaient sous la main du fermier ; on ne pouvait en enlever la moindre partie sans son consentement ; il était expressément interdit aux propriétaires d'en disposer par vente ou gratification. Un contrôle actif et rigoureux s'exerçait sur le transport du sel. Le mesurage, précédemment fait à la pelle, à la cloche et à la romaine, ne l'était plus, depuis 1711, qu'à *la trémie*, comme dans l'étendue des grandes gabelles, et la division avait lieu par minot, demi-minot et quart de minot.

La consommation du sel n'était point forcée ; mais il était interdit de faire usage d'autre sel que de celui qui était vendu par les greniers du roi ; et, comme moyen de contrôle, en Lyonnais, en Roussillon et dans quelques localités du Languedoc et du Dauphiné, les consommateurs étaient tenus, même à leur domicile, de produire, à toute réquisition des commis de la ferme, des billets de gabelle justifiant de l'origine du sel trouvé entre leurs mains. Indépendamment des greniers ou chambres, il y avait des *regrats*, ouverts aux riches comme aux pauvres. En Lyonnais et en Provence, les regrattiers étaient commissionnés par le fermier, devaient se munir de billets de gabelle, et vendaient en gros ou en détail, à des prix arrêtés par les officiers des gabelles, et dépassant le prix des greniers d'une faible somme pour frais de transport et bénéfices du marchand. Il n'y avait pas de regrattiers en Dauphiné ; le commerce du sel se faisait librement, sous l'obligation de produire des billets de gabelle, et de ne vendre qu'aux seuls consommateurs.

La population des provinces de petites gabelles, distraction faite des habitants des lieux privilégiés, était environ de 4,600,000 âmes ; la consommation annuelle s'élevant à

640,000 quintaux, c'était une moyenne de 11 livres 3/4 par tête. Le prix moyen du sel était de 33 liv. 10 s. par quintal.

Les *moyens de conservation* comprenaient, comme pour les grandes gabelles, la police des priviléges et la répression du faux saunage. Les francs-salés existaient dans les pays de petites comme dans ceux de grandes gabelles. Necker évalue leur montant annuel, pour les deux zones, à 15,000 quintaux. Quelques villes, Aigues-Mortes, Arles, les Maries, étaient exemptes de tous droits. Cette, la vallée de Barcelonnette, les pays de Sault, de Chalabre et du Douezon jouissaient de modération d'impôt. Pour prévenir les versements du dehors, la ferme générale prenait à bail les gabelles du comtat d'Avignon, appartenant au pape. Les droits y étaient très-inférieurs.

Parmi les moyens de conservation, il faut noter la prohibition des viandes salées étrangères : les poissons salés, de même provenance étaient assujettis à un droit dit *de rachat*.

La juridiction, tant civile que criminelle, appartenait en première instance à des juges visiteurs, chargés en même temps de l'inspection d'un certain nombre de greniers.

Moreau de Beaumont, dans ses Mémoires sur les impositions de la France, place à la suite des pays de petites gabelles quatre provinces généralement désignées sous le nom de *gabelles de salines* : la Franche-Comté, les Trois-Évêchés, la Lorraine et l'Alsace. Ces provinces tiraient leur consommation de salines appartenant la plupart au roi et exploitées par la ferme générale : elles étaient situées à Salins et à Montmorot, pour la Franche-Comté ; à Moyenvic, Dieuze et Château-Salins pour les autres pays. A chaque saline était affecté un arrondissement spécial de bois, d'une zone plus ou moins étendue, et généralement placé sous l'administration d'un commissaire du conseil. Les ventes se faisaient par les soins de la ferme générale, à des prix fixés par arrêts du conseil.

La ferme générale avait le droit d'établir des magasins de distribution, ou de commettre des regrattiers.

En Franche-Comté, une partie du sel, dit d'*ordinaire*, était distribuée entre les villes et localités, suivant d'anciens rôles ; le reste se débitait dans les magasins, suivant les besoins de la consommation.

En Alsace, les droits de gabelles n'appartenaient au roi que dans les pays anciennement réunis. La population des pays de salines était de 1,960,000 âmes ; la consommation annuelle de 275,000 quintaux, ou 14 livres par habitant. Le prix moyen du sel s'élevait à 21 liv. 10 s. par quintal.

Les produits des salines n'alimentaient pas exclusivement la consommation des quatre provinces dont nous venons de parler ; ils servaient également aux fournitures des cantons suisses, qui se faisaient par l'entremise de la ferme générale, partie au nom du roi, en exécution d'anciens traités, à des prix à peine rémunérateurs, et partie à titre de commerce libre. La ferme générale avait également le droit de vendre du sel aux pays étrangers des bords du Rhin, et chaque année elle leur faisait des livraisons considérables.

Les *pays rédimés* étaient le Poitou, la Saintonge, la Rochelle, l'Angoumois, le Limousin, une partie de l'Auvergne, le Périgord, le Quercy, la Guyenne, la sénéchaussée de Bordeaux, le Bigorre, le Comminges et le pays de Foix. Ces provinces étaient celles qui, en 1553, s'étaient rachetées de la gabelle à perpétuité. Depuis lors, les sels destinés à leur consommation n'acquittaient plus que des droits de traites (35 sous de Brouage, traite de Charente), le commerce du sel était complétement libre, excepté dans les parties qui avoisinaient les pays de gabelles. Ici, la nécessité de prévenir les versements frauduleux avait obligé d'établir tout un système de restriction : on avait créé *des dépôts* pour la consommation d'un certain nombre de paroisses ; elles

étaient tenues de s'approvisionner exclusivement dans ces
dépôts ou chez des marchands autorisés qui s'y étaient eux-
mêmes fournis. Nul amas de sel ne pouvait être fait dans
l'étendue des paroisses, sous peine de confiscation et d'a-
mende ; en cas de récidive, les délinquants étaient considérés comme faux sauniers. La consommation était limitée à
un minot par 7 personnes, tant pour pot et salière que pour
grosses salaisons. Les collecteurs et syndics devaient remettre
annuellement copie de leurs rôles aux préposés de la ferme
générale. La production de certificats d'origine, délivrés par
les curés, était nécessaire pour la levée du sel. Les transports faisaient l'objet d'une active et rigoureuse surveillance.

Necker évalue à 830,000 quintaux la consommation annuelle des pays rédimés ; la population s'élevant à 4,625,000
âmes, la moyenne était de 18 livres par tête.

Les *pays exempts* étaient la Bretagne, l'Artois, le Cambrésis, le Hainaut, la Flandre. Là, le sel était franc de tous
droits. Nous n'avons à nous occuper de ces provinces que
pour indiquer les mesures restrictives que la nécessité d'empêcher la contrebande avait imposées au commerce et à
la consommation sur les frontières des pays soumis aux
gabelles.

Dans une zone, qui variait de 2 à 3 lieues, la consommation annuelle était fixée à un minot de 100 livres pesant,
pour sept personnes ; il était interdit de faire aucun amas de
sel pour une consommation de plus de six mois. Des règles
sévères présidaient à la vente et au transport des sels. Les
commis de la ferme générale avaient droit de visite domi-
ciliaire, avec l'assistance des autorités municipales. Le faux
saunage, le recel, l'asile même et la nourriture accordés aux
contrebandiers étaient rigoureusement punis. L'usage et
le commerce du sel gris pouvant favoriser la fraude avaient

été prohibés en Artois, en Cambrésis, en Hainaut et en Flandre, sauf quelques exceptions (raffineries, pêche maritime en Flandre, etc.). Au delà de la zone soumise à ces restrictions, la consommation du sel était exempte de tout impôt et même de tout contrôle. Il était difficile d'en évaluer la quotité avec précision. M. Necker pensait qu'elle était équivalente à celle des pays rédimés.

Les lecteurs qui voudront mesurer les variations de prix du sel sous la législation des gabelles, les trouveront résumés dans les colonnes suivantes extraites du *Compte rendu* de Necker pour 1780, publié en 1781.

1° — PROVINCES DE GRANDES GABELLES.

Provinces.	Prix du sel (quintal).			
Isle-de-France	60 liv.	7 s. à	» liv.	» s.
Maine.	58	19	»	»
Anjou.	56	3	58	19
Touraine.	58	19	60	7
Orléanais.	58	19	61	15
Berry.	60	7	61	15
Bourbonnais.	61	15	»	»
Bourgogne	61	19	»	»
Champagne (Rethélois excepté). . .	60	7	61	15
Picardie (Boulonnais et Calaisis exceptés).	57	»	59	»
Normandie (pays de quart-bouillon exceptés).	54	15	»	»
Perche.	54	15	»	»
Pays de quart-bouillon, prix commun.	13	»	»	»
Gabelles du Rethélois.	15	15	17	10

2° — PROVINCES DE PETITES GABELLES

Provinces.	Prix du sel (quintal).			
Mâconnais.	57 liv.	10 s. à	» liv.	» s.
Bresse et Bugey.	53	7	55	8
Lyonnais, Forez, Beaujolais et Dombes.	40	7	42	16
Dauphiné.	30	3	32	13
Briançonnais.	22	8	»	»

Provinces.	Prix du sel (quintal)			
Vallée de Barcelonnette.	9 liv.	6 s. à	» liv.	» s.
Provence.	22	8	27	6
Velay et Vivarais.	28	2	32	5
Auvergne et Rouergue (partie méri- dionale).	28	15	»	»
Gévaudan.	33	»	35	10
Languedoc	30	17	»	»
Pays de Sault et Chalabre (Langue- doc).	10	11	15	2
Roussillon	15	8	20	12

Gabelles de salines.

Lorraine et Clermontois.	27	10	»	»
Trois-Évêchés	36	»	»	»
Franche-Comté.	15 (Sel ordinaire et extraordinaire).			
Alsace.	12	10	»	»

3° — PROVINCES RÉDIMÉES.

Provinces.	Prix du sel (quintal).			
Poitou, Aunis et Saintonge (à l'excep- tion des parties limitrophes des ma- rais salants)	6 liv.	» s. à	8 liv.	» s.
Angoumois	7	»	8	»
Limousin.	8	»	9	»
Auvergne (sauf la partie soumise aux petites gabelles).	9	»	11	»
Périgord, Quercy, Guyenne. . . .	7	»	10	»
Sénéchaussée de Bordeaux	6	»	7	»
Bigorre, Comminges et Pays de Foix.	9	»	10	»

4° — PROVINCES FRANCHES.

Provinces.	Prix du sel (quintal).			
Bretagne.	1 liv.	10 s. à	3 liv.	» s.
Boulonnais et Calaisis.	7	»	8	»
Artois, Flandre, Hainaut.	7	»	8	»
Principauté de Sedan et Raucour. .	6	»	»	»
Pays de Gex.	6	»	»	»
Comtat d'Avignon.	6	»	»	»
Territoire d'Arles.	4	»	»	»
Nebouzan.	4	»	»	»
Béarn, pays de Soule, basse Navarre et pays de Labour.	2	»	4	»
Iles de Ré et d'Oléron.	1	10	»	»

Provinces	Prix du sel (quintal).
Parties de la Saintonge, de l'Aunis et du Poitou, voisines des marais salants, et dont la consommation n'est pas sujette aux droits de traites.	1 liv. 10 s. à 2 liv. » s.

En exposant une législation si disparate et qui partageait le royaume en tant de zones étrangères les unes aux autres, nous devons faire remarquer que la tendance constante de l'administration avait été cependant vers l'uniformité. L'ordonnance de 1680 fut un grand pas en ce sens. Depuis lors, d'autres tentatives eurent lieu, des projets de réforme furent plus d'une fois mis en avant, mais toujours ils échouèrent devant l'opposition des provinces privilégiées.

Toutefois, l'inégalité des contribuables devant la loi fiscale, considérée dans son ensemble, n'était pas en réalité aussi grande qu'elle pourrait le paraître. Necker, dans son *Traité de l'administration des finances*, fait observer que, par une juste compensation, le taux de la taille était généralement plus élevé dans les généralités exemptes des droits de gabelles. L'impôt direct compensait jusqu'à certain point les iniquités de la gabelle.

Les gabelles, dont nous avons vu précédemment l'organisation, étaient d'un produit très-considérable. Le compte général des revenus et dépenses fixes au 1er mai 1789, présenté par Necker à l'Assemblée nationale, porte à l'article des fermes générales, comme produit net des gabelles, 58,560,000 livres, savoir : 39,500,000 livres pour les grandes gabelles, 14,000,000 pour les petites gabelles, et 5,060,000 pour les gabelles locales. Encore ne comprenait-on pas dans ce produit quelques revenus accessoires, comme les droits sur le sel de Brouage, la vente du sel de salpêtre à l'arsenal de Paris et la vente étrangère des sels dans les provinces de gabelles locales. Mais les 60 millions que donnaient ainsi les gabelles à l'ancienne monarchie étaient chèrement payés, si l'on tient compte de l'impression morale que cet impôt produisait sur le pays éclairé.

De tout temps, les gabelles avaient soulevé les plus vives réclamations. Les inégalités si considérables de la taxe, les divisions multiples et bizarres qu'elle imposait au territoire n'avaient pu manquer de frapper les esprits. Des publicistes, des naturalistes même s'en étaient préoccupés. Buffon avait dit que « la gabelle fait plus de mal à l'agriculture que la grêle et la gelée. » Quelques écrivains indignés avaient conclu des vices de l'application à la condamnation du principe même de l'impôt.

Un plus grand nombre se bornaient à demander une meilleure répartition de la taxe. Vauban, dans sa *Dîme royale*, propose le maintien de l'impôt du sel, mais « beaucoup modéré, et étendu partout peu à peu, de sorte que tous les Français soient égaux à cet égard comme dans tout le reste, et qu'il n'y ait point de distinction du pays de franc-salé d'avec celui qui ne l'est pas. » Selon lui, la taxe devait être perçue aux salines ; la matière ayant ainsi acquitté son droit, aurait ensuite circulé librement dans tout le royaume. Voici, du reste, l'opinion de Vauban sur le principe même de l'impôt du sel : « Le sel est une manne dont Dieu a gratifié le genre humain, sur laquelle, par conséquent, il semblerait qu'on n'aurait pas dû mettre d'impôt. Mais, comme il a été nécessaire de faire des levées sur les peuples pour les nécessités pressantes des États, on n'a point trouvé d'expédient plus commode, pour les faire avec proportion, que celui d'imposer le sel, parce que chaque ménage en consomme ordinairement, selon qu'il est plus ou moins accommodé ; les riches, qui ont beaucoup de domestiques et font bonne chère, en usent beaucoup plus que les pauvres, qui la font mauvaise. »

L'uniformité de l'impôt, sa perception aux salines, furent

aussi presque unanimement demandées par les cahiers des trois ordres, en 1789 ; et, de son côté, le gouvernement de Louis XVI, non moins désireux d'une réforme, l'inscrivait dans la déclaration du 23 juin. (Art. 26.) La Constituante décréta le maintien provisoire des contributions indirectes ; l'ordre public et la fidélité des engagements, que la nation avait pris sous sa sauvegarde, lui en faisaient une nécessité ; mais, en même temps, elle crut devoir déclarer que la gabelle serait supprimée aussitôt que le remplacement en aurait été concerté et assuré avec les assemblées provinciales, et, tout d'abord, elle abolit les prescriptions et les pénalités trop rigoureuses de l'ancienne législation, et modéra considérablement le taux des droits. (L. 23 sept. — 3 nov. 1789.)

La loi du 21-30 mars 1790 prononça la suppression définitive de la gabelle ou vente exclusive du sel, du quart-bouillon, des droits de traite sur les sels à partir du 1er avril 1790. Une contribution additionnelle à toutes les impositions réelles et personnelles et aux droits de consommation des villes dut être levée en remplacement du produit des deux tiers de l'impôt du sel, et répartie provisoirement sur les anciennes provinces sujettes, savoir : pour 40 millions sur les pays de grandes et de petites gabelles, et de quart-bouillon, et pour 2 millions sur les provinces franches et rédimées, en proportion de la précédente consommation du se et du prix qu'il se vendait.

La contribution additionnelle fut abolie à son tour par le décret du 17 prairial an II, qui ordonna, en compensation, le versement de la partie disponible des rôles supplétifs des six derniers mois de 1789. Les différentes sources d'eau salée, dont le Domaine était propriétaire depuis une époque reculée, et dont l'exploitation avait été jusqu'alors réunie au bail des fermes générales, furent, pendant cette époque, successivement confiées à une

régie simple, sous l'autorité du ministère des finances, puis
à une régie intéressée. Le rétablissement de l'impôt du sel
fut voté, en 1799, par le conseil des Cinq-Cents, mais repoussé par le conseil des Anciens.

C'est de 1806 seulement que date le rétablissement de ce
impôt, et les circonstances dans lesquelles il eut lieu étaient
particulièrement propres à le faire accepter sans trop de
peine par les populations : on était au lendemain de la victoire d'Austerlitz.

« La taxe d'entretien des routes, créée en l'an V, n'avait
pu, dit le duc de Gaëte, dans sa *Notice historique sur les
finances*, parvenir à se naturaliser en France. Elle excitait des
rixes fréquentes et des plaintes continuelles. Elle produisait,
d'ailleurs, à peine 16 millions applicables à sa destination,
qui consommait annuellement 30 à 35 millions, et l'opinion
était frappée de l'idée qu'une somme infiniment supérieure
était effectivement perçue au profit exclusif des fermiers. »
Reconnaissant tous les inconvénients du droit de péage sur
les routes, le gouvernement n'avait pas voulu l'introduire
dans les départements au delà des Alpes. La loi du 5 ventôse an XII remplaça, pour eux, la taxe d'entretien des routes
par une contribution sur le sel, dont la vente dut être faite,
au profit de l'État, par les soins d'une régie. Une substitution analogue fut décrétée pour la France par la loi du
24 avril 1806. En annonçant la suppression de la taxe des
routes à partir du 21 septembre suivant, le rapport annexé
à cette loi ajoutait « qu'une nouvelle branche de revenu
sortirait d'une perception qui était indiquée depuis longtemps par l'opinion, parce qu'elle portait sur une denrée
qui, étant d'une très-faible valeur et d'une consommation
très-étendue, avait toujours paru la plus susceptible d'une
taxe modérée. Cet impôt sur le sel n'aurait, au surplus,
aucun des inconvénients du régime odieux de la gabelle ;

il devait être perçu à l'extraction des marais salants, et la vente du sel rester libre comme précédemment [1]. » Cette dernière phrase indique nettement la nature du nouvel impôt sur le sel. « On avait, dit le duc de Gaëte dans l'ouvrage que nous avons déjà cité, proposé au gouvernement impérial, comme un moyen certain d'accroître cette branche de revenu, l'idée de rétablir le monopole de la vente du sel au profit de l'État. Cette proposition, séduisante sous le rapport du produit qu'elle promettait, fut écartée par la double considération du préjudice que le monopole occasionnerait aux particuliers livrés à ce genre de commerce, qui ne leur procurait qu'un bénéfice légitime, et plus particulièrement encore de la facilité qu'il pourrait donner, dans un temps ou un autre, de rétablir la gabelle, qui avait fait si longtemps le désespoir de la classe malheureuse. »

Le projet de nouvel impôt fut présenté dans la loi sur les finances de 1806. Les considérations développées à l'appui du projet furent de deux sortes. Les premières se tiraient de la nature même de la contribution : « Un impôt qui touche d'aussi près à un objet de consommation générale et de première nécessité, ne pouvait, disait l'orateur du gouvernement dans la séance du corps législatif du 14 avril 1806, être considéré avec trop de soin sous tous les rapports..... Nous dirons d'abord que les raisonnements faits sur le défaut d'équité de l'impôt du sel, en ce que sa répartition pèse également sur toutes les classes du peuple, ne sont pas rigoureusement justes. L'impôt du sel n'est effectivement pas proportionnel; il serait impossible de l'établir sous cette forme ; mais cette espèce de vice se réduit à de faibles inconvénients, si, comme on le propose, ce même impôt est très-modéré. L'impôt sur le sel produit, à la vérité, une augmen-

---

[1] Compte de l'administration des finances pour l'an XIII.

tation sur une denrée de première nécessité ; mais cette denrée n'est pas la seule qui éprouve un sort pareil par des causes quelconques. Dans ce cas, l'effet des accroissements produit un surhaussement de la main-d'œuvre dans lequel la classe laborieuse trouve son indemnité..... L'abolition des gabelles fut justement considérée comme l'un des plus précieux bienfaits de la révolution. Mais combien est différente des anciennes gabelles une contribution légère, uniforme, perçue sur les lieux de fabrication, exempte de toutes visites, de tout exercice, de tout monopole, et laissant au commerce la libre vente du sel. » L'orateur du gouvernement faisait ensuite valoir « l'heureuse substitution qui, en imposant à la nation une contribution nouvelle, l'affranchissait d'une autre contribution condamnée par la voix publique et d'une perception trop coûteuse. » Il insistait sur tous les vices de la taxe d'entretien des routes.

Ce fut également à ce point de vue que se placèrent surtout les orateurs du tribunat, pour proposer au corps législatif l'adoption du nouvel impôt. « Ce qui rend d'une évidence palpable, dirent-ils, l'utilité d'une taxe modérée sur le sel, ce sont les deux déclarations que contiennent les articles 59 et 60 du projet. La première de ces déclarations est que le produit de la contribution est exclusivement affecté à l'entretien des routes et aux travaux des ponts et chaussées. Les plus zélés partisans du maintien de la taxe des routes se déclarent eux-mêmes les panégyristes du mode de pourvoir au service des ponts et chaussées par un impôt sur le sel, et ils regardent ce produit comme infiniment supérieur, et de plus du double des moyennes que procurait le revenu net des barrières.... En faut-il davantage pour apercevoir toutes les conséquences favorables à l'agriculture et au commerce, lorsque les communications intérieures seront annuellement perfectionnées par l'emploi d'une somme d'au moins 40 mil-

lions..... Une perception qui aura des effets aussi généraux
ne peut qu'être accueillie avec le discernement de la prévoyance par les députés des départements. Mais ce n'est pas
dire assez : cette seconde déclaration que contient l'article 60 du projet, *la taxe d'entretien des routes est supprimée à partir du 21 septembre prochain*, doit, Messieurs, vous
faire accueillir avec reconnaissance tout le projet qui vous
est soumis. Et, en effet, n'est-ce pas un assez beau triomphe
législatif que cette suppression des 3,512 barrières répan-
dues sur le sol de France, et que vous avez tant de fois
franchies, avec l'espérance d'une prochaine abolition, en
vous rendant à vos nobles et utiles fonctions [1] ?....»

Le projet fut adopté. Il forma le titre VII de la loi du 24
avril 1806. En voici les dispositions principales : « Il est établi
un droit de 2 décimes par kilogramme de sel, sur tous les
sels enlevés, soit des marais salants de l'Océan, soit de ceux
de la Méditerranée, soit des salines de l'Est, soit de toute
autre fabrique de sel. Pour cette seule fois, les sels en magasins sont passibles du nouveau droit. Tous les sels fabriqués dans les salines du Jura, de la Meurthe, du Mont-
Blanc, de la Haute-Saône, du Doubs, du Bas-Rhin et du
Mont-Tonnerre, payeront, outre le droit de 2 décimes, 2
francs par quintal métrique de sel de leur fabrication. »

« La section des finances, disait l'orateur du tribunat au
sujet de cette dernière disposition, en approuvant depuis
longtemps, comme tous les gens éclairés, le principe de la
perception d'un droit modéré et uniforme sur le sel, aurait
désiré que cette uniformité ne fût pas rompue par l'addition
du droit de 2 fr. par quintal, mais la nécessité de maintenir
une concurrence en faveur des salines impériales a porté
le gouvernement à cette addition. » — « Ici, la nation s'im-

[1] Procès-verbal du corps législatif, 24 avril 1800.

pose elle-même, disait l'orateur du gouvernement, puisque, propriétaire de presque toutes les salines établies dans cette portion de l'empire, le droit deviendra une déduction sur le prix des baux à ferme ; mais cette mesure, dictée par l'équité la plus incontestable, atteindra en même temps les salines possédées par des particuliers, à l'industrie desquels il n'est porté aucune atteinte, mais qui affranchies de la condition imposée aux fermiers des salines nationales de payer au Trésor public un prix de bail considérable, se trouveraient dans la position d'attirer successivement à elles la totalité des ventes et de détruire ainsi une branche de revenu public qui rapporte 3 millions par an. »

Poursuivons l'exposé des dispositions de la loi. « Le droit établi, disait-elle, sera dû par l'acheteur au moment de la déclaration d'enlèvement. Lorsque la déclaration donnera ouverture à un droit de plus de 600 fr., le payement pourra être fait en obligations cautionnées à trois, six ou neuf mois. Les sels destinés pour l'étranger seront exempts de l'impôt et soumis seulement au droit ordinaire de balance de commerce et de timbre du congé. Il en sera de même pour les sels destinés à la pêche maritime ou pour les salaisons destinées aux approvisionnements de la marine et des colonies. Il ne pourra être établi aucune fabrique ou chaudière de sel sans déclaration préalable. Les condamnations pour fraudes et contraventions seront poursuivies par voie de police correctionnelle. « La loi portait en outre que le produit de la contribution nouvelle serait exclusivement affecté à l'entretien des routes et aux travaux des ponts et chaussées.

Des règlements d'administration publique devaient pourvoir aux mesures nécessaires pour assurer l'exécution de la loi nouvelle. Le décret du 11 juin 1806, rendu à cet effet, réglait le mode de surveillance des préposés ; cette

surveillance ne pouvait s'exercer que jusqu'à la distance
de trois lieues des marais salants, fabriques ou salines
situés sur les côtes et frontières, et dans les trois lieues
du rayon des fabriques et salines de l'intérieur. Dans
ce dernier cas, la surveillance appartenait aux agents
des *Droits réunis*, dans le premier, aux employés des
Douanes, qui virent leur action étendue par le décret du 25
janvier 1807, sur la circulation intérieure des sels, jusqu'à
la distance de trois lieues de toutes les cotes, qu'il existât ou
non des marais salants ou fabriques de sel. Le décret réglait
encore tout ce qui concernait : les déclarations, acquits-à-
-caution et congés ; les déchets, fixés à 5 p. 100, au moment
de l'enlèvement, pour l'acheteur ; les entrepôts dans les
ports ; les sels employés à la pêche maritime et les salaisons
destinées aux approvisionnements de la marine et des colonies ; la pêche des sardines, maquereaux et autres poissons
dont les salaisons se font à terre ou qui sont salés en mer
pour être consommés en vert.

En même temps, un décret impérial du 15 avril 1806
avait résilié le bail de l'ancienne régie intéressée des salines
domaniales, et affermé ces salines pour 99 ans, à partir du
1er mai 1806, à une compagnie d'actionnaires, avec affecta-
tion des mines de houille nécessaires à leur exploitation.
Les conditions du bail, d'après le *Compte de l'administration des finances pour l'an XIII*, avaient été calculées de
manière à assurer au gouvernement le profit des chances
d'augmentation, qui devaient naturellement survenir dans
une si longue période. Le minimum de la redevance était
fixé à 3 millions.

Les fabriques et manufactures qui employaient le sel, soit
comme objet de manipulation, soit comme agent chi-
mique, étaient soumises à l'impôt par la loi du 24 avril
1806. Cette disposition avait été signalée au gouvernement

comme pouvant présenter des inconvénients. « Si l'équilibre et l'avantage du prix de la main-d'œuvre des divers
produits des arts sont altérés dans le cas dont il s'agit, par
le nouveau droit sur le sel, disait l'orateur du tribunat, il
est d'une bonne administration, au moyen d'une exemption
sagement coordonnée, d'assurer à notre industrie une préférence sur celle de nos rivaux et de nos ennemis. »

La question soumise au conseil d'État fut résolue par lui
dans le même sens par un avis en date du 4 juin 1809, fondé
sur ces deux considérations, que la fabrication de la soude en
France affranchissait l'Empire d'un tribut considérable payé
à l'étranger et qu'elle favorisait un grand nombre de fabriques d'espèces différentes, en les mettant à même de lutter
sur les marchés étrangers contre les produits de nos rivaux.
Le décret du 13 octobre 1809, rendu en conséquence de
l'avis du conseil d'État, accorda aux fabriques de soude
exemption de l'impôt pour le sel qu'elles employaient dans
leur fabrication, à la charge : de faire la déclaration de leur
établissement et de la quantité de leur fabrication annuelle ;
de souffrir l'exercice des préposés de la régie sur les sels
qu'elles employaient et de subvenir à la dépense résultant
de cet exercice.

L'impôt sur le sel, établi après une heureuse victoire, avait
été assez léger. Les revers d'une fortune trop souvent tentée
amenèrent l'exhaussement de la taxe, dans les derniers temps
de l'Empire. Le décret du 11 novembre 1813 imposa un droit
additionnel de 2 décimes par kilogramme de sel : en tout
4 décimes.

La Restauration arriva. La loi du 17 décembre 1814 réduisit la taxe à 3 décimes par kilogramme à dater du
1er janvier 1815. Cette même loi fit rentrer dans la compé-
tence des juges de paix la connaissance des contraventions
aux lois et règlements sur l'impôt du sel, sauf les cas de ré-

cidive et de réunion des faux-sauniers au nombre de plus de trois; dans ce dernier cas, les délits continuèrent à être déférés aux tribunaux correctionnels; la loi restreignit également les droits de recherches et de visites des préposés des douanes, ainsi que de confiscation des dépôts de sel, accorda une remise de 10 p. 100 pour déchets de fabrication sur le sel formé dans les salines, où il se fait par l'action du feu, c'est-à-dire les salines des côtes de la Manche, enfin éleva de 5 à 15 p. 100 la remise pour déchet en faveur des *sels de troque.*

La *troque*, dont la suppression définitive est aujourd'hui prochaine, est le droit établi en faveur des sauniers de la Bretagne d'exporter hors du rayon de la surveillance et en franchise une certaine quantité de sels, dont le prix est converti en blé pour les sauniers et leur famille. Avant 1789, la troque existait dans une partie du Morbihan et dans huit communes de la Loire-Inférieure; le reste de la Bretagne était pays franc. Le décret de juin 1806 ne rétablit pas la troque, mais accorda aux paludiers un crédit spécial jusqu'au retour, toutes les fois qu'ils porteraient du sel dans l'intérieur, à dos de cheval ou de mulet. La remise de 15 p. 100, édictée par la loi de 1814, accrut considérablement le nombre de ceux qui prétendirent à cette exception. Il existait, en 1817, environ 9,000 troqueurs qui pouvaient exploiter jusqu'à 2 millions de kilogrammes avec remise de 15 p. 100, outre la faculté de crédit, qui exposait le Trésor à des pertes considérables. Une ordonnance du 30 avril 1827 supprima la remise additionnelle de 10 p. 100 et y substitua une franchise entière sur le sel de troque, réglée à 100 kilogrammes par tête de troqueur; c'était un sacrifice de 300,000 francs pour l'État [1].

Voyez ordonnance du 19 juin 1819.

Deux lois ajoutèrent des dispositions nouvelles à la législation sur le sel. La loi du 21 avril 1818 porte dans son article 12 que la taxe du sel continuera à être perçue en Corse à raison de 7 centimes et demi par kilogramme. Une loi du 10 mars 1819 assujettit les salpêtriers à acquitter l'impôt du sel marin jusqu'à concurrence des quantités employées dans leur fabrication.

Cependant, la situation des salines de l'Est réclamait l'intervention du gouvernement. La compagnie créée en 1806 n'avait pas prospéré. Les événements de 1814 lui avaient enlevé la fourniture des pays détachés de l'empire français et obligé l'État à lui accorder un dégrèvement de 600,000 francs. D'un autre côté, l'ouverture de puits d'eaux salées dans les États de Bade et dans le périmètre même de sa concession, la rivalité des sels de mer sur les points précédemment alimentés par les seules salines de l'Est, lui causaient déjà un grave préjudice, quand la découverte, faite en 1819, à Vic (Meurthe) d'une mine de sel gemme, vint menacer l'espèce de monopole dont elle jouissait d'un renversement complet. Des sondages pratiqués sur divers points avaient fait reconnaître, à 65 mètres de profondeur, une immense couche de sel gemme de plus de 80 mètres d'épaisseur, sur une surface de 480 kilomètres carrés ; la masse déjà reconnue pouvait donner, disait-on, un produit annuel d'un million de quintaux métriques de sel pendant plus de cent mille ans. Tous les intérêts s'émurent. L'État craignit de voir son domaine subir une dépréciation considérable. Les mines de sel, n'étant pas comprises par la loi de 1810 dans la nomenclature de celles qui sont soumises à la nécessité d'une concession, pouvaient être exploitées sur une simple déclaration, conformément à la loi de 1791. Dans le projet de loi de 1810, le sel avait d'abord été l'objet de dispositions spéciales qui déclaraient le Domaine propriétaire exclusif des eaux salées et concessionnaire général des mines de sel. Mais ces dispositions, tendant à reconstituer les anciennes gabelles, furent réservées, dans la discussion du conseil d'État, pour un examen ultérieur.

La loi du 6 avril 1825 fit concession au Domaine de la mine de sel gemme qui existait dans les dix départements de l'Est, et autorisa le gouvernement à concéder, pour 99 ans, avec publicité, à titre de régie intéressée, et pour être réunies dans les mêmes mains, les salines domaniales et la mine de Vic.

Le bail de l'ancienne compagnie étant résilié, les inventeurs devaient être désintéressés, conformément à la loi de 1810. Le nouveau bail fut rédigé sous l'impression des illusions qui existaient alors sur les richesses inépuisables de la mine nouvelle, dont les produits, obtenus presque sans frais, devaient, à ce qu'on croyait, inonder et accaparer le marché de l'Europe. Les charges imposées à la compagnie dès le début étaient très-lourdes ; elle devait payer 4 millions pour droits des inventeurs et avances de l'ancienne compagnie, supporter plus de 200,000 fr. de dépenses annuelles et improductives ; la redevance à l'État était fixée à 1,800,000 fr. ; à partir de 1828, le sel, qui s'était vendu jusqu'alors 18 fr. sur les salines, ne pouvait plus se vendre que 15 fr., droit non compris ; la surcharge de 2 fr. établie par la loi de 1806 était abolie. Toute la contrée profitait ainsi du bénéfice des découvertes. Des mesures étaient prises contre un développement de production préjudiciable aux marais salants. Toutes les fois, en effet, que les quantités de sel vendues dans l'intérieur du royaume excédaient 400,000 quintaux métriques, elles supportaient un droit de 1 fr. par quintal excédant. Enfin, l'État entrait pour le chiffre considérable de 59 pour 100 dans les bénéfices.

Les faits ne répondirent pas aux espérances exagérées

qu'on avait conçues. Le sel gemme en nature fut repoussé
par les consommateurs français comme moins soluble,
moins blanc que les sels raffinés, et ne servit qu'à procurer,
par la saturation des eaux salées à un degré supérieur, une
faible économie dans les frais de fabrication. A l'étranger,
au contraire, la découverte du sel gemme amena la formation de nombreux établissements dans le pays de Bade, la
Hesse, le Wurtemberg, et, comme conséquence, la résiliation
des traités de fournitures de sel existant avec le grand-
duché de Bade. L'approvisionnement de la Suisse ne fut
conservé qu'au prix de sacrifices et de diminutions considérables sur les traités précédents. La mine de Vic fut inondée,
et de nouveaux travaux très-dispendieux durent être entre-
pris à Dieuze. Enfin, le monopole circonscrit, dont la compagnie se croyait assurée, fut menacé par la concession, dans
son périmètre, du puits salant de Saltzbrunn, concession
résultant de l'ordonnance du 31 octobre 1825. Un pourvoi,
formé par la compagnie contre cette ordonnance, fut rejeté
par le conseil d'État, le 25 février 1829.

Une ordonnance du 17 janvier 1830, prenant en considération ces diverses circonstances, réduisit de 1,800,000 fr.
à 1,200,000 fr. la redevance fixe, en augmentant la part de
l'État dans les bénéfices nets, qui fut portée à 75 pour 100.
Mais l'insuffisance de la législation continua à porter aux
intérêts de la compagnie un grave préjudice. De hardis industriels envahirent le territoire qu'embrassait la concession
de la mine de sel gemme, et leurs tentatives ne furent que
tardivement et infructueusement réprimées. D'un autre côté,
le libre transport des eaux salées, même au plus haut degré,
n'étant pas formellement interdit, il en résultait une fraude
dont le développement faisait aux marais salants eux-mêmes
une concurrence redoutable. En même temps, les habitants
des dix départements de l'Est élevaient de vives réclama-

tions contre le régime exceptionnel auquel ils étaient assujettis; ils faisaient observer que, dans le périmètre de la concession, il avaient payé le sel quelquefois 48 fr. le quintal, et jamais moins de 40 fr. 50 c.; tandis qu'en dehors de ces limites ce sel ne se vendait pas plus de 44 fr., et souvent était descendu à 36 fr. 50 c., au point de rencontre du sel marin.

La loi du 17 juin 1840, votée après de longues discussions, eut pour but de satisfaire ces divers intérêts. Elle réintégra les départements de l'Est dans le droit commun par la résiliation du bail de la compagnie de 1825, qui obtint le remboursement de son capital; et par la vente des salines domaniales, qui fut consommée quelques années après. En même temps, elle régla définitivement le régime auquel devait être assujettie l'exploitation des mines de sel et des puits d'eau salée.

Voici les principales dispositions de cette loi : Nulle exploitation des mines de sel, de sources ou de puits, d'eau salée naturellement ou artificiellement, ne pourra avoir lieu qu'en vertu d'une concession consentie par ordonnance délibérée en conseil d'État. Les lois et règlements généraux sur les mines seront applicables aux exploitations des mines de sel. Un règlement d'administration publique déterminera, selon la nature de la concession, les conditions auxquelles l'exploitation sera soumise. Les concessions ne pourront excéder 20 kilomètres carrés pour une mine, et 1 kilomètre carré pour une source ou un puits d'eau salée. Il fut bien entendu, ajoute ici un savant jurisconsulte[1], que lorsqu'on aurait accordé une concession pour une mine de sel, personne ne pourrait faire de recherches, ni creuser de puits, dans l'étendue du périmètre.

[1] Duvergier (Notes), p. 117.

Les droits des propriétaires de la surface seront, aux termes de l'art. 4 de la loi, réglés comme pour les mines. Aucune redevance proportionnelle ne sera perçue au profit de l'État. Elle ferait double emploi avec l'impôt du sel. Les concessionnaires seront tenus : 1° de faire, avant toute exploitation ou fabrication, la déclaration prescrite par la loi de 1806 ; 2° d'extraire ou de fabriquer, au minimum et annuellement, une quantité de 500,000 kilogrammes de sel, pour être livrés à la consommation intérieure et assujettis à l'impôt, sauf faculté laissée au gouvernement d'abaisser exceptionnellement, par ordonnance, ce minimum. L'enlèvement et le transport des eaux salées et des matières salifères sont interdits pour toute destination autre que celle d'une fabrique régulièrement autorisée, sauf l'exception ci-après. Des règlements d'administration publique détermineront les conditions auxquelles pourront être autorisés l'enlèvement, le transport et l'emploi en franchise, ou avec modération de droits du sel de toute origine, des eaux salées ou de matières salifères à destination des exploitations agricoles ou manufacturières, et de la salaison, soit en mer, soit à terre, des poissons de toute sorte.

L'ordonnance du 26 février 1846, rendue en conséquence de cette dernière disposition, réduisit à 5 centimes par kilogramme le droit sur les sels destinés à l'alimentation des bestiaux, sous condition de certains mélanges, qui, en les dénaturant, les rendaient impropres à toute autre destination.

La loi du 17 juin 1840 portait, en outre, qu'une ordonnance royale réglerait la remise accordée à titre de déchet, en raison des lieux de production et après les expériences qui auraient constaté la déperdition réelle des sels, sans que, dans aucun cas, cette remise pût excéder 5 p. 100. La remise accordée à titre de déchet fut fixée de la manière suivante par l'ordonnance du 8 décembre 1843 : pour les sels bruts récoltés sur les marais salants de l'Océan et de la Manche, 5 p. 100 ; pour les sels bruts récoltés sur les marais de la Méditerranée, 3 p. 100 ; pour les sels ignigènes et sels raffinés de toute origine, 3 p. 100.

Le décret du 23 juillet 1849 éleva la remise de 3 à 5 p. 100 pour les sels bruts des marais salants du Midi, expédiés par mer et en vrac des ports de la Méditerranée, à destination de ceux de l'Océan et de la Manche, et fixa également la remise à 5 p. 100 pour les sels ignigènes et étuvés, transportés en vrac et par la voie maritime.

La loi de 1840, en établissant l'impôt du sel sur des bases régulières et uniformes, devait ménager quelques intérêts locaux. Le législateur se préoccupa notamment de la situation des petites salines de la Manche. Ces salines, formées sur les grèves de l'Océan, de constructions misérables, dans lesquelles le sel de mer lessivé fournit une eau salée soumise ensuite à une évaporation lente, coûteuse, incomplète, jettent dans le commerce une faible quantité de sel déliquescent, propre à certains usages très-bornés et qui ne peut être consommé que dans le voisinage du lieu de production. Quelques centaines d'individus vivent de cette fabrication. Le législateur de 1840 décida que, jusqu'au 1ᵉʳ janvier 1851, des ordonnances royales régleraient l'exploitation des petites salines des côtes de la Manche. Des ordonnances devaient également régler les allocations et franchises sur le sel dit de *troque*, dans les départements du Morbihan et de la Loire-Inférieure.

Des ordonnances de 1834 et 1837 avaient déjà restreint ces franchises, et ce caractère favorable a conduit le législateur, dans son intention de les supprimer, à des démentis successifs et indulgents.

Le régime exceptionnel des salines de la Manche et des

sels de troque a été, en effet, prorogé, jusqu'au 1ᵉʳ janvier 1855, par la loi du 14 juin 1850, puis jusqu'au 1ᵉʳ janvier 1865, par celle du 22 juin 1854. Toutefois, à partir de 1856, le maximum des allocations de sel, pour le commerce de la troque, a dû être annuellement réduit d'un dixième, conformément à cette dernière loi. La suppression complète des priviléges de la troque est ainsi assurée.

Telles furent les dispositions capitales de la loi du 17 juin 1840. En substituant au monopole de la compagnie de l'Est la libre exploitation des salines par l'industrie particulière, cette loi avait enfin étendu à toute la France un régime uniforme pour l'impôt du sel. L'organisation de cet impôt avait été ainsi graduellement perfectionnée. Le taux de la perception, souvent critiqué, pouvait maintenant seul être attaqué. Il le fut bientôt avec succès.

Après avoir tracé l'histoire de la législation sur l'impôt du sel en France, il convient d'examiner le mouvement d'idées qui a amené la réduction de cette taxe. Il nous faudra donc revenir un peu en arrière du point où nous nous sommes arrêtés pour étudier à son origine une question qui a provoqué chez nous le réveil de ces idées d'amélioration dans la répartition des taxes qui avaient surtout fait place depuis 1789 à des pensées forcément *fiscales* : nous employons cette expression pour rendre exactement notre pensée et sans y attacher aucune espèce de dédain ou de blâme, puisque, dans ces matières, les nécessités budgétaires doivent avoir leur place à côté des idées de l'ordre moral.

Le *rapport au roi*, du 15 mars 1830, s'exprimait ainsi sur le taxe du sel : « La nature prodigue avec abondance et presque sans frais les produits de cette matière imposable à tous ceux qui se livrent à leur facile exploitation. L'usage de cette denrée étant général, la charge qu'elle fait supporter à la population tout entière se répartit d'une manière très-peu

sensible sur chacun des nombreux tributaires de cet impôt,
le gouvernement s'est d'ailleurs attaché à en exempter le
sel que l'on peut, après l'avoir dénaturé, livrer à l'industrie
comme moyen de reproduction, tels que la soude et le sulfate de soude, qui sont remis en franchise aux différentes
fabriques. Aussi les plaintes dont l'impôt du sel peut être
l'objet ne viennent-elles pas des consommateurs, mais bien
des propriétaires des marais salants. Si quelque moyen s'offrait d'alléger pour eux cet impôt, ou de leur procurer une
compensation, le gouvernement de Votre Majesté ne man-
querait pas de le saisir. Le taux moyen du droit est de 28 fr.
50 c. par quintal métrique, après la déduction de 8 p. 100
accordée pour tout déchet par la loi du 11 juin 1806 ; il
frappe chaque année sur une quantité qui s'est progressivement accrue, depuis la Restauration, et qui s'élève aujour-
d'hui à 2,144,569 quintaux pour une population de
30,450.378 habitants, ce qui porte la consommation
moyenne par individu à 7 kilog. 4 décag., ou environ 15
livres, et le montant du droit à 2 fr. par chaque individu [1].
Le régime actuel de cette contribution, qui fait peser une
charge égale sur toutes les parties de la France, en a rendu
la perception facile et exempte des abus de la fraude. On
doit reconnaître qu'à aucune époque son produit n'a présenté des résultats aussi favorables comparativement à l'importance de la population, et que jamais l'aisance générale
ne s'est mieux manifestée que par cet indice particulier de la
consommation habituelle du peuple. On se convaincra aussi,
par ces heureux résultats, que le prix du sel ne dépasse plus
aujourd'hui les facultés des contribuables, et que cette source
abondante des revenus du Trésor n'enlève pas, comme

---

[1] Le produit total de la taxe s'élève à 61,120,000 fr., dont 54,243,000 fr. perçus par les préposés des douanes, et 6,877,080 fr. par ceux des contributions indirectes.

autrefois, un aliment aussi indispensable à la nourriture du
pauvre. La place que cette contribution occupe dans le
budget de l'État ne permet pas d'en modifier le tarif, sans
s'exposer à déranger l'équilibre de notre situation financière, et ce sera toujours une mesure difficile et embarras-
sante que de proposer une réduction de taxe qui pourrait
considérablement affaiblir cette ressource indispensable, et
forcer ensuite le gouvernement à redemander de plus onéreux sacrifices à ceux-là mêmes qui auraient obtenu un dégrèvement dont les conséquences auraient trompé la prévoyance. »

L'opinion exprimée par le rapport officiel du 15 mars sur
la légèreté de la taxe du sel n'était cependant pas universellement partagée.

Dès 1814, le rapporteur de la loi du 17 décembre [1], à
la chambre des députés, s'était exprimé en ces termes :
« La nécessité conduit à l'admission de trois décimes par
kilogramme; mais en faisant ce sacrifice à l'empire des
circonstances, votre commission a cru devoir rappeler les
considérations qui doivent *faire restreindre cette quotité
à 1815.* La taxe perçue à l'extraction des sels atteint à
la vérité, sans embarras et d'une manière égale, tous les
consommateurs; il est avantageux sans doute d'obtenir tous
les produits que peut comporter un impôt dont la perception
n'exige aucune nouvelle dépense; mais on n'en doit pas
moins être attentif à ne soumettre qu'à une contribution
modérée une denrée de première nécessité, dont la consommation est plus considérable dans la classe des pauvres, qui
participent ainsi en sens inverse de leurs facultés au payement des charges publiques. L'agriculture aurait aussi à
souffrir du haut prix du sel. Sagement administré aux trou-

---

[1] Demesmay, *Développements à l'appui de la Proposition de 1847.*

peaux, il est favorable à leur santé comme à leur reproduction ; on ne saurait donc en rendre l'usage trop commun et trop à la portée des habitants des campagnes. Ainsi, comme source de richesses, nous devons apporter tous nos soins à multiplier sa consommation ; comme assaisonnement de la nourriture du pauvre, il est humain de lui en rendre l'usage moins onéreux ; comme partie des charges publiques ; le devoir du législateur est d'en corriger l'inégale répartition en en rendant la perception plus insensible. Enfin, l'intérêt du gouvernement exige qu'on évite d'exciter à la fraude, par l'attrait d'un grand bénéfice, la classe des consommateurs qui ont le plus de dispositions à s'y livrer. »

A la chambre des pairs, le duc de La Vauguyon, le duc de Brissac et le comte Cornet, rapporteur, s'associèrent aux mêmes vœux et manifestèrent les mêmes espérances pour la réduction de la taxe en 1816.

L'opposition, sous la Restauration, ne négligea pas complétement cette question. Le général Foy, émettant un vœu en 1825 pour la réduction de la taxe du sel, demandait que *le peuple eût aussi son indemnité*. Casimir Périer s'exprimait dans le même sens au sujet de la même taxe : « L'attention du législateur ne saurait trop se porter sur les denrées de première nécessité ; il y a une chose qui semble avoir échappé dans cette question, c'est l'intérêt du consommateur.... N'abandonnez pas les marais salants ; secourez-les par la destruction de l'impôt : ce sera un moyen de leur donner un développement énorme et en même temps de fournir à notre agriculture le moyen de rivaliser avec l'étranger, surtout pour l'éducation et la vente des bestiaux. Je ne sais si la réduction doit être prochaine ; mais, ce que je sais fort bien, c'est qu'il faut faire tous nos efforts pour y arriver, qu'il faut suivre l'exemple de nos voisins. Eh bien ! voyez l'Angleterre : elle vient de diminuer l'impôt du sel ; je

ne sais pas même si elle ne l'a pas réduit à rien..... Ne sait-
on pas que nous devons quelque jour nous attendre à la diminution ou même à la destruction de l'impôt sur le sel?
C'est le monopole du sel qui doit être détruit le premier de
tous, car il intéresse la France entière..... »

Après 1830, ces idées se propagèrent : la lutte d'influence
politique, continuée pendant quinze ans entre l'ancienne
aristocratie et la bourgeoisie, sembla faire place à des débats dans lesquels le principe démocratique avec ses conséquences économiques prenait de jour en jour plus de place.
Un homme dont les facultés énergiques avaient été reportées
de la guerre sur l'agriculture, M. Bugeaud, servit d'organe,
dès 1831, à des pensées de réforme appliquées à l'impôt du
sel; réfutant un document administratif rédigé pour la défense de l'impôt, il disait [1] : « Il est bien plus aisé encore de
réfuter les calculs de la note des douanes sur les minimes
soulagements que recevrait le pauvre par la diminution de
l'impôt.... L'auteur part de cette donnée que l'on ne consomme que 6 kilog. de sel par tête. Mais on oublie donc que
ces 6 kilog. ne sont que la moyenne de la France entière,
et qu'en réalité la consommation est très-inégalement répartie. Les députés de la Bretagne, du Poitou, du Limousin,
de tout le Midi, de l'Auvergne, de l'Est, affirment que, dans
leurs provinces, la consommation est de 12 kilog. par tête.
Il en résulte qu'un métayer, un journalier, qui paie 4 fr.
de cote personnelle et mobilière, et dont la famille est de
huit personnes, consomme 96 kilog. de sel coûtant 48 fr.;
sur cette somme, 36 fr. appartiennent à l'impôt. Une famille du même nombre, jouissant à Paris ou dans toute
autre ville, de 50,000 fr. de rentes, ne consomme que 24
kilog. de sel valant 12 fr. Les trois quarts pour l'impôt sont

---

[1] Demesmay, *Développements de* 1847.

de 9 fr. Vous voyez que le misérable paie quatre fois autant
que le riche. Voilà des chiffres qui font connaître le véritable
état des faits et de la question. N'y aurait-il qu'un sou par
tête et par mois de diminution, comme vous l'affirmez si légèrement? Mais ce ne sera rien encore, direz-vous.... Il n'y
a rien de minime pour les malheureux qui, avec une journée de 15 ou 20 sous, doivent nourrir leur femme et leurs
enfants. »

Un député du Doubs, M. Demesmay, se chargea, en 1845,
de formuler 'en une proposition les demandes en réduction
adressées à la chambre, par un grand nombre de pétitions,
et que « quarante-quatre départements avaient souvent re-
nouvelées par l'organe de leurs conseils généraux. » Le 26
mai, il déposa sur le bureau de la chambre un projet ainsi
conçu : « *A dater du 1er janvier* 1847, *la taxe des sels sera
réduite à deux décimes.* »

M. Demesmay donna à sa proposition des développements
étendus, et fortifia son opinion de recherches statistiques sa-
vantes et d'exemples puisés dans les législations étrangères [1].
«La loi de 1840, disait-il, a posé le principe de la délivrance
en franchise ou avec modération de droits du sel destiné
aux exploitations agricoles et manufacturières. Depuis cinq
ans, on réclame les règlements d'administration publique
qui doivent organiser l'application de ce principe. L'incertitude sur leur promulgation a été un des motifs de la proposition. En attendant, deux des plus grands intérêts du pays,
celui de l'agriculture et celui de la santé des classes indigentes, sont compromis. Il est temps de mettre fin à un état
de choses si déplorable. L'impôt du sel est bon en principe ;
c'est une source légitime de revenu pour le Trésor. Mais
l'application est exagérée, inintelligente. L'impôt du sel est

---

[1] *Développements.* Chambre des députés, session de 1845, n° 165.

exorbitant et hors de toute proportion avec les autres impôts ; ceux-ci ne prennent qu'une partie quelconque de la
valeur de l'objet imposé ; tandis que celui-ci prélève 30 fr.
sur un objet de première nécessité, qui vaut, en moyenne,
2 fr., c'est-à-dire quinze fois la valeur intrinsèque. Il grève
surtout les classes pauvres, qui, plus que les autres, ont
besoin de cette substance ; il leur impose ou un sacrifice de
7 pour 100 sur un revenu déjà insuffisant pour les faire
vivre (dans un grand nombre de familles de journaliers, sur
un salaire de 300 fr., leur unique ressource, la dépense du
sel est de 20 à 22 fr., et 15 fr. pour l'impôt), ou la privation
d'une matière indispensable, que la nature a prodiguée à
l'homme. Cette privation existe ; la consommation actuelle
de la France n'atteint pas 7 kilog., et une consommation de
10 kilog. serait au moins le minimum nécessaire pour que
les besoins des populations ne fussent plus en souffrance.
Pour l'agriculture, la nécessité de l'emploi du sel n'est plus
contestée. L'appui des noms les plus illustres dans la science
est acquis à cette opinion. La Suisse, l'Angleterre, l'Allemagne, la Belgique, ont reconnu les avantages de l'emploi
du sel pour l'agriculture. En Angleterre, déjà en 1798, le
sel avarié pouvait être délivré pour engrais avec modération
de droit. En 1817, une nouvelle modération des deux tiers
de l'impôt s'étendit aux sels destinés aux emplois agricoles,
quels qu'ils fussent. En 1818 et 1822, une réduction successive, dans le même sens, fut décrétée. Les lois rendues à
chacune de ces époques, portent que la mesure s'appliquera
au sel destiné *à être mêlé avec la nourriture du bétail, à*
humecter la semence, à préserver le fourrage et à fumer et
amender les terres.

« Quand même le Trésor éprouverait une grave perte par
suite du dégrèvement, ce dégrèvement devrait être opéré ;
mais il n'en sera pas ainsi. L'abaissement de l'impôt amè-

nera une augmentation de consommation au moins proportionnelle. Tous les faits l'attestent. Quand le prix du sel a
été de 60 cent. et au-dessus, la consommation a été, par
tête, de 4 kilog. 500 mill. Quand il a été de 50 cent., la consommation a été de 6 kilog. Quand il a été de 40 cent., la
consommation s'est élevée à 7 kilog. Et quand, enfin, ce
prix est descendu à 30 cent. et au-dessous, la consommation
a atteint le chiffre de 11 kilog. 500. Dans le canton de Neu-
châtel, le prix étant de 27 cent., la consommation est de 15
kilog. En Angleterre, où le sel est libéré de tout impôt, elle
est de 16 kilog. 315. »

Ici M. Demesmay plaçait, relativement à l'impôt du sel
en Angleterre, des citations que nous reproduirons plus
tard, et d'où il résultait que, sous le régime de l'impôt, la
consommation est restée stationnaire pendant seize années,
tandis que, deux années après l'abolition de la taxe, en
1827, la consommation avait plus que quadruplé et s'était
encore accrue plus tard.

Pour ne considérer que les faits constatés en France,
M. Demesmay faisait remarquer qu'avant 1789, suivant un
rapport officiel de Necker, dans les provinces franches et
rédimées, la consommation du sel était de 9 kilog. De 1793
à 1806, période pendant laquelle le sel fut exempt d'impôt,
la consommation fut de 10 kilog. Dans le pays de Gex, où le
prix vénal est de 28 cent., la consommation est de 12 kilog.
Le produit de l'impôt à percevoir par les douanes sur les
sels extraits des marais salants, *dont le prix est resté le même,*
était porté au budget de 1842 pour 57,500,000 fr., et au
budget de 1846 pour 58,828,000 fr.; la différence en plus
pour 1846 était de 1,328,000 fr., soit 2 pour 100 d'augmentation. Le produit de l'impôt à percevoir par les contributions indirectes sur les sels de l'intérieur, *dont le prix vénal
avait baissé, en* 1843, *de* 10 *cent.,* par suite de la loi de 1840,

était évalué, pour 1842, à 8,404,000 fr., et dans le budget
de 1846 à 13,046,000 fr., ce qui constituait une différence
en plus de 4,642,000 fr., soit 55 pour 100. Ainsi, là où il
n'y avait pas eu de baisse dans le prix vénal, l'accroissement
de consommation, en quatre années, s'était réduit à 2 pour
100. Là, au contraire, où il y a eu baisse de 10 cent.,
cet accroissement s'était élevé à 55 pour 100.

La consommation, disait l'auteur de la proposition, s'ac-
croîtra donc, par suite du dégrèvement, et compensera d'une
manière sensible le déficit. L'abaissement de taxe développe-
pera l'emploi du sel pour le bétail, qui, d'après le chiffre
officiel du recensement, compte 51,561,845 têtes. Enfin,
une notable quantité de sel sera affectée à l'amendement des
terres ; et la réduction de l'impôt fera disparaître la contrebande et les falsifications.

La commission de la chambre des députés, à laquelle fut
renvoyée la proposition de M. Demesmay, en étendit considérablement la portée. Elle présenta un projet qui réduisait
la taxe de 3 décimes à 1 décime. Par compensation, les fabriques et manufactures, exemptées par le décret du 13 octobre 1809, devaient désormais être soumises à l'impôt, et
aucune modération de droit n'était accordée au sel destiné à l'agriculture.

Voici les principales considérations du rapport de M. Dessauret, député du Cantal, à la date du 24 juin 1845 [1].

Après avoir fait l'historique de la législation, rappelé les
plaintes nombreuses auxquelles le taux de l'impôt sur le sel
avait donné lieu, énuméré les membres nombreux de la représentation nationale qui avaient demandé la réduction de
l'impôt et cité, à côté de ceux que nous avons déjà nommés,
MM. Ganilh, de Marcellus, Guitard, le général Lamarque,

---

[1] *Moniteur* du 29 juin.

Thénard, de Tracy, Cunin-Gridaine, le marquis de La Roche-
jaquelein, Luneau, Glais-Bizoin, Humann, Lacave-Lapla-
gne, etc., il ajoutait : « La question est jugée au principal ; il
ne s'agit plus désormais que de rechercher ce que les circonstances permettent, ou plus exactement, ce que les circonstances prescrivent, et c'est le soin que votre commission s'est donné. »

Il développait ensuite les arguments suivants : La consommation sur laquelle a été perçu, en 1844, le droit en vigueur,
a absorbé 232,318,300 kilog. qui se subdivisent ainsi : consommation humaine évaluée à 6 kilog. par tête, 206,477,190
kilog. ; part qu'il convient d'attribuer aux usages agricoles, 25,841,110 kilog., c'est-à-dire en appliquant ce dernier chiffre exlusivement aux 51,668,845 têtes de bétail,
existant en France, 500 gr. par chacune par an, ou un peu
moins de 1 gr. 38 cent. par jour. Les chambres et le gouvernement, disait le rapporteur, se sont déjà émus de cette
situation, et un article de la loi de 1840 charge un règlement d'administration publique de déterminer les conditions
auxquelles pourra être autorisé l'emploi, en franchise ou
avec modération de droits, des sels à destination des exploitations agricoles. Depuis cinq ans, toutes les expériences
citées par les notabilités de la science n'ont pu parvenir à
faire découvrir un mode de dénaturation du sel pouvant
prévenir les fraudes si dommageables pour le Trésor.
Cette demi-mesure est vaine et illusoire. Elle ne soulagerait
point, au surplus, la misère des classes pauvres.

Trouvant la réduction proposée par M. Demesmay insuffisante pour accroître la consommation humaine d'une manière notable, pour développer la consommation agricole et
désintéresser la contrebande et la fraude, la commission a cru
devoir entrer plus largement dans la voie de la réforme. Elle
a d'abord voulu établir quelle était la quantité de sel en

moyenne que réclamaient tous les besoins du pays traités sans parcimonie et sans profusion.

Les sels mis en franchise, en 1844, à la disposition des pêcheries et des ateliers de salaisons, se sont élevés à . . . . 58,881,000 ᵏ

Les sels délivrés en franchise à l'industrie manufacturière à. . 55,000,000

Ce chiffre ne s'applique qu'à trente fabriques de soude, qui, se recommandant par leur importance, ont été admises au bénéfice de l'immunité. Un grand nombre d'autres, où se fabriquent des produits chimiques, dont le sel est la base, n'en ont pas joui. Si la taxe était modérée, on évalue leur consommation à 50,000,000 kilog., dont on prendra seulement moitié, soit. . . 25,000,000

Consommation agricole.

En *Suisse*, la ration journalière, pour l'espèce bovine, est portée jusqu'à 150 grammes par jour. Ce poids est doublé pour les animaux destinés à la boucherie.

En *Angleterre*, cette ration est :

        Pour un cheval . . . . 170 gr.
        Pour une vache à lait. 114
        Pour un bœuf à l'engrais. 170
        Pour un élève d'un an.. 85
        Pour un veau de six mois. 28
        Pour une brebis. 14

En *Allemagne*, la ration est un peu moindre.

En *Belgique*, elle a été réglée par le gouvernement, par un arrêté du 26 février 1845, à :

        64 gr. espèce bovine.
        32   —   chevaline.
        20   —   porcine.
        16   —   ovine.

En appliquant à notre bétail cette ration, qui semble en effet la mieux appropriée à notre sol et à notre climat, on aurait une consommation de 501,885,155 kilog.; mais il faut en déduire un cinquième à cause de la routine et de la pauvreté de l'agriculture française. Soit, pour la consommation agricole. . . . 401,508,124 sans rien porter pour l'amendement des terres.

Consommation domestique.

7 kilog. par tête (chiffre trop faible). 240,890,855

Somme totale. 781,279,979

Mais, de ce chiffre, il convient de retirer les 58,881,000

kilog. nécessaires à la pêche et aux ateliers de salaison, que les intérêts de notre matière commandent de continuer à délivrer en franchise; restent 722,398,979 kilog. à soumettre à l'impôt qui, réduit à un décime, donnerait cependant 70 millions.

En ce qui concerne la franchise accordée jusqu'à présent à l'industrie manufacturière, « votre commission, disait le rapporteur, ne comprendrait pas pourquoi elle obtiendrait une faveur refusée à l'agriculture. Lorsque, d'un principe admis, on déduit une règle générale, il est illogique de multiplier les exceptions. Elles ne peuvent être justifiées que par des raisons péremptoires puisées dans la nature même des choses. Le sel n'entre, au surplus, en combinaison, dans la plupart des produits chimiques que l'industrie élabore, qu'en une faible proportion. La taxe modérée dont ils seraient frappés n'aurait donc qu'une inflence imperceptible sur le prix des objets que cette industrie répand sur le marché. Veuillez bien remarquer, en outre, que si plusieurs de ces objets sont d'un usage commun, on ne saurait les ranger, cependant, dans la classe de ceux que l'on appelle de première nécessité. A cet égard, par conséquent, ce que l'on a dit de l'impôt assis sur la consommation en général, et de l'incontestable équité de sa répartition, trouve ici son application directe; car le riche consomme plus que le pauvre; et la proportionnalité des charges basée sur celle des fortunes est, en cette occasion, à l'abri de tout dommage. »

« Toutefois, nous avons dû nous préoccuper d'une considération dont vous apprécierez l'importance. Elle se rattache à la concurrence, tant à l'extérieur qu'à l'intérieur, de l'industrie nationale et de l'industrie étrangère. Nous avons demandé à l'administration des douanes quel pourrait être, sous ce rapport, l'effet d'une taxe d'un décime par ki-

logramme sur le sel. Il nous a été répondu que les seuls produits industriels à la fabrication desquels le sel concourt en
assez grande quantité sont les savons et les soudes factices ;
que l'exportation des savons n'a été, en moyenne annuelle,
dans une période de quinze années, que de 3,122,529 kilog.;
que celle des soudes n'a pas dépassé, en moyenne annuelle
aussi, dans le cours de treize ans, 1,400,000 kilog.; que
nous exportons quelques autres produits chimiques dont le
sel est la base, tels que l'acide muriatique et le sulfate de
soude, mais en si minime quantité, que ces exportations
sont sans importance ; que les produits chimiques trouvent
à l'intérieur un débouché tellement avantageux, qu'en supposant à 10 cent. seulement la taxe sur le sel entrant dans
leur composition, on n'a point à s'en inquiéter; qu'il en est
de même des ingrédients chimiques à base de sel, dans les
ateliers de teinture des étoffes de laine et de coton ; que le
sulfate de soude entre dans la fabrication du verre à vitres,
du verre à glace dans une proportion notable; que l'exportation de ces articles mérite quelque considération dès lors ;
mais que, pour ceux-là aussi bien que pour les savons et
la soude, il serait facile de remédier aux inconvénients d'un
faible renchérissement, au moyen d'un système de drawback
sagement combiné; qu'afin de garantir tous les intérêts, au
surplus, il serait convenable aussi d'ajouter au droit d'entrée perçu sur les soudes étrangères une taxe proportionnée
à celle qui serait établie sur le sel. »

Le projet de la commission demandait donc la réduction
de la taxe de 3 décimes à 1 décime, maintenait la législation antérieure pour l'enlèvement, le transport et l'emploi,
en franchise ou avec modération de droits, du sel destiné à
la salaison des poissons, et renvoyait à une loi spéciale le règlement du remboursement à faire, à l'exportation, de la
taxe perçue pour le sel entré dans la composition des soudes,

savons, verreries et autres produits à base de sel des manufactures françaises.

De sérieux débats s'ouvrirent à la chambre des députés
sur la réduction proposée. Le gouvernement, par l'organe
du ministre des finances, reconnut les inconvénients de plus
d'un genre qu'offrait la taxe du sel ; déclara que, lorsque des
réductions considérables et efficaces seraient possibles, c'é-
tait par cet impôt qu'elles devaient commencer ; montra que,
pour être profitable tout à la fois aux consommateurs et à
l'État, le dégrèvement devait être de 2 décimes au moins ;
mais finit par réclamer l'ajournement à des temps meilleurs :
le déficit qui résulterait de la mesure et qu'il estimait à 30 millions, lui semblait de nature à compromettre l'équilibre des
finances. En même temps l'administration appliquait enfin le
principe posé par la loi de 1840 pour la réduction des droits
sur le sel destiné aux besoins agricoles. Par l'ordonnance
du 26 février 1846, le mélange dénaturant exigé pour avoir
droit à cette faveur était, pour 10 kilog. de sel, 4 kilog. de
farine de tourteaux de graines oléagineuses et 40 kilog. de
son. Ce mélange fut immédiatement l'objet de diverses critiques, et les chimistes qui l'avaient proposé furent accusés
d'avoir oublié les conditions de la vie agricole en obligeant
à l'emploi d'éléments dénaturateurs en quantité trop considérable [1].

Les industriels privilégiés, représentés par M. Talabot, dé-
fendirent à la tribune leurs anciennes immunités ; la science
leur répondit par l'organe de M. Pouillet. Les classes pauvres
et l'agriculture eurent pour interprète M. de Tracy ; les généralités d'une haute politique, M. de Lamartine. Le projet,
mis au voix, fut adopté, dans la séance du 23 avril 1846,
par 240 voix sur 266 votants.

---

[1] Voir la brochure de M. Saphary, à la date du 30 mars 1846.

La résolution, portée à la chambre des pairs, fut, de la part de la commission chargée de l'examiner, l'objet d'une proposition de rejet, développée dans un rapport déposé le 19 juin 1846.

Le projet de loi, disait M. Gay-Lussac, rapporteur, a deux objets distincts, mais inséparables l'un de l'autre : dégrèvement de l'impôt du sel et compensation du vide qu'il laisse par une plus grande consommation imposable. Si les bases de cette compensation sont exactes, personne ne pourrait refuser son assentiment à une mesure qui, sans rien faire perdre du produit de l'impôt du sel, étendrait ses bienfaits à la population entière, à la classe pauvre surtout, et procurerait à l'agriculture des améliorations inespérées. Les arts industriels perdraient seuls à cette mesure; toutefois, bientôt sans doute, le tort qu'ils en éprouveraient, serait reconnu et réparé. Mais ces bases sont-elles exactes? C'est ce qu'il faut vérifier.

1° *Quelle est la consommation domestique ?* La division du nombre des kilogrammes soumis à la taxe par celui des habitants ne donne pas un résultat exact ; en effet, dans ce chiffre est compris, outre le sel consommé réellement par chaque individu, celui qui a été employé pour l'alimentation des bestiaux, et par les diverses industries non exemptes. Il n'y a pas des données précises sur le montant de la consommation domestique annuelle, mais seulement des probabilités. Vauban évaluait la consommation du sel par individu à 3 kilog. 57 gr. ; en 1700. En 1785, suivant Necker, la consommation moyenne était de 6 kilog. 99 gr. variant entre 4 kilog. 58 gr. dans les pays de grandes gabelles et 9 kilog. dans les provinces redimées. En 1801, dix ans après la suppression de l'impôt du sel, un arrêté du 13 fructidor an VII fixa la ration du soldat à un soixantième de kilogramme par jour, soit par an à 6 kilog. 08 gr. Clément

Désormes, auteur d'une brochure publiée en 1834 sur l'influence du bas prix du sel sur la consommation, estime la consommation par année à 5 kilog. au plus. M. Talabot, chef d'un grand établissement industriel, la fixe à 6 kilog. 05 gr. D'après un relevé fait par l'administration des douanes, de 1834 à 1845, la consommation moyenne, dans Paris, est de 4 kilog. 99 gr. En Corse, où le droit sur le sel n'est que le quart de ce qu'il est en France, 6 kilog. 03 gr. Dans la Saxe, le Wurtemberg, l'Autriche, le Piémont, la Belgique, la consommation varie seulement de 6 kilog. 3 gr. à 6 kilog. 8 gr. avec des impôts de 10 fr. à 26 fr. le quintal métrique.

Entre plusieurs autres, le tableau suivant, donné par Clément Désormes, prouve aussi que l'abaissement du droit n'autorise pas une augmentation proportionnelle de consommation, et sert à récuser l'autorité de M. Porter, invoquée pour les faits relatifs à la Grande-Bretagne, par les partisans de la réduction de l'impôt.

Consommation comparative du sel dans la Grande-Bretagne avec un impôt de 75 fr., et avec un impôt de 10 fr. par 100 kilog. (Extrait des *Statistical illustrations of the British Empire*, 1825, p. 83.)

ANNÉES	PRODUIT BRUT de l'impôt.		QUINTAUX métriques consommés	CONSOMMATION par tête en admettant la population de 14 millions.
	liv. sterl.	francs.		kilogrammes
1821. Avec un droit de 75 fr., en Angleterre, et de 50 fr., en Écosse............	1,625,877	40,647,000	572,737	4,08
1824. Dernière année du droit de de 10 francs...........	233,732	5,843,000	584,300	4,17
Augmentation de la consommation de 1821 à 1824	....	....	11,563 ou 2 p. 100.	0,09

Sans pousser plus loin les recherches, le rapporteur de

la chambre des pairs admet, comme *un peu exagéré*, le
chiffre de 6 kilogr. pour la consommation par individu. Ce
chiffre étant admis, l'impôt de 30 cent. par kilog. est de 1/2
cent. par jour. « C'est peu sans doute, mais nous ne disons
pas que ce n'est rien. » Toutefois, l'impôt n'est pas onéreux
pour une grande partie de la population. Sa réduction ne
profiterait en aucune manière, ni aux ouvriers des villes, qui
vivent de charcuterie, de fromage et de poisson salé, ou dont
le repas se prépare sur la place publique, ni pour les ma-
nœuvres de toute espèce des campagnes, qui sont nourris
par le propriétaire, le fermier ou le paysan.

« Mais ne préjugeons rien, poursuivait le savant rapor-
teur, que nous n'ayons examiné de plus près les motifs
qui, dans le projet de loi, ont déterminé un dégrèvement
aussi considérable. On accuse l'impôt du sel : d'être exorbitant, monstrueux, parce qu'il dépasse 30 fois la valeur
intrinsèque du sel; d'empêcher le pauvre d'en consommer
la quantité nécessaire à ses besoins; de peser plus sur le
pauvre que sur le riche ; d'être mal assis, en ce qu'au lieu
d'être volontaire comme celui du tabac, il est forcé, le sel
étant, pour l'homme, de première nécessité. »

» De tous les reproches qu'on peut adresser à l'impôt du
sel, le plus grave, qu'on n'ose cependant avouer, c'est que
c'est un impôt. Il en faut, cependant, sous une forme ou
sous une autre; le meilleur est celui qui ne se montre jamais en face, qui s'infiltre inaperçu dans toute la masse de
la population, qui est le mieux assorti à son imprévoyance,
et qui rentre au Trésor sans traduire à l'encan de la place
publique les meubles du consommateur peu aisé. Le sel,
comme matière de consommation immédiate pour l'alimentation, est la matière la mieux appropriée à l'impôt; elle ne
concourt plus qu'à la satisfaction d'un besoin. Comme matière d'un vil prix, elle supporte aussi mieux l'impôt que s'il

était beaucoup plus élevé, et on doit s'en féliciter. Il n'est donc pas exact de présenter cette différence de la valeur de la matière à l'impôt qu'on lui fait supporter comme choquante, et de l'élever jusqu'à la monstruosité. Dire également que l'impôt du sel pèse plus sur le pauvre que sur le riche, ce n'est pas assez ; on devrait ajouter qu'il en est ainsi de tous les impôts de consommation, de toutes les dépenses, même volontaires, d'une classe à celle immédiatement plus élevée. »

Entrant dans des considérations d'un ordre général, relativement aux impôts de consommation et à leur incidence, considérations que nous avons déjà cherché à aborder dans une autre partie de nos études, M. Gay-Lussac ajoutait : « Ce serait, d'ailleurs, une étrange erreur que de croire qu'un impôt s'immobilise en entier à la personne qu'il frappe. Une société forme une unité compacte, un véritable corps organisé, dont les diverses parties sont liées les unes aux autres. Rien ne peut atteindre une des parties du corps social, qui ne se fasse sentir aux autres..... Un impôt, mis seulement sur la classe riche, pèserait aussi sur la classe pauvre ; et réciproquement, un impôt très-léger sur le pauvre remonte jusqu'au riche. Il n'en faut pas d'autre preuve que l'expérience journalière. Un propriétaire de vignes est frappé d'un impôt dans le vin qu'il produit ; l'impôt va trouver le consommateur. Un fabricant est également imposé dans la matière qu'il emploie ; il ne fait que l'avance de l'impôt ; c'est encore le consommateur qui le supporte. Un ouvrier se voit aussi imposé dans son travail pour tel objet de consommation, vin ou sel ; c'est également à celui qui achète ce travail que remonte l'impôt. Ainsi, dans Paris, la ville de France où les charges sont le plus considérables pour l'ouvrier, le salaire de son travail y est aussi le plus élevé. Il en est de même pour tous les centres de consommation et de travail ; le salaire de l'ouvrier est constamment en rapport avec les dépenses accessoires qui lui sont imposées. »

Sans doute l'impôt est onéreux pour les classes pauvres, mais il n'est pas sans compensation, il n'est pas accompagné de tout le mal qu'il semble entraîner au premier abord. La réduction proposée effacera pour longtemps l'impopularité de l'impôt, mais elle reparaîtra promptement. Il faut ajouter que, sur le rapport de l'assiette, de la solidité, l'impôt du sel est un des mieux établis. La perception en est facile et peu coûteuse ; il est à l'abri des chances de la fortune.

2° *Consommation agricole.* L'emploi du sel pour le bétail est d'une incontestable utilité ; il sert à l'amélioration des fourrages avariés ou de qualité inférieure, à l'engraissement du bétail et à la production du lait, il sert enfin comme moyen hygiénique ou curatif. Mais ses effets ne doivent pas être exagérés, et l'on ne saurait compter sur un développement très-considérable de la consommation à cet égard. L'exemple tiré de la Belgique n'est pas concluant. En effet, l'arrêté royal du 26 février 1845 a été rendu pour un cas spécial d'épizootie ; il n'a qu'une portée temporaire. La loi du 2 janvier 1843 sur le régime du sel n'accorde d'exemption que pour les salaisons de poisson et la fabrication de la soude ; aucune immunité n'est attribuée à l'agriculture ; et si, adoptant le chiffre de 6 kilog. ou même de 5 kilog. par individu, on se reporte à la consommation moyenne de ce pays pendant les cinq dernières années (27,262,000 kilog. pour 4 millions d'habitants), on est amené à reconnaître que, déduction faite des quantités nécessaires à la pêche et aux industries, la part de l'agriculture est insignifiante. Les résultats, en Angleterre, ne sont pas beaucoup plus péremptoires. On trouve un tableau curieux à ce sujet dans l'ouvrage de Clément Désormes, extrait des *Statistical Illustrations of the British Empire*, 1825. Le voici :

Effet de la réduction du prix du sel dans la Grande-Bretagne,
par faveur particulière pour l'agriculture.

| ANNÉES. | CONSOMMATION | | CONSOMMATION | CONSOMMATION |
	En Angleterre avec un droit de 75 fr. les 100 k.	En Ecosse avec un droit de 30 fr.	TOTALE.	pour l'engraissement des bestiaux avec un droit de 12 fr. 50 c. Valeur du sel : 15 fr. environ.
	quintaux.	quintaux.	quintaux.	
1819 ¹	482,235	83,203	565,438	6,000	1 p. °/₀
1820	490,537	81,934	572,471	11,000	2 p. °/₀
1821	487,773	84,964	572,737	1,850	1/3 p. °/₀
1822	486,273	87,587	574,850	963	1/8 p. °/₀
			2,285,496	19,813	9/10 p. °/₀

Il est très-probable qu'après la suppression du droit, en 1825, la consommation agricole n'aura pas sensiblement augmenté. Telle est l'opinion de Clément Désormes, qui a plusieurs fois visité l'Angleterre, notamment avant 1825 et en 1832, et qui avoue qu'il y eut de grandes déceptions à ce sujet.

La loi de 1840 a pourvu suffisamment aux besoins de l'agriculture française; si l'ordonnance du 26 février 1846 présente des difficultés d'exécution, tout donne la confiance que de nouveaux mélanges de dénaturation pourront être indiqués et l'usage du sel rendu plus commode.

3° *Application de l'impôt du sel à la fabrication de la soude.* C'est par principe d'égalité que le projet de loi impose la fabrication de la soude. Cette égalité n'existe pas. Pour l'agriculture, le sel n'est qu'un très-mince accessoire, encore douteux et contesté. Sous le rapport de son application aux arts, le sel est la base d'une industrie immense dont les produits alimentent d'autres industries, ou entrent immédiatement dans la consommation domestique. La question n'est, du reste, nullement de savoir si les deux industries doivent être traitées sur le pied de l'égalité; ce qui importe, c'est que le législateur les traite l'une et l'autre de manière à favoriser le plus possible leur développement. C'est à cette

protection, que l'industrie soudière a reçue jusqu'ici, qu'elle
doit d'être parvenue à donner ses produits à des prix excessivement modérés, et d'en avoir vu, depuis 1830, la consommation doubler, tandis que la population s'est à peine
accrue d'un dixième. Or, l'impôt du sel augmentant le prix
de ses produits principaux d'environ 50 p. 100 [1], la consommation et la production en souffriront nécessairement.

Bien que le fabricant ne supporte pas l'impôt, et qu'il
doive être payé par le consommateur, il en fait les avances,
et ce n'est pas peu que 8 millions demandés à l'industrie
soudière, quand l'impôt, tout modéré qu'il paraisse, fait
environ la moitié de la valeur de ses produits. L'impôt sur
l'industrie sera une prime à la concurrence étrangère, tant
en France qu'à l'extérieur. Le projet de loi autorise, il est
vrai, le drawback à l'exportation, et la révision des droits
d'entrée pour les produits étrangers. Mais cette équation
du drawback et de l'impôt, toujours satisfaisante en théorie,
ne l'est jamais en pratique, et quand le drawback n'est
pas surpris frauduleusement, il est toujours onéreux au
fabricant, tant par son insuffisance que par les difficultés,
l'embarras de sa perception. Dans tous les pays où fleurit
l'industrie, le sel lui est délivré aujourd'hui en franchise.

« En résumé, disait le rapporteur, le projet de loi a eu
pour objet l'abaissement de l'impôt du sel de 30 fr. à 10 fr.
dans le double intérêt de la classe pauvre et de l'agriculture ;
mais cet abaissement était subordonné à une compensation
équivalente, ou à très-peu près au moins. Or, la compensa-

---

[1] 100 kilog. de soude valent 14 fr. ; il entre dans leur composition 67 kilog. de
sel, qui, au droit de 10 fr., payeraient 6 fr. 70 c. Augmentation sur le prix de la
soude, 48 p. 100.

100 kilog. de sulfate de soude valent 16 fr.; il entre dans la composition 91 kil.
de sel, qui payeraient 9 fr. 10 c. Augmentation de prix, 57 p. 100.

100 kilog. de sel de soude à 80 cent., valent 42 fr.; il entre dans leur composition 187 kilog. de sel, qui payeraient 18 fr. 70 c. Augmentation de prix, 45 p. 100.

tion de 40 millions, que le projet de loi prélève sur la consommation de 400 millions de kilogr. de sel par l'agriculture, étant devenue chimérique, fait faute aux ressources prévues. De plus, la compensation de 8 millions, fournie à titre d'impôt par l'industrie manufacturière, ne peut être acceptée, parce qu'elle est trop contraire à ses intérêts et aux principes d'une administration éclairée et prévoyante. Ces deux compensations réunies s'élevant à 48 millions, ne pouvant donc être réalisées, le dégrèvement d'impôt, qui était subordonné à cette condition, ne peut être accepté. »

Nous avons tenu à reproduire avec exactitude la teneur du rapport de M. Gay-Lussac, non-seulement à cause du nom de l'auteur mais encore parce que, pour ce qui concerne les prévisions relatives à la consommation, ce rapport a été dans une certaine mesure justifié par les résultats ultérieurs.

Le projet de loi ne put arriver à l'ordre du jour de la chambre des pairs, avant la clôture de la session de 1846.

La chambre des députés ayant été dissoute sur ces entrefaites, M. Demesmay renouvela sa proposition devant la chambre nouvellement élue, dans la séance du 27 février 1847. M. Demesmay s'attachait à réfuter tous les arguments du rapport présenté à la Chambre des pairs, et s'appuyait, entre autres autorités, sur une enquête faite par les agents du gouvernement en 1846, et qui constatait qu'après l'abaissement de l'impôt, la consommation domestique augmenterait au moins d'un quart, et que celle du bétail s'accroîtrait dans d'immenses proportions.

La proposition de réduction fut l'objet d'un second rapport favorable de M. Dessauret, dans la séance du 25 mai 1847, et la chambre des députés adopta le projet de loi le 16 juin suivant.

Le ministre des finances comprit qu'il succomberait dans la lutte, et, dès les premiers jours de la session de 1848, il

présenta un autre projet qui constituait, au profit de l'État,
le monopole de la vente du sel, sur des bases analogues à
celles du monopole du tabac. Le projet était fondé sur la
pensée qu'on pouvait attribuer à chaque groupe de production un certain rayon de consommation; on fixait un prix
minimum auquel l'État était tenu d'acheter dans l'Est, dans
l'Ouest et dans le Midi; on vendait au même prix partout,
soit auprès du centre de production, soit à l'extrémité du
cercle tracé autour du centre. Le résultat indiqué devait être
un abaissement notable de prix pour le consommateur.

Les Révolutions abaissent d'ordinaire les digues qui arrêtent des innovations réclamées. Quelquefois même elles les
détruisent violemment. Le gouvernement provisoire, par un
décret du 15 avril 1848, abolit complétement l'impôt du
sel à partir du 1er janvier 1849; à la même époque, la prohibition d'entrée qui avait frappé jusqu'alors les sels étrangers, était levée, et ces sels devaient seulement acquitter
un faible droit de douanes.

Le produit de l'impôt du sel était trop important dans les
recettes de l'État, pour que le décret du 15 avril pût être
maintenu.

Le 29 août 1848, le ministre des finances présenta un
projet de loi portant abrogation pure et simple de ce
décret; mais l'Assemblée constituante, sans ratifier les
témérités du gouvernement provisoire, voulait réaliser certaines des réformes qui semblaient avoir été préparées par
les discussions des chambres de la monarchie. L'opposition
que le projet du ministre rencontra dans l'Assemblée constituante décida bientôt le gouvernement à le restreindre, et
le 21 novembre il demanda le maintien de l'impôt, seulement jusqu'au 1er avril 1858, et, à compter de cette époque,
une réduction des deux tiers des droits.

La commission de l'Assemblée constituante, par l'organe.

de M. A. Lagarde, son rapporteur, tout en exprimant ses sympathies pour l'intention qui avait dicté le décret du 15 avril, reconnut que les nécessités financières exigeaient le maintien de l'impôt. Mais elle proposa de fixer la réduction des deux tiers au 1ᵉʳ juillet 1849, époque où l'assemblée aurait voté le budget de 1849, dans lequel elle espérait inscrire de sérieuses et profondes réformes. Reprenant les calculs de M. Demesmay, le rapporteur affirmait que l'accroissement de la consommation devait compenser en grande partie la perte provenant de la réduction de l'impôt; il ajoutait que, le bienfait de cette réduction étant ressenti par toutes les classes de la population, toutes les autres branches de consommation devaient nécessairement s'accroître.

La loi du 28 décembre 1848 abrogea le décret du 15 avril; elle soumit, à partir du 1ᵉʳ janvier 1849, le sel à une taxe de 10 fr. par 100 kilog.; permit l'entrée des sels étrangers, après acquittement de droits de douanes [1]; maintint en même temps une taxe de consommation sur ces sels, de même que sur ceux qui venaient d'Algérie et des possessions d'outre-mer, et qui, se trouvant sous pavillon français, étaient exempts des droits de douanes; enfin, confirma les franchises et modérations de droits qui étaient en vigueur. L'entrée des sels étrangers avait été surtout autorisée dans le but d'empêcher des coalitions entre les producteurs français, et d'assurer aux consommateurs les moyens d'obtenir le sel aux meilleures conditions possibles; en même

---

[1] Les droits d'entrée sur les sels étrangers ont été successivement réglés par les lois du 13 janvier 1849 et du 14 juin 1850. Voici le taux des droits fixés par cette dernière : les sels étrangers seront admis en France, par mer, dans les ports de l'Océan et de la Manche, en payant, par 100 kilog. : sels bruts, sous pavillon français, 1 fr. 75 c.; sous pavillon étranger, 2 fr. 25 c.

Les sels blancs obtenus par l'action du feu et raffinés : par la frontière de Belgique, 2 fr. 75 c.; par mer et par les ports de l'Océan et de la Manche, sous pavillon français, 2 fr. 75 c.; sous pavillon étranger, 3 fr. 25 c.

temps, l'industrie salinière française avait paru devoir être protégée par un droit à l'importation étrangère [1].

Les modérations de droits, maintenues par la loi du 28 décembre, étaient : celle de 7 fr. 50 c. par 100 kilog. en faveur de la Corse, qui datait de 1818; et celle de 5 fr. par 100 kilog., moyennant mélange et dénaturation, édictée par la loi de 1840 en faveur de l'agriculture, et appliquée par l'ordonnance du 26 février 1846. Cette ordonnance avait été jusqu'alors à peu près lettre morte, et a continué à l'être depuis.

Les franchises comprenaient celles qui avaient été établies, soit en faveur des fabriques de soude, par le décret du 13 octobre 1809, soit en faveur des salaisons, de la pêche et des exportations. Une loi du 23 novembre 1848 avait autorisé les approvisionnements, pour la pêche de la morue, en sels étrangers, sous la condition d'un droit de douanes de 50 cent. par 100 kilog. Les sels étrangers, employés pour la salaison en mer et le repaquage à terre des morues des pêches d'Islande et du Doggersbank, furent seuls exempts de ce droit ; ils étaient déjà précédemment admis en franchise. Un décret du 7 mars 1853 porte que la préparation en mer des produits de la pêche du maquereau aura lieu exclusivement avec des sels de France délivrés en franchise.

La loi du 13 janvier 1849 avait ordonné une enquête législative sur la production et le commerce des sels en France. Cette enquête eut lieu, et ses procès-verbaux ont été imprimés. Les événements de décembre 1851 ont empêché la publication du rapport de M. Favreau, qui n'avait pas encore été soumis alors à la commission.

L'enquête de 1851 se divise en plusieurs parties : La première comprend une *enquête orale* faite tant à Paris que dans

---

[1] Voir le Rapport de M. Lagarde.

les départements de production et sur les salins mêmes, par les soins des membres délégués de la commission. Les diverses dépositions s'accordent pour constater l'état actuel de gêne, de détresse même, dans lequel se trouve l'industrie salinière, principalement dans le Midi. Cette situation est attribuée au moins en partie à un excès de production qui s'est manifesté à la suite du dégrèvement de 1848. On avait alors compté sur un développement énorme de consommation, qui ne s'est point réalisé. Les prix de vente ne sont pas rémunérateurs, et la crainte des sels étrangers désormais autorisés à entrer, empêche de les relever. Le prix de revient des sels étrangers est, en effet, inférieur [1], et leur qualité souvent supérieure. Ainsi, au raffinage, le sel anglais gagne 12 p. 100; le sel de l'Ouest perd de 6 à 8 p. 100; le sel du Midi ne perd ni ne gagne rien. Partout, au Nord comme au Sud, à l'Est comme à l'Ouest, on réclame un droit protecteur plus élevé, et l'approvisionnement pour la pêche exclusivement en sels français. Cette partie de l'enquête contient sur le mode de fabrication, sur la valeur des établissements, sur le prix de revient, des détails très-curieux et très-développés.

La commission avait adressé à tous les préfets des questions sur la production, la consommation et le commerce du sel dans leurs départements. L'analyse des réponses de

---

[1] Les chambres de commerce, consultées en 1851 (*Enquête législative*), ont donné les renseignements suivants sur le prix du sel dans quelques pays de producduction, en 1849 et 1850 :

Sels de Portugal sous vergues, de . . . 13 fr. 50 c. à 15 fr. les 1,000 k.
Sels de Cadix, de . . . . 9 » à 10
Sels de Trapani et de Sardaigne de. . . 7 » à 8

D'après la chambre de commerce de Dunkerque, voici quels étaient les prix sur les lieux de production :

Du sel brut anglais. . . . . 12 fr. 30 c. les 1,000 k.
Du sel brut de l'Ouest. . . . . . 12 » »
Du sel brut du Midi. . . . . . . 12 50 »

ces fonctionnaires forme la deuxième partie de l'enquête.
Elles sont au nombre de cinquante et une. Toutes à peu
près constatent que le consommateur a bénéficié de la réduction du droit. Le prix au détail est descendu de 40 et
50 cent., à 25 cent., 20 cent. et même 15 cent. le kilogramme. Quant à la consommation, si elle avait progressé
dans une vingtaine de départements, de 15 à 20 pour 100
en moyenne, elle était restée, dans les trente autres, stationnaire ou à peu près. L'emploi du sel pour l'alimentation du
bétail et l'amendement des terres avait été loin de prendre
les développements que lui assignaient les commissions parlementaires qui avaient délibéré de 1845 à 1848 ; c'est à
peine s'il commençait à se répandre dans quelques départements.

La troisième partie de l'enquête comprend des documents
statistiques communiqués par les ministères des finances
et de l'agriculture. Nous en avons fait usage pour les
tableaux qui accompagnent ce travail.

Lorsqu'on avait accompli la réforme de l'impôt du sel,
en 1848, on en avait fait disparaître l'une des mesures qui
étaient la compensation des sacrifices faits par le Trésor,
dans la pensée de ceux qui l'avaient soutenue avant la révolution, c'est-à-dire la soumission à l'impôt des fabriques de
soude. L'administration des finances, sous la direction de
M. Bineau, revint aux idées qui avaient prévalu à cet égard
dans l'origine. Le décret du 17 mars 1852, portant fixation
du budget de l'année, réalisa les propositions formulées par
les commissions de la chambre des députés de 1845 et 1847,
et supprima les franchises accordées à l'industrie par le décret de 1809. Son article 11 soumit au droit de 10 fr. par 100
kilog., à partir du 1er mai 1852, les sels destinés à la fabrication des soudes ; et l'article 12 prescrivit d'assujettir à une
taxe correspondante les produits similaires de ceux de ces

fabriques obtenus sur les marais salants, soit par l'emploi des eaux mères, soit par tout autre procédé. Cette dernière disposition à été exécutée par le décret du 12 août 1852. Des drawbacks ont été organisés à l'exportation par des décrets du 18 août 1852 et du 19 janvier 1856.

Si l'on suit le mouvement des actes législatifs qui ont touché à l'impôt du sel depuis son rétablissement en 1806, jusqu'au décret de 1852, on voit qu'il se résume surtout dans un progrès constant vers l'uniformité et la généralité de l'impôt, compensées par l'allégement de son taux.

La réforme introduite par les lois de 1848 et 1852 dans l'impôt du sel, a été appréciée de diverses manières. Il est évident qu'elle a été favorable aux consommateurs et qu'elle a satisfait à certains principes de justice élevés, qui n'ont jamais été absents de l'esprit des grands économistes et financiers de divers temps [1]. Il n'est pas moins certain qu'elle a été défavorable au Trésor, et que les prédictions relatives à un accroissement extraordinaire de consommation ont été en partie déçues.

Nous ne pouvons néanmoins souscrire au jugement porté sur cette réforme par un financier étranger, que les exemples de son pays devaient rendre médiocrement favorable à l'introduction des principes philanthropiques en matière de taxes sur les consommations. Nous citerons cependant volontiers ses paroles comme exprimant l'opinion d'un certain nombre de financiers, préoccupés surtout des nécessités fiscales et incomplétement satisfaits d'un progrès incontestable, quoique lent, dans la consommation de la France.

Voici comment s'exprime M. Ch. de Hock, dans son ouvrage sur l'*administration financière de la France* : « On a prouvé que, malgré la réduction des deux tiers du droit, le prix du

[1] Voyez, outre les diverses autorités citées plus haut, divers passages de Forbonnais, dans ses *Recherches*, notamment t. l, p. 57, 508, 511.

sel ne s'abaissait que de la moitié du droit; son usage, en déduisant l'accroissement naturel dû aux progrès de la population et à l'augmentation de consommation, visible dans les autres contributions indirectes, s'élevait à peine d'un tiers. L'emploi pour l'agriculture et l'élève des bestiaux, que l'on espérait voir résulter de l'abaissement des droits, ne s'est introduit que sur quelques points, et les économistes les plus sages sont d'avis que le système précédent, qui frappait la consommation d'un impôt élevé, mais livrait franche de droits, une matière première indispensable à des industries chimiques si importantes, tout en sachant favoriser d'une manière égale l'agriculture et l'élève du bétail, était préférable au système actuel. »

Les idées de l'école dont nous venons de parler, constamment écartées depuis 1852, au point que l'impôt du sel avait même été exempté des décimes de guerre votés sous le second Empire, se sont produites officiellement, en entraînant l'adhésion du gouvernement, au commencement de 1862.

La question du rehaussement de l'impôt du sel fut posée dans le rapport de M. Fould à l'Empereur, peu après son entrée au ministère des finances, le 20 janvier 1862[1]. Le ministre y disait que la réduction de l'impôt du sel en 1849 avait eu pour unique résultat de porter de 6 kilog. 1/2 à 8 kil. la consommation par tête, et à 54 millions de plus la consommation totale.

La proposition, malgré son importance, occupa peu la presse. Il y avait toutefois du vrai dans l'observation émise à cette occasion par un journal qui disait[2] qu'il fallait ne pas soulever ces questions propres à *atteindre ces idées, froisser ces instincts que le législateur de l'impôt doit savoir*

---

[1] *Moniteurs* des 22 et 23 janvier.
[2] *Ami de la Religion,* du 26 février 1862; article de M. Émile Dubois.

ménager avec un sens plus délicat que ne le fait l'arithmétique
du caissier ou de l'homme de bourse.

La proposition de surtaxe du sel traversa au conseil d'État
une discussion courte mais sérieuse, et elle fut portée au
Corps législatif, dans le projet de loi relatif au budget extraordinaire de l'exercice 1863. Le gouvernement demandait
l'élévation temporaire de 10 à 20 francs de la taxe sur le sel,
accompagnée du rétablissement de la franchise pour les
sels destinés aux fabriques de soude.

Divers détails sur l'historique de l'impôt du sel et sur
les résultats de l'abaissement de taxe prononcé en 1848,
étaient précédés, dans l'Exposé des motifs de M. Vuitry, par
les considérations suivantes :

« Le sel a toujours été considéré comme une matière
essentiellement imposable. Il a été taxé dans tous les temps ;
il l'est aujourd'hui dans presque tous les États de l'Europe.
Comme objet de consommation immédiate, il est très-ap-
proprié à l'impôt ; comme objet de consommation nécessaire, il soumet à la taxe l'universalité des consommateurs ;
comme matière de très-bas prix, il peut supporter cette taxe
sans éprouver un fâcheux renchérissement. La perception, à.
raison de son mode de fabrication, est facile et peu coûteuse.
Si cet impôt est moins proportionnel que d'autres, comme
il pèse sur tout le monde, qu'il se subdivise à l'infini et se
confond avec le prix de la denrée, il procure au Trésor un
produit considérable sans imposer à chacun une charge bien
sensible. Enfin, cet impôt existe, il ne s'agit pas de le créer.
Nous sommes donc fondés à repousser les considérations
tirées de ce que la taxe sur le sel grèverait la pauvreté et
s'accroîtrait en sens inverse de l'aisance du consommateur. Si
ces considérations étaient vraies, il ne suffirait pas de ne pas
augmenter l'impôt du sel, il faudrait encore le supprimer. »

Dans le Corps législatif, la proposition rencontra, ainsi

que d'autres parties du système exposé dans le rapport du 20 janvier, une opposition puissante à laquelle le gouvernement crut devoir céder. M. Segris exposa, dans son rapport, les motifs qui avaient déterminé la commission du budget à demander la suppression d'une surtaxe dont la nécessité absolue ne se faisait plus sentir, à raison des économies qu'on avait pu réaliser par des réductions de dépenses.

Ces motifs étaient l'accroissement de consommation depuis la réduction de taxe et l'intérêt de l'agriculture qui aurait à souffrir de la surtaxe du sel.

Aussi M. le rapporteur se félicitait-il que le gouvernement eut favorablement accueilli l'amendement de la commission.

M. Segris donnait ensuite quelques explications relatives à l'exemption complète d'impôt pour les fabriques de sel de soude, demandée en même temps que la suppression de la surtaxe du sel, mais considérée par MM. les commissaires du gouvernement comme subordonnée au rehaussement de la taxe du sel abandonnée par le gouvernement.

Or, divers amendements approuvant la suppression de la surtaxe du sel et demandant en même temps l'exemption complète d'impôt pour les fabriques de sel de soude, avaient été présentés, et la commission avait demandé seulement une réduction partielle du droit en faveur des dites fabriques. Mais devant la raison tirée de l'intérêt porté aux fabriques de sel de soude, dont la position est devenue très-fâcheuse depuis le traité de commerce, le gouvernement allant au delà de l'amendement de la commission, avait consenti à l'exemption complète d'impôt pour les fabriques de sel de soude ; seulement, il avait reconnu nécessaire de faire partir l'exemption totale à la date du 1er janvier 1863.

La commission ayant entendu également d'autres amendements soumis à la commission [1] dans l'intérêt de l'indus-

[1] Par MM. de Parieu, Creuzet, Réguis....

trie agricole et pour la faire profiter des faveurs accordées à une autre, M. Segris faisait observer qu'elle avait pensé que la situation de l'agriculture ne pouvait être assimilée à celle de l'industrie de la soude.

Après le rapport de M. Segris, la question de l'impôt du sel n'a donné lieu qu'à peu d'observations au corps législatif.

M. Creuzet député a pris la parole, non pour combattre l'article 16 qui avait pour but de dégrever certaines industries de l'impôt du sel, mais pour parler d'un amendement qu'il avait présenté avec son collègue M. de Parieu, dans l'intérêt de l'agriculture. Selon lui, le rapporteur de la commission du budget se serait trompé en disant que la situation de l'agriculture ne pouvait être assimilée à celle de l'industrie de la soude, rien n'étant changé dans la situation de l'agriculture.

En s'appuyant sur un exemple frappant fourni par le gouvernement de la Saxe qui, par la suppression de tous les droits, aurait vu, en 1851, la consommation du sel s'élever en un an, de 140,000 kilog. à 900,000 kilog., l'orateur s'attachait à démontrer combien il serait avantageux pour la consommation que l'agriculture, qui peut seule pousser à de grandes consommations, ne fût pas atteinte par un impôt onéreux. Le sel, ajoutait-il, doit être considéré comme une matière première pour la fabrication des fromages, qui est un des principaux produits de la culture pastorale. Le département que représente l'honorable député n'exporte pas, suivant lui, moins de 16,000 tonnes de fromages.

Après ces observations, l'article à l'occasion duquel elles étaient produites a été mis aux voix et adopté.

Les tableaux suivants renseigneront le lecteur sur l'accroissement de la consommation depuis 1848 et sur quelques autres détails relatifs à la production des sels en France.

N° 1. — TAXE DES SELS. — *État comparatif des quantités soumises aux taxes et des produits constatés, de 1847 à 1860.*

(Comptes définitifs des Recettes.)

ANNÉES.	CONSOMMATION ordinaire.	PRODUITS dérivés du sel.	TOTAL.	PRODUITS de la consommation ordinaire.	PRODUITS dérivés du sel.	TOTAL.	QUANTITÉS		PRODUITS		CONSOMMATION moyenne par individu.
							Augmentation.	Diminution.	Augmentation.	Diminution.	
	kil.	kil.	kil.	fr.	fr.	fr.	kil.	kil.	fr.	fr.	k. g.
1847	235,826,888	»	235,826,888	[1]70,408,776	»	70,408,776	»	»	»	»	[5] 6.892
1848	242,293,200	»	242,293,200	63,470,127	»	63,470,127	»	[4] 23,537,688	»	[4] 6,938,649	6.204
1849	329,300,894	»	329,300,894	33,364,947	»	33,364,947	[2]117,007,693	»	»	[5]30,105,180	9.624
1850	256,547,605	»	256,547,605	25,623,048	»	25,623,048	»	[6]72,653,388	»	[6] 7,741,898	7.498
1851	266,740,885	»	266,740,885	26,633,540	»	26,633,540	10,193,280	»	1,010,491	»	7.796
1852	320,685,551	5,326,926	326,012,477	32,034,005	[3]188,056	32,222,061	59,271,592	»	5,558,521	»	9.009
1853	340,067,912	15,282,875	355,350,787	33,971,581	446,264	34,417,845	29,338,300	»	2,195,784	»	9.070
1854	334,285,515	11,675,240	342,960,755	33,090,897	189,731	33,280,628	»	[7]12,390,032	»	[7] 1,137,217	9.445
1855	350,573,946	9,311,479	359,885,425	35,022,149	141,032	35,163,181	16,924,670	»	1,882,553	»	9.797
1856	351,960,730	11,143,050	363,103,780	55,146,540	174,639	55,321,179	3,218,355	»	457,998	»	9.797
1857	369,376,107	14,588,401	383,964,508	36,907,369	218,749	37,126,118	20,860,728	»	[8]1,804,939	»	10.836
[9] 1858	353,646,857	17,824,044	371,470,901	35,328,518	253,213	35,581,731	»	12,493,607	»	1,544,387	9.872
[10] 1859	367,920,451	23,037,357	390,957,808	36,753,307	229,308	36,982,615	19,486,907	»	4,400,884	»	10.208
[11] 1860	397,224,922	21,571,393	418,796,315	39,688,133	307,115	39,995,248	27,838,507	»	3,012,633	»	11.421

1 La taxe de consommation des sels, de 2 décimes par kilogramme en 1806 (L. 24 avril), puis élevée temporairement à 4 décimes en 1813, a été fixée, à partir de 1815 (L. 17 décembre 1814), à 3 décimes, taux où le droit s'est maintenu jusqu'à la loi du 28 décembre 1848, qui l'a abaissé à ½ décime. — Depuis 1818, le droit pour la Corse a été modéré à 7 c. 1½ par k. — Le prix vénal au détail du kilogramme de sel a été, de 1790 à 1806, de 30 c., puis de 29 c.; de 1806 à 1812, 40 c.; de 1813 à 1848, 45 à 50 c. — En janvier 1850, le prix moyen du kilogramme, en France, était, pour le sel gris, de 22 c. 1/2; pour le sel blanc, d'un peu plus de 27 c. — Prix moyen unique, 25 c.

2 Le décret-budget du 17 mars 1852 a établi un droit de 10 fr. par 100 k. sur les sels employés dans les fabriques de soude, et prescrit d'assujettir à une taxe correspondante les produits similaires de ceux de ces fabriques qui seul obtenus sur les marais salants; ce qui a été fait par le décret du 12 août 1852. — Précédemment, les sels destinés à ces fabriques jouissaient de la franchise en vertu du décret du 13 octobre 1809.

3 Les chiffres portés dans cette colonne sont des maximums. Ils comprennent, en effet, outre le sel consommé réellement par chaque individu, celui qui a été employé à l'alimentation des bestiaux et à tous autres usages, sauf ceux pour lesquels il est délivré en franchise (pêche, exportation, salaisons, troque et fabrique) et ceux des fabriques, depuis 1852. — En 1700, Vauban estimait la consommation par tête, à 3 k. 87. — En 1785, suivant Necker (*Administration des finances*), la consommation moyenne, en France, était de 9 k. 99, variant entre 4 k. 58 (pays de grandes gabelles), et 9 k. (pays rédimés); de 1793 à 1806, elle fut de 9 à 10 k. — De 1806 à 1812, de 5 k. 630 gr. à 7 k. 450 gr. De 1813 à 1847, elle a varié de 8 k. 296 gr. à 8 k. 592 gr. — D'après un relevé fait par l'adminis-

tion des douanes, pendant douze années, de 1834 à 1845, la consommation moyenne réelle par individu a été, dans Paris, de 4 k. 99. Le ministre des finances évaluait les besoins de cette consommation à 5 k. 5; le rapporteur de la chambre des pairs (séance du 19 juin 1846), à 6 k.; la commission de la chambre des députés (rapports de 1844 et 1847), à 7 k. — Les chiffres de la consommation annuelle par tête, qui figurent dans ce tableau, ont été pris dans le compte définitif des recettes de chaque exercice dressé par l'administration des finances, et il a dû être tenu compte du progrès annuel de la population, constaté par les dénombrements quinquennaux. Les chiffres de ces dénombrements étaient, en 1846, de 35,400,486; en 1851, de 35,783,170, en 1856, de 36,039,364.

4 Les marchands de sel ont, à la fin de 1848, retardé leurs approvisionnements dans l'attente de la réduction de la taxe.

5 Résultat premier de la réduction de taxe et de ce que les marchands ont été obligés de faire, en 1849, les approvisionnements différés en 1848.

6 Résultat des approvisionnements considérables faits en 1849 et qui ont dû servir en partie à la consommation de 1850.

7 Résultats d'approvisionnements moins considérables pendant la cherté des subsistances et le ralentissement des opérations dans les fabriques de soude.

8 Conséquence de l'extension donnée à l'exploitation des fabriques de soude, et à celles des salines de l'Est, augmentation de consommation.

9 Voir le compte définitif des recettes de l'exercice 1858, p. 175 et 176.
10   id.   id.   1859, p. 175 et 176.
11   id.   id.   1860, p. 173 et 175.

N° 2. — *Tableau de la production et de la consommation des sels, en France, pendant les années 1847, 1848, 1849 et 1850.* (Enquête législative de 1851, documents communiqués par le ministre des finances.)

ANNÉES.	QUANTITÉS DE SEL PRODUITES					TOTAL général.	QUANTITÉS DE SEL	
	PAR LES MARAIS SALANTS [1]		PAR LES SALINES [2]				sorties des marais salants ou des salines pour toutes destinations.	livrées pour la consommation générale.
	du Midi.	de l'Ouest.	de l'Est.	du Sud-Ouest.	de la Manche.			
	k.	k.	k.	k.	k.	k.	k.	(A. n). k.
1847	262,919,000	230,923,000	64,487,500	11,384,700	979,300	570,693,500	375,045,770	343,791,200
1848	262,919,000	223,461,000	49,124,300	8,959,500	812,300	545,276,100	367,658,140	352,748,000
1849	256,905,000	228,887,000	67,013,600	11,055,200	550,000	564,412,800	484,927,180	472,345,700
1850	267,349,700	224,368,800	60,118,700	8,922,100	671,200	561,430,500	402,336,130	399,923,000

(A) *Ces chiffres se décomposent ainsi qu'il suit :*

ANNÉES.	CONSOMMATION alimentaire		TROQUE.	FABRIQUES de produits chimiques.	GRANDE pêche.	PETITE pêche.	ATELIERS de salaisons.	EXPORTATION.
	avec taxe acquittée.	boni livré en franchise (remise pour déchet).						
	k.	k.	k.	k.	k.	k.	k.	k.
1847	235,685,600	7,070,000	967,000	42,823,000	9,172,000	4,647,900	7,116,900	36,248,600
1848	212,120,700	6,363,000	1,138,800	43,151,000	35,294,300	4,497,900	6,051,900	44,130,400
1849	254,714,500	9,800,000	8,855,300	48,899,000	26,468,000	5,920,000	9,240,000	41,750,000
1850	252,813,200	7,584,400	1,146,400	56,580,700	28,203,200	5,843,600	6,840,000	49,911,500

(B) *Pour avoir le chiffre total de la consommation, il faut, aux quantités ci-dessus, ajouter les sels étrangers, savoir :*

ANNÉES.	CONSOMMATION.	PÊCHE de la morue.	SALAISONS à terre.	AUTRES USAGES.	PROPORTION dans laquelle les sels étrangers sont entrés dans la consommation.
1847	» k.	23,360,400 k.	1,785,400 k.	» k.	»
1848	»	6,466,300	1,863,700	»	»
1849	4,692,900	8,472,400	1,664,600	419,300	1 k. 40 p. 100 k
1850	3,627,500	10,275,900	1,795,100	78,700	1 k. 41 p. 100 k.

De plus, les sels dont l'expédition directe de l'étranger aux lieux de pêche a été autorisée en vertu d'arrêtés ministériels de 1844, 1845 et 1846, et de la loi du 23 novembre 1848, se sont élevés, savoir : en 1849, à 6,616,000 kilog.; en 1850, à 5,099,100 kilog.

[1] Les départements maritimes qui fournissent la production du sel la plus grande sont : le Morbihan, la Loire-Inférieure, la Charente-Inférieure, l'Hérault, les Bouches-du-Rhône, le Gard, etc., en tout, 13 départements et 3,960 salines, comprenant 516,645 œillets ou compartiments où l'eau de mer est recueillie pour être évaporée. M. de Jonnès. (Statistique de l'industrie, 1856.)

[2] Les principales salines existent dans les départements de la Meurthe, du Jura, du Doubs et de la Haute-Saône.

Si l'impôt du sel joue un rôle important et continu dans l'histoire des finances françaises, la même denrée est aussi taxée sous des formes diverses dans presque tous les États de l'Europe et même dans quelques pays beaucoup plus éloignés de nous, comme l'État de New-York, où le produit de cette taxe était évalué à 32,298 dollars par l'*American Almanac* de 1849 [1].

M. de Reden, dans sa *Statistique financière de l'Allemagne* [2], nous montre l'impôt du sel levé dans presque toute l'Allemagne, et notamment, quant aux petits États, dans le Wurtemberg, le grand-duché de Bade et le grand-duché de Hesse.

D'après Sinclair, dans son *Analyse des sources de revenu public*, le sel donnait, à la fin du siècle dernier, une des principales recettes du canton de Berne, où il était l'objet d'un monopole. Suivant les recherches du savant M. Rau, la taxe sur le sel existe encore dans plusieurs cantons suisses, et ce même financier n'ajoute à l'Angleterre que le Mecklembourg, Hambourg, et Brême dans la liste des pays qui en sont complétement affranchis, au moins dans l'Europe civilisée.

Le Portugal est cependant, à ce qu'on assure, dans le même cas ; une loi du 21 novembre 1844, qui y avait rétabli l'impôt du sel sur un taux minime, y aurait été abrogée en 1846 [3].

---

[1] Un article de M. d'E. de Lauture au *Moniteur* du 26 août 1860, donne quelques détails sur le produit des salines chinoises.

« L'exploitation des salines paraît être l'une des plus anciennes ressources de l'État. Il me semble que Marco Polo l'a signalée. Elle existait lors de l'ambassade de lord Macartney en 1793 ; ce monopole paraît avoir été momentanément supprimé pendant le commencement de la dynastie actuelle. »

Le sel, suivant le même voyageur, rendait, dans deux provinces réunies de l'Empire chinois, 2,085,282 taëls.

[2] T. I, p. 34, 193, 317, 420, 433.

[3] Mémoire manuscrit de M. Ch. du Minguy.

Dans la plupart des États où l'impôt du sel existe, il est établi en partie sous la forme qui a été proscrite en France avec l'ancienne gabelle et qui a encore préoccupé pendant quelque temps le dernier ministre des finances du gouvernement de 1830 en France, nous voulons parler du système du monopole, dont le Hanovre est cependant excepté. Ce système, qui tarit une branche d'industrie particulière, a en compensation l'avantage moindre à nos yeux de corriger quelques inconvénients du commerce naturel, et notamment il soumet ordinairement à un prix uniforme une denrée de première nécessité.

En Autriche, où le monopole du sel existait partout sous les mêmes conditions, les choses ont été toutefois changées en 1829.

« Le monopole de l'exploitation de toutes les salines existantes et de celles qui pourraient être découvertes à l'avenir, ainsi que des sources salées et du sel marin, a été, dit M. de Tégoborski, conservé au fisc comme par le passé, dans toute son intégrité; mais le commerce du sel (sauf l'importation de cet article qui est défendue) et la vente en détail ont été abandonnés à la libre concurrence et sans fixation de taxe, à l'exception toutefois des provinces italiennes, où le système des débiteurs comptables a été maintenu. Dans toutes les provinces où le commerce des sels a été rendu libre, le prix de cet article, dans la plupart des magasins établis auprès des salines, a été réglé de manière à rapporter au fisc un bénéfice d'environ 5 florins par quintal, déduction faite des frais d'exploitation. »

On comprend que cette uniformité approximative de produit fiscal, à laquelle il a été rarement dérogé, laisse subsister pour les consommateurs la différence des prix naturels, combinée avec les bénéfices variables qui peuvent être réalisés par les débitants là où le commerce de détail a été laissé libre.

Aussi, résultait-il de là, au moins à l'époque où M. de Tégoborski a publié son savant ouvrage sur *les Finances et le Crédit
public de l'Autriche*, que le consommateur milanais payait le
sel deux fois aussi cher à peu près que le consommateur
allemand de l'archiduché d'Autriche, du Tyrol ou de la
Styrie, et trois fois plus que celui de l'Istrie ou de la Dal-
matie. Le revenu de l'impôt du sel en Autriche était porté,
au budget de 1855, pour 34,200,546 florins de produit brut.
Les dépenses étant évaluées à 7,086,615 florins, le revenu
net attendu était de 27,113,931 florins.

La Saxe a un traité avec la Prusse qui lui livre du sel à un
prix déterminé. Elle le revend à ses sujets d'après un tarif
variable suivant la nature du sel, classé, comme nous le
voyons généralement dans les législations financières allemandes, en sel de cuisine (*kochsalz*) et sel pour les animaux
(*viehsalz*), et quelquefois aussi suivant la qualité de l'acheteur qui peut être privilégiée. La Saxe a gardé jusqu'en 1840
une institution qui rappelait notre ancienne législation des
gabelles. C'est ce qu'on appelait la *conscription du sel*, ou
l'obligation pour les contribuables d'acheter une certaine
quantité de sel. Le monopole saxon a donné, de 1849 à
1851, 803,551 thalers de produit brut, et 453,334 thalers
de produit net.

L'Espagne est placée, pour la consommation du sel, sous
le régime du monopole (*estancada*). En 1853, les prix de
vente par l'État se réglaient, suivant M. Conte, d'après le
tarif suivant :

Pour la consommation ordinaire, chaque fanègue (56 lit. 351). . 52 réaux.
Pour les fabricants de produits chimiques.. 12
Pour les fabricants de saumure destinée à l'intérieur. . . . . . 18 [1]

---

[1] Les *Fomentadores* jouissent de l'impôt réduit à 18, à 10, à 12 réaux suivant
des présomptions relatives aux quantités de sel supposées nécessaires pour la salaison des diverses espèces de poissons, de viandes, de beurre et de fromage, etc.

Pour les salaisons à exporter (avec six mois de délai). . . . . . . 10 réaux.
Pour les salaisons destinées aux possessions espagnoles. 12
Pour les troupeaux. 45
Pour l'exportation avec 6 p. 100 de rabais pour les capitaines. . . 2-8 sc. [1].

La consommation a été, en 1850, de 1,730,944 fanègues, représentant 97,540,425 litres, ce qui faisait de 13 à 14 livres par tête, la pesanteur spécifique du sel livré au commerce se rapprochant beaucoup de celle de l'eau, et le litre équivalant au kilogramme approximativement. M. Conte, qui nous donne ces renseignements dans son *Examen des finances publiques d'Espagne*, ajoute qu'en 1850 la quantité livrée aux cultivateurs et possesseurs de troupeaux a été de 208,937 fanègues revenant à 12 pour 100 de la consommation générale. Le produit brut a été en 1847 de 90,034,497 réaux ; en 1851, il s'était élevé à 98,171,487. Les frais de fabrication et d'administration sont évalués à environ 27 pour 100 du produit brut.

M. Conte rapporte, au sujet du monopole du sel en Espagne, un fait très-curieux. Dans certaines localités, à Saragosse par exemple, la fabrication du sel coûte plus à l'État qu'elle ne lui rapporte. Il y a un écart de prix de production extrême entre 54 réaux, 5, prix de Saragosse, et 0,25 prix d'Alicante. Le perfectionnement des voies de communication de l'Espagne fera sans doute disparaître ou atténuera ces anomalies.

Le système du monopole comporte en Prusse, à côté de l'uniformité de prix relativement aux diverses provinces, des variations qui ont quelque analogie avec celles de la législa-

---

[1] D'après le *Manuel de finance*, de Canals, publié en espagnol en 1845, les possesseurs de troupeaux transhumans avaient seulement, par rapport au prix de la consommation ordinaire, l'avantage d'un crédit d'un an (p. 152).

Au moment de la rédaction de son ouvrage, M. Conte avait à mentionner un abaissement du prix du sel de 12 réaux, sur la proposition du ministre Domenech, ce qui portait à 40 réaux le prix de cette denrée pour la consommation générale (p. 222 du t. II de l'ouvrage de Conte).

tion espagnole, quant aux sels de destination différente pour l'alimentation, l'industrie, l'agriculture. On distingue du sel ordinaire ou sel de cuisine (*kochsalz*), le sel destiné aux animaux (*viehsalz*), et, en outre, le sel de l'industrie; ou *gewerbsalz*. L'un et l'autre sont livrés à des prix réduits. Le viehsalz, qui coûtait d'abord 5 thalers et qui a été réduit en 1846 au prix de 4 thalers la tonne, résulte d'un mélange de quatre cents parties de sel, de quatre d'absinthe et une d'oxyde de fer. Il en a été délivré, d'après un renseignement que j'ai obtenu d'un administrateur prussien, 25,400 tonnes de 405 livres en 1849, 26,800 tonnes en 1850, 33,400 tonnes en 1851, 54,900 tonnes en 1859, 57,200 tonnes en 1860, et 64,900 tonnes en 1861, ce qui fait moins du dixième de la consommation générale. Avant 1845 la consommation, à 5 thalers la tonne, ne dépassait pas 13,000 à 14,000 tonnes. La consommation du *gewerbsalz* qui était alors un peu plus forte que celle du *Vieh und Dungsalz* est aujourd'hui inférieure, et n'a pas dépassé, en 1861, 44,400 tonnes. La livre prussienne est, suivant *l'Annuaire du bureau des longitudes*, de 467 grammes 70.

Le procédé de dénaturation prussien, très-différent de celui qui a été adopté en France, ne diffère pas moins de celui qui a été à certaine époque autorisé en Belgique [1].

---

[1] L'article 3 de l'arrêté belge, du 26 février 1845, rendu en vue de préserver le bétail des maladies épizootiques régnantes, était, en effet, ainsi conçu :

« Le mélange du sel avec les substances destinées à le dénaturer sera opéré, au choix des intéressés, par l'un des trois procédés indiqués ci-après :

1° Déchet d'orge, 26 kilog. par 100 kilog de sel; — Sulfate de soude, 5 *idem ;* — Suie de bois, 5 *id.;*

2° Farines de tourteaux de graines oléagineuses (lin, colza, chenevis), 20 *id.;* — Sulfate de soude, 5 *id. ;* — Huile, 1 litre *id. ;*

3° Mélasses des raffineries ou fabriques de sucre, 10 kilog. *id.;* — Sulfate de soude, 5 *id.;* — Huile, 1 litre *id.* »

L'arrêté royal du 21 février 1855 a introduit quelques variantes de ces modes de dénaturation en en conservant les bases principales.

M. de Tégoborski, qui a fait un exposé des finances de la
Prusse dans un savant parallèle avec celles de l'Autriche,
donne les détails les plus instructifs sur l'organisation du
monopole en ces deux pays. M. Hoffmann, dans son livre
sur la *Théorie des Impôts* (*Die Lehre von den Steuern*), a aussi
étudié le monopole du sel en Prusse. Il dit que son origine
est ancienne, et donne le tableau des produits progressivement croissants de 1821 à 1836; 437,120 tonnes de sel,
vendues en 1821, avaient donné un produit brut de 6,556,800
thalers, et un produit net de 3,779,500 thalers. En 1836,
549,580 tonnes ont procuré un produit brut de 8,017,650
thalers, et un produit net de 5,590,257 thalers. En 1842,
l'impôt sur le sel ordinaire en Prusse a été réduit de manière
à porter de 15 à 12 thalers le prix de la tonne. En 1861, la
consommation du sel ordinaire a été de 743,800 tonnes, ou
d'environ 16 livres par tête.

En Bavière, le gouvernement exploite les salines et en tire
un revenu net d'environ 2,500,000 florins. Il vend, suivant
une série de prix décroissants, le *kochsalz* ou sel de cuisine,
le *backsalz* ou sel de boulangerie, le *viehsalz* ou sel des animaux, le *gewerbsalz* ou sel pour l'industrie, et le *dungsalz*
ou sel pour l'amendement agricole.

En Hanovre, d'après une loi du 7 juin 1850, le sel consacré aux usages industriels et agricoles est complétement
exempt d'impôt; la taxe sur le surplus est, depuis 1836, de
8 bons gros pour 100 livres de Cologne, ce qui représente
environ 1 fr. 25 c. pour 46 kil 75 ou à peu près un tiers de
notre impôt français. La perception, d'après M. de Reden, a
lieu sur les salines elles-mêmes, et coûte 1 1/2 pour 100
du produit de l'impôt. La taxe du sel, en Hanovre, avait produit en moyenne de 1817 à 1835 75,600 thalers. Elle fut
réduite, en 1836, d'un neuvième, et depuis lors son produit
s'est accru de 81,685 thalers, en 1836-37 jusqu'à 113,329

thalers, ou environ 424,000 fr. en 1848-49, ce qui, pour
1,760,000 habitants, donne seulement 24 cent. par tête [1].

En France, ainsi que nous l'avons vu précédemment,
la pensée de favoriser la livraison du sel à l'agriculture,
que nous voyons réalisée en Allemagne, et qui l'est aussi
en Espagne, n'a pas réussi au même degré ; une ordonnance du 26 février 1846 a prescrit la remise, sous certaines
formalités, des sels livrés au droit de 5 cent. par kilogramme pour l'alimentation du bétail. On voit, par les
documents publiés dans l'enquête faite en 1850 sur la production et la vente des sels, que les sels livrés en vertu de
cette ordonnance n'ont pas dépassé une quantité totale de
32,658 kilog., de 1846 à 1850.

En Belgique, où le sel est soumis, par la loi du 5 janvier
1844, à un droit de 18 fr. par 100 kilog., du sel brut est délivré en franchise, ou du moins à un taux de faveur :

1° Pour l'amendement des terres ;
2° Pour l'alimentation du bétail;
3° Pour les fabriques de sulfate de soude ;
4° Pour la pêche nationale.

Pour la première de ces causes, la quantité exempte en
1847 a été de 199,750 kilog.; pour la deuxième cause,
l'exemption a porté sur 114,832 kilog. ; pour la troisième,
sur 6,825,000 kilog. ; pour la quatrième, sur 1,295,155 kil.
La quantité de sel assujettie à l'impôt, et qui représente le
sel employé aux usages domestiques, est d'environ 6 kilog.
par tête sur la moyenne des années 1847 et 1848 réunies. Le
produit, évalué pour 1855, a été de 4,500,000 fr. En 1861,
le produit s'est élevé à 5,100,000 fr. [1].

---

[1] J'ai entendu dire à Hanovre, en 1852, que le taux inférieur de l'impôt du sel
en Hanovre avait été l'une des principales difficultés à l'entrée du Hanovre dans le
Zollverein prussien.

L'exemption en faveur de la pêche nationale et des fabriques de sulfate de soude était autorisée par la loi du 5 janvier 1844. La loi du 2 janvier 1847 a autorisé, en outre, l'exemption de l'accise pour le sel employé à l'alimentation du bétail ou à l'amendement des terres. Plusieurs arrêtés royaux paraissent avoir été édictés successivement pour organiser cette exemption. Le dernier que nous connaissions est à la date du 21 février 1855, et nous en avons cité plus haut quelques dispositions. Il règle les quantités de sel exemptes pour chaque destination : à savoir, sauf les dénaturations prescrites, pour le sel donné aux animaux : 50 grammes par jour et par tête de cheval, 100 grammes *id.* de gros bétail, 20 grammes *id.* de mouton, 25 grammes *id* de cochon : 300 kilog. par an et par hectare pour l'amendement des terres; et 10,000 kilog. par an pour la fabrication d'engrais.

Il paraît que les mesures de faveur de la loi de 1844, pour le sel destiné à la fabrication du sulfate de soude, ont été trouvées excessives; car une loi du 14 mars 1854 a substitué, à l'exemption absolue autorisée par la loi de 1844, une réduction de l'impôt de 18 fr. à 40 cent. par 100 kilog. pour les sels de cette destination.

D'un autre côté, un mouvement d'opinion récent paraît provoquer en Belgique la réduction de l'impôt du sel. L'*Indépendance belge*, du 6 décembre 1862, contient un rapport de M. Jamar au nom de la section centrale, en faveur de l'abaissement de l'impôt du sel. On y constate que la consommation belge tend à s'immobiliser à un chiffre représentant une moyenne de 5 kil. 50 par habitant, tandis qu'en France la consommation s'est sensiblement accrue à la suite de la réforme de 1848. Il est peut-être heureux que nous

---

¹ *Indépendance belge* du 6 décembre 1862.

n'ayons pas été conduits, en 1862, à être envers notre législation plus injuste que nos voisins [1].

L'impôt sur le sel est mentionné comme ayant été levé
dans la plupart des anciennes Provinces-Unies, et l'on trouve
beaucoup de détails à cet égard, soit dans une note sur les
impôts des provinces de Hollande et d'Utrecht annexée à
l'*Histoire du revenu public* de Sinclair, soit dans l'opuscule
curieux *Sur les Impôts, l'administration des revenus publics,
les dépenses d'Etat et le traitement des fonctionnaires dans la
République des Provinces-Unies*, publié à Amsterdam en 1837,
soit dans l'*Histoire des impôts dans les Pays-Bas*, de M. Engels, imprimée à Rotterdam en 1848. Nous voyons que
l'impôt du sel qui existait dans toutes les provinces, excepté
peut-être dans l'Overissel, et qui produisait en Hollande
347,437 florins en 1659, fut, à la fin du siècle dernier,
établi sur le pied de 4 florins par sac de 104 livres de sel
raffiné dans l'intérieur de la République batave.

L'impôt du sel fut réglé plus tard dans les Pays-Bas, par
des lois des 12 et 28 mai 1809, du 23 décembre 1813, du
15 septembre 1816, du 12 mars 1818, du 12 juillet 1821, et
du 21 août 1822. Aux termes de ce dernier document législatif, l'accise était de 6 florins par 100 livres de sel, taux
rapproché de celui qui était alors en vigueur en France. Il y
a, dans cette même loi, des exemptions consacrées pour les
fabriques, la pêche et les salaisons de poisson. La dernière
loi néerlandaise que nous connaissions sur cette matière est
celle du 26 avril 1852, qui est consacrée à des améliorations
de détail de la législation antérieure. Le produit de l'accise du sel était, en 1849, de 1,395,884 florins dans les
Pays-Bas.

L'impôt du sel, que nous avons déjà trouvé mentionné

---

[1] Voyez la discussion analysée dans le numéro du 10 décembre et les suivants
du même journal.

dans l'histoire de la république de Venise, a été depuis longtemps levé dans tous les États importants de l'Italie [1].
M. Francesco Dias, dans son livre sur l'Administration financière du royaume des Deux-Siciles, publié en 1856, a donné
d'assez grands détails sur le monopole du sel dans cet État.
Il rapporte que, de tous les impôts levés dans les Deux-Siciles,
il n'en est aucun qui ait eu des destinées aussi diverses que
celui du sel. D'après cet écrivain, le sel consommé dans les
Deux-Siciles, vient des mines ou des salines de mer. Le prix
de vente du sel a été fixé à 11 ducats (46 fr. 64 c.) le *cantaro*
de 89 kilog. 06, ou environ 50 c. le kilog., après diverses
variations. Mais le gouvernement délivre à un prix de faveur
cette denrée aux pasteurs et aux manufacturiers. Le prix
descend pour eux à 10 ou 15 carlins (4 fr. 24 ou 6 fr. 36 c.
le cantaro).

« Le monopole du sel donne, suivant M. Dias, un revenu
d'environ 3 millions de ducats à l'État, chargé des dépenses
d'administration et de perception qui ne sont pas indiffé-
rentes [2]. La population du royaume étant d'environ 6 millions, le poids de l'impôt serait de cinq carlins par tête. »

Par des déductions, qui me paraissent contestables en
partie, tirées de l'impôt afférent au sel employé dans les
salaisons, les tabacs, diverses manufactures, la fabrication
des sorbets, et, en tenant compte du sel délivré avec bonification aux pasteurs de la Pouille et des Abruzzes, ainsi que
de celui qui est consommé dans les États de Ponte-Corvo et
de Bénévent, l'auteur arrivait à soutenir que le poids réel de

---

[1] J'ai entendu affirmer par un habitant de la Savoie, qu'un des motifs qui avaient
le plus influé sur les votes d'annexion à la France dans la population savoisienne,
était tiré de l'infériorité du prix du sel en France comparé à celui du sel sous
la domination piémontaise.

[2] En 1820, le revenu de l'impôt du sel affecté à la caisse d'amortissement du
royaume de Naples, était de 700,000 ducats. (*Compendium of finance*, etc., *by
Bernard Cohen*, p. 92.)

l'impôt sur les consommations de sel, n'excèdait point, par tête, 2 carlins et demi. Mais si ce calcul a pu être exact, en supposant qu'il ait procuré le résultat réel de l'impôt sur le sel consommé comme condiment, il n'a point eu de portée dans une supputation exacte de l'impôt sur la consommation générale ; car, en exceptant le sel vendu à des territoires étrangers, comme ceux de Bénévent et de Ponte-Corvo, ainsi que le sel qui entrerait dans la fabrication de produits exportés, le surplus des sels, dont l'auteur fait abstraction, étant cependant consommé à un titre quelconque, ou absorbé par d'autres productions, n'en donnait pas moins au trésor napolitain une ressource dont les sujets supportaient plus ou moins indirectement la charge.

Le prix du sel dans le royaume des Deux-Siciles étant de 11 ducats les 10 *rottoli*, le prix du *rottolo* aurait dû être en détail de 11 grains. Toutefois, le gouvernement des Deux-Siciles autorisait les débitants à vendre le sel 12 grains, et même dans quelques localités 13 ou 13 grains 1/2 le rottolo ; à cette autorisation légale, se joignaient, de la part des détaillants, des abus qui portaient quelquefois pour le consommateur le prix du rottolo de sel à 16 grains (environ 68 centimes).

M. Dias rapporte que le monopole du sel procure dans l'État pontifical un prix de 9 grains par rottolo, en Toscane et dans les États sardes un prix de 12 grains, comme dans les Deux-Siciles et en Lombardo-Vénétie, un prix de 16 grains.

On a lu dans divers écrits périodiques, en 1855, la décomposition détaillée d'un produit total de 53 millions de francs, fournis par l'impôt du sel dans la péninsule italique[1]. D'après ce document, émané originairement d'une

---

[1] V. notamment le n° de la *Gazette de France* du 22 mai 1855.

feuille de Turin, l'impôt se serait élevé à 1 fr. par tête en Toscane, à 2 fr. environ dans les États continentaux de Naples et dans les possessions sardes, ainsi que dans le canton du Tessin, à 2 fr. 50 c. dans les États du pape, et à 3 fr. dans les États autrichiens. Les journaux d'octobre 1859 ont mentionné la réduction de l'impôt du sel par le gouvernement provisoire toscan.

Il paraît qu'une assimilation par voie de réduction a été pratiquée entre les diverses parties du nouvel État italien, et l'impôt du sel figure dans le budget du royaume d'Italie, pour 1862, comme donnant un produit de 37,050,000 fr.

Dans la Grande-Bretagne, l'impôt du sel a existé à une date assez ancienne. Sinclair donne un état du revenu de l'Écosse en 1659, qui contient un article de 1,674 liv. sterl. pour les *salt duties*. Adam Smith [1] dit, que de son temps, le sel était imposé dans tous les pays de l'Europe, et notamment qu'il payait en Angleterre 3 schellings 4 deniers le boisseau ou environ trois fois le prix originaire de la denrée.

On sait que le sel est produit en Angleterre par les mines de sel de roche du Cheshire et du Worcestershire, et par des sources salifères, situées dans la même région, d'une manière assez abondante pour approvisionner une exportation considérable dans le nord de l'Europe.

On voit dans divers documents relatifs à l'histoire financière de l'Angleterre et notamment dans les ouvrages de Sinclair et de Pablo de Pebrer, que l'excise du sel qui produisait, en 1727, 185,500 liv. sterl., fut rapportée en 1730, mais Walpole en vint bientôt demander le rétablissement pour compenser une réduction de la taxe foncière que ce ministre avait fait prononcer dans l'intérêt de l'aristocratie terrienne. Sinclair rapporte que, lors du rétablissement de

---

[1] Chap. II du liv. V de la *Richesse des nations*.

l'impôt du sel en 1733, on proposa plusieurs exemptions en faveur de l'agriculture, de la faïencerie et de l'industrie verrière, mais qu'on montra seulement quelque faveur pour les pêcheries. L'embarras auquel la délivrance des drawbacks et des primes donnait lieu, faisait désirer à Sinclair, qui écrivait, comme on sait, au commencement de notre siècle, l'abolition nouvelle ou la transformation de l'impôt.

Il paraît cependant, au contraire de ce vœu, que la taxe avait été élevée à la fin du XVIII⁵ siècle, et portée successivement à 5 et à 15 schellings par boisseau. Ce dernier taux, qui fut conservé jusqu'en 1823, représentait, d'après Mac Culloch, 30 fois la valeur de la denrée elle-même. Le produit de l'impôt pour l'Angleterre et l'Écosse (dans ce dernier pays son taux était moins élevé), était dans les dernières années de l'existence de l'impôt de 1,500,000 liv. sterl. ou environ 37 millions de francs. Vers 1820, alors que la paix permettait du reste à la Grande-Bretagne des diminutions de revenu, la taxe du sel fut attaquée par sir Thomas Bernard. M. Cuthbert William Johnson, dont l'opuscule atteignit un grand nombre d'éditions, et a été depuis traduit en français par M. Desmesmay, vanta beaucoup l'utilité du sel pour l'agriculture, et bien que déjà dans le système de l'impôt, le sel employé à des usages agricoles, eut été gratifié d'une modération d'impôt, la taxe, réduite d'abord en 1823, fut complétement abrogée en 1825, et, depuis lors, la consommation du sel dans la Grande-Bretagne est devenue très-considérable. Suivant M. Porter, le sel consommé à des titres divers dans l'intérieur de la Grande-Bretagne, en 1844, a atteint la quantité de 12,647,616 boisseaux, ou environ 460 millions de litres, ce qui ne donnerait pas moins de 19 ou 20 kilog. par tête pour 24 millions d'habitants.

Le monopole du sel dans l'Inde anglaise, forme, après l'impôt foncier, l'une des branches les plus productives du revenu public. Dans l'année expirant au 30 avril 1856, le produit de l'impôt sur le sel, non compris les droits d'importation sur les sels du dehors, s'est élevé à 58,950,425 francs.

Aux renseignements qui nous sont fournis à cet égard par des sources françaises, telles que le *Moniteur* du 13 septembre 1857 et l'ouvrage de M. de Valbezen [1] nous pouvons ajouter la confirmation des études faites par les statisticiens anglais. M. Hendriks, qui a lu, en 1858, à la société statistique de Londres, un mémoire curieux sur le revenu de l'Inde, a estimé que l'impôt du sel avait fourni, de 1792 à 1852, 11.26 pour 100 du revenu total de l'Inde anglaise, et, de 1852 à 1856, 9.17 pour 100 seulement, bien que dans la première période, le produit moyen ait été de 2,080,000 seulement, et dans la seconde de 2,677,000 liv. sterling. D'après M. Hendriks, la taxe du sel est la seule qui, dans l'Inde, pèse sur l'universalité des habitants. L'auteur analyse les conclusions favorables à une réduction de cette taxe qui résultent d'un rapport étendu, fait en 1856, sur le sujet par M. George Plowden.

En Russie, l'impôt sur le sel est fort ancien. Une nouvelle taxe sur cette denrée fut, au XVIIᵉ siècle, une cause de désespoir pour les habitants de Moscou. Sinclair, qui rapporte ce fait ajoute, d'après l'ouvrage de William sur les Gouvernements du Nord, que l'impératrice Élisabeth réduisit l'impôt sur le sel de 1,500,000 roubles, dans l'intérêt de la population et comme objet de première nécessité. En Russie, le système de l'impôt et celui du monopole sont aujourd'hui, en quelque sorte, combinés. La vente du sel est libre, mais assujettie à une accise [2]. D'autre part, le gouvernement fait

---

[1] *Les Anglais et l'Inde*, p. 291.

[2] Ces renseignements, dûs au livre de M. Rau en partie, peuvent se compléter par

un grand débit de sel à des prix fixés par le conseil de l'empire, et dans les éléments desquels figure le montant de l'accise. De ces deux sources réunies, résulte, suivant M. Rau, un produit total de 5 millions de roubles, qui donne, par tête environ le tiers seulement de ce que donne l'impôt du sel en France, et le cinquième de ce qu'il produit en Autriche. M. Rau évalue, en effet, à 83/100ᵉ de florins par tête le poids de l'impôt du sel en Autriche, à 78 dans le grand-duché de Bade, à 60 en Prusse, à 54 en Bavière, à 52 en Belgique, 49 en Würtemberg, 48 en France et 36 en Saxe, et à environ 16 en Russie (9 kr. 7).

M. de Tégoborski, en 1854, a évalué le produit de l'impôt du sel en Russie à 9,700,000 roubles, ce qui lui paraissait supposer 6 cent. par kilog. de sel, et 64 cent. par tête. Si l'assertion de M. de Tégoborski est exacte, et elle paraît plus rapprochée de la source du vrai que celle de M. Rau, le taux de l'impôt du sel en Russie, quoique toujours l'un des plus bas de l'Europe (le Hanovre excepté), se rapprocherait de celui qui est en vigueur en Saxe.

La Valachie tire un revenu assez considérable de la taxe du sel ainsi que du monopole des salines. M. Thibault-Lefebvre donne des détails à cet égard dans ses Études diplomatiques et économiques sur la Valachie.

M. Poujade a mentionné dans le tome XXV (1ᵉʳ s.) de la *Revue contemporaine*, le monopole du sel comme existant en Turquie.

L'une des questions les plus intéressantes que présente aux économistes et aux financiers l'étude de l'impôt du sel,

l'assertion suivante insérée au *Moniteur universel* du 29 juin 1862 et qui semble indiquer la cessation de toute vente de sel par l'État russe.

« Le monopole du sel, y est-il dit, vient d'être supprimé en Russie. Les salines impériales seront vendues ou affermées, l'impôt sur le sel est fixé à 30 kopecks, et la loi sur l'importation du sel sera modifiée. » ⟩

consiste dans la loi des rapports qui peuvent exister entre la quotité de l'impôt et la quantité de la matière consommée.

D'après Porter, la moyenne des quantités de sel consommées depuis 1825, époque de la suppression de l'impôt en Angleterre, jusqu'en 1843, a été, par an, de 11,051,555 boisseaux, tandis que la consommation moyenne de 1801 à 1808, d'après les documents de l'administration, n'était que de 1,928,739 boisseaux, d'où il serait résulté une augmentation supérieure à 470 pour 100. On ne comprend pas dans ce chiffre des consommations les exportations presque constamment égales ou supérieures aux quantités consommées à l'intérieur. Suivant le même écrivain, ce ne sont pas seulement les classes pauvres, ce sont aussi les arts qui ont profité de l'immunité du sel dans la Grande-Bretagne. Les manufactures de glaces et de savons ont beaucoup gagné à cette utile et populaire réforme.

De son côté, M. Mac Culloch réfute vivement M. le marquis d'Audiffret et M. de Tégoborski dans leurs assertions relatives à la prétendue stabilité du montant de la consommation du sel dans la Grande-Bretagne, avant et après la suppression de la taxe sur cette denrée. On peut affirmer, dit-il, avec une entière confiance, que la consommation du sel en Angleterre est trois fois aussi forte actuellement par tête de population que celle du sel sujet à la taxe en 1822. Et quoique l'accroissement dans la consommation du sel pour l'agriculture ait été minime, la suppression de la taxe a été d'un très-grand avantage pour les pêcheries et pour quelques industries et manufactures importantes.

Cependant M. Conte s'est joint, dans son ouvrage sur les finances de l'Espagne, à M. d'Audiffret pour faire une appréciation peu favorable de la réforme anglaise. Il dit qu'avant l'abolition de l'impôt, le prix du sel était en Angleterre de 3 liv. 3 sch. le quintal, tandis qu'en Écosse,

où l'impôt n'existait pas, le prix était de 1 liv. 5 sch. seulement ; que néanmoins la même quantité de sel par tête d'habitant se consommait dans les deux pays; que, de plus,
après la réforme, la consommation ne s'est pas accrue plus
fortement en Angleterre qu'en Écosse, qu'enfin la consommation du sel pour l'agriculture de la Grande-Bretagne
n'est que dans la proportion de 6 pour 100 par rapport à
celle de certains autres usages, proportion inférieure à celle
de l'Espagne. Il n'indique pas la source de ces diverses assertions, et beaucoup de personnes peut-être préfèreront,
sur ces faits qui concernent l'Angleterre, les autorités britanniques aux conclusions du savant espagnol.

D'après les *Amtliche Beitrœge Zur Statistik der Staatsfinan-
zen der Grossherzogthums Baden (Karlsruhe*, 1851), la consommation du sel dans le grand-duché de Bade s'est beaucoup élevée, avec l'abaissement des prix, comme nous l'avons
constaté aussi plus haut pour le Hanovre. Cette consommation était de 19,24 livres par tête, au prix de 4 kreutzers
la livre. Au prix de 3 kreutzers, la consommation s'est
élevée progressivement à 23,65 livres, avec de grandes va-
riétés, toutefois, dans les quatre cercles du Grand-Duché.

L'auteur attribue ces différences à la plus grande aisance
de la population rurale des deux cercles supérieurs, au plus
grand emploi du sel pour les bestiaux et peut-être pour l'industrie. Il soupçonne aussi l'influence de l'expédition en
contrebande pour la France du cercle du Haut-Rhin. —
L'impôt résultant du monopole est de 2 florins 30 kreutzers
par quintal. Sur 314,000 quintaux, c'est 785,000 florins
par an.

En Prusse, la réduction de l'impôt accomplie en 1842
paraît avoir exercé peu d'influence sur la consommation, et
le progrès de celle-ci n'a point compensé la perte résultant
pour le trésor de l'abaissement de la taxe. On voit du moins

dans l'ouvrage de Tégoborski que le produit de l'impôt du sel en Prusse était, en 1841, de 5,975,000 écus ou 22,406,250 fr., et, d'après le *Dictionnaire d'économie politique*, ce produit, en 1850, a été dans le même pays de 31,501,261 fr. ; si l'on en déduit les frais de fabrication, portés à 11,476,286 fr. ; le produit net se trouve ramené à 20,024,975 fr. Il y aurait eu réduction d'un dixième environ sur le produit du monopole du sel, à la suite d'une réduction d'un cinquième dans le prix du sel ordinaire, vendu, à partir de 1843, 12 écus la tonne, au lieu de 15 écus, prix antérieurement adopté. L'augmentation de consommation n'aurait compensé qu'à moitié la réduction du taux de l'impôt. Il est vrai qu'on a constaté aussi, comme nous l'avons vu plus haut, un accroissement assez rapide entre 1849 et 1851 dans la consommation du *viehsalz* ou sel des animaux. Mais bien que nous sachions que le prix du viehsalz, qui était, d'après Tégoborski, de 37 silbergros 1/2 le quintal, ou de 5 thalers la tonne, n'était plus, en 1851, que de 4 thalers, nous ignorons si l'accroissement en question est la conséquence de cet abaissement de prix, dont nous ne connaissons pas le moment précis.

En France, une expérience plus considérable a été tentée. Voici comment on peut mesurer ses résultats d'une manière nette et frappante, en résumant les tableaux produits plus haut.

De 1842 à 1847, la consommation s'était élevée de 231,286,919 kilog. à 235,826,888 kilog. Ce sont les résultats des comptes définitifs des recettes de ces diverses années, et ils donnent une augmentation minime sous le régime ancien de l'impôt, puisque l'accroissement en cinq ans est d'environ 2 pour 100.

En 1848, l'impôt est abaissé, et de 1847 à 1852, dans une nouvelle période de cinq ans, on voit la consommation ordi-

naire s'élever de 235,826,888 kil. à 320,685,551 kilog.
L'accroissement est d'environ 85 millions de kilog., ou de
36 pour 100 à peu près.

Mais ce n'est pas un premier mouvement qu'on puisse regarder comme arrêté après le bénéfice de la réduction d'impôt obtenue par les consommateurs. Les chiffres d'une troisième période quinquennale le démontrent.

De 1852 à 1857, en effet, la consommation ordinaire, en
mettant à part celle des produits dérivés du sel nouvellement
soumis à la taxe, s'est élevée de 320,685,551 kilogr. à
369,376,107 kilog., comme nous l'avons vu dans le tableau
inséré ci-dessus. L'accroissement est d'environ 49 millions
de kilogrammes, ou d'environ 15 pour 100, et il s'est continué avec quelque intensité dans les années suivantes.

Il nous paraît donc établi que, si la réduction de l'impôt
du sel n'a pas produit l'augmentation extraordinaire de
consommation attendue de quelques personnes, et annoncée
par elles, soit au moment de la réduction prononcée, soit
dans les phases antérieures à la discussion sur cette grave
mesure, il n'en est pas moins vrai qu'elle a opéré dans l'accroissement de la consommation une accélération assez vive
au premier moment, assez soutenue longtemps après, et
dont le dernier mot pourrait bien n'avoir pas encore été dit.

Une expérience prochaine nous démontrera pendant combien d'années se développera ce mouvement, dont on peut
accuser la lenteur, mais dont il est impossible de nier l'existence, toute part faite aux éléments de la population, comme
on peut s'en convaincre par l'analyse du tableau que nous
avons donné précédemment. On y voit, en effet, que la consommation par tête, de 1852 à 1857, s'est élevée de 9 kil.
09 à 10 kil. 836; tandis que, d'après les comptes définitifs
des recettes, nous voyons la consommation par tête stationnaire de 1842 à 1847 (6 kilog. 895 dans la première année,

et 6 kilog. 892 dans la deuxième). Et en remontant même à des documents plus anciens et comptant un petit progrès dans la consommation, opéré de 1837 à 1842, puisque la consommation de 1837 était de 6 kilog. 51 9/10, on verrait que le progrès de dix ans, sous l'ancienne taxe, n'est pas le quart du progrès de cinq ans sous la nouvelle. Tout cela serait encore plus frappant si l'on remarquait, d'après un relevé plus complet remontant à 1816 [1], que dès 1818 le chiffre de 6 kilog. par tête était atteint en France.

Dans les questions comme celles que soulève la prévision des accroissements de consommation qui peuvent dériver de la diminution d'une taxe sur les objets consommés, le problème consiste à pressentir le maximum que la consommation peut atteindre ; et, sous ce rapport, la question est d'une immense difficulté, soit qu'on s'adresse aux conjectures du raisonnement ou aux inductions de l'analogie.

Nous voyons, toutefois, dans les documents publiés par Necker, dans son livre sur l'administration des finances de la France, et déjà cités dans une de nos précédentes études, que la consommation du sel, qui était en France de 4 kilog. 58 gr. par tête dans les pays de grandes gabelles, de 5 kilogr. 87 gr. dans les pays de petites gabelles, de 7 kilogr. dans les pays de salines, était de 9 kilogr. au moins dans les pays de quart bouillon, les provinces franches et les pays rédimés.

M. Clément Désormes, dans une brochure intéressante publiée en 1834, avait pensé que ce taux de consommation serait atteint par une réduction de l'ancien impôt de 30 cent. à 20 cent. « Si le prix du sel, disait-il, était aujourd'hui, moyennement, d'une trentaine de francs au lieu de 40 fr.,

---

[1] Le tableau que je cite et que je dois à M. Barbier, directeur général des contributions indirectes, a, pour point de départ, 5 kil. 40 en 1816, et 5 kil. 99 en 1817.

II.   18

c'est-à-dire si l'impôt était réduit à 20 fr. sans remise, il y a
certitude que tous les besoins seraient satisfaits, comme ils
l'étaient en 1785 dans les provinces où le prix était de
10 livres, c'est-à-dire entièrement pour l'agriculture comme
pour les usages domestiques, et il devrait arriver que
la consommation du sel s'élèverait de 6 kilogr. 49 gr. à
9 kilog. par individu, c'est-à-dire d'environ 40 pour 100,
ce qui compenserait amplement, pour le Trésor public, la
réduction du droit. »

Il est permis, d'après les résultats que nous avons donnés
plus haut pour la consommation française, de considérer cette
prévision comme réalisée, il est vrai, par suite de la réduction
beaucoup plus considérable qui a été accomplie en 1848. Elle
est même de beaucoup dépassée, si les sels délivrés en franchise pour la pêche et les sels employés dans les fabriques
entrent en ligne de compte ; car on arrive ainsi à un total
probable de 14 à 15 kilog. par tête, en ajoutant aux chiffres
constatés pour la consommation alimentaire en 1856, les
chiffres constatés en 1850 pour d'autres usages. On se rapproche ainsi beaucoup de la consommation totale de 16 kil.
attribuée à l'Angleterre par divers renseignements, mais
qui, comme nous l'avons vu plus haut, est inférieure à la
réalité, si l'on tient compte des usages divers auxquels le sel
est employé. La Grande-Bretagne est, du reste, placée pour
son commerce dans une situation si exceptionnelle, que l'a-
nalogie peut difficilement s'appliquer aux résultats statistiques qui la concernent, au moins pour les usages qui mo-
tivent en France la délivrance du sel en franchise.

D'après M. de Reden, la consommation du sel en Bavière
est de 19 livres 3/4 par tête, tandis qu'elle est de 17 livres
seulement dans le Zollverein ; ces résultats ne permettent
pas non plus de motiver, sur l'expérience de l'Allemagne,
un accroissement considérable au delà de la consommation

actuelle en France. Car les diverses livres allemandes d'Augs-
bourg, de Cologne, de Brême, de Francfort-sur-le-Mein, de
Hambourg, etc., sont, en général, inférieures à la livre française, et n'accusent pas, par conséquent, une situation de
consommation supérieure à celle de France.

L'incidence de l'impôt du sel, dans l'état actuel de la législation française, varie suivant la diversité extrême des
consommations locales. Dans toute la France, le sel étant
indispensable à l'alimentation humaine, l'impôt qui pèse
sur cette partie de la consommation peut être considéré
comme un impôt de capitation.

L'impôt qui frappe le sel donné aux bestiaux, ou celui
employé dans la fabrication des fromages[1], est au contraire
avancé par certains producteurs agricoles.

Enfin, les producteurs industriels supportent aussi, depuis 1852, une quotité de la taxe sur le sel en rapport avec
les quantités de cette substance qu'ils emploient. Il est certain, du reste, que la taxe qui affecte certaines positions
agricoles et industrielles retombe aussi en partie sur les consommateurs, mais dans des proportions variables, suivant
l'influence variable de la nature des productions, et aussi
des concurrences que les producteurs ont à supporter. Il est
donc permis de considérer la plus grande partie, sinon la
totalité, de la taxe sur les sels, comme agissant à la façon
d'un impôt de capitation, d'une manière plus générale que

[1] Nous avons établi, dans une feuille départementale (l'*Écho du Cantal* du
31 octobre 1845) que la quantité de sel employée dans la fabrication des fromages
s'élevait probablement, dans le département du Cantal, à 2,300 ou 2,400 quintaux
métriques, ou à peu près 1 kilog. par tête d'habitant. Nous avons évalué à une
quantité à peu près double le sel consommé par la race bovine, à raison de 3 kil.
par tête bovine dans le même département. — Dans le Doubs, il paraît que la quantité de sel employée dans les fromages (qui est de 7 p. 100 dans le Cantal) descend
à 5 ou 6 p. 100 ; mais au contraire, la ration donnée aux bêtes bovines, calculée
suivant les renseignements les plus faibles, serait de 40 grammes par jour, ou
15 kilog. par an. (*Enquête législative*, p. 329 à 332.)

la plupart des autres accises, qui portent sur des consommations d'une nature, en quelque sorte, plus facultative.

Colbert était pénétré de cette vérité, lorsqu'il écrivait à
M. de Miroménil, le 16 octobre 1681 [1] : « Vous devez considérer que les droits sur le sel, qui étaient composés de quatorze ou quinze articles, ont esté réduits en un seul, et
mesme diminués assez considérablement, parce que c'est
une denrée nécessaire à la vie ; mais il n'en est pas de mesme
du vin, puisqu'il n'est pas nécessaire à la vie d'en boire, et
ainsy je ne veux point diminuer les fermes du roy autant
qu'il sera possible. »

En réservant les inévitables exigences des gouvernements,
on ne peut qu'applaudir à la justesse des vues de Colbert sur
cette distinction importante que plusieurs États de l'Europe
semblent avoir prise en considération, en allégeant pareillement les taxes sur le sel à une époque assez récente, et
en se plaçant, ainsi que plusieurs économistes, sous l'empire de la même pensée que le grand ministre de Louis XIV.

La taxe du sel est, en général, quel que soit son taux,
très-considérable par rapport à la valeur de l'objet qu'elle
grève. « En Europe, dit M. Michel Chevalier, le sel, sur les
bords de la mer, ne vaut à peu près que la peine de le ramas-
ser, tant a été perfectionné l'art de l'extraire ; car le sel brut,
dans les marais salants bien aménagés, ne revient pas à plus
de 30 cent. les 100 kilog. Abstraction faite de l'impôt, la
valeur du sel, en France, sur aucun point du territoire, ne
dépasserait que de très-peu, sauf les cas de monopole, les
frais de transport, qui, sur nos routes, sont de 2 cent. par
100 kilog. et par kilomètre. » Et cet aliment si nécessaire
aux hommes, cette substance si salutaire au bétail, est encore, après la réduction de 1848, augmentée de 10 fr., soit,

---

[1] *Correspondance administrative sous Louis XIV*, p. 291, t. III.

sur les lieux de production, de 100 pour 100 au moins par un impôt qui a presque tous les résultats d'une taxe par tête.

« L'impôt indirect est de sa nature très-improportionnel, dit M. Joseph Garnier, bien qu'il soit proportionnellement perçu, puisqu'il charge plus les pauvres que les riches, relativement à leurs facultés. L'impôt du sel est un exemple saillant de cette assertion. Comme chacun consomme à peu près une quantité pareille de sel, qui est presque le seul assaisonnement des pauvres, chacun paye la même somme à l'État, comme si c'était un impôt fixe et de capitation. D'autre part, comme ce sont les nécessiteux, ayant à leur charge le plus d'enfants, qui en consomment le plus, c'est donc un impôt en raison inverse des facultés et du revenu, un *impôt progressif à rebours, progressif* avec la pauvreté du contribuable [1]. »

Sous l'empire de ces idées, acceptées en tout ou partie comme base des critiques dont nous avons suivi le développement en France, et par suite des mesures législatives qui en ont découlé, l'impôt du sel a été frappé d'un caractère en quelque sorte stationnaire dans le tableau des changements, et on peut dire en général des progrès naturels du système financier européen.

Prenons pour bases de comparaison les produits de cet impôt en France, en Autriche et en Prusse en 1841 et en 1855. M. de Tégoborski nous a donné les résultats approximatifs du produit de cet impôt dans ces trois États à la première époque. Le total compose une somme approximative de 130 millions de francs (56,824,000 francs pour la France, 50,700,000 fr. pour l'Autriche, et 22,406,450 fr. pour la Prusse). En 1855, malgré les progrès de la population et du

---

[1] *Éléments de finances,* chap. v, p. 77. Il faut toutefois observer que les riches payent pour leurs domestiques et pour les personnes qu'ils reçoivent, au delà d'une capitation ordinaire.

bien-être dans ces trois États, malgré l'extension de l'impôt du sel aux fabriques en France, nous ne rencontrons point un produit supérieur à environ 136,500,000 fr. (savoir 36 millions pour la France, 31,135,965 pour la Prusse, et 70,496,220 pour l'Autriche). Les diminutions dans le taux de l'impôt ont compensé les accroissements naturels de la population et de la consommation.

Ajoutons qu'en remontant à une époque plus reculée, de 1820 à 1825, par exemple, le sel aujourd'hui libre dans tout le Royaume-Uni, payait environ 36,000,000 de francs dans l'Angleterre et l'Écosse, et contribuait aux charges publiques dans les trois autres États continentaux sur les bases de 1841.

Si nous remarquons encore que le législateur français a ajouté un décime à plusieurs impôts de consommation, à l'occasion de la guerre de Crimée, en exceptant l'impôt du sel de cette surcharge, et que la surtaxe proposée en 1862 a été promptement abandonnée, nous pouvons dire que ces divers faits ne jugent pas la taxe du sel, mais laissent entrevoir avec quelle faveur restreinte le XIXᵉ siècle la juge.

L'IMPOT DES CÉRÉALES.

Les céréales et les farines ont été frappées dans plusieurs pays de droits d'importation qui retombaient plus ou moins directement sur les consommateurs. Mais les mêmes denrées ont été aussi et sont encore grevées dans certains États de droits de consommation qui diffèrent entièrement des droits de douane par leur mode de perception et leur incidence.

Ce sont ces droits de consommation perçus dans l'intérieur des États que nous allons examiner d'une manière assez sommaire. Ces impôts ne peuvent en effet être comparés à ceux qui ont été ou sont perçus sur le sel, soit que l'on considère l'importance budgétaire et l'extension géographique de leur application, soit que l'on examine les vicissitudes de leur histoire. Nous serons donc beaucoup plus bref à leur égard que nous ne l'avons été pour les taxes sur le sel.

L'impôt sur les céréales a été quelquefois assis sur les produits en nature de grains. Il en était ainsi par exemple en Écosse sous Jacques Ier, suivant le tarif donné par Sinclair dans son *Histoire du revenu public*. Dans ce tarif, on voit les droits aller en décroissant suivant la qualité des céréales, depuis 2 schellings par mesure de froment jusqu'à 6 deniers par mesure d'avoine. Il en était de même pour l'accise du blé levée dans la province de Hollande et dans celle d'Utrecht, suivant les détails donnés dans un appendice du même ouvrage ; cette accise était d'ailleurs convertie en une sorte de capitation pour les habitants de la campagne.

Aujourd'hui, l'impôt sur les céréales, dans la plupart des

États où il est en vigueur, est assis sur l'opération qui convertit le grain en farine; il est même connu en Allemagne sous les noms de *Mahlaccise, Mahlsteuer* ou impôt sur la mouture.

L'impôt sur la mouture en Prusse s'élève aux termes de la loi du 30 mai 1820, à 16 silbergros par quintal de froment. L'impôt est réduit au quart pour le seigle, l'orge, le blé, le sarrasin et les légumes. Il est *urbain* de sa nature, quoique perçue au profit du trésor public, et compensé dans les autres localités par l'impôt des classes que nous avons fait connaître ailleurs, en traitant des impôts personnels. Les villes sujettes à la taxe sur la mouture étaient au nombre de 132, d'après la loi de 1820. Elles ont été réduites à 83 par une loi de 1851. Il n'est pas inutile de rappeler que le seigle consommé en Prusse était, il y a quelques années, par rapport à la quanlité du froment, dans la proportion de 8 à 3. L'impôt de la mouture, dont les comptes sont fréquemment confondus avec ceux de l'impôt sur l'abattage, a donné, par sa réunion avec ce dernier, un total de 2,678,678 thalers en 1854. Sous l'empire de la loi antérieure, on avait calculé que sur les 1,844,060 habitants alors soumis à ces deux taxes, le produit moyen par tête était d'environ 51 silbergros ou 6 fr. 35 c. de notre monnaie. Pour 1855, la taxe sur la mouture, accrue de 25 pour 100 à cause des circonstances politiques, était estimée dans le budget prussien à 1,440,000 thalers, somme un peu inférieure à celle qui était inscrite dans le même budget pour la taxe d'abattage.

Elle était antérieurement plus productive, lorsqu'elle atteignait un plus grand nombre de localités; son produit moyen, de 1833 à 1838, était de 1,583,692 thalers. On avait calculé que dès cette époque l'incidence annuelle de l'impôt par tête variait dans les diverses provinces de la Prusse suivant les proportions suivantes, calculées en *deniers* (*pfennige*), qui correspondent à peu près exactement à nos centimes.

Brandebourg.	357	Prusse.	235
Saxe.	304	Westphalie.	233
Poméranie.	289	Silésie.	225
Posen	275	Moyenne de l'État.	281
Rhin.	246	Berlin.	410

Nous empruntons ces chiffres au savant ouvrage de M. Hofmann.

Il est impossible de juger absolument d'après les mêmes règles l'impôt de consommation dans les divers pays : il est facile de comprendre comment les gouvernements qui ne peuvent imposer avec utilité la vigne sont obligés de taxer des produits agricoles plus nécessaires. Nous devons nous étonner seulement que le gouvernement prussien, amené à imposer les produits d'un sol pauvre, ait maintenu la contribution sur les céréales, alors que le tabac jouit dans ses États d'une immunité, due peut-être, il est vrai, à l'influence du Zollverein, sur tous les pays soumis à l'empire de son association.

M. de Reden, dans son ouvrage sur la statistique financière, cite l'impôt sur la mouture comme existant à Lubeck sous le nom de *mahlgeld* (t. Ier, p. 1589).

M. Rau mentionne des impôts analogues dans le grand-duché de Bade et le Mecklembourg-Schwerin.

L'impôt sur les céréales a existé dans d'autres pays que l'Allemagne. Ainsi, outre le fait écossais rapporté plus haut, l'excise anglaise atteignait le pain dans l'origine, d'après l'assertion de M. Legoyt dans son article sur ce sujet sous le mot *Excise*, dans le *Dictionnaire d'économie politique*.

Des droits sur la farine et sur la mouture du blé étaient signalés à Genève comme existant après la révolution de 1782 par le *Journal encyclopédique de Bouillon*.

La Diète suédoise s'imposa en 1625 pour l'entretien d'une

armée permanente de la manière suivante, d'après le rapport
de M. Rathsman :

Pour chaque tonne d'avoine ou d'orge mêlée.	2 öre.
de drèche ou d'orge pure.	3
d'orge et de seigle mêlés.	4
de pois et de blé sarrasin.	6
de seigle.	8
de froment	12

Les céréales ne sont imposées en France que dans quelques octrois municipaux, notamment dans celui de Marseille.

En Belgique, les grains, les farines et le pain figuraient pour 806,344 fr. sur le chiffre de 7,294,317 fr. attribué au produit des octrois, avant la suppression des taxes urbaines.

Dans les Pays-Bas, la taxe sur les moutures, qui est considérable, est en vigueur depuis fort longtemps. Vers le milieu du xviii⁰ siècle, l'imposition sur les diverses moutures donnait à la province de Hollande 1,853,784 florins, d'après l'état des revenus de cette province, inséré dans le livre de Forbonnais [1], et dès 1860 le produit était presque aussi considérable. Nous le trouvons porté en effet pour 1,781,607 fl. dans l'ouvrage de M. Engels, au tableau de divers produits de cette année. Dans le tarif de Guillaume IV, l'impôt sur les moutures avait pour conséquence la prohibition à l'entrée des farines étrangères [2].

La quotité de l'impôt avait beaucoup varié, depuis les chiffres de 6 florins par last de froment, 3 florins par last de seigle, 4 florins par last de méteil et 2 florins par last d'orge et de fèves destinés à la mouture, taux de 1583, jusqu'à l'échelle bien autrement élevée de 95 florins 8 stuivers par last de froment méteil et orge égyptien, 38 florins 10 stuivers par last de seigle, de 21 florins par last d'orge, de

[1] T. II, p. 285 et suiv.
[2] Hogendorp : Lettres sur la prospérité publique.

gruau, d'avoine, d'orge ou de fèves, et de 7 florins 10 stuivers 8 pennings par last de blé sarrasin, imposée en 1749.

En 1790, le système fut modifié et établi sur quatre
bases :

1° L'impôt intérieur de consommation assis sur la denrée ; 2° l'impôt à l'importation ; 3° l'impôt à la circulation ;
4° enfin la cotisation de mouture, qui faisait peser sur les
habitants du plat pays 3 florins 10 stuivers s'ils consommaient du froment, et 1 florin 17 stuivers 14 deniers pour
la consommation du seigle. Ce mode d'assiette de la taxe par
une sorte d'abonnement fondé sur la consommation présumée dans les campagnes avait été introduit dès l'année 1699.

L'ordonnance du 17 décembre 1805 établit dans les Pays-
Bas la taxe sur les froments et méteils de froment sur le pied
de 108 florins par last, et sur les seigles purs ou mêlés d'autres grains sur le pied de 45 florins par last, avec réduction
du droit pour les commerçants et exemption pour tous grains
destinés à la nourriture et l'engraissement des animaux. En
1807, l'impôt sur la mouture rendit 4,627,365 florins.

De 1816 à 1822, l'impôt sur la mouture fut abandonné.
Reconstitué par la loi du 21 août 1822, de nouveau supprimé
en 1829, il fut rétabli encore une fois par la loi du 20 mars
1833. D'après cette dernière loi, l'impôt s'établit sur les
grains *au poids*, à savoir : 2 florins par 100 livres de froment
pur ou mêlé d'autres grains, 1 fr. 60 c. par 100 livres d'é-
peautre pur ou mêlé d'autres grains que le froment, 60 cent.
par 100 liv. de seigle pur ou mêlé d'autres grains que le froment et l'épeautre. Étaient exempts de l'accise les grains
convertis en malt pour les brasseries, distilleries et fabriques
d'amidon. L'accise devait être restituée pour les grains
exportés.

L'accise était établie à la mesure sur le blé sarrasin
l'orge, l'avoine, les pois, vesces et fèves.

Des dispositions minutieuses réglaient les obligations des meuniers, faiseurs de gruau, distillateurs, brasseurs, fabricants d'amidon, boulangers, pâtissiers, marchands de farine, la prohibition des meules domestiques et l'exercice dans les maisons voisines des moulins, etc.

L'impôt sur la mouture, d'après M. Engels, à l'ouvrage duquel nous avons emprunté beaucoup de détails pour les faits néerlandais antérieurs à 1848, a rendu en 1846, 3,399,304 florins. En 1849, il a donné 3,290,189 florins.

En 1852, l'impôt sur la mouture existait non-seulement au profit de l'État, mais il était encore perçu dans l'intérêt de trois cent soixante-dix-neuf communes néerlandaises.

Après la loi du 29 mars 1833, celle du 26 novembre 1847, et, plus tard, celle du 28 juin 1854, ont réglé la perception de l'impôt sur la mouture (*accijns op het Gemaal*), qui a été supprimé par une loi de 1855, moyennant un équivalent partiel, consistant en une augmentation de centimes additionnels sur plusieurs impôts directs et accises. Un des articles de la loi de 1855 a maintenu pour les communes l'impôt sur la mouture ; mais l'exemple de l'État a été suivi par la plupart des conseils communaux. Parmi les grandes communes du royaume, La Haye et Arnheim seules avaient, au commencement de 1858, conservé l'impôt sur la mouture [1].

En Italie, l'impôt sur la mouture est très-ancien, et nous le trouvons dans les annales financières de Milan, au moyen âge [2], sous le nom de *Dazio della macina*. Christian le mentionne à Milan, Venise, Gênes et Parme [3]. On assure qu'il est levé au profit de beaucoup de communes dans l'État pontifical et le général de Lamoricière a parlé de son influence

---

[1] Renseignements épistolaires de M. Godefroi.

[2] Carli, *Il censimento di Milano*, p. 12.

[3] P. 75 à 77. M. Daru en parle souvent dans son *Histoire de Venise*.

dans son rapport sur les opérations de Castelfidardo et d'Ancône ; la taxe de la mouture a augmenté, dit-il, considérablement la consommation du blé de Turquie qui en est exempt.

Un impôt de même nature a existé et existe peut-être encore dans le royaume de Naples. Son produit était, en 1830, de 1,253,953 ducats ; en 1835, il était réduit à 626,000 ducats. Il figurait sous le nom de *Macinato* ou *Dazio del macino* parmi les contributions directes du royaume des Deux-Siciles. Nous puisons ces détails dans la Statistique italienne du comte Serristori. L'impôt aurait, d'après le même auteur, coïncidé avec une taxe sur les céréales dans la ville de Naples. Nous voyons en effet, dans le livre plus récent de M. Dias, sur les finances des Deux-Siciles, que l'impôt sur la mouture est le principal impôt de consommation que les communes soient autorisées à lever, et qu'il ne peut excéder 1 *carlino* par *tomolo*, ou environ 85 cent. par hectolitre.

Dans tout le royaume lombardo-vénitien, le prix du froment était sous la domination autrichienne soumis à la taxe générale, dite de consommation (*verzehrungsteuer*) [1].

Les comptes de cet impôt, perçu dans les villes fermées en 1856, sont présentés dans le tableau suivant, que nous reproduisons en entier. Les neuf villes fermées de la Lombardie étaient : Milan, Pavie, Côme, Mantoue, Crémone, Lodi, Bergame, Brescia et Crema. Les sept villes murées de la Vénétie sont : Venise, Udine, Padoue, Rovigo, Vicence, Vérone et Trévise.

	Lombardie.	Vénétie.
1 Farines de froment blutées (*abburattate*). . .	247,613 fl.	313,548 fl.
2 *Id.* non blutées.	176,730	51,976
3 *Id.* mélangées	1,150	7,314
4 Pains et pâtes de pure farine de froment. . .	1,055	9,867

[1] Voir l'introduction relative à la statistique de la *Verzehrungsteuer* autrichienne, dans le recueil intitulé : *Tafeln zur Statistik der Steuerwesens.*

	Lombardie.	Vénétie.
5 Pains de farines mélangées.	82	1,716
6 Farines, pains et pâtes d'autres espèces que le froment. . . . . , . . .	63,686	1,768
7 Froment qui entre dans les moulins intérieurs des villes murées.	35,077	52
8 Grains de toute autre espèce dans les mêmes conditions	5,740	87
9 Riz.	56,473	26,766
10 Gros riz (*risone*).	105	3,655

Depuis la formation du royaume d'Italie, on a résumé le produit des divers objets soumis dans les diverses provinces à des taxes de consommation, soit pour le gouvernement, soit pour les communes. M. Nerva, dans son rapport sur la péréquation de l'impôt foncier, en Italie, publié en 1861, a publié la répartition d'un total de 39,561,016 liv. de produit donné par les taxes établies sur diverses denrées territoriales. Les grains, riz et autres céréales, représentent dans ce tableau un produit de 182,750 liv., et les farines avec le pain donnaient un produit de 6,580,269 liv. Les anciennes *provinces* piémontaises sont les seules qui ne contribuent en rien ni à l'un ni à l'autre de ces produits.

Les mêmes substances sont aussi taxées à l'entrée de plusieurs villes dans les provinces allemandes, slaves et hongroises de l'empire d'Autriche. Ainsi les farines diverses ont payé à l'entrée de Vienne, en 1856, la somme de 359,738 florins, à Linz, 14,638, etc.

Les graines, semences et farines figurent en Espagne au nombre des objets soumis à l'impôt des *puertas*, impôt d'intérêt général, mais d'incidence locale, levé seulement dans les capitales des provinces et dans certains ports, à la différence de la contribution appelée de *consumos* qui atteint toute la population du royaume et qui porte sur des objets moins nécessaires à l'alimentation [1].

[1] Conte, t. II, p. 766.

A Constantinople, l'État se réserve le monopole des grains, suivant ce qu'a rapporté M. Poujade dans son travail sur les finances de la Turquie, inséré dans le vingt-cinquième volume de la *Revue contemporaine.*

L'impôt sur la mouture considéré, abstraction faite des dispositions qui le graduent et des habitudes alimentaires qui peuvent en rendre, dans certains pays, le poids plus supportable qu'il ne saurait l'être en France, a dû trouver et mérite peu de faveur auprès des autorités économiques et financières. Un auteur, plus administrateur peut-être qu'économiste, bien qu'il ait eu sur les matières financières quelques aperçus ingénieux, a écrit les observations suivantes, sans paraître soupçonner les faits que nous venons de mentionner [1] : ce qui est un exemple de plus de l'ignorance fréquente des faits législatifs de la part des auteurs qui ont parlé théoriquement de l'impôt. « Si, par exemple, comme quelques-uns l'ont proposé, on imposait le pain, on établirait un impôt qui ne serait que la capitation déguisée ; car une consommation nécessaire représente un besoin indispensable, et on serait alors taxé comme dans l'impôt de capitation, pour qu'on existe. Cette taxe aurait un vice de plus : c'est que le riche consomme moins de pain que le pauvre, parce que des substances plus chères et plus nutritives diminuent pour lui la nécessité de cet aliment. La loi de cet impôt serait le Code pénal de la sobriété et de l'indigence. »

A ces considérations, il faut ajouter que la taxe sur la mouture ne peut guère être levée avec exactitude que dans les localités où la mouture s'opère toujours dans des moulins bien surveillés ; il résulte du rapport d'un savant financier de la Prusse que, même dans les villes les plus considérables de ce pays, les difficultés pratiques pour assurer la

---

[1] D'Hauterive, *Notions élémentaires d'économie politique*, p. 94

perception de l'impôt sont considérables. Ces difficultés seraient bien plus graves si l'on voulait établir l'impôt de la mouture dans les campagnes aussi bien que dans les villes. On l'a tenté en Hollande, mais non sans exciter beaucoup de plaintes. « Pour percevoir au moulin, dit M. de Hogendorp, il faut y envoyer les grains de toutes les familles. La charge qui en résulte pour elles est intolérable par la perte de temps et par les vexations auxquelles elles sont exposées.... Le temps perdu par le campagnard a souvent plus de valeur que sa contribution à l'impôt. »

En présence de ces considérations, on éprouve une certaine surprise en lisant, dans l'histoire des assemblées délibérantes, que l'impôt sur les céréales a été proposé comme impôt unique, ainsi que le rapporte M. Dupuynode dans son ouvrage sur *la Monnaie, le crédit et l'impôt* [1]. M. Rau attribue, d'après un auteur nommé Delecourt, une idée de ce genre à un financier espagnol, et dans le dernier siècle l'économiste français Melon semblait prendre une idée de ce genre au sérieux [2].

---

[1] D'après Sismondi : *Nouveaux principes*, t. II, p. 212.

[2] Voici ce qu'il dit dans son *Essai politique sur le Commerce :*

« Un système pour mettre toute l'imposition sur le blé pourrait être d'une régie simple au moulin, ou affermé au meunier même, qui le lèverait comme son autre droit de mouture. Vingt millions d'hommes qui mangent chacun plus d'une livre de pain, à deux liards pour chaque livre, donneraient plus de 500,000 livres par jour, somme suffisante pour toutes les dépenses annuelles de l'État. Mais à la plus petite augmentation du prix du blé, causée par la disette, le peuple ignorant l'attribuerait à l'imposition ; il faudrait donc, et cela ne serait pas impossible, établir sur le blé une régie telle que le prix en fût toujours fixe. Il y a bien d'autres difficultés : L'augmentation de deux liards est trop forte, ou du moins trop inégale à l'égard des provinces plus abondantes en denrées qu'en argent ; et pour celles dont le pain ordinaire est de seigle ou de blé d'Inde, cela demande bien des recherches. Aussi ne faisons-nous qu'exposer toutes ces différentes propositions, sans présumer assez de nos lumières pour les approuver ou les rejeter. Nous croyons seulement qu'elles méritent d'être examinées ; mais nous allons dire que tout système qui laisse de l'arbitraire dans l'imposition est défectueux.» (*Collection des Économistes*, t. I, p. 824.)

L'honneur d'être proposé comme taxe unique n'a guère été obtenu, d'ailleurs, que par l'impôt foncier, l'impôt sur le revenu et l'impôt sur les maisons.

L'impôt sur les céréales a été jugé avec une juste sévérité dans les pays même où il est une institution pour ainsi dire nationale. « Cette taxe, dit M. Rau, dont l'opinion résume la question, a l'inconvénient grave de peser trop fortement sur les classes laborieuses et de croître en raison directe du nombre des membres de la famille, les indigents qui subsistent d'aumônes, n'en étant pas eux-mêmes exemptés. En outre, la perception de l'impôt est difficile dans les campagnes, la surveillance des moulins écartés est plus coûteuse que dans les villes ; enfin plusieurs familles font moudre leur blé chez elles, à la campagne, et sont dès lors assujetties à diverses formalités. Ces inconvénients sont atténués, mais non détruits par une différence de taxation pour les céréales inférieures, qui servent, dans certains pays, à la nourriture des classes pauvres (on a établi cette différence en Prusse, pour la consommation du seigle), ou encore par la restriction de l'impôt aux villes, ce qui nécessite une surveillance à leur entrée. La pratique de cette taxe entraîne avec elle l'interdiction des moulins à bras, l'obligation imposée aux meuniers de ne recevoir des blés que sur représentation de la quittance d'impôt, et de garder une comptabilité exacte des produits de la mouture rapportés à leurs propriétaires respectifs ; enfin, divers moyens de sûreté, tels que l'interdiction de porter des blés au moulin la nuit, la marque des sacs de chaque propriétaire, la surveillance fréquente des employés du fisc. »

Il convient d'ajouter relativement à la taxe sur les céréales certaines condamnations de l'histoire aux réprobations de la théorie.

« La mouture, cette première des *choses nécessaires*, ayant

II.   19

été frappée dans la Hollande d'un droit excessif, Smith attribuait à cet impôt, qu'il appelle le plus destructeur de
tous, la ruine générale qu'éprouvèrent les manufactures
hollandaises. Il n'est resté dans ce pays d'autres fabriques
que celles qui tiennent à la nature du sol ou du climat, parce que le même impôt, cause directe de la cherté du pain,
s'est perpétué jusqu'à l'invasion française, et a même re-
commencé avec la restauration de la maison d'Orange, et
que par sa durée, il a rendu la vie, la main-d'œuvre et
toutes les habitudes sans comparaison plus chères en Hollande que dans tous les pays circonvoisins [1]. »

Les inconvénients de l'impôt sur la mouture ont amené
quelquefois sa conversion en une capitation. Cette conversion, faite en quelque sorte par le législateur prussien, pour
les habitants des campagnes, était simplement autorisée
pour tous les consommateurs dans les Pays-Bas.

« L'option, dit M. de Hogendorp, dans ses *Lettres sur la
prospérité publique* (t. II, p. 55), a été laissée entre l'accise
et l'admodiation, et une grande partie du royaume s'est déclarée pour la dernière. Chaque famille admodiée s'est vue
obligée à payer tant par tête dans le cours de l'année. Mais
le pauvre ne peut pas contribuer en argent, comme nous
l'avons plus d'une fois démontré. Ce principe a été de nouveau confirmé par l'expérience. La contribution ne s'élevait
pas à 1 florin par tête. Elle se payait un douzième chaque
mois, et néanmoins la somme exigée ne se trouvait point, et
une exécution en était la conséquence. Voilà comment cet
impôt est devenu si odieux ! »

C'est en 1830 que M. de Hogendorp parlait ainsi. Si l'impôt
a subsisté jusqu'en 1855, ce n'est pas à dire cependant que
les paroles de l'économiste éclairé aient été perdues. Les
hommes préparent le bien, le temps l'opère.

---

[1] Extrait de l'*Examen de la question des sucres,* par M. P. Molrognier, p. 194.

ARTICLE 3.

L'IMPOT DES VIANDES.

L'impôt indirect sur la viande est d'une perception assez
facile ; il pèse sur une substance alimentaire moins essentielle que les céréales, beaucoup moins protégée en France
que celles-ci contre l'établissement des droits d'octroi, et
qui, en Espagne, a été soumise à une taxe de consommation
plus générale que les grains et farines.

La difficulté que présente la perception de l'impôt sur le
blé, à raison des moulins domestiques, se retrouve un peu
néanmoins ici, les viandes pouvant être abattues dans l'intérieur des habitations ; mais on a tourné parfois cette objection en exemptant de taxe l'abattage des porcs, des mou-
tons et des chèvres, qui sont plus particulièrement l'objet
de cette mise à mort domestique.

Il y a trois modes principaux d'assiette de l'impôt : 1° au
poids ; 2° par tête d'animal abattu ; 3° par tête et classe
d'animal, suivant une tarification qui varie selon l'espèce et
selon le poids de la bête.

Il paraît que l'accise anglaise a frappé les viandes à l'origine ; mais nous ignorons dans quelle forme [1].

En 1782, d'après le *Journal encyclopédique* de Bouillon,
la gabelle sur les bêtes de boucherie figurait au nombre
des impôts de Genève.

L'impôt sur l'abattage est lié étroitement en Prusse à

[1] Sinclair et Coxe.

l'impôt sur la mouture : il est perçu dans les mêmes villes et réglé comme lui par la loi du 30 mai 1820. On a observé dans son incidence entre les diverses provinces des différences qui ne correspondent pas exactement avec celles qui mesurent le poids de la taxe sur la mouture. C'est toujours la province de Brandebourg qui supportait, par tête d'habitant, à l'époque de 1834 à 1837, le poids le plus fort d'impôt : 270 deniers par tête. Mais la Poméranie et la province de Posen, qui étaient, par exemple, placées avantageusement pour la consommation des céréales, étaient les deux provinces qui contribuaient le moins à l'impôt sur les viandes : Posen, à raison de 172 deniers par tête; Poméranie, pour 157 deniers.

La *schlachtsteuer* prussienne, car c'est ainsi qu'on appelle l'impôt sur l'*abattage*, est assise d'après le poids des animaux abattus, déduction faite des pieds, des intestins et de la graisse des boyaux (Darmfett.) Il y a une sorte de faculté d'abonnement pour le propriétaire de l'animal, qui, au lieu de le faire peser, peut payer un taux moyen d'impôt déterminé pour chaque ville.

. La taxe d'abattage a été portée au budget prussien de 1855, y compris un supplément de 25 pour 100, à titre extraordinaire pour un produit présumé de 1,640,000 thalers. De 1833 à 1838, elle produisait en moyenne 1,176,371 thalers..

D'après la loi de 1828, en vigueur dans le grand-duché de Bade, la viande de bœuf supportait une taxe de 3/4 de kreutzer par livre; la viande de bouvillon, 5/8 de kreutzer; la viande de taureau (farren) et de vache, 1/2 kreutzer. La viande de chèvre et de cochon de lait, auparavant sujette à l'impôt, en fut à cette époque déchargée, et cette exemption fut étendue, en 1832, à la viande de porc et de mouton. La loi badoise de 1835 a établi un droit de 6 florins 25 kreutzers pour un bœuf, 2 florins 20 kreutzers pour un taureau ou une vache, 30 kreutzers pour un veau. Supprimée à partir du 1er janvier 1849, la taxe sur la viande a été rétablie dans le pays de Bade par la loi du 30 mars 1850.

En vertu d'une loi de 1836, abrogée en 1839, le Würtemberg percevait des droits par tête sur toute espèce de bétail mis en vente depuis 1 florin pour un bœuf jusqu'à 1 kreutzer pour un chevreau.

L'impôt sur la viande de boucherie existe en Autriche sous les restrictions suivantes. La viande n'est imposée, hors des vingt-sept villes fermées, qu'en tant qu'elle est vendue par les bouchers et aubergistes. Dans le Tyrol et.le Vorarlberg, la Croatie, la Slavonie, les Confins Militaires, la Hongrie, la Transylvanie, la Servie et le Banat, il y a des immunités plus ou moins étendues. Dans les villes fermées, la consommation générale est atteinte par un impôt à l'entrée [1]. Le produit de l'impôt des viandes ne formait, en 1851, par ordre d'importance, que le quatrième objet dans les tableaux statistiques du résultat de la taxe de consommation en Autriche, et il y figurait pour 4,278,569 florins, après les boissons distillées, la bière et le vin. En 1856, il a dépassé celui de l'impôt du vin en s'élevant à 5,360,383 florins. Ce produit a été perçu sur les viandes des espèces bovine, ovine, caprine et porcine, ainsi qu'il résulte des tableaux de développements donnés pour certains ressorts de perception. Dans les villes principales de l'empire d'Autriche, les volailles et le gibier sont aussi soumis à la taxe dans l'intérêt du trésor public. A côté des produits de la *verzehrungsteuer* sur les viandes de boucherie qui ont payé à Vienne, en 1856, 1,119,381 florins, on retrouve un grand détail de gibiers et de volailles qui ont acquitté dans la même année 77,083 florins.

[1] *Tafeln zur statistik des steuerwesens.*

Le Mecklenbourg-Schwerin a une taxe sur la viande, qui a rapporté, en 1850-1851, 14,000 rixdales.

Il y a de même, dans les Pays-Bas, une accise sur la boucherie, qui paraît remonter à la République des Sept-Provinces, suivant ce que dit Sinclair dans son analyse des sources du revenu public. D'après M. de Hogendorp dans ses *Lettres sur la prospérité publique,* cette accise aurait eu pour corollaire dans le tarif douanier de Guillaume IV la prohibition des viandes importées, à l'exception du lard et des jambons. Cette accise produisait en 1852, d'après le langage hollandais, 12 *tonnes d'or* ou 1,200,000 florins, ce qui revenait à 40 centimes de florins par tête sur une population de 3 millions d'habitants, consommant en moyenne 8 livres au plus, suivant divers calculs approximatifs [1]. L'accise sur la boucherie, qui pesait, dans l'origine, sur les espèces bovine, ovine et porcine, et dont M. de Hogendorp demandait l'abolition, a été supprimée pour les deux dernières, par la loi du 28 avril 1852. L'esprit de réforme a demandé davantage, et peu de temps après la loi de 1852, il a été question de supprimer complétement l'accise sur la boucherie dans les Pays-Bas ; cette proposition a donné lieu à un rapport en date du 30 novembre 1853.

Le rapport constate une consommation moyenne de 8 livres par tête, en se fondant sur ce que le droit de l'État dans l'accise de la boucherie est de 15,2 pour 100 de la valeur du bétail, et en partant de divers calculs de la valeur et du poids comparés pour diverses classes d'animaux. La conservation de l'impôt a été toutefois demandée dans ce rapport, par le motif que l'accise réduite à la viande des bêtes

---

[1] Cette quantité minime de viande taxée, consommée dans les Pays-Bas, s'explique en partie peut-être par la grande consommation du poisson et du laitage, mais aussi par l'exclusion de la viande provenant des races ovine et porcine, exemptes d'impôts dès les premiers mois de 1852.

bovines pèse principalement sur les classes aisées et que la suppression de cette source de revenus entraînerait une perte sérieuse pour diverses communes qui perçoivent des centimes additionnels à l'accise [1].

La viande n'est pas seulement taxée dans les États septentrionaux de l'Europe : elle l'est aussi dans le Midi.

Sinclair nous apprend que, de son temps, la viande de bœuf payait au fisc du gouvernement de Naples un tiers de son prix, et la viande de veau un dixième. La *Gabella delle carni* figurait parmi les recettes indirectes des États sardes, de même que le *Sesino della carne* se retrouvait dans les annales financières les plus anciennes de Milan [2].

Aussi dans le tableau que nous avons cité plus haut du produit des taxes de consommation levées soit au profit de l'État, soit au profit des communes dans le royaume d'Italie, voyons-nous les bestiaux, et la viande de boucherie, figurer pour un produit relativement très-considérable dans toutes les parties du nouveau royaume. Le chiffre est de 11,407,886 liv., et les vins seuls, parmi les objets soumis aux droits de consommation, fournissent un revenu supérieur.

La viande enfin, qui était avec le sel, le vin, l'huile et le vinaigre, frappée par l'ancien impôt castillan *des 24 millions*, est l'un des principaux objets atteints par les droits de *consumos* ou impôts de consommation générale, qui sont perçus en Espagne au profit du trésor public. On distingue dans les tarifs la viande des animaux morts et la viande *sur pied*. Les sept autres matières comprises dans le droit de consommation espagnol sont le vin, le vinaigre, l'eau-de-vie, les liqueurs, la glace, l'huile d'olive et le savon.

Les droits plus restreints de *puertas* atteignent quelques

---

[1] Voyez ce rapport dans l'*Algemeen Handelsblad* du 5 décembre 1853.
[2] Carli, *Il censimento di Milano*, p. 12.

matières animales. D'après M. Conte, ils s'étendent aux huit catégories suivantes : 1° la cire et les graisses ; 2° les volailles et même le gibier ; 3° les combustibles ; 4° les confitures et sucs (dulces y sustancias) ; 5° les fruits ; 6° les grains, semences et farines ; 7° le poisson ; 8° les articles divers. Les produits du jardinage (hortaliza), qui formaient une 9° classe, ont été retranchés récemment [1].

Les impôts de *consumos y puertas* donnent lieu à des frais de perception énormes (43 pour 100), et, pour ne pas les juger trop sévèrement, il faut se rappeler qu'ils ont été établis en 1845, en remplacement de l'alcavala, qui, depuis Ximenez déjà, était considérée elle-même comme une des plaies du système financier de l'Espagne.

Les droits sur les bestiaux et sur la viande dépecée figurent, pour des sommes considérables, dans les produits des octrois en France. J'ai sous les yeux le tableau (dressé par les soins de M. Gréterin, directeur général des contributions indirectes et des douanes) des 21 communes de l'empire où les taxes de cette nature étaient les plus élevées en 1857. Ces villes étaient Toulon, Draguignan, Boulogne-sur-Mer, Caen, Auch, Roubaix, Marseille, Privas, Brest, Gap, La Rochelle, Montpellier, Rouen, Niort, Toulouse, Avignon, Cahors, Besançon, Châlons-sur-Marne, Digne et Paris.

Le tarif de Toulon était :

Bœufs, vaches, moutons, brebis, chèvres et boucs. .	12 fr. les 100 kil.	
Veaux.	20	—
Agneaux et chevreaux.	14	—
Cochons.	15	—
Viande dépecée	12	—

Celui de Draguignan, placé, comme Toulon, au haut de l'échelle, était :

---

[1] Conte. **Examen de la** *Hacienda publica*, t. II, p. 166 à 168.

Bœufs et vaches.	10 fr.	les 100 kil.
Veaux.	25	—
Moutons et brebis.	12	—
Porcs.	14	—
Viande dépecée	14	—

A Boulogne et à Caen, les droits sur les viandes de toute nature étaient de 10 fr. par 100 kilog.

A Paris, certaines viandes payaient 8 fr. 85 c., plus le décime ; et certaines autres 10 fr. 55 c. avec la même addition.

Une partie des considérations alléguées contre l'impôt des céréales s'applique aussi aux taxes sur les viandes, mais avec moins de force ; car si la viande est nécessaire à la vigueur de l'homme, elle n'est pas, au même degré que les céréales, la base indispensable de sa *nourriture*.

L'IMPOT DES HUILES.

Les huiles sont principalement des matières alimentaires. Cependant, comme elles sont employées aussi pour l'éclairage et pour les arts, il est difficile de classer très-rigoureusement les impôts auxquels elles peuvent être assujetties parmi les taxes sur les comestibles. Nous n'avons donc adopté à leur égard ce classement qu'en tenant compte de la destination qui nous a paru la plus considérable pour ce produit en tant que soumis aux taxes publiques.

L'huile n'est pas sans analogie avec le vin quant à la spécialité des terrains qui la produisent, et quant à la facilité d'en saisir la circulation. Elle est cependant beaucoup moins généralement considérée comme une matière imposable, sans doute parce qu'elle sert davantage à la consommation nécessaire de certains pays et ne comporte pas cette consommation d'agrément et de luxe qui s'attache aux produits de la vigne.

Les huiles avaient été taxées, à Milan, dans le XVIIe siécle [1], et aussi dans la République de Venise. Elles étaient imposées, à Naples, d'après l'*Analyse des sources du revenu public*, de Sinclair, il y a un demi-siècle.

On a rappelé dernièrement le monopole du blé et de l'huile exercé dans les États romains au XVIIIe siècle [2]. Il est juste de dire que, suivant toute apparence, des faits ana-

---

[1] Carli, *Il censimento di Milano*, p. 46.
[2] *Le Gouvernement temporel des Papes jugé par la diplomatie française*, p. 7.

logues étaient pratiqués à cette époque dans d'autres parties
de l'Europe méridionale [1].

Plus anciennement, on voit imposer dans la république
des Provinces-Unies les huiles d'olive et de baleine. L'impôt,
produisant 10,000 florins environ, en 1650, fut supprimé
en 1680 [2].

Un impôt avait été établi sur les huiles dans l'ancienne
Provence, mais il avait été supprimé avant la révolution de
1789 [3].

De 1812 à 1820, le grand-duché de Bade a levé sur ce
produit une taxe déterminée d'après le volume des matières écrasées pour l'extraction [4].

L'impôt qui a été essayé parmi nous sous la Restauration,
est un fait plus considérable que ceux qui précèdent, mais
tout à fait passager. En 1817, la chambre des députés
adopta, malgré la vive résistance des représentants des
départements méridionaux, diverses dispositions relatives
à l'établissement d'un droit sur les huiles introduites
ou fabriquées dans les villes ou communes ayant au
moins 1,500 âmes de population agglomérée. M. de
Villèle demandait que, par compensation, le beurre et la
graisse fussent imposées dans les pays où leur consommation pour la préparation des aliments remplaçait celle
de l'huile [5]. Aux termes des dispositions adoptées, les
huiles d'olive devaient supporter un droit double de celui
qui pesait sur les autres huiles. Dix départements du Midi
jouissaient d'un tarif de faveur.

Sur le rapport du comte d'Aguesseau, le projet fut adopté

[1] V. *Suprà*, p. 177 et 181.
[2] Engels, p. 120 et 137.
[3] Voir l'*Essai sur la vie, le caractère et les ouvrages de J.-E.-M. Portalis*,
par M. A. Boullée, p. 12. Paris, 1859.
[4] Rau : *Finanzwissenchaft*, ₴ 442, note *a*.
[5] *Moniteur* de 1817, p. 226.

à la chambre des pairs, et passa dans les articles 88 à 111 de la loi du 25 mars 1817 [1].

Cet impôt, qui produisait environ 3 millions, n'eut que cinq années d'existence et fut supprimé, sur la proposition de la commission du budget, par l'article 15 de la loi du 17 août 1822.

Voici dans quels termes la loi de finances du 25 mars 1817 avait organisé cet impôt dans ses articles 88 et suivants : la durée de ces dispositions n'a pas répondu au soin avec lequel elles avaient été rédigées.

Art. 88. — Il sera perçu au profit du Trésor, dans les villes ou communes ayant au moins 2,000 âmes de population agglomérée, conformément au tarif annexé à la présente loi, un droit d'entrée sur les huiles qui seront introduites ou fabriquées à l'intérieur et destinées à la consommation du lieu.

Art. 89. — Ce droit sera perçu dans les faubourgs des lieux qui y sont assujettis; mais les habitations éparses et les dépendances rurales entièrement détachées du lieu principal en seront exemptes.

Art. 90. — Les communes soumises au droit d'entrée sur les huiles seront rangées dans les différentes classes du tarif en raison de leur population agglomérée. S'il s'élève des difficultés sur l'assujettissement d'une commune ou sur la classe dans laquelle elle devra être rangée par sa population, la réclamation de la commune sera soumise au préfet. Celui-ci prendra l'avis du sous-préfet et celui du directeur de la régie, et transmettra le tout avec son opinion, au directeur général des contributions indirectes, sur le rapport duquel il sera statué par le ministre des finances, sauf le recours de droit. Le préfet prendra, dans l'intervalle, une décision qui sera provisoirement exécutée.

Art. 91. — Tout conducteur d'huile sera tenu, avant de l'introduire dans le lieu sujet au droit d'entrée, d'en faire la déclaration au bureau et d'acquitter le droit si l'huile est destinée à la consommation du lieu.

Art. 92. — Dans les lieux où il n'existera qu'un bureau central de perception, les conducteurs ne pourront décharger les voitures ni introduire les huiles au domicile du destinataire avant d'avoir rempli les obligations qui leur sont imposées par l'article précédent.

Art. 93. — Les huiles ne pourront être introduites dans un lieu sujet au droit d'entrée que dans les intervalles de temps ci-après déterminés, savoir : Pendant les mois de janvier, février, novembre et décembre, depuis sept heures du matin jusqu'à six heures du soir : Pendant les mois de mars, avril, septembre et octobre, depuis six heures du matin jusqu'à sept heures du soir : Pendant les mois de mai, juin, juillet et août, depuis cinq heures du matin jusqu'à huit heures du soir.

Art. 94. — Toute quantité d'huile introduite sans déclaration dans un lieu sujet au droit d'entrée sera saisie par les employés ; il en sera de même des voitures, chevaux et autres objets servant au transport, à défaut par le contrevenant de consigner le maximum de l'amende ou de donner caution solvable.

Art. 95. — Les huiles introduites dans un lieu sujet au droit d'entrée, pour le traverser seulement, ou y séjourner moins de vingt-quatre heures, ne seront pas soumises à ce droit, mais le conducteur sera tenu d'en consigner ou d'en faire cautionner le montant à l'entrée, et de se munir d'un permis de passe-debout. La somme consignée ne sera rendue ou la caution libérée qu'au départ des huiles et après que la sortie du lieu en aura été justifiée. Lorsqu'il sera possible de faire escorter les chargements, le conducteur sera dispensé de consigner ou de faire cautionner le droit.

Art. 96. Les huiles conduites à un marché, dans un lieu sujet au droit d'entrée, seront soumises aux formalités prescrites par l'article précédent.

Art. 97. — Tout négociant ou propriétaire, qui fera conduire dans un lieu sujet au droit d'entrée au moins un hectolitre d'huile, pourra en réclamer l'admission en entrepôt, et ne sera tenu d'acquitter le droit que sur les quantités non représentées et qu'il ne justifiera pas avoir fait sortir de la commune. La durée de l'entrepôt est illimitée.

Art. 98. — Les fruits, graines ou autres substances destinées à faire de l'huile ne seront soumis à aucun droit d'entrée; le droit ne sera dû que sur l'huile en provenant. A cet effet, la fabrication aura lieu sous la surveillance de la régie. Les visites des employés chargés de constater les produits de la fabrication, pourront être faites de nuit et de jour, et sans l'assistance d'un officier public, dans les moulins ou autres établissements où l'huile sera fabriquée, pendant le moment de la fabrication.

Art. 99. — Les huiles fabriquées dans les lieux sujets aux droits d'entrée seront également admises à jouir de l'entrepôt. Il sera accordé par la régie sur les huiles nouvellement fabriquées qui seront prises en charge au compte de l'entrepositaire, ou enlevées pour la consommation du lieu immédiatement après avoir été fabriquées, une déduction, dont la quotité sera déterminée par le préfet, en conseil de préfecture, sur la proposition du directeur de la régie, et réglée d'après la nature des substances employées, les procédés particuliers de la fabrication et les usages locaux.

Art. 100. — La faculté de l'entrepôt pourra encore être accordée à des particuliers qui recevraient des huiles pour être conduites, après leur arrivée, soit à la campagne, soit dans une autre résidence; la déclaration devra en être faite au moment de l'arrivée des huiles.

Art. 101. — Les entrepositaires d'huiles seront soumis à toutes les obligations imposées aux marchands en gros de boissons par la loi du 28 avril 1816! Ils seront tenus, en outre, de produire aux commis, lors de leurs exercices, des certificats de sortie pour les huiles qu'ils auront expédiées pour l'extérieur, et des quittances du droit d'entrée pour celles qu'ils auront livrées à l'intérieur. A la fin de chaque mois, ils seront soumis au paiement de ce même droit sur les quantités manquantes à leur charge.

ART. 102. — Lorsque les huiles auront été emmagasinées dans un entrepôt public sous la clef de la régie, il ne sera exigé aucun droit de l'entrepositaire pour les manquants à ses charges.

ART. 103. — Les personnes qui auront droit à l'entrepôt pourront l'obtenir à domicile, lors même qu'il existerait dans le lieu un entrepôt public (Paris excepté).

ART. 104. — Les filateurs de laine, les fabricants de tissus de laine, de savon et de toile cirée ou de taffetas ciré, les teinturiers de coton en rouge, les tanneurs, corroyeurs et mégissiers, pourront recevoir en entrepôt les huiles qui seront nécessaires à leur fabrication, et elles seront exemptes de droit.

ART. 105. — Les huiles qui, lors de la mise à exécution de la présente loi, se trouveront en quantité supérieure à 2 hectolitres en la possession de commerçants en huiles dans les lieux sujets aux entrées, seront soumises au droit au moyen d'une déclaration que les commerçants seront tenus de faire au bureau de la régie, et dont l'exactitude pourra être vérifiée par les employés. Les commerçants qui réclameront l'entrepôt seront admis à jouir de cette faculté, en se conformant aux obligations qui leur sont imposées par la loi, et si mieux ils n'aiment, lorsque le montant du droit s'élèvera à 100 fr. et au-dessus, l'acquitter en obligations dûment cautionnées à trois, six, neuf et douze mois de terme.

ART. 106. — En cas de soupçon à l'égard des commerçants ayant en magasin des huiles qu'ils n'auraient pas déclarées en vertu de l'article précédent, les employés de la régie pourront faire des visites dans l'intérieur de leurs habitations, en se faisant assister du juge de paix, du maire, de son adjoint ou du commissaire de police, chacun desquels sera tenu de déférer à la réquisition qui lui en sera faite et qui sera transcrite en tête du procès-verbal. Ces visites ne pourront avoir lieu que d'après l'ordre d'un employé du grade de contrôleur au moins, qui rendra compte des motifs au directeur.

ART. 107. — Toute personne admise à jouir de la faculté de l'entrepôt, à raison d'un commerce quelconque d'huile, sera tenue de se munir annuellement d'une licence, dont le prix est fixé à 10 fr.

ART. 108. — Les droits d'octroi qui seront établis à l'avenir sur les huiles ne pourront excéder ceux qui seront perçus aux entrées des villes au profit du Trésor.

ART. 109. — Les contraventions aux dispositions du présent paragraphe seront punies de la confiscation des huiles saisies et d'une amende de 100 à 200 fr., suivant la gravité du délit. Si la fraude a eu lieu en voiture suspendue, l'amende sera de 1,000 fr. En cas de fraude par escalade, par souterrain ou à main armée, il sera infligé aux contrevenants une peine correctionnelle de six mois de prison, outre l'amende et la confiscation.

ART. 110. — Les personnes voyageant à pied, à cheval ou en voitures particulières et suspendues, ne sont pas assujetties aux visites des commis à l'entrée des villes soumises aux droits d'entrée.

ART. 111. — Les courriers ne pourront être arrêtés à leur passage, sous prétexte de la visite; mais, à l'effet d'assurer la perception des droits sur les objets qui en seront passibles et dont ils seraient porteurs, les employés pourront accompagner les malles et assister à leur déchargement.

Tarif annexé à l'article 88 de la présente loi.

Population des communes.	Droits par hectolitre.	
De 3,000 à 5,000 âmes.	14f.[1]»	7[2] »
De 6,000 à 15,000 —	17 »	8 50
De 15,000 à 30,000 —	28 »	10 »
De 30,000 à 50,000 —	24 »	12 »
De 50,000 et au-dessus (Paris excepté).	30 »	15 »
A Paris.	40 »	20 »

Le droit sur l'huile d'olive sera réduit de moitié dans les départements ci-après : Alpes (Basses-), Ardèche, Aude, Bouches-du-Rhône, Drôme, Gard, Hérault, Pyrénées-Orientales, Var, Vaucluse.

L'huile d'olive (*aceite de olivas*), autrefois atteinte par l'impôt des *millions* en Castille [3], est l'un des neuf objets qui sont frappés en Espagne du droit de consommation appelé *consumos*, et dont le produit général nous est seul connu. Ce produit a été estimé à 91 millions de réaux par un financier espagnol [4]. Mais c'est, à ce qu'il paraît, le chiffre du produit brut. Les frais de perception ne s'élèvent pas au-dessous de 30 millions de réaux.

Les huiles, qui sont atteintes par les lois de douane [5] en Angleterre, sont au nombre des objets taxés dans les villes fermées de l'Autriche. Les huiles diverses ont payé à Vienne, en 1856, 53,411 florins ; à Linz, 1,233 ; à Prague, 5,493 ;

---

[1] Pour l'huile d'olive.

[2] Pour les autres huiles.

[3] Forbonnais, *Considérations sur les finances d'Espagne.*

[4] Conte, t. II, p. 166 et 273.

[5] M. Conte semble cependant rapporter à l'excise les droits sur l'huile d'amande en Angleterre. (T. II, p. 180.)

à Brünn, 5,308 ; à Lemberg, 2,797 ; à Gratz, 6,492 ; dans
les neuf villes lombardes, 30,871 ; dans les sept villes véni-
tiennes, 21,350 florins. Dans les cinq autres villes fermées
de l'Autriche, les huiles ne sont point imposées. Cracovie,
Trieste et Laibach ne payent la taxe de consommation que
par abonnements, et Presbourg ainsi que Bude (Ofen) n'ont
guère de taxes que sur les viandes et boissons.

Les huiles d'olives et de noix représentent 1,429,423 liv.
de produit dans les diverses provinces du nouveau royaume
d'Italie [1].

Les huiles, en tant que comestibles ont un grand inconvénient comme matière à imposition, au moins en France.
Elles peuvent être et sont remplacées sur un grand nombre
de points du pays, quant à l'usage alimentaire commun,
par beaucoup d'autres substances qu'il faudrait aussi soumettre à l'impôt pour garder une égale mesure, et qui cependant, comme l'huile et plus qu'elle-même, appartiennent aux matières les plus utiles à la vie ordinaire, les plus
aisées à produire comme à consommer en petit, hors des
regards du fisc et de la surveillance de ses agents. Quant
aux États, tels que l'Espagne, dans lesquels l'usage de
l'huile pour l'alimentation est plus général et dans lesquels
une huile de même nature est affectée aux emplois les plus
divers, l'impôt constitue sans doute une charge plus uni-
mément répartie, mais plus onéreuse peut-être à cause de
son incidence sur l'ensemble des conditions de l'existence
dans la totalité du pays.

---

[1] Voir le tableau publié par M. Nerva.

ARTICLE 5.

L'IMPOT SUR LE SUCRE.

Les céréales, les viandes, le sel, sont le fondement de l'alimentation la plus générale de l'homme. Mais, dans l'ordre de la taxation, une substance plus rare, du moins jusqu'à ce jour, paraît destinée à les dépasser en importance.

Nous voulons parler du sucre, ce fruit de l'industrie des Sarrasins, qui importèrent de l'Orient la canne précieuse dont il a été d'abord extrait, et qui l'introduisirent dans les îles de la Méditerranée et dans le midi de l'Espagne où elle a conservé une petite place dans la culture, et d'où elle fut portée plus tard dans le nouveau monde.

Le sucre, suivant un recueil chronologique anglais, a été cultivé en Sicile en 1148, à Madère en 1419, dans les Canaries en 1503, dans les Indes orientales en 1516, à la Barbade en 1641. Il a été taxé en Angleterre dès 1685, et il y était atteint par le mécanisme de l'excise [1]. Depuis lors les progrès de l'industrie ont multiplié les moyens de l'extraire de divers végétaux.

M. Michel Chevalier a fait, d'après le docteur Stollé, l'histoire de la production du sucre, et il estimait, il y a quelques années, la totalité de cette production à 2,342,722 tonnes, savoir :

---

[1] *Tablets of Memory, etc.* London, 1809, p. 98. — Coxe, *Mémoires de Walpole*, t. II, p. 186.

Sucre de canne.	2,057,653 tonnes.
Sucre de palmier.	100,000
Sucre de betterave	164,822
Sucre d'érable.	20,247
Total.	2,342,722

Deux circonstances semblent assurer l'extension de la consommation de cette denrée. C'est, d'une part, la variété des climats qui permettent de la produire, depuis les zones chaudes qui nourrissent la canne et le palmier, jusqu'aux zones tempérées qui favorisent la betterave, et aux pays froids que l'érable à sucre approvisionne, du moins dans le nouveau monde. Cultivé sur les bords du Saint-Laurent, arbre favori des Canadiens, placé par eux avec le castor dans leurs armoiries nationales, qui sait même si l'érable saccharifère ne viendra jamais enrichir le nord d'autres continents ?

L'extrême diversité des formes sous lesquelles le sucre se consomme (condiment solide par lui-même, mais qui se mêle et s'associe à un très-grand nombre de liquides, pour accroître à la fois leur consommation et la sienne propre), constitue une seconde cause, favorable à l'augmentation du commerce de cette denrée et au rendement de l'impôt qui la grève.

Cette substance alimentaire, qui entretient le fret de tant de navires, est devenue, depuis quelques années surtout, une matière fiscale des plus importantes. Elle a même été quelque temps en Prusse l'objet d'un monopole, ainsi que le rapporte M. Rau, dans son ouvrage sur la science des finances. L'idée d'établir en France un monopole analogue a été produite à l'Assemblée Législative de 1849, mais elle n'y a point été accueillie.

L'impôt du sucre est lié avec celui des cafés, thés et cacaos; mais il en est profondément séparé par les condition s

de production indigène, qui ont fait établir l'accise des sucres dont nous avons à traiter ici spécialement, tandis que les
autres denrées sont restées au moins en France dans le rayon
exclusif de la taxation douanière qui atteignait seule les sucres dans l'origine [1].

L'histoire moderne de la taxation du sucre en France
se trouve, d'une manière assez détaillée, dans le livre sur les
tarifs de douane, publié, il y a peu d'années, par M. Amé.
On y voit que le point de départ de la taxation a été le droit
de douane sur les sucres coloniaux, avec une surtaxe sur les
sucres étrangers. Tel est le système qui, après la prohibition et les droits prohibitifs de la République et de l'Empire,
fut organisé dans les lois du 28 avril 1816, du 7 juin 1820,
et du 27 juillet 1822. Aux termes de cette dernière loi, les
sucres de nos Antilles étaient reçus à 49 fr. 50 c. les 100
kilog., décime compris, et les similaires étrangers apportés
par navires français durent payer 99 fr. ou 104 fr. 50 c.,
selon leur provenance des Indes ou des autres pays hors
d'Europe.

Cependant, à l'abri de diverses circonstances et surtout
du système continental pratiqué sous le premier empire français, la fabrication du sucre de betteraves s'était développée
en France, et la loi de 1822 encouragea sa production en
restreignant l'entrée du sucre étranger. A la chute de l'Empire, 200 fabriques indigènes produisaient 3,400,000 kilog.
de sucre. En 1827, 101 fabriques produisaient 4,835,000
kilog. En 1833, les betteraviers produisirent 12 millions de
kilog. Notable exemple de l'influence de la protection économique dans certaines industries !

---

[1] Forbonnais, dans ses *Recherches,* agite la question de savoir lequel est préférable de taxer le café par simple droit de douane ou en affermant le monopole,
t. I, p. 541. Il parle en divers endroits du même ouvrage des droits d'entrée sur les
sucres. Voyez notamment, t. I, p. 547.

L'analogie et les droits de la concurrence prêtèrent alors de justes arguments aux législateurs financiers pour soumettre aussi à l'impôt les sucres produits par la fabrication indigène. A la suite de diverses propositions infructueuses, la loi du 18 juillet 1837 décida que les sucres indigènes seraient taxés à 10 fr. par 100 kilog., plus le décime, à partir du 1er juillet 1838, avec accroissement de 5 fr., à dater du 1er juillet 1839.

L'impôt des sucres mérite, depuis lors surtout, d'être suivi en France sous les divers aspects de la balance des provenances indigène, coloniale, étrangère ; de la quotité de l'impôt dans ses rapports avec la consommation ; enfin, de l'assiette sur tel ou tel moment de la fabrication, et d'après telle ou telle subdivision, relativement aux types de différentes richesses saccharines.

Si le caractère complexe et mobile des intérêts engagés dans ce qu'on appelle *la question des sucres* en rend l'étude difficile pour les hommes publics et la législation singulièrement variable, ces difficultés ne sont pas moindres pour la science qui est ici aux prises avec des circonstances plus empiriques que dans tout autre partie peut-être du domaine de l'impôt, et qui ne peut, au point de vue de la théorie pure de la taxation, résoudre complétement des problèmes dans lesquels l'existence des colonies et l'intérêt de la navigation et des ports ont aussi leur place.

La loi de 1837, qui avait établi l'impôt de 15 fr. par la voie de l'exercice sur les sucreries indigènes, outre un droit de licence de 50 fr. par chaque établissement de fabrication, détermina la fermeture de 170 fabriques. Mais, en compensation, les établissements mieux installés forcèrent leur production et livrèrent 35 millions de kilog.

Le gouvernement abaissa alors de 12 fr. le droit sur les sucres coloniaux français, et réduisit de 40 à 27 fr. la surtaxe établie sur les sucres étrangers. Ces dispositions furent l'objet de l'ordonnance du 21 août 1839, suivie de près par la loi du 3 juillet 1840, qui mettait en présence du droit de 45 fr., pour le sucre brut autre que blanc des Antilles françaises, des droits échelonnés de 25 fr. à 36 fr. 10 c. sur le sucre indigène, et abaissait à 20 fr. la surtaxe des sucres étrangers en même temps qu'elle stipulait un drawback avantageux pour les sucres importés en droiture par navires français des pays hors d'Europe et soumis au raffinage. Elle ne supputait, en effet, les rendements au raffinage qu'à raison de 70 et 73 pour cent. suivant les qualités de sucre.

Mais la fabrication indigène soutint énergiquement la lutte, et sa production ne descendit, en 1840 et 1841, à 27 ou 28 millions de kilog., que pour remonter, en 1842, à 35 millions. Dans cette même année, l'apport des colonies sur notre marché, qui avait été de 34 millions en 1819, de 78 millions en 1828, s'éleva à 89 millions. Quant au sucre étranger, il était arrivé dans notre consommation, en 1819, pour 5 millions de kilog. Écarté par la législation de 1822 et de 1826, il était revenu sur le marché à l'aide des abaissements de surtaxe ultérieurs ; et, en 1841, il avait livré à la consommation plus de 12 millions de kilog.

Au milieu de cette pléthore et de la baisse qui s'ensuivait, le gouvernement songea à supprimer la sucrerie indigène. Mais de nombreux intérêts repoussaient une pareille pensée ; la sucrerie indigène était une source de richesse industrielle et agricole, et la loi du 2 juillet 1843 établit beaucoup plus sagement le principe de l'égalité des droits entre le sucre de nos Antilles et le sucre indigène. Alors, la production betteravière recula un instant et descendit, en 1844, à 30 millions de kilog. Mais elle se releva trois ou quatre ans après jusqu'à 60 millions de kilog.

En même temps, la production coloniale fut frappée par l'émancipation des noirs, et rétrograda de 102 millions, chiffre qu'elle avait atteint en 1845, jusqu'à 57 millions en 1849, et 40 millions en 1850.

Le gouvernement pensa alors à exciter la consommation par l'abaissement graduel du droit à 25 fr. pour les deux sucres rivaux, avec une surtaxe de 15 fr. seulement pour les sucres étrangers, en prenant pour base de la tarification des sucres leur rendement au raffinage au lieu de la nuance ou du mode de fabrication. Le projet de M. Dumas, conçu dans ce sens, fut appuyé par un rapport favorable de M. Beugnot, membre de l'assemblée législative. Mais à la suite d'un changement de ministère, la mesure fut repoussée par l'Assemblée Législative.

La loi du 26 juin 1851, changeant le mode d'assiette de l'impôt et l'établissant à raison de la quantité de sucre pur et du rendement au raffinage, décida, dans son article 7, que les droits sur le sucre pur indigène seraient de 50 fr. par 100 kilog., le sucre colonial devant pendant quatre ans acquitter 6 fr. par 100 kilog. de moins que le sucre indigène. La surtaxe des sucres étrangers était réduite à 11 fr. La loi n'était exécutoire qu'à partir du 1er janvier 1852 ; le délai fut reporté, en décembre 51, au mois de juin suivant.

Mais le 27 mars 1852, un décret législatif fixa le tarif des sucres, pour le sucre indigène, à 45 fr. les 100 kilog., et pour le sucre colonial, à 7 fr. de moins pendant quatre ans. Le sucre étranger fut taxé à 57 fr. Les anciens types furent de nouveau pris pour base de la taxe.

La disposition du décret qui promettait l'égalité des droits entre les sucres des colonies et de la métropole, au bout de quatre ans, a été réalisée par la loi du 28 juin 1856, qui établi cette égalité pour les sucres des Antilles, en ménageant toutefois une détaxe de 3 fr. en faveur des sucres produits au delà du cap de Bonne-Espérance. Toutefois, la même loi décide que cette assimilation des sucres indigènes et des sucres des Antilles n'aura pas lieu immédiatement, et que les droits de 42 et de 45 fr. pour les sucres des colonies françaises seront temporairement réduits de 7 fr. par 100 kilog., du 27 mars 1856 au 30 juin 1858, de 5 fr. par 100 kilog., du 1er juillet 1858 au 30 juin 1859, et de 3 fr. par 100 kilog., du 1er juillet 1859 au 30 juin 1861. La loi du 23 juin 1856 élevait en outre à 75 et 78 pour cent les présomptions de rendements au raffinage établis par la loi de 1840.

L'année 1860 a vu rattacher en France, à la réforme générale du système douanier dans ses rapports avec l'Angleterre, des mesures qui ont quelque analogie avec les projets de 1850. Le gouvernement a voulu tout à la fois abaisser le prix de certaines denrées coloniales et réformer cette législation des sucres tant de fois remaniée depuis 1816. Il serait fort long et inutile d'entrer dans le détail des nombreux amendements subis par le projet du gouvernement, quant aux détails relatifs à l'assiette de l'impôt, sa pensée fondamentale, quant à la réduction de la quotité de l'impôt, n'ayant reçu aucune atteinte.

Nous nous bornerons à faire remarquer qu'à côté de ce principe important de la législation nouvelle, les dispositions les plus remarquables de la législation de 1860 sont : 1° une sorte d'*abonnement* ou pour mieux dire une modification facultative de l'assiette de l'impôt, qui peut désormais s'établir sur le jus de la betterave aussi bien que sur le sucre réellement fabriqué; 2° l'introduction d'un type unique de sucre non raffiné établi dans le but de favoriser la fabrication des sucres de qualité supérieure.

Le système de la nouvelle loi, votée par le corps législatif le 19 mai 1860, après une discussion prolongée pendant les séances des 15, 16, 18 et 19 mai et à laquelle ont notamment pris part MM. Gouin, Kœnigswarter, Lequien, Kolb-Bernard, le comte de La Tour, le baron David, Plichon, Granier de Cassagnac, du Miral, Ancel, *rapporteur*, Devinck, Roques Salvaza, parmi les députés, et MM. le président Baroche et Forcade de La Roquette, parmi les membres du conseil d'État, est résumé dans les articles suivants relatifs aux sucres.

« Art. 1er. A partir du 24 mai prochain, les droits sur le sucre seront établis ainsi qu'il suit :

Sucre non raffiné et non assimilé au raffiné.

Indigène, 25 fr. les 100 kilog.
Par navires français. — Des colonies françaises, 25 fr. *idem.*
  —   D'ailleurs, hors d'Europe, 28 fr. *idem.*
  —   Des entrepôts, 34 fr. *idem.*
Par navires étrangers, 39 fr. *idem.*

Sucre raffiné dans les fabriques de sucre indigène non abonnées et dans les colonies.

Mêmes droits que ci-dessus augmentés de 2 fr. 50 c. par 100 kilog.
Mélasses des colonies françaises, 7 fr. les 100 kilog.

» Art. 3. Toutefois, les sucres des colonies françaises jouiront de la détaxe de 3 francs par 100 kilogrammes, établie à leur profit par la loi du 28 juin 1856, jusqu'au 30 juin 1866. La taxe différentielle de provenance établie par l'article 9 de la loi du 13 juin 1851, à l'égard des sucres importés des colonies françaises au delà du cap de Bonne-Espérance, continuera à subsister jusqu'au 30 juin 1864. A partir de cette époque, cette taxe différentielle sera réduite à 1 fr. 50 c. jusqu'au 30 juin 1865, époque à laquelle elle sera supprimée.

» Art. 4. Tout fabricant de sucre pourra contracter avec l'administration des douanes et des contributions indirectes un abonnement par lequel il s'obligera à acquitter le montant des droits sur la prise en charge à la défécation. Cette prise en charge sera établie au chiffre minimum de 1,425 grammes par hectolitre de jus et par degré du densimètre. Les sucres, sirops et mélasses provenant de toute fabrique abandonnée seront assimilés au sucre libéré d'impôt. Les fabriques-raffineries abonnées pour leur fabrication seront assimilées, pour les opérations du raffinage, aux raffineries non exercées. Un règlement d'administration publique déterminera les conditions auxquelles les abonnements prévus par le premier paragraphe du présent article pourront être contractés.

» Art. 7. Le premier type actuel est maintenu en ce qui concerne les sucres destinés à l'exportation après raffinage. Les droits payés à l'importation des sucres de nuance égale ou inférieure à ce type seront restitués, à l'exportation des sucres raffinés, dans les proportions suivantes, lorsqu'on justifiera, par des quittances n'ayant pas plus de quatre mois de date, que lesdits droits ont été acquittés pour des sucres importés directement par navires français des pays hors d'Europe :

ESPÈCES DE SUCRES		QUANTITÉS à EXPORTER.	MONTANT de LA PRIME.
DÉNOMMÉS DANS LES QUITTANCES.	EXPORTÉS.		
Sucre de nuance égale ou inférieure au premier type.	Sucre mélis ou quatre cassons entièrement épuré et blanchi................... Sucre candi sec et transparent.....................	76 kilog.	Le droit, décime compris, payé pour 100 kilog. de sucre de nuance égale ou inférieure au type suivant la quittance représentée.
	Sucre lumps, sucre tapé de nuance blanche...........	80 kilog.	

» Art. 8. Le droit ne sera pas dû sur le sucre brut indigène qui sera exporté à l'étranger.

» *Dispositions transitoires.* — Art. 9. La restitution des

droits à l'exportation des sucres raffinés dont le payement
sera justifié par des quittances antérieures à la promulgation
de la présente loi et n'ayant pas plus de quatre mois de date,
se fera sur les bases de l'ancien tarif d'après le rendement
fixé par la loi du 30 juin 1856, et aura lieu, savoir : Pour
le sucre colonial, pendant les trente jours qui suivront la
promulgation de la présente loi, et pour le sucre étranger,
pendant les soixante-dix jours qui suivront cette promulgation. »

D'autres dispositions ont été jointes à la loi du 23
mai 1860 pour modifier le régime commercial des sucres
en France. Cette loi a été en effet trouvée bientôt dans un
accord imparfait avec les besoins économiques du pays et
avec les nécessités fiscales du trésor. Une hausse sur les
sucres ayant paralysé les effets du dégrèvement prononcé
par cette loi, le gouvernement crut devoir aviser ; et par le
décret impérial du 17 janvier 1861 il supprima la surtaxe
de 3 fr. 60 c. dont les sucres étrangers étaient frappés.

D'un autre côté, le traité de commerce négocié avec la
Belgique n'imposait aux sucres de betterave belge qu'une
surtaxe de 2 fr. par 100 kilog.

Enfin le corps législatif adoptait, en 1861, une loi portant émancipation commerciale de nos colonies des Antilles
et de la Réunion : elles pouvaient tirer leur sucre du pavillon
étranger moyennant des surtaxes de 20 et 30 fr.

Les surtaxes de navigation, dont l'importation des sucres
étrangers restait grevée, se trouvaient excessives.

La difficulté de distinguer le sucre de betterave et le
sucre de canne faisait demander si la Belgique ne servirait
pas de canal aux sucres étrangers pour leur importation en
France.

Alors fut promulgué le décret du 24 juin 1861 qui fixa à
30 et à 20 fr. par tonneau la surtaxe appliquée aux impor-

tations effectuées par navires étrangers des pays situés au-
delà ou en deçà des caps Horn et de Bonne-Espérance.

Ce décret alla plus loin, et contrairement à ce qui avait
été admis jusqu'alors, il admit les sucres étrangers [1] importés
par navires étrangers au bénéfice du drawback alloué à la
sortie des sucres raffinés, ce qui permit même de tenir compte
dans le remboursement des droits de la surtaxe dont le pavillon étranger reste frappé.

On peut se demander si le décret du 24 juin 1861, en admettant au bénéfice du drawback intégral les sucres importés
sous pavillon étranger, n'est pas un peu sorti de la logique
du système du drawback considéré comme ayant constitué
dans l'intention des législateurs [2] une faveur pour l'industrie
des transports maritimes, en même temps que pour la production des colonies françaises et pour la raffinerie [3].

Il a fait en réalité du drawback une faveur exclusive pour
l'industrie de la raffinerie, exceptionnellement favorisée par

---

[1] Le drawback n'est pas accordé aux sucres coloniaux apportés par navires
étrangers.

[2] Voyez le discours de M. Berryer dans le *Moniteur* du 9 mai 1840, et l'Exposé
du ministre du commerce à la chambre des pairs, cité par Duvergier dans sa note
sur l'art. 3 de la loi de 1840.

[3] Il n'est pas dans le plan de nos recherches d'exposer les vicissitudes de cette
législation spéciale des restitutions de droits à la sortie des sucres raffinés. On en
trouverait le point de départ dans le passage suivant des *Recherches* de Forbonnais.
(t. II, p. 9, année 1684.)

« Le gouvernement accorda neuf francs par quintal à la sortie, pour tenir lieu
de la restitution des droits d'entrée : cette somme, à la vérité, n'était pas suffisante,
si l'on avait dessein d'accorder une restitution entière ; car deux quintaux et demi
de sucre brut, qui rendent un quintal de sucre blanc, avaient payé dix livres en
passant par Ingrande pour remonter à Orléans, sans compter les péages en allant et
en revenant sur la Loire.»

Dans le siècle suivant, en 1786, l'arrêt du 25 mai, cité dans l'*Encyclopédie mé-
thodique : finances*, au mot *sucre*, établit une balance entre un quintal de sucre
raffiné et deux cent vingt-cinq livres de sucre brut.

Plus tard, la loi du 8 floréal an XI, établit la prime en argent, proportionnelle au
sucre exporté sans considération des droits acquittés à l'importation. Ce système,
abandonné en 1822, repris en 1826, a été délaissé depuis 1833.

le calcul du rendement présumé sur lequel repose le chiffre
du drawback, calcul dont l'infériorité à la réalité des rendements effectifs coûte actuellement 4 à 5 millions au Trésor
français [1].

De là des plaintes qui, au moment où nous écrivons, font
discuter dans le conseil supérieur du commerce la question
des sucres tout entière, à cause de la solidarité qui relie les
divers intérêts qui y sont engagés.

On peut, en effet, soit modifier le décret du 24 juin 1861
en diminuant la faveur qu'il accorde au pavillon étranger,
soit assujettir le sucre étranger et le sucre colonial à la
concurrence du sucre indigène qui serait admis au raffinage. On croit diminuer en ce dernier cas la prime renfermée
dans le calcul du drawback, prime qui est tout entière aujour-
d'hui au profit de la raffinerie et sans intérêt pour notre
navigation au long cours, quoique l'exclusion des sucres
indigènes du raffinage ne soit explicable que par suite de la
protection accordée à cette navigation.

Les effets du décret du 24 juin 1861 ont été cependant
un peu atténués par le décret du 10 juin 1862, qui a
décidé que la surtaxe de navigation fixée à 2 fr. les 100
kilog. par le décret du 24 juin 1861 ne serait pas supputée
dans le taux du drawback à allouer aux sucres importés de
Cuba sous pavillon espagnol, sucres qui constituent une

---

[1] Cette faveur, qui mêle une prime au calcul du drawback sur les sucres raffinés,
n'est pas spéciale à la France, mais se retrouve aussi dans la législation des autres
pays qui disputent à la France le marché, principalement méditerranéen, des sucres raffinés. Voici, en effet, les chiffres qui, d'après un document anglais, représentent les rendements sur lesquels le drawback est calculé.

En France, à...................... 891.60 par cwt (112 liv. anglaises ou 50 k. 3/4.)
   Hollande...................... 91 65   —
   Belgique...................... 93 23   —
 Angleterre, d'après la moyenne des
   trois droits à l'entrée.......... 85 90   —

Voyez l'appendice au *Report* sur les *Sugar duties* (1862), p. 326.

partie considérable des importations effectuées par navires étrangers[1].

Au milieu de ce va-et-vient de questions relatives à l'importation des sucres, alors que la question des types est aussi remise en discussion et que les intérêts économiques et financiers sont aux prises, on ne saurait se dissimuler non-seulement que la législation des sucres n'a pas dit son dernier mot, mais encore qu'il est à désirer peut-être qu'elle n'essaie de le dire qu'après de longues et sérieuses réflexions, sous peine d'ajouter aux chances de ses imperfections la certitude des inconvénients de son instabilité.

Mais à côté du développement de décrets qui ont fait suite à la législation de 1860 et ont modifié certains de ses résultats économiques, des nécessités financières sont venues bientôt compliquer et faire rétracter en partie les dispositions de la loi de 1860 elle-même, en ce qui concerne le taux de l'impôt du sucre.

Il a été en effet proposé dans le projet de loi relatif au budget extraordinaire présenté en 1862, d'augmenter de 10 fr. pour 100 kilog. en principal, le tarif de sucres établi en 1860. Il y était ajouté que cette surtaxe de 10 fr. porterait également sur les trois espèces de sucres ; que le produit net de la surtaxe serait de 29,034,500 fr., et formerait la ressource extraordinaire applicable aux travaux publics.

L'Angleterre, a-t-il été dit aussi, qui a précédé la France dans la voie de la réduction des taxes sur les objets de grande consommation, s'est vue obligée, malgré l'augmentation de consommation constatée, comme elle a été du reste, en

---

[1] L'île de Cuba produit à elle seule plus du tiers, suivant quelques personnes, des sucres de canne versés sur le marché du monde. A l'époque où M. Ramon de la Sagra a écrit son *Histoire physique et politique de l'île de Cuba* (1842), il estimait à 186 millions de kilogrammes la production en sucre des *Ingenios* ou moulins à sucre de Cuba, sur un total de 792 millions de kilogrammes de sucre de canne produits dans le monde.

France, depuis la loi du 23 mai 1860, de relever à diverses reprises ce droit.

Le droit en France, avant la loi du 23 mai 1860, était en principal, de 45 fr. par 100 kilog. sauf certains dégrèvements temporaires accordés aux sucres des colonies. Alors ce droit a été réduit à 25 fr. en même temps que la taxe sur le café, le cacao et le thé a été abaissée d'environ moitié, afin d'imprimer à la consommation du sucre une excitation nouvelle.

La réduction opérée en 1860 sur les droits qui grèvent les cafés, les cacaos et les thés étant maintenue, on a pu en conclure, en présentant le projet de loi de 1862, que la surtaxe temporaire de 10 fr. établie sur le sucre ne viendrait pas modifier les habitudes nouvelles prises pour la consommation et n'aurait pas pour effet de la dimiuuer.

M. Segris a exposé dans son rapport fait au nom de la Commission du Budget général pour l'exercice 1863, que ne trouvant pas la possibilité de retirer du budget, soit au moyen d'économies, soit par la création des ressources équivalentes, les 29,734,500 fr. que doit produire le rehaussement de taxe sur les sucres, la commission proposait à la Chambre de voter l'art. 2 du projet de loi sur le budget extraordinaire.

Ainsi, a ajouté M. Segris : les sucres profiteraient encore d'une réduction de 12 fr. décime compris, sur la surtaxe qui les frappait avant la loi du 23 mai 1860. Le dégrèvement de moitié dont ont profité à la même époque les cafés, les cacaos et le thé étant intégralement maintenu, il y a lieu d'espérer, a remarqué le rapporteur, que l'essor de la production et de la consommation du sucre ne sera pas trop affecté par les dispositions de la loi nouvelle, consommation qui, en réalité, s'est accrue en 1861 de 5 à 6 millions.

La commission a également proposé de voter le § 4 de l'article du projet de loi, paragraphe relatif aux sucres déjà existants en France, quoiqu'il eut été l'objet de très-vives attaques au nom du principe de non rétroactivité.

En effet, ce paragraphe qui a permis de reprendre par voie d'inventaire toutes les quantités de sucre excédant 100 kilos, que les raffineurs et commerçants auraient en leur possession au 1er juillet 1862, soit dans leurs magasins ou tout autre lieu, a pu, malgré la demande de plusieurs députés, être maintenu dans la loi, puisqu'en principe, le droit sur les sucres est un droit sur la consommation, et que c'est le consommateur seul et non le détenteur de la marchandise qui le paye.

Un amendement qui avait pour but de remplacer la surtaxe du sucre par d'autres impôts et qui avait été présenté par M. Devinck, n'a pu être non plus accepté par la commission, vu l'impossibilité où elle s'est vue de les proposer utilement.

Un nouvel amendement où l'on demandait une grande réduction dans la surtaxe, les auteurs de l'amendement présumant que le payement des rentes 3 pour 100 par trimestre déchargerait l'exercice 1862 de 45 millions, n'a pas paru admissible à la commission, le changement proposé dans le payement des arrérages des rentes 3 pour 100, n'ayant produit en réalité qu'un disponible de 35 millions sur 1862, disponible déjà employé en partie.

Les propositions du gouvernement et de la commission ont été soumises au Corps législatif à l'occasion du budget de 1863.

Dans la discussion [1] qui a eu lieu relativement à la taxe supplémentaire de 10 fr. en principal, par 100 kilog. sur les sucres, on n'a entendu aucune de ces objections contre le principe de l'impôt semblables à celles qui venaient de peser défavorablement sur le projet de surtaxe du sel.

[1] *Moniteur* du 25 juin 1862.

M. Ancel a pris la parole pour réclamer contre l'augmentation de l'impôt. Il a exposé que s'il y avait une législation qui devait avoir besoin de stabilité et de fixité dans
ses tarifs, c'était la législation sur les sucres. Or, après avoir
rappelé combien le gouvernement avait désiré l'abaissement de ce droit, abaissement qui avait été profitable à la
consommation ; pourquoi, s'est demandé l'orateur, vouloir
augmenter ce droit quand il n'y a pas de dépenses extraordinaires à prévoir, quand on établit en compensation de cet
impôt, sur les boissons, sur les alcools spécialement, une
surtaxe qui produit aujourd'hui 25 millions ?

Cependant, si l'on a pas cru que le trésor pouvait se passer
d'une augmentation de taxe, M. Ancel a trouvé que la commission du budget pouvait accepter au moins celui des
amendements qui, en dernier lieu, demandait que le droit
ne fut relevé que de la moitié, c'est-à-dire de 5 fr. en principal, soit 6 fr. avec les décimes.

Il y avait encore un autre moyen de ne pas recourir à cette
réélévation le droit de moitié, a ajouté M. Ancel, c'était de
faire une réélévation sucessive et momentanée, qui habi-
tuerait, par degrés, à subir des prix élevés.

Ensuite, l'orateur a constaté avec peine que la loi de
1860 avait été fatalement vouée à l'instabilité. Ainsi, le
drawback, ou restitution des droits à la sortie qui était acquis aux seuls sucres introduits par le pavillon français, a été
changé dans ses bases par des dispositions successives, et
l'on a voté une loi qui a donné aux colonies le droit de s'approvisionner où bon leur semble, de recevoir leurs marchandises et de transporter leurs produits par le pavillon
qu'elles jugeront le plus avantageux.

M. Ancel en a conclu que la marine marchande a aussi à
souffrir des instabilités d'une loi qui aurait dû ne jamais
souffrir de changement, et il a fait remarquer que la marine

marchande et celle de l'État formant également les matelots, il était d'un intérêt immense de ne pas leur nuire, puisqu'à un moment donné, on pourrait regretter d'avoir diminué cette force.

Après de très-courtes observations de M. Segris en réponse à M. Ancel, M. Voruz a pris la parole pour essayer de prouver que le gouvernement s'était trompé dans ses appréciations relatives à la surtaxe des sucres.

Son opinion, a-t-il déclaré, serait de laisser la consommation s'agrandir sous l'influence de dégrèvement, plutôt que de l'arrêter, suivant lui, par une surtaxe. M. Voruz a prétendu ensuite que M. Segris, dans son rapport, avait dit à tort qu'il fallait relever la taxe pour obtenir un accroissement de revenu réel. La consommation, au contraire, s'était accrue dans des proportions satisfaisantes. Après avoir exposé la consommation successive par année, avant et après sa diminution, il a fini par conclure qu'il n'y avait pas moyen de nier que l'accroissement de consommation depuis l'abaissement de l'impôt, ne fût plus grande que celle qui avait été signalée par M. Segris.

M. Segris ayant répondu au discours de M. Voruz, M. Curé a pris la parole pour soutenir, comme l'avait fait M. Voruz, que la consommation des sucres avait été notable depuis l'abaissement des droits, et qu'en cela les espérances conçues par le président du Conseil d'État dont il citait les paroles lorsqu'il s'était agi de la loi qu'il est question d'atténuer, avaient été réalisées. Il a demandé ensuite à la chambre si franchement, en rapprochant les dépenses de 1862 des dépenses de 1863, on n'aurait pas pu arriver à des économies qu'il n'y a pas lieu de regarder comme impossibles dans un budget de près de deux milliards. En tout état de cause, l'orateur a trouvé aussi que le recensement des sucres existants n'était pas utile et que le gouvernement devrait y renoncer.

M. Voruz a repris la parole pour déclarer de nouveau qu'il n'était point d'accord avec la commission relativement à son appréciation de la consommation des sucres, surtout de la consommation à venir dont l'augmentation, en laissant les choses telles qu'elles sont, pourrait s'élever en 1869 à 40 millions de kilogrammes.

Le conseiller d'État directeur général des contributions indirectes et des douanes, M. Barbier, a clos la discussion en reprochant certaines erreurs à MM. Curé et Voruz. Ainsi, l'on avait confondu le chiffre total en acquittements avec le chiffre de la consommation, ce qui est fort différent cependant. Il a signalé de même plusieurs erreurs commises dans la discussion et a fini par dire qu'autrefois, alors que les sucres étrangers étaient prohibés, l'on pouvait reconnaître l'inutilité du recensement, mais qu'aujourd'hui il devrait être et il était indispensable; parce que des sucres belges, par exemple, qui ayant acquitté le droit de 32 fr. pourraient être vendus ensuite comme s'ils avaient payé le droit de 42 fr., profitant seulement aux marchands et non aux consommateurs, et qu'ainsi, sans le recensement, on s'exposerait à demander aux populations une taxe dont le produit n'arriverait pas à la caisse du Trésor. M. Barbier a ajouté que cette mesure serait exécutée, du reste, avec tous les ménagements possibles.

L'art. 15 de la loi du Budget, relatif à la surtaxe des sucres, a été voté ensuite par 190 voix contre 36.

Si en France le sucre est taxé tout à la fois par la voie des douanes et par celle de l'impôt sur la fabrication intérieure, on doit ajouter que, dans un petit nombre de villes françaises, une contribution d'octroi a été autorisée d'une manière exceptionnelle sur le sucre, ainsi que sur quelques autres denrées coloniales.

En Angleterre, la taxe sur le sucre est presque exclusivement douanière. La fabrication du sucre indigène, que le gouvernement semble avoir voulu y décourager[1], est à peu près nulle, malgré quelques essais faits en Irlande, et ne donne lieu qu'à une perception absolument insignifiante.

Avant 1844, le droit normal était de 62 fr. par 100 kilog. pour le sucre des colonies anglaises et de 163 fr. pour le sucre étranger, d'après M. Ancel, dans son rapport du 11 mai 1860. (Mac Culloch donne le chiffre de 25 sch. 2 1/2 c. et 66 sch. 2 d. par quintaux anglais.) Cette différence entre les sucres d'origine diverse équivalait à une sorte de prohibition sur le sucre étranger. Une telle situation avait été sans inconvénient tant que les produits des possessions anglaises suffisaient aux besoins du marché. Mais il en fut autrement, ainsi que le rapporte M. Mac Culloch dans son ouvrage sur la *Taxation*[2], lorsque l'émancipation des esclaves eut rendu la production coloniale insuffisante, et eut dès lors élevé considérablement le prix du sucre de cette origine. L'acte de 1844 réduisit la différence de 41 sch. par quintal anglais entre les deux sortes de sucres à 10 sch. seulement par quintal, mais en accordant seulement cette réduction de droits aux produits réalisés sans le concours du travail esclave.

Cette distiction parut plus tard, suivant l'expression de Mac Culloch, un peu *don-quichottique*. L'Angleterre reconnut qu'elle n'avait aucun intérêt sérieux à traiter les sucres provenant de Java ou de Manille mieux que le sucre du Brésil, de la Louisiane ou de Cuba, et en 1846, tous les sucres étrangers furent placés sur le même pied. On posa à la même époque le principe de l'égalisation ultérieure des sucres de toute provenance, au taux de 10 sch. par

---

[1] *Dictionnaire d'Économie politique,* au mot *Sucre.*
[2] P. 214 et suiv.

quintal de sucre *muscovado*. Mais plus tard, sous l'influence des besoins de trésorerie résultant de la guerre d'Orient, les droits furent relevés, ainsi que l'a rapporté M. Ancel, dans son Rapport de 1860, à 34 fr. et 43 fr. les 100 kilog. Ce dernier droit a été établi en 1855 pour une période de cinq ans [1].

L'abaissement du droit sur les sucres étrangers, et la réduction ultérieure des droits sur les sucres de toute origine, réduction opérée en 1850, ont successivement élevé de beaucoup la consommation de l'Angleterre. En 1840, cette consommation était de 210 millions de kilog. En 1847, elle s'était élevée à 294 millions. Plus tard, par l'assimilation des sucres étrangers aux sucres coloniaux, elle franchit (en 1854) le chiffre de 400 millions, et, malgré une réduction, à la suite des votes de 1854 et de 1855, elle a atteint en 1859 le chiffre de 451 millions de kilog., et le montant de la perception s'est élevé à 148 millions de fr. Au reste, avant ce résultat si satisfaisant•financièrement, les conséquences des réductions successives étaient acceptées avec faveur. « Le revenu du sucre, disait M. Mac Culloch, a atteint en 1844 son produit maximum de 5,203,270 liv., et malgré les réductions considérables d'impôts opérées dans l'intervalle, il a été, en 1850, de 3,844,441 liv. Il est probable que cette diminution est plus apparente que réelle et qu'elle est, en partie du moins, compensée par une augmentation de consommation du thé, du café et du chocolat pour lesquels le sucre est, dans une certaine mesure, indispensable. Le bon marché de cette denrée est par conséquent très-avantageux aux classes moyenne et inférieure, dont les jouissances sont mises à meilleur compte. A l'exception du blé et de la viande de boucherie,

[1] Aujourd'hui, les droits du *muscovado* sont de 13 sch, 10 pour le *jaune*, et 12, 8 pour le *brun;* le *white clayed* paye 16, et les candis et raffinés sont taxés à 18, 4.

il n'est point d'article dont l'abondance à bas prix soit plus souhaitable, et plus importante pour le bien-être du peuple et le commerce de l'empire que ne l'est l'abondance du sucre à bon marché. »

L'impôt sur le sucre, qualifié d'*accise*, est en Hollande, aux termes d'une loi de 1846, de 13 fl. 50 cent. par quintal de sucre brut. Son produit en 1849 a été de 401,503 fl., chiffre confirmé par ceux des années antérieures, mais qui ne peut paraître en rapport avec la population du pays, qu'en tenant compte du drawback avantageux à l'exportation des sucres raffinés dont l'effet est de laisser dans la consommation du pays une grande quantité de sucre exempte de droit. Engels donne avec ces chiffres, confirmés approximativement par le budget de 1850 fondé sur une prévision de 450,000 florins, divers détails sur la législation hollandaise de la matière[1]. Une loi du 26 avril 1852 a élevé le produit *minimum* de l'accise à 1,500,000 fl., comme précaution et limite à l'encontre des effets du drawback, suivant le système existant en Belgique.

En Espagne, pays qui paraît trop chaud ainsi que l'Italie pour produire du sucre de betteraves, le droit de douane sur le sucre exotique produisait, il y a quelques années, d'après les renseignements déposés dans le livre de M. Conte, de 12 à 16,000,000 réaux, composant 10 à 12 p. 100, du revenu total des douanes.

La Belgique, qui a 68 fabriques de sucre, perçoit depuis son traité de 1861 avec la France, 45 fr. par 100 kilog. de sucre de betterave et de sucre de canne. Lorsque les deux taxes donnent un produit inférieur à six millions de francs, le drawback sur le sucre raffiné est proportionnellement réduit[2].

Le Zollverein allemand n'a pas seulement pour objet la

---

[1] P. 314 à 317.

[2] Voici le texte de la loi belge du 18 juin 1849, qui a été modifiée quant

perception collective des droits de douane de certains États.
L'impôt sur les betteraves (*Rübensteuer*) est encore perçu en
commun par les États de cette confédération économique,
et son produit en 1857, au moins d'après un compte provisoire analysé dans le *Journal de Francfort* du 10 avril
1858, a été de 5,869,916 th. ou environ 20 millions de fr.
Des 5,869,916 th. qu'a produits l'impôt sur le sucre de betterave, la Prusse a perçu 5,062,115 th.; le grand duché de
Bade, 257,452 th.; le Brunswick, 252,030 th.; le Wurtemberg, 186, 171 th.; la Bavière, 65,500 th.; la Thuringe,
38,234 th.; la Saxe, 23,582 th.; la Hesse électorale, 3,032
th.; le Hanovre, 1,784 th. De ce total, il reste, déduction
faite des frais de perception, 5,665,417 th. à répartir entre
les États intéressés.

Certains de ces États fournissent beaucoup plus au fonds
commun par leur production sucrière qu'ils ne retirent de
leur quote part dans le produit; ainsi Bade, il y a quelques années, fournissait près du triple de ce qu'il retirait[1].

Depuis la convention du 4 avril 1853, l'impôt, dans le

---

au chiffre de l'impôt sur le sucre de betteraves, par la loi du 15 mars 1856
et par le traité de commerce avec la France, et quant au minimum de l'impôt, par
la loi du 27 mai 1861 :

« Art. 1er. Le droit d'accise est fixé à 45 *fr. par* 100 *kilog.* de sucre brut de
canne, et à 37 fr. par 100 kilog. de sucre brut de betterave.

» Art. 6. Le produit de l'accise sur le sucre de canne et sur le sucre de betterave
est fixé, au minimum, à 875,000 fr. par trimestre.   .

» Si à l'expiration de chaque trimestre, à partir du 1er octobre 1859, ce minimum
de 875,000 fr. n'est pas atteint, la somme composant le déficit sera répartie par le
ministre des finances au marc le franc des termes ou des fractions de termes de
crédits aux comptes des raffineurs et fabricants raffineurs, et non échus au dernier
jour de trimestre.

» Ne sera point compris parmi les éléments de la répartition la décharge afférente
aux quantités de sucres raffinés ou de sirops pour lesquelles il aura été délivré,
pendant le trimestre, des permis d'exportation au dépôt de sucres raffinés en entrepôt public, alors même que ces documents ne seraient pas rentrés, dûment déchar-
gés, au dernier jour dudit trimestre. »

[1] *Beitræge zur Statistik des Grossherzogthums Badens*, p. 161.   ·

Zollverein, est de 5 silbergros 1/2, ou 56 centimes 1/4 par quintal (zentner de 50 kilog.) de betteraves, ce qui revient, selon les meilleurs calculs, à environ 9 fr. 37 c. par 100 kilog. de sucre fabriqué. Le sucre étranger paie, à son entrée dans le Zollverein, un droit double de 5 th. ou 18 fr. 75 c. Il a rendu, en 1857, d'après M. Rau, 1,714,636 th., dont 466,196 ont été restitués à l'exportation.

Le *Moniteur* du 17 janvier 1859, donne un tableau curieux des progrès dans le nombre des fabriques et les quantités de betteraves employées dans le territoire du Zollverein.

	Fabriques.	Quintaux métriques.
1853-54.	227	18,470,000
1854-55.	222	19,188,000
1855-56.	216	21,840,000
1856-57.	233	27,551,000
1857-58.	249	28,915,000
1858-59.	257	36,669,000

Ainsi, en cinq ans, l'emploi des betteraves a doublé, à très-peu près.

« La Prusse seule comptait, en 1858-59, dans le nombre des usines à sucre, pour 221 (sur 257), et dans la consommation des betteraves, pour 31,600,000 quintaux métriques (contre 36,669,000). Le Brunswick avait 14 fabriques; la Bavière, 7 ; le Würtemberg, 6 ; la Saxe, 3 ; le Hanovre et la Thuringe, chacun 2; Bade et la Hesse électorale, chacun. »

Le sucre indigène est taxé dans toute l'étendue de l'empire d'Autriche. La taxe est assise d'après le poids des betteraves employées, ou d'après la capacité des instruments de fabrication qui servent souvent de base à des abonnements consentis avec les fabricants. On peut consulter, dans le *Moniteur* français du 30 janvier 1860, un arrêté du ministre des finances d'Autriche réglant la restitution des droits de douane et de consommation sur les sucres exportés.

Le produit de l'impôt, qui était, en 1851, de 368,340 fl., et en 1854, de 821, 549 flor., s'était élevé, en 1856, à 1,576,879 [1]. La plus grande partie de ce revenu a toujours été fournie par la Bohême et la Moravie, qui produisaient à elles seules, en 1856, 1,103,019 fl. En 1857, l'impôt, qui était auparavant de 12 kr. par quintal de betteraves, a été porté à 18 kr.

En Russie, d'après le *Dictionnaire d'Économie politique*, les droits sur le sucre exotique sont énormes (90 fr. par 100 kilog.). Le sucre de betterave payerait seulement, depuis 1848, environ 15 fr. par 100 kilog. La perception serait faite, d'après l'exposé de M. H. Say, en prenant pour base les appareils extracteurs du jus. La fabrication paraîtrait s'être rapidement développée [2].

---

[1] *Tafeln zur Statistik des Steuerwesens, etc.*, p. 294 et 304.

[2] Le *Moniteur* a donné des renseignements curieux sur le *Travail et la production du sucre de betterave en 1848 et 1858 en Russie*.

D'après une estimation approximative, il y avait, en 1848, 33,200 dessiatines [1] de terres consacrées aux plantations de betteraves; on en comptait, en 1853, 51,535 dessiatines, et, en 1858, 49,277 dessiatines autour des fabriques; plus environ 28,000 dessiatines chez les paysans, soit en tout 77,277 dessiatines (84,000 hectares), lesquelles ont donné, à raison de 69 berkowetz [2] par dessiatine, 3,416,150 berkowetz, quantité à laquelle les potagers et champs des paysans ont ajouté 1,706,748 berkowetz. La production totale en betteraves aurait donc été, d'après ces données, de 5,122,898 berkowetz (828,635,000 kilogrammes), représentant une valeur de 3,586,019 roubles (14,344,000 fr.). Le prix moyen des betteraves ressort à 70 copecks le berkowetz (1 fr. 70 c. les 100 kilogr.).

Les fabriques qui travaillent au feu retirent de 16 à 22 livres de sucre brut par berkowetz de betteraves, et les fabriques à vapeur de 22 à 23 livres [3]. L'achat des os dans toute la Russie, objet insignifiant autrefois, met en circulation des sommes considérables.

En 1858, les fabriques de sucre de betterave ont employé près de 6 millions de pouds [4] de noir animal; en l'estimant, terme moyen, a 15 copecks, on arrive à une somme de 1 million de roubles. Naguère les fabriques n'employaient d'autre combustible que le bois; maintenant on fait usage de quantités considérables de

---

[1] La dessiatine = 1 hectare 09.

[2] Le berkowetz = 163 kilogr. 76.

[3] La livre russe = 0 kilogr. 409.

[4] Le poud = 16 kilogr. 38.

Diverses questions peuvent se poser au sujet de l'impôt des sucres, et notamment celle qui concerne la quotité de consommation dans ses rapports avec le prix de la denrée. Cette question est, à nos yeux, plus complexe peut-être pour le sucre que pour beaucoup d'autres denrées et pour le sel par exemple. Le sucre est en effet l'accessoire de certaines autres substances alimentaires comme le thé, le café, le cacao, les fruits, et il est difficile de mesurer sa consommation, indépendamment de celle de ces autres denrées.

En France, cependant, plusieurs financiers regardaient, il y a quelques années, la consommation comme très-sérieusement comprimée par l'élévation de l'impôt jusqu'à la législation bienveillante de 1860. « Notre consommation, écrivait en 1853 M. du Puynode, dans son ouvrage sur *la Monnaie, le crédit et l'impôt*, n'est que de 2 à 3 kilog. par personne, tandis qu'on trouve une consommation de 10 à 12 kilog. par personne en Angleterre, et dans la pauvre Savoie de 5 à 6 kilog.... Il y aurait, ajoute-t-il, dans une réforme importante et véritable de notre législation sur les

tourbe et de houille dans les gouvernements de Toula, Kharkhoff et Voronèje. En 1858, les fabriques ont brûlé 196,100 sajènes [1] cubes de bois, 120,000 pouds de houille, 6,170 sajènes cubes de tourbe, 12,500 chariots de paille, 700 sajènes cubes de fumier ; en tout, pour une somme de 150,860 roubles.

Le nombre des ouvriers occupés en 1858 était de 49,323 hommes, 16,841 femmes, 8,632 garçons et filles ; en tout, 77,536 individus. En 1848, il y avait 297 fabriques en activité, dont 40 à vapeur ; en 1858-1859, leur nombre était déjà de 425, qui étaient établis dans 23 gouvernements et 126 districts. Sur ce nombre, on en comptait 162 à vapeur, ayant 478 machines. La valeur de toutes ces fabriques, en 1859, s'élevait à 23,571,600 roubles. Elles ont produit, en 1858 et 1859, 2,673,770 pouds (43,796,000 kilogrammes) de sucre brut, représentant une valeur de 13,472,195 roubles, soit 53,888,780 francs.

D'après un document émané de la Société impériale économique de Saint-Pétersbourg, il existait, au 1er décembre 1856, dans tout l'empire, 435 fabriques de sucre de betterave, lesquelles se répartissaient entre les 23 gouvernements où l'on s'occupe de cette industrie. Le plus grand nombre s'en trouvait dans les gouvernements de Kieff, 79 ; Tchernigoff, 75 ; Toula, 43 ; Kharkhoff, 32, Podolie, 31, etc.

[1] La sajène = 2 mètres 13.

sucres, de nouveaux débouchés à ouvrir à notre commerce, de nouvelles cargaisons à assurer à notre marine, et une réparation à offrir à nos colonies pour la situation déplorable qu'on leur a faite. »

Cette manière de considérer la question de l'impôt du sucre peut donner lieu à des considérations très-élevées et très-approfondies. Mais les opinions du même écrivain sont fort contestables, lorsqu'il assimile le sucre au sel comme objet de première nécessité. Cette assimilation nous paraît démentie par l'expérience de la vie humaine et par l'histoire des nombreuses générations de nos ancêtres, auxquelles l'usage du sucre a été presque inconnu.

Les personnes qui voudront étudier la question d'extension de la fabrication des sucres liront avec intérêt le rapport fait à l'assemblée nationale législative par M. Beugnot, le 25 janvier 1851, ainsi que la récente discussion de 1860. L'opinion de M. Beugnot était favorable à une grande extension de la consommation par l'abaissement du tarif. Il rappelait, outre divers faits que nous avons cités sur la consommation de l'Angleterre et de la Savoie, la quotité de consommation de la Belgique, qui est de 6 kil. par tête, celle des Pays-Bas qui est de 9 kil., et il s'expliquait le chiffre de 3 kil. 21 gr. pour la consommation française d'alors par la supposition que les deux tiers de notre population ne faisaient presque aucun usage de sucre. M. Beugnot espérait par un abaissement de prix élever la consommation de la France à 5 kil. 33 gr. Sans contredire ce qu'il écrivait sur l'influence de la réduction de taxe, il ne faut pas perdre de vue en cette matière l'influence du progrès de l'aisance et du changement des habitudes qui ont suffi pour nous rapprocher du résultat désiré par M. Beugnot même avant toute modification de la législation fiscale sur la matière.

Les idées professées par M. Dumas et M. Beugnot en 1850

ont été du reste réalisées dix ans plus tard en grande partie par l'initiative du gouvernement impérial. C'est à un prochain avenir qu'il appartiendra d'établir l'influence réelle de l'abaissement du prix, maintenu en partie par la législation de 1862, sur l'extension de la consommation. Au commencement de 1862, l'Exposé de la situation de l'Empire avait constaté que la consommation en 1861 avait grandi de 21 pour 100, tandis que les accroissements annuels avant la détaxe étaient seulement de 7 pour 100. Les habitudes d'un pays tiennent à des causes très-complexes, et le climat comme la nature de l'ensemble des consommations peut opérer des réactions difficiles à mesurer sur telle ou telle consommation spéciale.

Ce qui est certain, c'est que la réforme nouvelle des droits sur les sucres et cafés a répondu à des préoccupations assez nombreuses. Dans l'intervalle de 1850 à 1860 diverses autorités, autres que celles dont nous avons déjà cité les vœux, avaient réclamé l'abaissement de la taxe française sur le sucre. « La nouvelle législation anglaise sur les sucres réduit le droit qui, autrefois, était bien plus élevé que chez nous, a dit M. Michel Chevalier, dans l'*Annuaire de l'économie politique de* 1854, à la moitié de ce qu'il est resté en France (à 24 fr. 85 c. par 100 kilog.). » L'auteur souhaitait l'abaissement du droit qui, selon lui, s'élevait à 80 pour 100 de la valeur du sucre brut et indigène, et l'abaissement des droits sur le café dans une proportion d'environ 100 pour 100, comme pouvant concourir utilement à l'extension de la consommation du sucre, surtout en présence des progrès remarquables produits en Angleterre par l'abaissement des droits sur cette denrée. M. Amé, dans ses *Études économiques sur les tarifs de douanes*, s'était aussi demandé « *s'il était de bonne administration de frapper un produit aussi utile que le sucre, déjà cher par lui-même, d'une taxe de* 80 *pour* 100. »

Le seul motif qui eût pu naturellement, au point de vue
exclusivement financier, empêcher le gouvernement d'opérer, en 1860, la réduction si souvent proposée, eût été tiré
en dehors de la balance générale entre les recettes et les
dépenses du pays, du progrès constant qui ressortait des
relevés de la consommation. C'est surtout, en effet, lorsque
la consommation d'un objet est stationnaire, qu'il peut
être utile d'imprimer un effort nouveau aux habitudes des
populations, en abaissant le prix d'une denrée trop négli-
gée. Lorsqu'au contraire la consommation progresse assez
rapidement, on peut supposer que le poids de l'impôt est
légèrement ressenti, et qu'il est utile d'associer le trésor aux
développements d'une consommation qui n'a pas besoin de
stimulants.

Les droits sur le sucre indigène se sont élevés, d'après les
comptes définitifs des recettes en France :

En 1848, à 23,804,292 f. 74 c.
   1849,   24,671,296 58
   1850,   31,360,709 02
   1851,   33,508,308 34
   1852,   32,500,923 »»
   1853,   33,483,311 73
   1854,   32,027,943 95
   1855,   30,111,931 42
   1856,   48,084,174 20 (Avec le double décime.)
   1857,   44,170,979 50 (*Idem*).

Les quantités se sont élevées de 49,632,518 kilog. en 1848,
à 92,405,869 kilog. en 1857.

Si l'on ajoute aux quantités taxées dans ces deux années
par l'administration des contributions indirectes les quantités frappées du droit de douane, on a, pour 1848, environ
107,000,000 kil., et pour 1857, environ 217 millions de kil.
Les progrès récents de la consommation sont marqués par
le tableau suivant dont je dois la communication à l'administration des Contributions indirectes.

Années.	Population.	Quantités atteintes.	Exportation.	Consommation.	Id. par tête.
		kil.	kil.	kil.	kil.
1856	36,039,364	214,739,591	49,772,542	164,967,049	4 758
1857	—	217,381,617	45,244,754	172,139,863	4 776
1858	—	279,689,988	74,620,112	205,069,876	5 690
1859	—	264,604,665	69,920,953	194,683,712	5 402″
1860	—	267,943,842	66,470,978	201,472,864	5 590
1861	37,382,225	307,504,500	67,210,200[1]	240,274,300	6 457
A déduire : zône de Savoie. . .	182,530				
	37,199,695				

Quelques lecteurs consulteront peut-être avec intérêt le
tableau suivant plus étendu, dont je dois la communication
à une personne adonnée à d'intelligentes investigations financières, et dont l'exactitude *générale et approximative* m'a paru
prouvée par les diverses rapprochements auxquels j'ai pu me
livrer. Ce genre d'exactitude est le seul qui ait de l'importance, et le seul d'ailleurs qu'il soit possible d'atteindre en
statistique, une foule de circonstances introduisant de petites
variations dans les chiffres recueillis pour les mêmes années.
Nous reproduisons donc ce tableau, sans être arrêté par
quelques différences peu importantes qu'il présente avec
des chiffres déjà donnés par nous.

[1] Dans les premiers mois de 1862, l'exportation a été de 81,902,000 kil. C'est là
une cause de pertes croissantes pour le Trésor, pertes dont la considération doit peser
sur l'adoption de quelques-unes dès résolutions que nous avons essayé d'indiquer
comme dignes d'étude, p. 316, ci-dessus, mais entre lesquelles le choix n'est pas
exempt de difficultés.

ANNÉES.	SUCRES EXOTIQUES importés		SUCRES indigènes soumis aux droits.	TOTAL.	SUCRES raffinés exportés représentant en sucres bruts.	RESTANT pour la consommation intérieure.	CONSOMMATION intérieure en nombres ronds.
	de l'étranger.	des colonies.					
	Quint. m.	Quint. m.	Quint. m.	Quint. m.	Quint. m.[1]	Quint. m.	kilogr.
1827.........	9,444	593,733	»	603,177	60,860	542,317	
1828.........	6,799	709,230	26,000	742,029	68,159	673,870	
1829.........	5,291	740,101	44,000	789,392	95,365	694,027	
1830.........	7,769	688,849	55,000	751,618	120,283	631,335	
1831...........	4,458	812,896	70,000	887,354	138,272	749,082	
1832.........	3,465	822,477	90,000	915,942	221,116	694,826	
1833.........	15,000	699,187	120,000	835,009	150,072	684,997	
1834.........	43,608	664,754	200,000	908,422	39,231	869,191	
1835...........	32,925	693,395	300,000	1,026,320	59,998	966,322	
1836.........	10,128	661,890	400,000	1,072,018	106,051	965,967	
Moyenne décennale...	13,983	708,651	130,500	853,134	105,941	747,193	75,009,000
1837.........	33,430	664,897	489,688	1,188,015	59,016	1,128,999	
1838.........	33,095	601,467	492,361	1,206,923	79,824	1,127,099	
1839.........	6,553	716,131	350,159	1,072,843	98,722	974,121	
1840.........	66,664	784,451	281,023	1,132,136	52,417	1,079,721	
1841.........	120,416	745,145	274,625	1,137,186	115,806	1,021,380	
1842.........	82,096	774,430	350,704	1,207,230	80,714	1,126,516	
1843.........	96,053	794,552	291,546	1,182,151	96,310	1,085,841	
1844.........	102,688	873,819	320,742	1,297,249	96,221	1,201,028	
1845.........	115,420	909,581	351,328	1,376,329	203,374	1,172,955	
1846.........	151,849	786,516	468,457	1,406,622	125,982	1,280,640	
Moyenne décennale...	80,826	773,079	366,763	1,220,668	100,838	1,119,830	112,000,000
1847.........	96,261	878,261	523,703	1,498,225	184,006	1,314,219	
1848.........	95,400	483,708	481,027	1,060,133	82,581	977,554	
1849.........	188,779	654,661	560,734	1,344,174	129,854	1,214,320	
1850.........	238,584	511,715	597,589	1,347,888	205,632	1,142,256	
1851.........	233,891	484,504	640,807	1,359,202	203,698	1,155,304	
1852.........	297,685	640,181	641,285	1,579,151	218,708	1,360,443	
1853.........	308,780	656,821	738,145	1,703,746	258,220	1,445,526	
1854.........	380,676	822,114	674,437	1,877,227	355,773	1,121,454	
1855.........	596,549	907,473	565,293	2,069,315	460,789	1,608,526	
1856.........	328,994	935,310	885,220	2,149,524	497,725	1,651,799	
Moyenne décennale...	276,500	697,475	624,824	1,598,859	259,719	1,339,140	134,000,000
Comparaison de la moyenne de 1847 à 1856 avec celles de: 1837 à 1846. En plus....	242 p. %	» p. %	70 p. %	31 p. %	158 p. %	20 p. %	
En moins..	» »	10 »	» »	» »	» »	» »	
De 1827 à 1836 En plus....	1,878 »	» »	379 »	87 »	145 »	79 »	
En moins..	» »	» »	» »	» »	» »	» »	
1857.........	522,790	849,620	792,080	2,164,490	484,725	1,679,765	
1858.........	395,261	1,162,452	1,196,640	2,754,353	799,461	1,954,892	181,500,000

1 Chiffres calculés sur un rendement moyen de 70 p. % de sucre raffiné par 100 kilog. de sucre brut.

Quant au mode d'assiette de l'impôt sur les sucres, il peut reposer sur la matière solide soumise aux opérations de la fabrication, ou sur les jus dont le sucre est extrait, ou sur le sucre fabriqué lui-même.

La voie de l'exercice sur le produit fabriqué a été consacrée itérativement en France par les lois du 19 juillet 1837 et du 31 mai 1846, et préférée à l'assiette de la taxe sur les betteraves usitée en Prusse. On peut objecter au système prussien, vu cependant avec faveur par M. M. Chevalier comme favorable aux progrès de l'extraction, que le même poids de betterave renferme, suivant le sol de production et suivant l'année, des quantités de sucre très-différentes, et en outre lorsque l'on veut équilibrer l'impôt sur le sucre colonial et l'impôt sur le sucre indigène, il paraît naturel de considérer le produit fabriqué plutôt que de comparer des matières premières très-différentes.

Aux termes de la dernière loi française que nous venons de citer, nul ne peut fabriquer de sucre, préparer ou concentrer des jus ou sirops cristallisables, qu'après avoir fait au bureau de la régie des contributions indirectes une déclaration présentant la description de la fabrique, et indiquant le nombre et la capacité des vaisseaux de toute espèce destinés à contenir des jus, sucres, sirops, mélasses, et autres matières saccharines. Tout fabricant est tenu de se munir d'une licence de 50 fr. Les principales opérations de la fabrique doivent être consignées sur des registres tenus par le fabricant, qui est soumis aux visites et vérifications des employés de la régie des contributions indirectes, et à divers inventaires. Il ne peut être introduit de sucres indigènes ou exotiques, de sucres imparfaits, sirops ou mélasses dans les fabriques. Les sucres indigènes ou exotiques, libérés ou non libérés d'impôt, les jus, les sirops et les mélasses, doivent être accompagnés, à la circulation, d'un acquit-à-caution dans l'arrondissement où il existe une fabrique de sucre, et dans les cantons limitrophes de cet arrondissement. Toutefois la circulation des sucres raffinés en pains ou candis, libérés d'impôt, enlevés de tout autre lieu que d'une fabrique ou d'un magasin appartenant à un fabricant, peut avoir lieu sans acquit-à-caution.

Les fabricants de glucoses sont soumis à la plupart des obligations imposées aux fabricants de sucres de betterave. Les fabricants de sucres et de glucoses payent chaque mois les droits dus, sous déduction de 2 pour 100 du poids net pour bonification. Les sommes dues peuvent être payées en obligations dûment cautionnées, à quatre mois du terme du jour où le droit est exigible, pourvu que chaque obligation soit au moins de 300 fr.

La disposition qualifiée d'abonnement dans la loi française de 1860 est, en réalité, la faculté alternative pour les fabricants de sucre indigène de payer l'impôt sur le produit achevé ou sur le jus soumis à leur élaboration. Un règlement d'administration publique a dû régler l'exercice de cette faculté.

Au milieu des remaniements fréquents dont la législation fiscale des sucres est l'objet, on doit constater que l'impôt sur cette matière est une des plus productives conquêtes, ajoutées par les financiers du xixe siècle, au domaine des taxes sur les consommations, de même que le produit qui y donne lieu rappelle une des plus belles acquisitions dues aux progrès simultanés du commerce, de la navigation, de l'agriculture et de la chimie modernes. Il est difficile, malgré les réductions dont le sucre a été l'objet en divers pays, quant à la taxe qui le grève, de ne pas considérer cette matière comme éminemment imposable, par le motif qu'elle n'est l'objet ni d'une consommation de luxe restreint, ni d'une consommation indispensable et nécessaire.

ARTICLE 6.

IMPOTS SUR DIVERS COMESTIBLES.

Les taxes sur les comestibles n'ont guère d'autres limites que le domaine des objets utiles à la nourriture de l'homme.

L'ancienne Hollande, qui imposait tout, a eu des taxes sur les fruits rapportant de 40,000 à 50,000 fl., dans le xviiie siècle, et des taxes sur le beurre, dont le produit a varié pendant le même temps de 144,611 à 256,571 fl.

Nous voyons dans les tarifs d'octroi des villes de France, figurer les objets les plus variés, surtout parmi les comestibles de luxe. Les denrées servant aux plus simples besoins du ménage, comme le lait, les légumes, les céréales et les fruits de table, sont seules ordinairement protégées.

L'étude des produits donnés par la *verzehrungsteuer* autrichienne, dans les vingt-sept villes fermées de l'empire, montre la même variété de résultats, et nous trouvons même dans ces comptes le produit de taxes sur des objets dignes de ménagement dans l'intérêt de la classe peu aisée, comme les œufs, le beurre, les fruits, les légumes, qui ne sont que rarement taxés en France, même pour les besoins communaux. Les œufs ont produit, en 1856, à Vienne, 47,000 fl.; à Linz, 265 fl.; à Prague, 6,573 fl.; à Lemberg, 3,266 fl.; à Gratz, 2,990 fl. [1]; le miel a donné, à l'entrée de Vienne, 1,597 fl. en 1856.

Une réflexion du même genre est inspirée par l'examen des tarifs de l'impôt de consommation dans les

---

[1] Les œufs, volailles et fruits comptent pour 82,490 fr. dans le produit des taxes de consommation sur les denrées territoriales en Italie.

villes murées de l'Émilie, tarifs annexés au rapport de
M. Joachim Pepoli, publié récemment à Turin, sur le budget de cette contrée. Les articles de luxe y sont plus souvent
omis que ceux de première nécessité.

La glace est un objet imposé, dans divers pays du midi
notamment. Elle est comprise dans les droits de *consumos* en
Espagne, et figure depuis assez longtemps, parmi les consommations taxées dans ce pays [1]. Elle est aussi l'objet d'un
monopole à Rome et à Naples [2]. Elle rend plus de 300,000 fr.
à l'octroi de Paris.

Le poisson semble avoir dû être, dans quelques pays, une
matière très-utilement imposable. Aussi le trouvons-nous
imposé dans la Hollande et dans le Milanais. Le même objet
(*pescado*) constitue l'une des catégories des matières soumises à l'impôt des *puertas* espagnoles.

Les fromages fabriqués, on le sait, sur une grande
échelle, dans des conditions agricoles déterminées, ont dû
fixer aussi l'attention du fisc, et nous savons qu'ils ont été,
en effet, taxés autrefois dans les États soumis à la maison de
Savoie.

Aujourd'hui même, dans le tableau des produits de diverses taxes de consommation en Italie, nous voyons les fromages représenter un produit total, soit pour l'État, soit pour
les communes, de 863,118 liv.

Mentionnons encore le safran imposé à Naples, d'après
l'histoire des finances de cet Etat, par M. Bianchini, et le
monopole de la manne, substance à la fois alimentaire et mé-
dicinale recueillie dans le royaume de Naples. Un auteur du
dernier siècle, Broggia, nous rapporte que ce dernier mono-

---

[1] Voir la *Biblioteca de Hacienda*, publiée en 1840, par dom Jose Lopez Juana
Pinilla, t. II, p. 219 à 224.

[2] Au budget du royaume d'Italie de 1862, on voit figurer une prévision de
343,000 fr. de recette pour le produit de la glace, *per Napoli e Casati.*

pole, aboli à ce que nous croyons aujourd'hui, donnait lieu
à des fraudes sans nombre, de telle sorte que la manne
valait ordinairement, à Venise et à Livourne, la moitié ou le
tiers de ce qu'elle valait à Naples, sur le lieu de la production. « L'affitto, dit M. Broggia, transfère aux étrangers l'a-
vantage d'un produit dont la nature avait enrichi l'État par
un bienfait spécial. »

C'est dans cette même extrémité de l'Italie, féconde dans
le passé en hardiesses fiscales, qu'un impôt sur les figues,
décrété en 1647, produisit, dit-on, une révolution. Aujour-
d'hui encore, Naples et sa banlieue sont soumis à une sorte
d'octroi qui atteint au profit de l'État le pain, le vin, la
viande, le poisson, et même d'autres consommations comme
la chaux. Le produit de ce *dazio* aurait été, d'après M. Dias,
de 2 millions de ducats en 1834.

Un impôt *général* sur les comestibles a été conçu et appliqué par quelques législateurs financiers. Une proposition de ce genre occasionna indirectement, au XVIIe siècle,
une révolution en Danemark, suivant ce que rapporte Sinclair.

Jusqu'au commencement de ce siècle, c'est-à-dire jusqu'en 1810, tous les comestibles, sans distinction, étaient
frappés en Prusse d'une accise, au profit de l'État, à la porte
des villes; on n'en exceptait ni les fraises, ni les champi-
gnons, ni même, au rapport de M. Hoffmann, ce fruit modeste des pays froids (*heidelbeeren*), laissé ordinairement à
la soif des chasseurs et des bergers, ou cédé à vil prix dans
les marchés de quelques-unes de nos villes, sous le nom de
bleuets ou *myrtiles*, servant aussi à faire en Espagne une
sorte de vin [1], d'après un voyageur du dernier siècle,

---

[1] Introduction à l'histoire naturelle et à la géographie physique de l'Espagne,
traduite en français, et publiée en 1776 par le vicomte de Flavigny. L'airelle myr-
tile, d'après cet ouvrage, s'appelle, en Espagne, *raspana* et *arondilla*. Il faut
lire probablement *arandano*. Car il y a en Espagne trois végétaux différents qui
portent ce nom, d'après le *Diccionario enciclopedico de la lengua espanola*.

G. Bowles, et qui nous rappelle les *vaccinia nigra* de Virgile. C'est par lui que nous pouvons finir sans regret notre énumération des comestibles imposables, rangés dans l'ordre décroissant de leur utilité et de leur valeur.

SECTION II.

DES IMPOTS SUR LES BOISSONS.

PRÉLIMINAIRES

Les taxes sur les boissons spiritueuses ne figurent pas dans le tableau des impôts de consommation, chez les peuples modernes de l'Europe, pour des sommes beaucoup moins importantes que les taxes sur les comestibles, et elles paraissent même les dépasser dans quelques États. Si les liquides spiritueux sont en général pour l'existence d'une moindre nécessité que les comestibles, si, sous ce rapport, un financier anglais du siècle dernier s'enorgueillissait de ce que le budget de l'Angleterre, si sévère pour les boissons, n'atteignait presque aucun comestible ; si le nombre et la variété des unes sont moindres que le nombre et la variété des autres, cependant l'attrait que les spiritueux ont pour les populations attribue aux taxes qui les atteignent une importance financière égale à celle des impôts qui frappent les matières solides de l'alimentation. Elles semblent même avoir devancé, dans certains pays, les impôts sur les denrées comestibles ; et, en Angleterre spécialement, l'excise paraît avoir atteint la bière, le poiré et le cidre plus anciennement que la viande et le sucre.

Quoique les diverses boissons puissent être confondues, à la rigueur, dans l'exposé des règles qui président à leur taxation considérée d'une manière générale, cependant la méthode analytique que nous avons généralement suivie dans

le cours de nos recherches sur les impôts nous conduira à
traiter notre sujet sous trois rubriques distinctes.

Nous étudierons d'abord les taxes sur les vins et nous y
rattacherons ce qu'on pourrait appeler les vins de fruits,
comme les cidres, les poirés et même les hydromels, qui en
sont rapprochés dans la législation française, et qui n'ont
d'ailleurs aujourd'hui en aucun pays d'importance fiscale sérieuse. Nous examinerons, en second lieu, les taxes sur la
bière, boisson différente des précédentes, non-seulement par
la matière et les formes de sa fabrication, mais encore par
les règles habituelles qui président à sa taxation. Nous y rattacherons les taxes sur le vinaigre usitées dans quelques
États. Enfin nous traiterons des taxes sur l'alcool, substance
plus récente que les précédentes dans l'ordre des découvertes
de l'industrie alimentaire, substance fabriquée aussi par des
instruments très-différents de ceux qui servent à produire
les vins et les bières, mais qui a acquis une grande importance fiscale, non-seulement par la variété si grande des
matières dont l'art moderne est parvenu à l'extraire, mais
encore par l'élévation des taxes qu'elle peut supporter sans
une restriction considérable de sa consommation.

Cette triple division correspond aux procédés de l'art, aux
principes de la législation fiscale ; elle correspond en outre
à la variété d'importance des diverses boissons sous le rapport des industries et des finances des diverses nations. Car
les impôts sur les vins et les autres liqueurs obtenues par
pression ont surtout de l'importance en France ; les taxes
sur la bière sont spécialement productives en Allemagne et
en Angleterre ; les taxes sur l'eau-de-vie, assez fécondes
partout, ont surtout dans les pays du Nord une grande importance financière.

ARTICLE I.

IMPOT SUR LES VINS, CIDRES, POIRÉS ET HYDROMELS [1].

L'empereur Cantacuzène frappa le commerce des vins, qui paraît avoir été libre de toute charge *spéciale* sous les Grecs anciens et les Romains, d'une taxe d'un et deux byzantins par 50 conges : deux sur le citadin qui achetait, un sur le paysan qui vendait. L'empereur de Byzance paraît avoir été conduit à cette espèce de droit différentiel par des sentiments de bienveillance pour les agriculteurs [2]. Il ne comprenait probablement pas que l'incidence des deux droits réunis constituait un fonds commun à la charge des deux parties dans des proportions qui pouvaient être indépendantes du partage qui en était fait légalement.

Au moyen âge européen, on voit apparaître les taxes sur les boissons en divers pays, et notamment dans le nôtre.

Les boissons produites par l'agriculture même du pays ont dû se présenter d'abord, en effet, à la pensée des législateurs financiers de la France. D'un usage général, elles promettaient des ressources abondantes ; d'un transport difficile, elles ne pouvaient guère échapper à l'action du fisc. La France, par ses riches vignobles, est, sous ce rapport, le pays dans lequel l'impôt des boissons a pris, dans les temps

---

[1] Je suis redevable à M. le vicomte de Luçay, auditeur au conseil d'État, de notes considérables sur l'historique de cette partie capitale de notre impôt sur les boissons en France ; notes que j'ai souvent textuellement reproduites.

[2] Cantacuzène, homme d'État et historien, *Thèse de littérature et d'histoire*, par Val-Parisot, agrégé d'histoire, professeur à la Faculté des lettres de Rennes, p. 231. Paris, 1845.

modernes, le plus d'importance. Ainsi trouvons-nous, en 1324, sous le règne de Charles VI, vingt-huit droits ou taxes qui se percevaient, à différents titres, sur la production, la circulation et la vente des vins, et dont on aperçoit les traces, nous dit M. le comte de Villedeuil [1], soit dans le *Glossaire* de Du Cange, soit dans celui de Laurière, soit dans le registre manuscrit des péages de Paris, soit enfin dans le *Coutumier général* et dans les diverses autres coutumes séparément éditées. Pour la plupart, amalgamés dans les *aides*, ils ne furent pas perdus pour le prince qui, en héritant des seigneurs, profita également des priviléges lucratifs dont le droit féodal leur accordait la jouissance. Il serait fastidieux d'entrer dans des détails circonstanciés, qui n'auraient, après tout, qu'une valeur conjecturale. Bornons-nous à une rapide énumération de ces droits, d'après l'auteur que nous venons de citer [2].

Droits de production.

Vinage. — Le vinage était un droit en argent, que le producteur devait acquitter avant de soutirer le vin de sa cuve, où il avait dû subir la fermentation.

Droits de circulation.

Vinage. — Il se percevait au profit du seigneur.

Cellerage. — Le cellerage était un droit qui frappait le transport immédiat du vin dans les caves, ou « celliers. »

Chantelage. — Le chantelage était un droit perçu sur le transport des chantiers aux celliers. Il paraît que le chantelage était surtout en usage à Paris.

Traînage. — C'était un droit perçu sur le transport du vin d'une maison à une autre, en y traînant le tonneau.

[1] *Histoire de l'impôt des boissons*, 1 vol. in-8°, p. 71.
[2] Voyez, pour cette classification et la signification de ces droits, l'ouvrage pré cité de M. de Villedeuil, p. 72.

Ventrage. — C'était un droit que les seigneurs levaient sur le vin transporté dans leur territoire.

Rouage. — Il consistait en un autre droit perçu sur le transport des vins.

Timonage. — C'était un droit de circulation de trois oboles par charrette, que payait le vin en passant sur les routes.

Mueson. — C'était un droit de circulation perçu sur le transport du vin de la cave du vendeur dans celle de l'acheteur. Le nom de cet impôt signifiait peut-être *mutation*.

Pontenage. — Péage que payait le vin en passant dessus ou dessous les ponts.

Cauciage. — Ce droit était perçu pour l'entretien des routes, « *des chaussées.* »

Pavage. — Il était perçu pour l'entretien des chaussées pavées.

Guidonnage. — C'était une assurance que les seigneurs levaient sur les marchands pour la sûreté et les indications qui guidaient ceux-ci en traversant le territoire seigneurial.

Barrage. — Les barrages n'étaient que des péages.

Travers. — Droits perçus par les villes et par les seigneurs sur les marchandises qui traversaient leur territoire.

Portaticum. — Impôt levé sur les marchandises pour l'entretien des portes des villes.

Droits de détail.

Liage. — Droit perçu sur la lie des vins vendus en détail. A Paris, ce droit rentrait dans les profits du grand bouteillier de France.

Rouage. — Autre droit sur les vins transportés sur roues.

Botage. — Droit de détail perçu au profit du seigneur du lieu où le vin était détaillé par « botte » ou grande bouteille.

Bouteillage. — Ce n'était qu'une autre forme du droit précédent.

Tonneu. — Droit de vente en gros par tonne.

Levage. — Droit de consommation perçu sur chaque pièce de vin, cidre ou cervoise enlevée par l'acheteur.

Jalage. — Autre droit de vente.

Droits divers.

Pelage. — Droit levé sur le chargement et le déchargement des vins.

Droit de vins et ventes. — C'était un droit que payait au seigneur l'acquéreur d'un héritage censuel où se trouvaient des vins.

Quayage. — Droit de déchargement sur un quai.

Levage. C'était le salaire d'une visite faite aux boissons mises en vente afin de s'assurer qu'elles étaient *bonnes à entrer en corps humain*, comme dit la coutume de Ponthieu, ou *à bouter au corps humain*, ainsi que s'exprime la coutume de Montreuil.

Droits actifs.

Vinade. — Obligation où était le vassal de charger les vins de son seigneur [1].

Total : vingt-huit droits différents qui, tombés par la suite en désuétude, nous prouvent néanmoins qu'au moyen âge les boissons étaient au moins autant, qu'aujourd'hui, soumises à l'impôt. « Et le samedy 3 août 1464, est-il dit dans une ancienne histoire de Louis XI, citée par M. de Villedeuil (p. 75), le roy, ayant singulier désir de faire du bien à sa ville de Paris et aux habitants d'icelle, remit le quatriesme du vinc vendu au détail en ladicte ville au huictiesme. »

---

[1] Ceci était évidemment, j'en demande pardon à l'auteur que je cite, une sorte de corvée, non une taxe sur la denrée.

Bientôt ces droits divers se fondirent dans un impôt plus général, connu sous le nom d'*aides* [1], et dont il est nécessaire de parler en général avant de marquer la place que les taxes sur les boissons et spécialement sur les vins, cidres et poirés, y ont occupée.

Le mot *aides*, dans sa signification primitive, comprenait les subsides de toute espèce imposés sur les peuples pour aider le souverain dans les différents besoins de l'État.

Ressource souvent employée dans l'âge féodal par les seigneurs et suzerains particuliers, l'aide fut conservée et généralisée par les rois. Revêtant presque toujours la forme indirecte, cet impôt frappait, à l'origine, la plupart des transactions sur les denrées. Une ordonnance du 25 février 1318 témoigne que sous Philippe le Long il existait, indépendamment d'une gabelle ou impôt sur le sel, une imposition de quatre deniers sur la vente des denrées. Les aides avaient alors un caractère essentiellement temporaire. Elles étaient accordées par les États, soit du royaume, soit des provinces, pour des circonstances spéciales et extrêmes, et sous la condition de cesser d'être perçues quand cessaient les causes qui les avaient fait naître. Tous les habitants du royaume, nobles, priviligiés et non privilégiés, y étaient soumis [2]. Mais des exceptions ne tardèrent pas à se produire. En outre, comme l'impôt était toujours établi en vue d'un danger, d'un besoin pressant, il en résulta que le pouvoir acceptait toujours et provoquait même souvent, de la part des villes ou des provinces, des rachats moyennant une somme une fois payée, consacrant ainsi, entre les diverses parties du

---

[1] Moreau de Beaumont, *Des Impositions de la France,* t. III.—Le Trosne, *De l'Administration provinciale et de la réforme de l'Impôt,* liv. III, chap. VI et VII.

[2] Les aides étant considérées comme accordées pour la garde et défense de tous les habitants du royaume, taillables et non taillables, tous doivent, par suite, y contribuer sans aucune exception. Telles sont les prescriptions des lettres patentes du 24 octobre 1383.

royaume, une inégalité qui ne prit fin qu'en 1789. Dès les règnes de Charles V et de Charles VI, apparaît la distinction entre les provinces où les aides ont cours et celles où elles ne sont pas imposées.

La taxe sur la vente du vin et des diverses boissons d'abord confondue avec celle qui pesait sur toutes les denrées, commença à en être distinguée au xive siècle. L'ordonnance de 1360 avait fixé cette taxe au treizième au lieu du douzième perçu sur les autres marchandises. Les lettres patentes du 21 janvier 1382 firent un pas de plus, et consacrèrent la différence entre la vente en gros et la vente au détail. Le droit de douze deniers pour livre dans le premier cas s'élevait à la huitième partie du prix dans le second. Il devait être acquitté par le vendeur. La distinction continua à se marquer de plus en plus, et le nom d'*aides* fut peu à peu réservé aux impôts sur les boissons, de même que le terme, d'abord générique, de *gabelle*, devenait la désignation spéciale des droits sur le sel. En 1789 on comprenait sous le nom d'aides, les taxes portant sur les boissons, soit aux passages, soit aux entrées, soit au débit; quelques autres droits, sur les boucheries, le pied fourché, les suifs, les objets de consommation aux entrées de Paris, étaient également joints à cette ferme.

Les aides commencèrent à devenir des impositions fixes et ordinaires sous Charles VI; et dès lors les besoins sans cesse renaissants du pouvoir en accrurent l'importance presque à chaque règne. Toutefois, avant Louis XIV, elles n'avaient jamais été l'objet d'une réglementation générale. Aussi la variation des droits de province à province, la différence des modes de perception, l'absence de données précises et certaines sur les exemptions, avaient-elles amené une telle confusion, qu'une réforme parut indispensable à cette époque. Les ordonnances de 1680 et 1681 simplifièrent la perception en réunissant plusieurs droits entre eux, fixèrent leur quotité, les assujettissements, les exemptions, ainsi que le système de régie.

Elles ne remédièrent cependant qu'incomplétement au mal [1], et la création successive de nouveaux droits rendit bientôt une nouvelle codification nécessaire. Voici ce que dit à ce sujet Le Trosne, dont les opinions *physiocratiques* doivent toutefois inspirer une certaine défiance : « Il n'y a pas d'impôt aussi compliqué que les aides. Il faut être initié dans cette perception pour en suivre toutes les ramifications, puisqu'il y a vingt-cinq espèces de droits généraux, et ensuite autant de droits locaux, sans compter les droits de traites, qui sont très-considérables, sans compter les droits d'octrois et les péages, qui appartiennent aux villes et aux seigneurs. Ces droits sont accumulés sur les boissons aux entrées des villes, sur les chemins, à l'entrée de certaines provinces, dans les auberges et cabarets, et à chaque mouvement que fait la production, qui ne peut changer de place d'un pas à l'autre sans en acheter la permission. Cette perception si compliquée a exigé une législation immense et dont il est impossible aux citoyens d'acquérir la connaissance, de manière que les contraventions deviennent une des principales branches du produit. » La cause réelle du mal était moins en effet dans l'élévation de l'impôt que dans le vice de sa répartition, dans l'inégalité des charges supportées par les provinces.

Les pays d'aides étaient : les généralités d'Amiens, Bourges, Châlons, Lyon, Moulins, Orléans, Paris, Poitiers, Soissons, Tours, Alençon, Caen, Rouen et partie de celles de Dijon et de La Rochelle. L'impôt n'y était pas uniforme : ici on percevait des droits moindres ; là des droits plus élevés ; tantôt l'impôt frappait à la fois à l'entrée, au passage,

---

[1] « Colbert eut l'honneur, dit Forbonnais, d'avoir simplifié ces lois, car lui-même ne se flatta point de les avoir perfectionnées. »

à la consommation ; tantôt il n'était exigé que dans l'un de ces trois cas.

Nous avons cru intéressant de retracer rapidement les diverses formes que revêtait l'impôt des boissons au moment de la révolution de 1789, savoir [1] : à la vente en gros ; à la vente en détail ; aux entrées. Nous donnerons ensuite la nomenclature des divers droits particuliers.

Vente en gros.

1° Droit de sou pour livre ou de gros, perçu sur les boissons à chaque vente et revente.

2° Droit d'augmentation ou 16 s. 3 d. sur le gros. Ce droit était perçu sur les boissons, à l'entrée, à la vente, à la sortie et aux passages.

Pour assurer le payement des droits de gros et d'augmentation à la vente, l'administration avait adopté le système des *inventaires*. Dans ce dernier cas, l'impôt prenait le nom de *gros manquant*. Les formalités auxquelles donnait lieu sa perception se retrouvent, en grande partie, dans la loi du 5 ventôse an XII. Elles nous ont paru à ce titre intéressantes à rapporter.

Chaque année, six semaines après l'ouverture des vendanges, dans les bourgs, villages, villes non fermées et leurs faubourgs, il était, par des commis aux aides, procédé à l'inventaire et à la marque des vins récoltés en présence du propriétaire et du syndic ou d'un marguillier de la paroisse. Cette opération devait avoir été annoncée dans la localité, trois jours au moins à l'avance. Les commis avaient droit de visiter les caves, pressoirs et celliers ; le vin non déclaré était

---

[1] Nous empruntons la division des droits en ces trois catégories au rapport de 1851, à l'assemblée législative, sur l'enquête des boissons, sauf quelques rectifications de détail.

confisqué. L'inventaire de la récolte suivante servait de récolement à celui de l'année précédente. Le redevable était tenu du payement des droits sur les quantités manquantes, sauf justification de leur acquittement lors de la vente, et après déductions légales. Ces déductions étaient accordées pour consommation domestique, lies, coulages, etc.

En voici le détail. Celui qui ne recueillait que 3 muids de vin n'en devait aucun compte. De 3 à 6 muids, la déduction était de la moitié de l'excédant des 3 premiers muids ; de 6 à 12, du tiers ; de 12 à 24, du quart ; de 24 et au-dessus, du cinquième. Pour chaque charrue, il était accordé une déduction de 3 muids en sus. « Le gros manquant, dit Le Trosne, est très-gênant pour la propriété, à cause des inventaires. Un homme ne peut pas boire son vin tranquillement sans tenir un compte courant avec les commis. »

3° Droit de jauge et courtage. Ce droit avait été établi, dans l'origine, pour rémunérer ceux qui avaient la charge spéciale de vérifier les vins. Ces charges, tour à tour supprimées et rétablies, furent définitivement abolies en 1689 ; mais les droits continuèrent à être levés au profit du roi. Le droit de jauge était levé à la première vente ; celui du courtage, à chaque vente et revente. Ce droit frappait les boissons, soit qu'elles vinssent de l'étranger, soit qu'à l'intérieur, elles fussent transportées, 1° d'un pays exempt dans un pays d'aides ; 2° d'un pays exempt dans un autre exempt ; 3° d'un pays sujet dans un autre également sujet, si dans le passage il y avait un trajet de trois lieues au moins sur un pays soit sujet, soit exempt.

4° Droit de courtiers jaugeurs. Son origine était commune avec celui de jauge et courtage, mais il formait cependant une taxe distincte. Les droits de jaugeurs étaient dus dans tous les pays d'aides au premier enlèvement, suivant un tarif uniforme (4 s. par muid de vin, 2 s. par

muid de cidre, bière et poiré, et'8 s. par muid d'eau-de-
vie ou de liqueurs.) Les droits de courtiers frappaient les
breuvages à la vente et revente, suivant un tarif arrêté pour
chaque généralité. Ces droits se percevaient dans différents
cas, savoir : 1° à la vente en gros sur les boissons vendues,
échangées ou données, à chaque translation de propriété
même sans déplacement ; 2° au *premier* déplacement seul
(les autres déplacements étaient exemptés), sans mutation de
propriété, du lieu où elles avaient été fabriquées pour être
transportées dans l'habitation du propriétaire consommateur ; 3° à l'arrivée sur les boissons transportées d'un pays
exempt et rédimé dans un pays d'aides ; 4° au passage sur
un pays d'aides, et au séjour de passage durant plus de
huit jours, en cas de transport par eau, ou plus de trois, en
cas de transport par terre, attendu que, le lieu de passage
était alors considéré comme celui de destination.

Dans nulle circonstance, même s'il n'était dû aucun
droit, il ne pouvait, dans les pays d'aides, être fait aucun
transport ou déplacement de boissons d'une demeure à une
autre sans déclaration préalable et *congé de remuage*.

Vente au détail.

1° Il était dû un *huitième* du prix de la vente au détail,
avec une distinction entre la vente *à pot*, c'est-à-dire en pots
et bouteilles, et celle *à assiette*, c'est-à-dire en fournissant
tables, siéges, pain et viande. Le droit était plus élevé dans ce
second cas. 2° En Normandie, le droit de huitième était
remplacé par le *quatrième* (ou plutôt le cinquième, par
suite de modération accordée sur les droits). Ce droit était
proportionnel au prix de la vente, et suivait la qualité des
boissons. Des lettres patentes de 1534 autorisèrent la visite
des commis aux aides dans les caves, magasins et pressoirs
des débitants. Un inventaire était dressé. Les vins ne pou-

vaient être déplacés sans congé. 3° Dans les pays de huitième on percevait, en outre du droit, un vingtième du prix de vente, connu sous le nom de *subvention*. 4° Droits de *courtage* et *courtiers*, pour partie. (Voir plus haut, à la vente en gros.)

Entrées.

1° Les droits d'entrée, qui, tant nouveaux qu'anciens, étaient de 5 sous, sont élevés à 14 sous par l'ordonnance de 1680 ; et ils sont perçus à l'entrée des villes déterminées dans des états annexés aux déclarations d'établissement. Les vendanges sont soumises aux droits, à raison de 2 muids de vin pour 3 de fruits entrés. 2° Subvention à l'entrée dans les villes et bourgs des pays de *quatrième*. 3° Première moitié des octrois municipaux des villes attribuée au roi par l'ordonnance de 1681, en échange de la prorogation à perpétuité des octrois jusqu'alors temporaires. Les octrois établis postérieurement à 1681 ne sont pas soumis au partage. 4° Droits d'inspecteurs aux boissons (1705) même origine et mêmes vicissitudes que les droits des courtiers jaugeurs. 5° Subvention par doublement, perçue sur le vin et autres boissons à l'entrée et à la sortie du royaume, à la sortie des provinces d'aides pour d'autres provinces, à l'entrée dans celles qui étaient sujettes au droit de la *subvention* au détail.

Entrées de la ville de Paris.

L'ordonnance de 1680 avait établi un droit unique aux entrées de Paris pour chaque espèce de boissons, mais en maintenant les droits de gros et de détail. — Les difficultés de la perception nécessitèrent une modification en 1719. Des lettres patentes du 10 octobre réunirent tous les droits en une taxe de remplacement. Ce système est blâmé par Le Trosne, qui le considère comme une aggravation de charges :

« On gagne à cette mesure, dit-il, de faire payer par la consommation bourgeoise des droits qui jusqu'alors ne s'étaient
payés que sur le débit, comme partout ailleurs. »

La *bière*, rappelée ici pour mémoire, indépendamment
des différents droits auxquels elle était sujette ainsi que les
autres boissons, en supportait de particuliers.

Le principal de tous les droits sur les boissons était accru
d'un certain nombre de sous-additionnels, qui, d'abord irré-
guliers, s'élevaient, depuis l'édit de 1771, uniformément
à 8, et frappaient même les octrois et péages des villes et
seigneurs.

Tous les marchands de boissons en gros et en détail, tous
ceux qui tenaient hôtellerie, taverne ou cabaret, étaient tenus de se pourvoir d'une autorisation, et d'acquitter un
droit de licence connu sous le nom d'*annuel* (1632 et 1637.)

L'ordonnance de 1680 divisait les commerçants en deux
classes suivant les localités :

1° Villes; l'annuel était de 8 liv. y compris l'augmentation;

2° Autres lieux; le droit était de 6 liv. 10 s. y compris
l'augmentation.

Le droit était payable en un seul terme (15 février), sans
répétition pour cessation de commerce, sans diminution
pour commencement du débit dans le courant de l'année.
Les commerçants soumis étaient les marchands et bouilleurs
d'eau-de-vie, marchands et brasseurs de bière, marchands
en gros de vins et autres boissons, débitants, hôteliers,
taverniers, cabaretiers, aubergistes, traiteurs, même suisses
et marchands suivant la cour.

Le droit était perceptible distinctement et concurremment
pour chaque genre de fabrication ou de commerce (gros et
détail), pour la vente de chaque espèce de boissons, même
exercés par un seul et même négociant; cependant le commerce réuni des vin, cidre et poiré ne pouvait opérer qu'un

seul droit annuel. Les revendeurs non fabricants de bière n'acquittaient que le demi-droit. — Il y avait autant d'annuels dûs que de caves ouvertes au débit. L'annuel était exigé de tous particuliers vendant dans l'année, sur provisions achetées, plus de 3 muids de vin et 6 de cidre et poiré.

On reconnaissait la faculté de vendre en gros ou détail, avec exemption de l'annuel, tous vins, cidres et poirés, provenant d'héritages ou pressoirs, dont le vendeur était propriétaire ; en gros seulement, les mêmes boissons provenant de biens dont il n'était que fermier.

Quant à l'eau-de-vie, il y avait exemption seulement pour le propriétaire, qui, dans son domicile, en fait fabriquer, pour sa consommation, un demi-muid et au-dessous.

Nous n'avons encore parlé que des droits plus ou moins généraux qui frappaient les boissons. Les droits particuliers étaient au moins aussi nombreux.

En voici la nomenclature : Cloison d'Angers, vingt-quatrième d'Angoulême, droit du pont de Joigny, droit du pont de Meulan, péage de pont sur Yonne, droits de 45 sous ou des rivières (Seine et affluents), tarif d'Alençon, subvention et subsistance des villes, entrées de Saint-Denis, droits d'aides de Versailles, droits sur le vin étranger à l'entrée de Lyon, droit de 9 liv. 8 s. par tonneau de vin en Picardie, sou pour pot sur le vin en Picardie, droit de 9 liv. par tonneau de vin dans la généralité de Rouen.

Tous ces droits particuliers, la plupart de péage et d'octroi, étaient levés au profit du roi. Indépendamment de leur caractère fiscal, quelques-uns avaient pour but de protéger les vins du pays contre la concurrence étrangère. Ainsi en était-il du droit de douane de Lyon qui, pour favoriser l'industrie vinicole du Lyonnais et du Beaujolais, frappait de quadruples droits d'octroi les vins venant de

Bourgogne et d'autres contrées ou provinces ; la protection ayant été jugée insuffisante, on ajouta, en 1721, un nouveau droit de 3 liv. par *anée*, ou un tiers de muid de Paris. — Ainsi en était-il encore de la subvention par doublement, dont étaient exemptés les vins de Bourgogne entrant dans les pays d'aides ; du droit du pont de Joigny pour les vins consommés dans le pays, etc.

Les droits de *traites*, qui pesaient également sur les vins, et qui étaient, ainsi que l'observe Le Trosne, très-considérables, avaient souvent le même résultat de protection locale. Car on ne doit pas oublier qu'il exista jusqu'en 1789 des douanes intérieures. « Une pièce de vin, dit le même auteur, qui descend la Loire, paye à Saumur, au pont de Cé et à Ingrandes, 22 liv. Dans cette somme il y a plusieurs droits d'aides cumulés ; mais la plus forte partie est en droits de traites. Un impôt si fort, et qui est encore plus fort sur l'eau-de-vie, établit un vrai privilége exclusif en faveur des vins nantais, qui n'y sont pas sujets, contre tous les vins du cours de la Loire, dont il interdit la sortie. » Les principaux droits de traites étaient la subvention par doublement, les droits sur le vin à la sortie des généralités d'Amiens, Soissons et Châlons, les droits d'entrée et de sortie à Rouen, à Calais, Boulogne, la comptablie de Bordeaux, le convoi de Charente, etc.

Un édit. d'avril 1776, rendu sur la proposition de Turgot, chercha à abaisser les barrières opposées par les traites à la circulation intérieure et au commerce des vins [1].

Les droits tant généraux que particuliers levés au profit du roi ne constituaient pas les seules charges des producteurs et des consommateurs. Les boissons acquittaient en outre : 1° des droits d'octrois et de péages au profit des

---

[1] Voir *Recueil des anciennes lois françaises.*

villes, communautés, hospices et seigneurs : ces droits étaient depuis 1771 grevés, de 8 s. pour livre au profit du trésor ; 2° des droits établis dans les pays d'États, lesquels, du reste, il ne faut pas l'oublier, exemptaient d'autant, dans la plupart des circonstances, les contribuables d'une certaine portion de l'impôt direct ; c'étaient : l'*équivalent* de Languedoc, les *grands* et *petits devoirs* de Bretagne, les *quatre membres* de Flandre, les droits en Hainaut et Cambrésis.

Dès l'origine, la perception des aides avait été l'objet d'adjudications publiques. Jusqu'en 1604, il n'y eut que des fermes particulières limitées à un an et régies chacune par des principes différents. A cette époque, on créa une ferme générale des aides pour un certain nombre d'années ; mais ce ne fut qu'en 1663 (bail de Rouvelin) qu'on remplaça la simple énumération des droits par une division systématique, par la fixation de la quotité des taxes et les formes de la régie.

La ferme des aides, plus tard jointe à la ferme générale, en fut distraite sous le ministère de Necker, pour être confiée à une régie. Voici les termes dans lesquels le préambule de l'arrêt du conseil du 9 janvier 1780 justifie cette modification : « S. M. a remarqué que les aides, cette partie essentielle de ses revenus, ne pouvaient être données à bail sans désavantage pour ses finances, parce que, leur produit étant susceptible de variations importantes en raison de l'intempérie des saisons, des fermiers ne pouvaient garantir ces événements qu'à l'aide d'une latitude dans le prix du bail proportionnée à leurs risques, en sorte que le roi payait une prime d'assurance considérable. » En conséquence, il était créé une régie générale chargée de la perception de tous les droits appelés d'exercice, exigés principalement à la préparation, à la vente et à la consommation des bois-

sons, ainsi qu'à la fabrication de plusieurs objets de commerce.

Moreau de Beaumont termine son mémoire sur les Aides
par quelques observations qui nous ont paru intéressantes à
reproduire en substance. « Les droits sur les consommations, dit-il, sont ceux qui, par leur nature, se proportionnent le plus aux facultés des redevables ; il faut donc maintenir l'impôt, d'autant que ce serait une illusion de prétendre remplacer les droits d'aides, et procurer par tout autre
établissement à l'État les mêmes secours qui lui sont indispensables. » Mais il réclame une codification nouvelle, une
simplification des taxes, et surtout la suppression des inégalités si criantes qui existent entre les diverses provinces.
Le défaut d'uniformité est sans contredit le vice le plus
essentiel dans l'administration ; les questions et les frais de
perception se multiplient ; une partie du royaume supporte
des charges auxquelles l'autre partie n'est point assujettie,
ou du moins ne l'est pas dans la proportion de l'égalité que
le prince doit maintenir entre tous ses sujets : telle est, suivant l'auteur, la véritable cause des maux dont on se plaint.

Quant aux modes d'assiette de l'impôt, M. de Beaumont
ne les réprouve pas. « Les droits de gros ne sont exigibles
qu'au moment de la vente, c'est-à-dire à l'époque où l'acquittement en est le moins onéreux et le plus facile pour les
redevables. La facilité qu'il y a de se soustraire au payement des droits engendre cependant la nécessité d'une surveillance continuelle et par suite onéreuse pour l'État. Les
droits sur la vente en détail forment le plus considérable
produit des aides ; c'est le vendant vin qui est assujetti aux
exercices journaliers des commis exigés pour la sûreté de
la perception : mais il n'est que le premier percepteur de
l'impôt, et, dans le fait, c'est le consommateur qui acquitte
le droit ; comme les consommations sont successives et se

divisent à l'infini, les droits sont presque insensibles pour chacun des consommateurs en particulier. »

Le Trosne, qui appartient à l'école des physiocrates, et ne voit d'autre impôt réellement légitime et profitable que celui qui est assis sur la terre, n'admet par suite pas, comme Moreau de Beaumont, la nécessité du maintien des aides. Tout son ouvrage a pour but de prouver l'utilité, de rechercher les moyens de supprimer les contributions indirectes et de les remplacer par une taille réelle [1]. Cependant, en étudiant l'assiette de l'impôt, il n'en proscrit pas également tous les modes ; tandis que l'assujettissement des congés lui semble une gêne incroyable à la circulation et au commerce ; la perception des droits d'entrée est bien organisée au con- contraire, et peu coûteuse. Mais il réserve toutes ses colères pour le droit au détail, « prodigieusement cher, dit-il, par le nombre des commis qui couvrent le territoire, et ne font tous les jours que passer d'une cave dans l'autre, assiéger les passages, et parcourir les chemins. Cette dernière per- ception équivaut presque au produit de l'impôt. »

Produit de l'impôt.

Le produit des aides est presque impossible à établir d'une manière complétement exacte pour la période anté- rieure à 1789, parce que leur perception se trouvait confon- due avec celle de quelques autres droits.

---

[1] Pour les aides, en particulier, voici quelques-uns des titres de ses chapitres : Idée de ce que les aides coûtent à la nation en anéantissement de richesses. — Comment l'avilissement du prix causé par l'impôt rend communément le produit de la vigne insuffisant pour remplir le propriétaire. — De la perte que cause l'impôt sur la quantité possible de production. — Suivant Le Trosne, l'impôt amène par pièce de vin un avilissement en première main de 10 livres au moins, ce qui fait une perte annuelle de 80 millions. Sans impôt, la production serait au moins du double. Voyez dans le rapport de 1851 les réponses à de semblables objections reproduites dans l'Enquête législative.

Suivant Necker (compte rendu de 1782), la régie générale, chargée, indépendamment des aides, de la perception des droits sur les cuirs, les inspecteurs aux
boucheries, sur la marque des fers, les cartes, papiers, l'amidon, la fabrication
des huiles, le contrôle des objets d'or et d'argent, acquittait. 51,500,000 liv.

A laquelle somme il faut ajouter :

Droits des pays d'État. 11,000,000
Aides de Versailles. 900,000
Total. . . . . 63,400,000 liv.

Dans laquelle somme l'impôt des boissons, dit le rapporteur de 1851, entrait pour 60 millions, soit près de la neuvième partie du budget total d'alors (585 millions).

Cette appréciation ne nous semble pas complétement exacte. Voici le compte du produit des aides pour l'année 1775, dressé par Turgot :

Aides des provinces, comprenant les droits perceptibles sur les boissons de toute nature venant ou sortant pour l'étranger, et encore sur celles qui étaient vendues en gros ou en détail, et transportées d'une province à l'autre, 19,250,181 liv. Entrées de Paris, composées des droits principaux et accessoires perçus aux entrées de la capitale sur les ouvrages sortant des fabriques et des manufactures, et les objets de grosse consommation, 12,115,535 liv. Plus, régie de la Flandre maritime, ou quatre membres, 650,000 liv. Enfin, droits levés par les pays d'État, évalués à 10,500,000 liv., lesquels, il ne faut pas l'oublier, ne portaient pas exclusivement sur les boissons. Total environ 42 millions.

Le Trosne estime que, dans la somme totale de la ferme des aides versée au Trésor, la vigne contribue pour 30 millions. Les frais de perceptions, faux frais et procès occasionnés aux contribuables, s'élèvent à la même somme; le tout non compris les droits d'octrois, péages, et ceux levés au profit des pays d'État.

Suivant le même écrivain, le nombre des arpents cultivés

en vigne était de 1,600,000, qui, à cinq pièces par arpents en moyenne, donnaient 8 millions de pièces par an.

D'après le rapport de 1851, en 1788 le produit moyen en quantité par hectare de vigne, en France, pour les soixante-quinze départements où elle est actuellement cultivée, était de 21 hectolitres 21 litres. Le prix moyen de l'hectolitre, chez le propriétaire, de 15 fr. 44 c. Le prix moyen de l'hectare de 1,714 fr.

La valeur moyenne des exportations, déduction faite des quantités importées, fut annuellement, de 1786 à 1789, c'est-à-dire lors de leur plus grande activité, après le traité avec l'Angleterre, en quantités de 2,054,087 hectolitres et en argent.

Vins.	47,000,000 liv.
Eaux-de-vie.	13,000,000
Total.	60,000,000 liv.

L'Assemblée Constituante supprima tous les impôts de consommation, droits d'aides, octrois, etc., par la loi des 2-17 mars 1794. Les doctrines des physiocrates, qui inspiraient beaucoup de ses membres, l'animadversion publique contre les anciennes fermes générales l'avaient décidée à cette mesure ; c'était une faute grave. Les taxes de consommation, établies dans de sages limites, ne sont point sans quelque rapport avec les facultés des contribuables, puisqu'elles les atteignent dans la proportion de certaines de leurs dépenses. La propriété foncière se trouvait, en outre, par le nouveau système, chargée presque seule de subvenir aux besoins de l'État [1], ce qui était au-dessus de ses forces. Aussi un des premiers soins du Consulat fut-il de

[1] Suivant le rapport de la Section des finances du Tribunat, sur la loi de 1806, les départements viticoles virent, en 1790, leur cote foncière surchargée en considération de l'allégement que leur procurait la suppression des aides.

rétablir l'impôt sur les boissons. Tel fut l'objet du titre V du chapitre II de la loi de finances de ventôse an XII (25 février 1804).

Le système appliqué par la loi de 1804 aux vins, cidres et poirés, était celui de l'inventaire. Chaque année, dans les six semaines qui suivaient la récolte, il était fait un inventaire pour constater les quantités de vins recueillies. A cet effet, les caves, celliers et magasins restaient ouverts, pendant le temps de l'inventaire, aux employés à ce préposés. La même mesure avait lieu pour les cidres et poirés dans les six semaines qui suivaient la fabrication. Les boissons faites avec de l'eau passée sur les marcs de raisins, pommes ou poires, n'étaient sujettes ni à l'inventaire, ni au droit.

Ce droit était fixé à la vente, ainsi qu'il suit : vins, 40 c. par hectolitre, cidres et poirés, 16 cent. par hectolitre. Le droit était à la charge de l'acheteur, qui devait l'acquitter avant l'enlèvement, et en remettre la quittance au vendeur; faute par le vendeur de représenter la quittance lors du récolement fait à la fin de l'année, il était responsable du droit pour toute quantité manquante, sauf déduction de 9 hectol. de vin et de 18 hectol. de cidre pour consommation de famille, et de 10 pour 100 pour ouillage et coulage. Le restant d'une année était reporté à l'inventaire de l'année suivante.

Dans les villes murées ou reconnues fermées, dans lesquelles étaient perçus des droits d'octroi, la formalité de l'inventaire pouvait, sur la demande des conseils municipaux, être remplacée par la constatation à l'entrée de la quantité des vins, cidres et poirés nouvellement fabriqués et de celles des vendanges et fruits en nature. Le propriétaire faisait l'avance du droit d'inventaire sur les boissons à l'entrée des villes, et il en était remboursé, en cas de vente, sur la représentation de la quittance donnée à l'acheteur.

Le droit devait être perçu à raison de 2 hectol. de vin sur 3 de vendanges, et de 2 hectol. de cidre et poiré sur 5 de fruits, déduction faite d'un cinquième pour ouillage, coulage et consommation de famille.

En cas de recel des vins, cidres et poirés, sujets aux inventaires, les boissons recélées devaient être saisies et confisquées et les contrevenants condamnés à une amende égale ou quadruple des droits fraudés. Le jugement des contestations appartenait aux tribunaux de première instance. Les contraventions entraînant la confiscation et l'amende étaient poursuivies devant les tribunaux de police correctionnelle.

Une administration particulière, instituée sous le nom de *régie des droits réunis*, était chargée entre autres objets de la perception du nouvel impôt des boissons (lequel comprenait aussi des droits sur la *bière* et sur les *eaux-de-vie*). Les employés ne pouvaient entrer que dans les caves, celliers et magasins des personnes sujettes à l'inventaire, et ce, pendant le temps seulement réglé par la loi, et entre le lever et le coucher du soleil. En cas de suspicion de fraude, ils pouvaient procéder à des visites domiciliaires, mais en se faisant assister d'un officier de police, lequel était tenu de déférer à leur réquisition.

Voici, suivant le compte de l'administration des finances pour l'an XIII [1], le produit de l'impôt sur 35,900,000 hectol. de vins, cidres et poirés restant soumis à l'impôt, après déduction faite du coulage et de la consommation de famille exempte pour cet exercice :

Vins, cidres et poirés. . . . . . . , . .	5,877,817 fr.
Restant à recouvrer au 30 fructidor. . . .	8,654,018
	14,531,835 fr.

[1] Chapitre IV, § 6.

Le salaire des commis temporaires employés aux exercices montait à près d'un million.

Ce produit était bien faible en présence des besoins du Trésor.

La loi du 24 avril 1806, en maintenant le système de l'inventaire, lequel, malgré la modicité du droit, était cependant l'objet d'assez vives attaques, créa deux nouveaux droits *ad valorem* à la vente en gros et à la vente en détail, qui entraînèrent comme conséquence les formalités *à la circulation* et celles *de l'exercice*.

L'exposé des motifs de la loi (procès-verbal du corps législatif de 1806, p. 105), en reconnaissant « qu'on accusait le droit d'inventaire de trop participer aux contributions directes, en ce que les cultivateurs étaient responsables du droit lorsqu'ils n'avaient pas exigé que leurs acquéreurs se libérassent, » déclarait « qu'il était cependant nécessaire de le conserver, parce que, indépendamment de ses produits, il fournissait la connaissance des quantités de boissons récoltées, secours sans lequel on ne pourrait exécuter qu'aveuglément, et sans une garantie suffisante pour les produits, la perception des autres branches de contributions dont les boissons étaient susceptibles ; mais qu'il fallait se préserver de toute extension..... ce droit modique devant être conservé comme une quotité immuable. » Quant aux deux taxes nouvelles, il faisait remarquer « qu'elles étaient de beaucoup inférieures aux anciens droits d'aides de même nature ; de plus elles avaient l'avantage de la perception proportionnelle au prix de vente, tandis qu'avant 1789 il avait paru plus commode d'envelopper les vins de toutes les qualités et de toutes les valeurs dans un prix commun, ce qui surchargeait avec un énorme excès les vins de basse qualité. »

Le rapport de la Section des finances du Tribunat [1], tout

---

[1] Procès-verbal, p. 252.

en regrettant « l'expérience acquise par le gouvernement sur les inconvénients des formalités très-peu productives de l'inventaire ne fût pas assez complète pour qu'il se fût déterminé à le supprimer dès ce moment, » concluait à l'adoption du projet. Il rappelait l'intention exprimée par l'Empereur à l'ouverture de la session « de diminuer les impositions directes qui pèsent uniquement sur le territoire, en remplaçant une partie de ces charges par des perceptions indirectes, » et lui donnant sa complète approbation, il réclamait une réduction de contribution foncière en faveur des départements viticoles surchargés en 1790.

Voici quelles furent les principales dispositions de la loi du 24 avril : Le droit fixe d'inventaire devait être acquitté par l'acheteur au moment de l'enlèvement, ou par le propriétaire, lorsque le transport était fait pour son compte hors de la commune où les boissons avaient été inventoriées.

Pour la vente en gros [1], il était perçu au profit du Trésor un droit égal au *vingtième du prix* de vente, à chaque vente et revente en gros des vins, cidres, poirés. Aucun enlèvement ni transport ne pouvait être fait sans déclaration préalable. Le propriétaire transportant des boissons pour son compte était tenu de se pourvoir d'un passe-avant, et n'en devait que le coût fixé à 5 cent. Les voituriers, bateliers et tous autres qui transportaient des boissons, étaient tenus de représenter les congés ou passe-avant à toute réquisition des employés de la régie. Les marchands en gros, courtiers, facteurs et commissionnaires de boissons étaient assujettis aux exercices des employés à raison des boissons en leur

---

[1] « Quant au droit à la vente en gros, il faut observer que ce sont en général les vins d'une qualité supérieure qui se transportent à une distance plus ou moins grande; dans ce cas, il y a demande du consommateur : alors le propriétaire, suivant l'abondance des récoltes, est dans une position plus favorable pour se décharger sur les consommateurs du droit de la vente en gros.» (Rapport du Tribunat.)

possession. Lorsque la régie avait lieu de croire, par l'infériorité des valeurs déclarées, que la déclaration était fausse, elle pouvait retenir les boissons pour son compte au prix déclaré, en payant comptant et le cinquième en sus [1].

Passons à la vente en détail. Il était perçu, lors de la vente en détail des mêmes boissons que celles soumises au droit de gros, un droit égal au dixième du prix de cette vente. Les propriétaires vendant en détail les boissons de leur crû ne payaient que la moitié du droit ci-dessus spécifié [2]. Les détaillants étaient tenus de déclarer leur commerce et de désigner les espèces et les quantités de boissons qu'ils avaient en leur possession. Ils étaient assujettis à l'exercice. Les débitants de boissons pouvaient être reçus à contracter des abonnements, de gré à gré. « La masse d'affaires rendant tout exercice impraticable à Paris, » les droits y étaient remplacés par un droit unique aux entrées de 4 fr. par hectolitre de vin, et de 2 fr. par hectolitre de cidre et poiré.

La loi se terminait par l'annonce de règlements d'administration publique qui pourvoiraient à toutes les mesures nécessaires, en veillant à ce que le commerce avec l'étranger ne souffrît pas des dispositions édictées. Le décret réglementaire parut le 5 mai suivant.

Le régime établi par la loi du 24 avril 1806 ne fut pas

---

[1] « Le plus grand inconvénient de ce mode est la dissimulation du véritable prix des ventes ; on doit prévoir que, pour ceux qui croient pouvoir s'armer légitimement contre les contributions publiques, les déclarations seront portées au-dessous de la vérité, et comme cet abus pourrait aller jusqu'à la destruction du droit, on a dû s'occuper de lui imposer un frein. » (Exposé des motifs.)

[2] « Le droit sur les boissons ne peut être indéfiniment étendu à tous ceux qui vendent du vin en détail ; beaucoup de propriétaires, ceux surtout des départements méridionaux, n'ont d'autre moyen de se défaire de leurs récoltes qu'en les vendant en détail. Ils conserveront sur le commerce un premier avantage, car ils se trouveront affranchis du droit de vente en gros, mais cette faveur ne suffisait pas ; on croit encore qu'ils ne doivent être assujettis qu'à la moitié du droit à la vente en détail. » (Exposé des motifs.)

longtemps mis en pratique sans exciter des plaintes nombreuses. On lui reprochait, et avec raison, le maintien de
l'inventaire, qui soumettait tous les cultivateurs et propriétaires à deux exercices par an ; la gêne imposée par le droit
de vingtième qui, se répétant à chaque vente, entravait les
opérations commerciales ; la faculté de préemption attribuée
à l'État, etc.

La loi budgétaire du 25 novembre 1808 remania toute la
législation des boissons, et posa, en cette matière, les principes encore aujourd'hui en vigueur. L'inventaire avait été
condamné auprès de l'administration. D'après un rapport
sur l'exercice de l'an XIII, que j'ai consulté aux archives du
conseil d'État, on déclarait que ce système n'était pas susceptible d'amélioration. « Il a, disait-on, le vice intrinsèque
d'imposer deux fois la propriété et le propriétaire, d'exiger
une levée extraordinaire de plus de dix mille hommes, de
confier des opérations délicates à des journaliers qu'on ne
peut salarier que pendant quelques semaines à raison de
50 s. ou de 3 liv. par jour, d'exiger plus de 3 millions de
visites, plus de 20,000 rôles de recouvrement, enfin, de ne
presque rien rapporter. » Il paraît qu'un voyage de l'Empereur dans le Midi de la France avait aussi déterminé
chez lui une conviction défavorable au régime d'impôt
existant.

L'inventaire et le droit à la vente institué par la loi de
l'an XII, ainsi que le droit de gros, qui datait de 1806, furent
supprimés. Un droit, dit *de circulation*, fut établi à chaque
enlèvement ou mouvement des vins, cidres et poirés, quel
que fût le destinataire, simple consommateur, débitant ou
marchand en gros. Fixe pour les cidres et poirés (15 cent
par hectolitre) et les vins en bouteilles (3 fr. par hectolitre),
il était, pour les vins en cercles, gradué sur leur prix moyen
dans les départements, divisés à cet effet en quatre classes :

première classe, par hectolitre, 30 cent.; deuxième classe, 40 cent.; troisième classe, 50 cent.; quatrième classe, 80 cent. Il y avait exemption du droit pour le propriétaire transportant, soit de ses pressoirs, soit d'une cave dans l'autre, dans l'étendue du même canton, sous condition de se pourvoir d'un passe-avant (du coût de 5 cent.). Les formalités à la circulation, imposées par la loi de 1806, étaient maintenues.

A partir du 1ᵉʳ janvier 1809, il était créé, au profit du Trésor, dans les villes ou bourgs de 2,000 âmes et au-dessus, un *droit d'entrée* sur les boissons destinées à y être consommées. Un tarif, annexé à la loi, rangeait les communes en huit classes, suivant leur population et la taxe s'élevait de classe en classe (de 30 c., pour les villes de 2 à 4,000 âmes, à 2 fr. 50 c. pour celles de 50,000 âmes et au-dessus, pour les vins; de 15 cent, à 1 fr. 25 c. pour les cidres et poirés, par hectolitre). Les vins en bouteilles payaient un droit double de ceux renfermées en cercles.

Les marchands en gros et les récoltants jouissaient du crédit, et le droit n'était payé qu'à l'enlèvement des quantités vendues, ou sur les manquants constatés lors des exercices ou des récolements. Les quantités traversant la localité étaient affranchies du droit en vertu du passe-debout.

« Le gouvernement, dit le rapport de 1851 à la suite de l'Enquête législative sur les boissons, avait donné pour motif à la création de cette taxe locale additionnelle, que les villes en général offraient plus de ressources, que l'aisance y était plus répandue, le salaire des ouvriers plus élevé, le produit des diverses industries plus avantageux. Elle avait une autre raison d'être, c'était son utilité et la facilité de l'établir. Le droit d'entrée, en effet, c'est le moyen de contrôle le plus efficace, et le plus commode instrument de perception. »

En même temps, le droit à la vente en détail était élevé de 10 à 15 cent. par franc de la valeur des boissons. L'exemption de moitié du droit, en faveur des propriétaires détaillants, était supprimée.

Voici comment l'administration des finances, dans son compte rendu de 1809, appréciait les avantages du nouveau système et les inconvénients de l'ancien [1] : « Les changements opérés dans l'administration des droits réunis par la loi qui a réglé le budget de 1808 ont sensiblement amélioré le sort des contribuables ; près de deux millions de propriétaires de vignes et de terres à cidre sont affranchis, depuis le 1er janvier 1809, des visites et exercices auxquels ils étaient antérieurement assujettis ; en même temps que la substitution de taxes fixes et légères, pour le transport des vins et cidres, à celles plus ou moins arbitraires précédemment imposées sur les valeurs de ces boissons, a tari la source d'une foule de contestations entre les redevables et les employés. »

Le décret du 5 janvier 1813 éleva toutes les taxes, celles de circulation d'un tiers, celles de détail de 15 à 16 2/3 pour 100. Les tarifs d'entrée furent accrus et gradués à la fois

---

[1] La loi du 25 novembre 1808 s'était aussi occupée de la *bière*, qu'elle avait soumise à un droit de fabrication (2 fr. par hect.), et des *eaux-de-vie*, sujettes aux taxes de circulation et d'entrée. Voici quels furent, pour l'exercice 1809, les produits de l'impôt des boissons :

Droits de mouvement......................	15,626,840 fr.		
— d'entrée...............................	11,508,327	79,551,057 fr.	
— en remplacement de ceux de détail....	6,405,530		
— de détail..............................	46,010,369		
— sur la fabrication de la bière..........		15,119,691	
Distillations. { Fabrication..................	1,075,633 fr.	1,386,573	
{ Licences.....................	310,940		

Plus, 2,785,094 fr. pour *droits d'inventaire* dus sur quantités constatées à la charge des précédents exercices. A cette extension considérable des contributions indirectes correspondait un dégrèvement notable des impôts directs. L'impôt foncier qui, en 1791, avait été de 240 millions, était réduit à 172, et les contributions personnelle, mobilière et somptuaire descendaient de 60 à 27 millions. (Rapport au Corps Législatif, 1808.)

d'après la population des villes et la classe des départements. Ces augmentations de droits ajoutèrent encore aux plaintes que soulevait le système de perception lui-même.

Un des premiers actes du gouvernement de la Restauration fut une concession à ces plaintes. « Connaissant, dit le préambule du décret du 27 avril 1814, signé par le comte d'Artois, les intentions paternelles du roi pour le soulagement de son peuple, nous avons cru devoir retrancher tout ce que cet impôt a de plus vexatoire, et le rendre, autant qu'il est en nous, supportable au peuple. » En conséquence, il ne devait plus être exigé qu'un seul droit de mouvement pour un même transport; une taxe additionnelle aux entrées pouvait remplacer dans les villes les droits de détail et de circulation, etc.

Les nécessités du Trésor ne laissèrent pas subsister longtemps ce système mitigé. La loi du 8 décembre 1814 fut, sauf quelques modifications, un retour presque entier à la législation de 1808. Nous n'analyserons pas ici ses dispositions, car nous les retrouverions en examinant la loi du 28 avril 1816.

Avant d'aborder cette dernière loi, véritable code de l'impôt des boissons, il nous faut encore signaler la tentative faite par le décret impérial du 8 avril 1815, de substituer une taxe fixe et directe à l'impôt de quotité, au moyen de l'établissement d'un contingent par commune, réparti entre les brasseurs et les débitants, et représentatif des anciens droits supprimés de détail et de fabrication des bières. Aux termes de ce même décret, le droit de mouvement et le régime des exercices devaient cesser à partir du 1er juin 1815. Le droit d'entrée était restreint aux villes de 4,000 âmes et au-dessus. Les débitants étaient assujettis à une licence graduée et annuelle. Cette dernière création est la seule qui ait survécu. L'existence du décret du 8 avril 1815, empreint dans une certaine mesure des préoccupations politiques du gouvernement impérial pendant les Cent-Jours, fut des plus éphémères. Bien qu'adouci par l'ordonnance du 29 juillet, il provoqua, dans son exécution, de telles réclamations, que le gouvernement en proposa l'abrogation dans le projet de budget de 1816.

La loi des finances, du 28 avril 1816, régit aujourd'hui encore, en grande partie, les contributions indirectes. Nous devons présenter ici un exposé assez étendu de celles de ses dispositions qui sont relatives aux vins, cidres et poirés.

Le chapitre Ier traite des *droits de circulation*, perceptibles à chaque enlèvement ou déplacement de ces liquides, d'après un tarif annexé à la loi, et dont les bases varient suivant qu'il s'agit de vins en cercles ou en bouteilles, ou de cidres et de poirés. Le droit de circulation, applicable à chaque catégorie de boissons, est le même pour toute l'étendue de l'Empire, sauf en ce qui concerne les vins en cercles. A l'égard de ces derniers, en effet, les départements ont été divisés en quatre classes, et la taxe diffère suivant que le lieu de destination du liquide se trouve situé dans le même département que le lieu de son enlèvement, ou dans un département limitrophe, ou dans tous autres (Art. 1er).

Il ne peut être perçu qu'un seul droit, quels que soient le mode et la durée du transport (Art. 2).

La loi exempte du droit de circulation :

1° Les boissons que les propriétaires, colons partiaires ou fermiers font conduire des pressoirs dans leurs caves, ou qu'ils enlèvent de celles-ci (pourvu qu'il s'agisse de produits de leurs récoltes), quels que soient d'ailleurs le lieu de destination et la qualité du destinataire (Art. 3);

2° Celles qui sont transportées par les négociants, marchands en gros, courtiers et débitants d'une de leurs caves dans une autre, située dans l'étendue du même département (Art. 4);

3° Celles qui sont apportées par les fermiers et colons partiaires chez les propriétaires, ou réciproquement, en vertu de baux authentiques ou d'usages notoires (Art. 3);

4° Celles qui sont enlevées à destination de l'étranger ou des colonies françaises (Art. 5).

Aucun enlèvement ni transport, même en exemption, ne peut être fait sans une déclaration préalable de l'expéditeur ou de l'acheteur. Il faut se munir d'un congé dans tous les cas où il y a lieu au paiement du droit. Dans les cas d'exemption, au contraire, il suffit de prendre, soit un acquit à caution, soit un passavant, dont le coût est seulement de 25 cent., le timbre compris.

Il n'est besoin que d'une seule de ces pièces pour toutes les voitures ayant la même destination et marchant ensemble (Art. 6 à 9).

Le transport de vendanges ou de fruits n'est pas assujetti aux formalités dont il vient d'être question : il en est de même des liquides emportés par les voyageurs pour leur usage pendant le voyage, pourvu que leur quantité ne dépasse· pas trois bouteilles par personne (Art. 11 et 18).

Les liquides doivent être conduits à la destination déclarée dans·le délai porté sur l'expédition, sauf les cas de force majeure dûment constatés (Art. 13 et 15).

Les autres dispositions du chapitre 1er de la loi sont relatives aux énonciations de la formule de déclaration ; à l'emploi des laisser-passer, dont les expéditeurs peuvent faire usage quand l'enlèvement a lieu sur des points où la régie ne possède pas de bureaux, et sauf l'échange ultérieur de ces laisser-passer contre des passavants ; aux précautions prises pour sauvegarder les intérêts de la régie dans le cas où, par un motif quelconque, un transport se trouve interrompu, ou bien encore lorsqu'il devient nécessaire, en cours de voyage, de mettre à terre le chargement, de rabattre les futailles ainsi que d'ouiller ou transvaser leur contenu ; à la fixation des déductions réclamées pour coulage de route ; à la surveillance exercée sur les transports par les employés des contributions indirectes, des douanes et des octrois, et aux saisies provisoires qu'ils sont autorisés à pratiquer en cas de contraventions ; enfin, à la répression de ces contraventions, lesquelles sont punies, suivant leur gravité, de la confiscation des liquides saisis et d'une amende de cent à six cents francs (Art. 10, 12 à 17 et 19).

Le chapitre II, relatif aux *droits d'entrée* (§ 1ᵉʳ), établit ces droits dans toutes les communes d'une population agglomérée de 2,000 âmes et au-dessus, sur toutes les boissons introduites ou fabriquées dans l'intérieur et destinées à la consommation du lieu (Art. 20).

Les vendanges et les fruits frais ou secs destinés à la fabrication des cidres et des poirés y sont par conséquent assujettis (Art. 23).

Toutefois, les habitations éparses et les dépendances rurales entièrement détachées du lieu principal en sont affranchies (Art. 21).

En ce qui concerne les vins en cercles, le tarif est fixé d'après une double base, le chiffre de la population et la classification des départements dont nous avons parlé plus haut. Il repose au contraire sur le chiffre de la population seulement pour les vins en bouteilles, les vins de liqueur tant en cercles qu'en bouteilles, les cidres et les poirés (Art. 20).

Le ministre des finances statue sur les réclamations auxquelles le classement des départements et des communes peut donner lieu (Art. 20 et 22).

L'introduction des liquides dans une commune sujette

aux droits d'entrée ne peut être effectuée qu'après une déclaration accompagnée de l'exhibition des congés, acquit-
à-caution ou passavant, et moyennant le payement des
droits, si ces liquides sont destinés à la consommation
locale. L'entrée ne peut avoir lieu qu'à certaines heures,
qui varient suivant la saison. Enfin, le défaut de déclaration est puni de la saisie des boissons, et même de celle des
attelages qui ont servi pour le transport, à moins que le
contrevenant ne consigne le maximum de l'amende ou ne
fournisse caution solvable (Art. 24 à 27).

Le chapitre ii s'occupe ensuite du *passe-debout*, lequel est
délivré moyennant la consignation ou le cautionnement des
droits, et sauf décharge à la sortie, pour les boissons qui
ne font que traverser le lieu sujet ou qui y séjournent moins
de vingt-quatre heures (§ 2) ; du *transit*, pour un séjour
d'une durée plus longue (§ 3) ; et de *l'entrepôt*, réel ou
fictif, public ou à domicile, d'une durée illimitée, mais qui
n'est accordé aux propriétaires, négociants et distillateurs,
que pour des quantités d'au moins neuf hectolitres de vin
et dix-huit hectolitres de cidre ou poiré. Les entrepositaires
sont soumis à toutes les obligations des marchands en gros.
Ils sont tenus en outre de produire aux commis, lors des
exercices, des certificats de sortie relatifs aux boissons qu'ils
auront expédiées pour l'extérieur, ainsi que des quittances
du droit d'entrée pour celles qu'ils auront livrées à l'intérieur. A la fin de chaque trimestre, ils doivent acquitter ce
même droit sur les quantités manquantes à leur charge,
sauf les déductions légales. Dans celles des villes ouvertes
où la perception ne peut être opérée à l'entrée des vendanges, pommes ou poires, il doit être procédé chez tous les
propriétaires, après chaque récolte, à un inventaire des produits fabriqués. Il en est de même à l'égard des vendanges
et fruits récoltés dans l'intérieur d'un lieu sujet au droit

d'entrée. Les boissons obtenues en jetant de l'eau sur des
simples marcs, et communément appelées *piquettes*, sont
affranchies du payement du droit d'entrée, à moins qu'elles
ne soient déplacées pour être vendues en gros ou en détail.

Le chapitre III traite du *droit à la vente en détail* des boissons, qui est fixé à 15 p. 100 du prix de la vente. Ce prix
doit être déclaré à la régie et affiché dans le lieu le plus ap-
parent du domicile du détaillant. Les contestations qui
peuvent s'élever entre celui-ci et les employés, au sujet de
l'exactitude de la déclaration du prix de vente, sont jugées
par le maire de la commune, dont la décision sert provisoirement de base à la perception du droit, et sauf recours au
préfet en conseil de préfecture. L'arrêté préfectoral, qui
doit intervenir dans le délai de huitaine, est suivi du
rappel ou de la restitution du droit acquitté par le débitant.

Tout débitant est tenu, avant de commencer son commerce, de déclarer au bureau de la régie les espèces et les
quantités de boissons dont il compte s'approvisionner, ainsi
que le lieu de son établissement. Il est assujetti aux visites
et exercices des employés de la régie. Ces visites peuvent
avoir lieu même les jours de fêtes et dimanches.

La loi a organisé les exercices avec des précautions très-
minutieuses dans l'intérêt du trésor. C'est ainsi que les boissons déclarées par les détaillants, soit avant leur établissement,
soit pendant le cours du débit, doivent être comptées et prises
en charge par les commis. Ceux-ci procèdent au jaugeage,
au marquage de futailles et à la dégustation des liquides, et
se font présenter, pour en prendre note sur leurs registres,
les congés, acquits-à-caution ou passavants à l'aide desquels les boissons ont dû être introduites dans les caves des
débitants, et les quittances des droits d'entrée dans les lieux
sujets à ces droits. C'est ainsi encore que le débit de chaque
pièce est suivi séparément et le vide marqué sur la futaille à

chaque exercice des employés; que les marchands en gros ou
en détail ne peuvent vendre des boissons ou les détenir chez
eux que dans des futailles contenant au moins un hectolitre, à
moins qu'ils ne soient pourvus d'une autorisation spéciale.
Ils ne peuvent ni se servir pour le débit d'un tonneau renfermant plus de cinq hectolitres, ni mettre en vente ou avoir
en perce à la fois plus de trois pièces de chaque espèce de
boissons; ni faire un remplissage sur une pièce ou mettre
celle-ci en bouteilles hors de la présence des commis; ni enlever de leurs caves les futailles vides sans qu'elles aient été
préalablement démarquées, et cela sous peine de payer le
droit de détail et sans préjudice des autres effets de la contravention.

La loi fait défense à tous propriétaires et principaux locataires de laisser entrer chez eux des boissons appartenant
aux débitants sans qu'il y ait bail par acte authentique pour
les caves, magasins et autres lieux de dépôt où seront placées
les boissons. Toutes communications intérieures sont inter-
dites entre les maisons des débitants et les habitations voisines, et les commis peuvent exiger qu'elles soient scellées.
Mais lorsqu'il y a impossibilité d'interdire les communications, le voisin du débitant peut-être soumis, en vertu d'un
arrêté du préfet aux exercices des commis et au paiement du
droit de détail, lorsque sa consommation apparente est évidemment supérieure à ses facultés et à la consommation
réelle de sa famille d'après les habitudes du pays.

Le décompte des droits à percevoir en raison des boissons trouvées manquantes chez les débitants est arrêté tous
les trois mois, et les quantités de boissons restantes sont
portées à un compte nouveau. Le payement de ces droits est
exigé à la fin de chaque trimestre, ou lors de la cessation de
commerce du débitant. Il peut même être réclamé au fur et
à mesure de la vente, pourvu qu'il y ait une pièce entière

débitée, ou lorsque les boissons auront été mises en vente dans les foires, marchés, et autres réunions de ce genre.

Il est accordé aux débitants, pour déchets et consommation de famille, 3 pour 100 sur le montant des droits de détails qu'ils ont à payer. Ceux qui ont déclaré leur intention de cesser le commerce, doivent retirer leur enseigne et demeurent assujettis pendant trois mois aux visites et exercices des commis de la régie. Enfin les débitants qui refuseraieut de souffrir les exercices seraient contraints, nonobstant les suites du procès-verbal de contravention, au paiement du droit de détail, non-seulement pour toutes les boissons restant en charge lors du dernier exercice, mais encore pour celles qui seraient débitées pendant que les exercices demeureraient suspendus, au prorata de la somme la plus élevée qu'ils auraient payée pour un trimestre pendant le cours de deux années précédentes. Quant aux débitants qui n'auraient pas encore été soumis aux exercices, ils seront tenus d'acquitter une somme égale à celle qui est payée par le débitant le plus imposé du même canton.

On conçoit combien tout ce luxe de formalités est de nature, dans la pratique, à préjudicier aux débitants, en les exposant à des pertes de temps considérables. Aussi la loi leur permet-elle de s'en affranchir d'une manière absolue ou conditionnelle.

Il n'existe qu'un seul cas d'affranchissement absolu de l'exercice. Les droits de détail et d'entrée ont été remplacés, pour la ville de Paris, par une *taxe unique aux entrées*, fixée à 10 fr. 50 c. par hectolitre pour le vin en cercles, à 15 fr. pour le vin en bouteilles, et à 5 fr. pour le cidre et le poiré. Mais il a été décidé depuis, par l'art. 11 de la loi de finances du 3 juillet 1846, que la fabrication de cidres et poirés ne peut avoir lieu dans l'intérieur de Paris qu'à la condition de se soumettre aux exercices et d'acquitter, d'après les quantités fabriquées, les droits dus au Trésor et à la ville.

L'affranchissement conditionnel a lieu par le moyen de l'abonnement. Il y en a plusieurs espèces dont le § 3 du chapitre III fournit l'énumération :

1° *Abonnements individuels.* — Ils doivent être consentis par la régie toutes les fois qu'un débitant se soumet à payer l'équivalent du droit de détail dont il est estimé passible. Cet équivalent est réglé à l'amiable ou, en cas de contestation, par le préfet en conseil de préfecture sauf recours au conseil d'État. L'abonnement ne peut être fait que pour une année au plus ; il doit être constaté par écrit, et ne confère, du reste, à l'abonné aucun privilège. Dans le but de s'affranchir des obligations relatives aux déclarations des prix de vente, le détaillant peut aussi s'abonner à l'hectolitre pour les différentes espèces de boissons, mais pour un laps de temps qui ne peut excéder deux trimestres. Les abonnements individuels sont résiliés de plein droit dans le cas de fraude ou de contravention dûment constatées.

2° *Abonnement général avec une ville.* — Ce mode d'abonnement est consenti entre la régie et le conseil municipal pour le montant des droits de détail et de circulation, et en vue d'affranchir les débitants des exigences de l'exercice, et la circulation à l'intérieur de toute formalité. Il ne peut être fait pour plus d'une année, et doit être approuvé par le ministre des finances. Le payement de la somme convenue en remplacement s'effectue par quinzaine, et la commune vote une imposition pour le recouvrement de cette somme, comme elle est autorisée à le faire pour les dépenses communales. Faute de payement d'un terme de quinzaine, l'abonnement est révocable de plein droit, et le recouvrement des sommes dues au Trésor est poursuivi, au besoin, par voie de contrainte sur le receveur municipal et par la saisie des deniers et revenus de la commune.

3° *Abonnement général avec les débitants.* — Il est consenti entre la régie et les débitants d'une commune, pour une année et sauf renouvellement, sur la demande des deux tiers au moins d'entre eux approuvée par le conseil municipal, et moyennant l'engagement de payer l'équivalent du droit de détail antérieurement perçu, d'après la moyenne des trois dernières années. Le traité qui intervient doit être approuvé par le ministre des finances. L'équivalent se règle à l'amiable ou, en cas de contestation, par le préfet en conseil de préfeture, sauf recours au conseil d'État. La répartition de l'équivalent est faite, sous le contrôle de l'autorité municipale par des syndics, entre tous les débitants alors existants dans la commune. Tous sont solidaires du payement des droits, lesquels sont exigibles, de mois en mois, par douzièmes; ils jouissent, pendant la durée de l'abonnement, du monopole de la vente au détail.

Le § 4 du chapitre III accorde une remise de 25 pour 100 sur les droits aux propriétaires, vendant en détail les boissons de leur crû, sous la condition qu'ils les vendent eux-mêmes ou par des domestiques à gages; qu'ils fassent une déclaration préalable à la régie, dans le but d'indiquer la quantité de boissons de leur crû qu'ils auront et entendront vendre; qu'ils ne pourront fournir aux buveurs que les boissons déclarées, avec des bancs et tables; qu'ils seront enfin assujettis aux exercices et à toutes les obligations imposées aux débitants de profession.

Le chapitre IV s'occupe des *marchands en gros*. Outre les négociants, courtiers, commissionnaires, bouilleurs de profession, etc., la loi répute marchand en gros tout particulier qui reçoit ou expédie des boissons pour son propre compte ou pour le compte d'autrui, soit dans des futailles d'un hectolitre au moins, ou en plusieurs futailles qui, réunies, contiennent plus d'un hectolitre, soit en caisses et paniers de vingt-cinq bouteilles et au-dessus (Art. 98).

Mais, ne sont pas considérés comme marchands en gros ceux qui reçoivent accidentellement une pièce, une caisse ou un panier de vin pour en faire le partage avec d'autres personnes ; ni ceux qui, par suite de départ ou de succession, vendent des boissons destinées à la consommation domestique (Art. 99).

Tout marchand en gros est soumis à une déclaration préalable des quantités, espèces et qualités des boissons qu'il possède, tant dans le lieu de son domicile que partout ailleurs. Il est tenu par la régie un compte d'entrée et de sortie de ces liquides. Les quantités manquantes pour lesquelles le marchand ne peut représenter de quittances du droit de circulation donnent lieu au payement du droit de détail, sauf les déductions accordées pour ouillage et coulage[1].

Les magasins, caves et celliers des marchands en gros sont ouverts aux visites des employés, qui peuvent y faire des vérifications à la fin de chaque trimestre, et même plus fréquemment s'ils le jugent nécessaire. Mais les marchands ont le droit de transvaser, mélanger et couper les boissons hors de leur présence, et les pièces ne sont pas marquées à l'arrivée.

Nous terminerons l'analyse de la loi du 28 avril 1816, relativement aux vins, cidres et poirés, en signalant l'art. 144, aux termes duquel les commerçants doivent se munir d'une

---

[1] Ces déductions, successivement réglées par diverses lois, étaient lors de l'Enquête législative de 1851, établies ainsi qu'il suit pour les vins : 8 p. 100 par an dans les départements de 1re classe; 7 p. 100 dans ceux de 2e classe; 6 p. 100 dans ceux de 3e classe. Il était perçu 1 p. 100 en sus de ces quotités, quand il s'agissait de propriétaires n'entreposant que les produits de leurs récoltes. La déduction pour les cidres et poirés était de 7 p. 100. (Loi du 20 juillet 1837 et ordonnance du 21 décembre 1838.)

licence annuelle dont le prix, fixé à 50 fr. pour les marchands en gros, varie de 6 à 20 fr. pour les détaillants, qui sont divisés en huit catégories, suivant la population de leur résidence.

La loi du 28 avril 1816 ne devait avoir d'effet que jusqu'au 1ᵉʳ février 1817. Elle a été maintenue en vigueur par les lois budgétaires successives. La première qui l'ait prorogée, celle du 25 mars 1817, y introduisit en même temps diverses améliorations (titre VII).

Le tarif du droit de circulation des boissons fut remanié et la taxe calculée à raison de 50 pour 100 du prix moyen des ventes déclarées dans chaque département, c'est-à-dire au tiers du droit de détail. L'hectolitre de vins en cercles paya 1 fr. 50 c., 2 fr., 2 fr. 50 c. ou 4 fr., suivant qu'il était expédié pour les départements de première, deuxième, troisième et quatrième classes. (On considère comme vins en cercles ceux qui sont renfermés dans des vases d'une capacité de deux litres et au-dessus, pourvu qu'ils ne soient point scellés ou cachetés de manière à empêcher la vérification de leur contenu). Le vin en bouteilles fut taxé uniformément à 10 fr. par hectolitre; le cidre et le poiré à 80 cent. aussi par hectolitre.

On affranchit en même temps du droit de circulation, quels que fussent le lieu d'enlèvement et l'expéditeur, et à la charge de prendre un acquit-à-caution du coût de 25 cent. :

1° Les vins, cidres et poirés enlevés à destination de négociants, marchands en gros, courtiers, facteurs, commissionnaires et tous autres munis d'une licence de marchand en gros;

2° Les mêmes boissons enlevées à destination de toute personne vendant en détail (Art. 82) [1].

---

[1] On sait que l'*acquit-à-caution* est un laisser-passer que l'expéditeur, sous la

Le droit de circulation changeait ainsi de caractère. Il devenait un véritable droit de consommation, perçu seulement sur les boissons à destination des particuliers qui s'approvisionnaient en gros. Les autres déplacements étaient exempts de la taxe qu'ils devaient précédemment acquitter, et le commerce se trouvait par suite délivré de gênantes et coûteuses entraves.

L'art. 85 de la loi du 15 mai 1818 affranchit du droit de circulation une troisième catégorie de boissons : les vins et cidres expédiés pour la ville de Paris. D'un autre côté, l'exemption accordée au propriétaire ou fermier pour l'expédition des vins, cidres et poirés de sa récolte, quels que fussent les lieux de destination et la qualité du destinataire, fut singulièrement restreinte. Le récoltant ne jouit plus de la franchise que pour le transport de ses boissons, des caves ou celliers où la récolte avait été déposée, dans une autre de ses caves située dans l'étendue du même département, et, hors du département, dans l'arrondissement ou les arrondissements limitrophes. (L. 25 mars 1817, art. 81, et 17 juillet 1819, art. 3.)

La loi du 25 mars 1817 abaissa à quinze cents âmes le minimum de population des villes et communes sujettes aux droits d'entrée. En même temps, elle soumit une nouvelle boisson, *l'hydromel*, aux droits de circulation, d'entrée, de détail et de licence calculés, dans tous les cas, comme pour le cidre.

L'hydromel, dont on consommait une grande quantité en Irlande au moyen âge, et qui, d'après Leland, y était taxé ainsi

garantie d'une caution reconnue solvable par la régie, s'engage à rapporter dûment déchargé dans un délai fixé à l'avance et calculé sur les besoins de l'affaire.

L'acquit-à-caution laisse circuler en franchise la matière imposée, jusqu'à ce qu'elle parvienne au consommateur, qui paye sur-le-champ; ou au débitant, qui paye après la vente; ou à l'étranger, avec exemption entière du droit, grâce à la décharge de l'acquit à la sortie du territoire.

que la bière [1], est encore une boisson répandue en Russie [2] et la taxe qui la frappait était associée à celle du vin dans l'ancienne république de Cracovie [3]; mais cette boisson n'est consommée que dans quelques parties du nord de la France.

Le nouveau droit de circulation, établi par la loi de 1817, était beaucoup plus élevé que celui qu'il remplaçait. Il ne tarda pas à soulever tant de plaintes, que la loi du 24 juin 1824 dut supprimer le tarif par classes de départements et lui substituer une taxe uniforme, réduite, de 1 fr. 50 par hectolitre, pour les *vins*. Le droit sur les *cidres, poirés et hydromels* fut également restreint à 60 cent. par hectolitre par la loi du 4 mars 1827.

Malgré ces dégrèvements, l'ensemble de la législation des boissons n'en continuait pas moins à être l'objet de vives attaques, surtout de la part des pays producteurs, dont plusieurs récoltes surabondantes avaient encombré outre mesure les celliers. Le gouvernement dut songer sérieusement à une réforme.

Le 13 avril 1829, il présenta à la chambre des députés un projet de loi dans ce sens. L'exposé des motifs commençait par constater les diverses causes qui avaient rompu l'équilibre entre la production et les besoins de la consommation (récoltes surabondantes, extension de la culture de la vigne, accroissement de la quantité aux dépens de la qualité, etc.), causes qui, disait-il avec raison, contribuaient bien autrement que l'impôt à la stagnation du commerce des boissons. Invoquant la nécessité universellement reconnue de ressources pour l'État, l'exposé rappelait qu'en 1816 on avait tenté, mais inutilement, de les demander à d'autres objets que les boissons. Il reconnaissait toutefois que

---

[1] *Discours préliminaire de l'Histoire d'Irlande.*
[2] Tooke, t. III, p. 474.
[3] Golenski.

le système en vigueur était susceptible de modifications,
ayant pour but de maintenir un juste équilibre entre les
diverses taxes; et de ménager également les intérêts du
producteur, du marchand et du consommateur.

Le projet proposait donc d'abord *de réduire d'un quart les
droits d'entrée* perçus au profit du Trésor, et comme conséquence, de faire subir pareille réduction aux droits d'octroi,
lesquels, dans quelques villes, dépassaient même le taux
des droits d'entrée, contrairement à la loi.

L'exagération des deux taxes réunies était telle, en effet,
que souvent elle équivalait presque à une prohibition, et
amenait tout au moins un déplacement de consommation au
préjudice de la vie de famille. C'était à Paris surtout que le
mal se faisait sentir, le tarif municipal ayant été porté, par
une fausse application de la loi, au niveau de la taxe totale de
remplacement, au lieu de se régler seulement sur la portion
représentative du droit d'entrée. L'art: 9 le ramenait à la
limite commune. Le soulagement résultant de la réduction
était évalué, dans les villes de premier ordre, à 3 fr. par
hectolitre, — pour Paris, à 7 fr. 20 c. Le Trésor devait
perdre ainsi 6,300,000 fr. sur les droits d'entrée; les
octrois, 9,700,000 fr.; les deux tiers de cette dernière diminution portaient sur Paris; mais, afin que la perte fût moins
sensible à son budget, la réduction ne devait, par mesure
exceptionnelle, s'y opérer que successivement, en trois
années. Dans l'intention de compenser le sacrifice du Trésor, en réprimant en même temps une fraude presque
universelle, le projet proposait ensuite de restreindre à la
commune et aux communes limitrophes la franchise du droit
de circulation accordée au récoltant de vins, cidres et poirés, sauf le cas où celui-ci consentirait à se soumettre, au
lieu de destination, aux obligations imposées aux marchands en gros. Il étendait la nomenclature des agents

chargés de constater les contraventions, et assurait une sanction à la répression de la fraude en matière d'octrois.

La commission législative chargée de l'examen du projet de loi ne lui fut pas favorable. Elle en proposa le rejet à l'unanimité. (Rapport du 27 mai 1829.)

Le droit d'entrée lui semblait, de toutes les taxes qui frappaient les boissons, la moins onéreuse, la moins difficile et la moins chère dans sa perception. C'était l'ensemble des formalités si gênantes imposées à la circulation, et, par suite, au commerce des liquides, qu'elle aurait voulu voir simplifier et adoucir, et l'administration proposait, au contraire, de les aggraver. Le gouvernement, d'ailleurs, avait déjà la faculté d'abaisser, par ordonnance royale, le tarif des octrois municipaux, et la commission l'engageait vivement à faire usage de cette faculté.

Tout en blâmant le système en vigueur, la commission s'empressait de déclarer qu'elle reconnaissait la nécessité de taxes indirectes qui, atteignant dans des sages limites le consommateur, vinssent soulager le producteur, exclusivement frappé par l'impôt direct. « On peut affirmer avec assurance, disait-elle avec une hardiesse peu soucieuse de preuves, que plus un pays avance en lumières comme en richesse, plus l'impôt direct diminue, et plus l'impôt indirect est appelé à fournir, dans une plus forte proportion, aux dépenses publiques. » Elle invitait donc le gouvernement à formuler de nouvelles propositions, et, tout en déclinant une initiative à cet égard, elle lui signalait que l'impôt indirect qui paraîtrait le moins onéreux au pays et qui porterait le moins de préjudice au développement des relations commerciales, serait, sans contredit, celui qui se percevrait à la fabrication, pour ainsi dire à la naissance des produits, « de telle sorte qu'une fois sortis des mains du producteur, une fois lancés dans la circulation, ils fussent affranchis de toute entrave, de toute gêne, de tout contrôle. »

La loi ne fut pas discutée ; mais le gouvernement n'abandonna pas son entreprise. Une commission composée de «personnes instruites, choisies avec soin parmi les partisans des différents systèmes, » fut chargée, sous la présidence du ministre des finances, d'une nouvelle étude de ces questions si difficiles et si complexes. Le résultat de ces travaux se trouve consigné dans le rapport au roi du 15 mars 1830 [1]. Nous en donnerons, à cause de son importance particulière, une rapide analyse.

Le rapport résume d'abord les griefs que l'on impute à l'impôt. «On l'accuse de nuire à la consommation, soit par l'élévation des tarifs, soit par les entraves qu'il met à la liberté du commerce. C'est à lui qu'on attribue l'encombrement des celliers, le défaut de débouchés, la vilité du prix, et la gêne qu'en ressent la production. »

Mais un premier examen rassure ; ce n'est pas l'impôt qu'il faut accuser de l'engorgement des vignobles. De nouveaux terrains, consacrés chaque année à la culture de la vigne, de ceux-là même qui étaient employés à la culture des céréales ; la subdivision des propriétés plus favorable à cette exploitation qu'à toute autre ; la préférence donnée, par le choix de plants plus féconds et l'usage des engrais, à la quantité, aux dépens même de la qualité, et surtout trois années successives d'une grande abondance, telles sont les causes, aujourd'hui bien connues, qui ont rompu l'équilibre entre la production et la consommation. La preuve en ressort, jusqu'à la dernière évidence, de documents statistiques qui montrent partout une augmentation considérable dans le nombre d'hectares livrés à la culture de la

[1] P. 98-110.

vigne [1]. Dans certains départements, la culture a doublé en vingt ans. Le produit s'est également accru d'une manière remarquable.

Des documents statistiques établissent aussi que les exportations n'ont point à souffrir du régime des taxes extérieures [2].

Cependant on doit reconnaître au système en vigueur un vice réel ; c'est l'inégalité de charges qu'il crée entre les contribuables.

Dans les campagnes, le récoltant ne paye rien, même à une distance assez éloignée. Le consommateur qui s'approvisionne en gros ne paye qu'un faible droit de circulation, qui ne varie pas, tandis que celui qui achète au détail supporte un droit de 15 p. 100 de la valeur vénale ; aussi la disproportion, peu sensible dans les pays de récolte, est considérable dans ceux où le vin est cher.

Les droits d'entrée et d'octroi ajoutent encore aux charges des habitants des villes. « Plus les villes sont populeuses et éloignées des pays de production, plus cette disparité se fait sentir, et il n'est guère permis de douter que, dans ce cas, l'excès des taxes ne porte quelque atteinte à la consommation, ou tout au moins ne la déplace en attirant au dehors une partie des consommateurs, résultat éminemment contraire à la consommation domestique. Et cependant c'est dans les villes qu'il importe le plus de favoriser la consommation, car c'est là principalement que se réunissent toutes les circonstances propres à lui donner de l'activité. « La première chose à opérer semble donc être la réduction successive des droits d'entrée et d'octroi sur les

---

[1] En 1788, 1,500,000 hectares ; en 1830, 2,135,000.

[2] Les exportations de 1786 à 1789, sous l'empire du traité de 1786, ont été, année moyenne, *pour les vins*, de 1 million d'hectolitres. L'année moyenne, de 1820 à 1830, a été d'environ 1,100,000 hectolitres.

boissons. On devrait même poser en principe qu'un objet de consommation, soumis à l'impôt indirect au profit de l'État, ne peut plus être taxé au profit des communes ; que l'impôt général est exclusif de l'impôt local [1].

Mais la réduction ou même la suppression des droits d'entrée et d'octroi sur les vins, cidres et poirés, ne réparerait pas les inégalités de la législation ; il faudrait trouver un impôt qui atteignît, dans une juste proportion, les consommateurs de tous les lieux et de toutes les conditions, et qui fît en même temps retrouver au moins une partie du sacrifice sur les entrées, car les besoins de l'État ne lui permettraient pas de faire cet abandon sans remplacement.

Quel peut être cet impôt ?

On a proposé un *droit unique* payé à la première vente par le producteur, et garanti par l'inventaire après la récolte, système extrêmement simple, et qui aurait pour avantage de rendre la liberté à la circulation et au commerce des boissons.

Mais l'inventaire présente de grandes difficultés d'exécution. On ne peut s'en tenir à des déclarations ou à des estimations ; il faut des vérifications à domicile, faites par-

---

[1] « Quand une taxe est établie au profit de l'État sur une matière d'un usage général, le tarif doit en être calculé de telle sorte qu'elle n'excède nulle part les limites auxquelles elle peut être portée, sans nuire essentiellement à la consommation, et, par conséquent, à la production ; mais si des taxes locales sont tolérées ensuite sur la même matière, l'équilibre est aussitôt dérangé, et toutes les combinaisons faussées. En vain dirait-on que ce sont les consommateurs qui s'imposent volontairement ; il ne s'agit pas seulement de mesurer les charges des contribuables, il s'agit aussi de défendre les intérêts du producteur et de mettre le revenu public hors d'atteinte. Or, ces sortes de taxes peuvent, dans certaines localités, devenir prohibitives, ou tout au moins repousser un objet recueilli au loin au profit d'une production analogue du pays, comme le vin, par exemple, dans les lieux où le cidre ou la bière forme la boisson habituelle ; et dans ce cas, les octrois, en circonscrivant en quelque façon les limites de la consommation, peuvent dégénérer en une sorte de ligne de douanes intérieures, au grand préjudice de la richesse publique et de l'impôt. » (*Rapport au roi.*)

tout simultanément après la récolte, chez les récoltants et non-récoltants sans distinction. Il faut ensuite des recensements très-fréquents, afin d'assurer la rentrée régulière de l'impôt; pour prévenir les fraudes, il faut encore ne pas se borner à compter, mais aussi déguster. Ainsi, plus de deux millions de producteurs, dont un tiers au moins ne récolte pas au delà des besoins de sa consommation, se trouveraient soumis à toutes les rigueurs de l'exercice. En outre, le droit unique, s'il devait produire autant que l'impôt actuel, serait excessif dans la plupart des vignobles, et quelquefois même supérieur, dans les mauvaises années, à la valeur du produit chez le récoltant. La rentrée de l'impôt ne serait jamais assurée; le vigneron, lorsqu'il serait pressé de vendre, ce qui n'arrive que trop souvent, s'inquiéterait peu de l'impôt, et quand ensuite on le lui demanderait, il serait presque toujours sans ressources, et il y aurait continuellement lieu à des poursuites judiciaires.

La régie a déjà fait l'expérience du système de l'inventaire au début du siècle, et les difficultés ont été telles qu'il a fallu l'abandonner; chaque année, des sommes plus considérables tombaient en non-valeurs, et cependant le droit n'était que de 40 cent. par hectolitre.

Ce système est encore pratiqué actuellement (1830) dans quelques provinces du Rhin, séparées de la France en 1814. Considéré comme une addition à l'impôt foncier sur les terres plantées en vignes, et comme soumettant le producteur à la loi des acheteurs et des capitalistes, il excite les plus vives plaintes, et a amené la diminution progressive de la culture de la vigne.

La taxe unique à la première vente ne satisfait à aucune des conditions de l'impôt indirect : elle est perçue loin du consommateur et longtemps avant la consommation; n'est pas en rapport avec la valeur de l'objet imposé, et encore

moins avec la dépense du consommateur ; nuit aux spéculations en obligeant le spéculateur à consacrer à l'avance du
droit une partie des capitaux qu'il emploierait à l'achat de
la matière même ; pèse à la fois sur ce qui doit être exporté
et sur ce qui doit être consommé à l'intérieur ; en un mot,
est assise sur la production et agit sur le producteur absolument comme l'impôt direct, avec cette différence même que
la charge s'accroît, non en raison du produit en argent,
mais en raison de la récolte en quantité, c'est-à-dire fort
souvent en proportion inverse du revenu.

L'inventaire, comme moyen de mettre la matière imposable sous la main du fisc, de telle sorte qu'elle puisse être
suivie ensuite jusqu'au moment de la consommation, en
assurant en même temps sa liberté de circulation au moyen
d'acquits-à-caution, qui feraient passer la responsabilité du
producteur au marchand, de celui-ci à un autre, et ainsi de
suite jusqu'au dernier destinataire, soumettrait toujours le
producteur, que l'on veut soulager, à un joug très-dur, par
la responsabilité de l'impôt au taux le plus élevé, et l'obligation des exercices par les employés de la régie.

A quel parti convient-il donc de s'arrêter? La disproportion des prix entre les différents crus, les frais de conservation et de transport, les bénéfices des spéculateurs, enfin, la
substitution du cidre et de la bière au vin, comme boisson
de première nécessité, proscrivent la taxe uniforme, qui
serait la plus inégale de toutes les taxes. La première condition d'un impôt sur cette matière est évidemment qu'il
soit réglé sur la valeur au lieu et au moment de la consommation.

« Le droit de vente en détail remplit parfaitement cette
condition et satisfait de même à toutes celles qu'on peut
rechercher dans l'établissement des taxes indirectes. Il
frappe partout la matière imposable en raison de sa valeur ;

suit toutes les variations du cours, et pèse par conséquent sur le consommateur, dans la juste proportion de sa dépense. Celui-ci ne paye qu'au moment où il consomme, et sans qu'il s'en doute; car, pour lui, l'impôt se confond avec le prix. Quant au débitant, il n'est tenu d'acquitter le droit qu'après l'avoir reçu, et se trouve réellement le premier percepteur. A la vérité, ce mode d'imposition exige une surveillance à domicile, qui n'est pas sans quelque rigueur; mais, si l'on considère qu'elle s'exerce dans des lieux toujours ouverts au public, on reconnaîtra qu'aucune industrie n'aurait moins à souffrir d'un semblable contrôle. »

Pour compléter le système, il faudrait asseoir sur les mêmes principes l'impôt des consommateurs s'approvisionnant directement. *Ce droit de consommation* serait réglé non d'après le prix d'achat, impossible à contrôler et à constater, mais d'après le terme moyen des déclarations de prix de vente en détail, durant cinq années, réduits aux deux tiers pour faire la part du bénéfice débitant, qui doit se couvrir du droit de 15 pour 100 et s'indemniser de ses frais. Le tarif du prix moyen sur une série de cinq ans, formé pour chaque département, pourrait être revisé chaque année, en écartant du calcul l'année plus ancienne et y faisant entrer la dernière. Ce système entraînerait la suppression de la franchise attribuée au récoltant, autre part que sur le lieu même de la production, ce qui est juste, et mettrait fin à des fraudes nombreuses.

Outre l'avantage d'étendre ainsi l'impôt à tous ceux qui doivent le supporter, de le répartir également entre tous les contribuables, de soulager notamment les consommateurs des villes, d'anéantir la fraude, le nouveau système ferait disparaître les entraves et les formalités qui embarrassent le passage des boissons aux entrées des villes. Les boissons

n'en resteraient pas moins soumises, il est vrai, aux liens
du fisc, depuis le premier enlèvement jusqu'à la consommation, mais c'est là une conséquence inévitable de
l'impôt.

Afin de ne pas causer une trop grande perturbation dans
les budgets des villes, le gouvernement pourrait, comme
compensation de la suppression des droits d'octroi sur les
boissons, abandonner les prélèvements faits sur leurs revenus au profit du Trésor.

Il n'y aurait du reste aucun avantage à renoncer pour la
ville de Paris au régime d'exception en vigueur. Le tarif du
droit unique devrait seulement être abaissé, et une taxe
d'octroi moins onéreuse pourrait y être maintenue, si les
finances de la ville n'en permettaient pas la suppression
complète.

Le ministre des finances terminait cette partie de son *Rapport au roi* [1], en déclarant qu'il n'était pas encore en mesure
de réaliser immédiatement les modifications importantes
qu'il proposait, mais qu'il avait voulu livrér son système à
l'investigation et au débat contradictoire de tous les intérêts
qui se trouvaient engagés dans la solution présentée.

Cet appel calme et grave de l'initiative ministérielle à l'opinion publique devait être troublé dans ses conséquences.
L'impôt des boissons ressentit bientôt le contre-coup de la
révolution de juillet. Un des premiers soins du gouvernement
nouveau fut de chercher à donner satisfaction aux plaintes

---

[1] Le ministre évaluait la somme totale de l'impôt à 123 millions, savoir :

Droit de circulation...............................	8,500,000 fr.
Expéditions, en cas d'exemption....................	600,000
Droit d'entrée (Paris non compris)................:	17,800,000
Droit de détail....................................	57,200,000
Droit général de consommation (eaux-de-vie)........	900,000
Taxe unique à Paris...............................	12,500,000
Ensemble......................	97,500,000
Droits d'octroi au profit des villes (Paris compris).	25,200,000

que l'impôt suscitait, et, dans ce but, il crut devoir sacrifier en partie les intérêts du Trésor. Le 6 octobre 1830, le baron Louis, ministre des finances, présenta deux projets de loi à la chambre des députés. Le premier, essentiellement transitoire, avait pour objet de faciliter la perception de l'impôt jusqu'à la promulgation de la réforme. Il substituait l'abonnement à l'exercice en faveur de tous les débitants qui en feraient la demande, et ordonnait l'application d'office de l'abonnement général autorisé par la loi du 28 avril 1816, dans les lieux où les perceptions seraient interrompues. Cette loi fut votée le 17 octobre.

Le second projet contenait un remaniement complet de la législation. L'Exposé des motifs commençait par déclarer que « les impôts indirects sont les plus équitables de tous, ceux qui se répartissent le mieux. Ils se proportionnent à la prospérité publique, se resserrent ou se développent avec elle, et l'on peut en user sans crainte, car lorsqu'ils produisent, c'est un signe que le pays est riche et qu'il peut dépenser. »

Entre tous les impôts de cette espèce, poursuivait le ministre, il n'y en a aucun qui réunisse à un plus haut degré que l'impôt des boissons, toutes les conditions nécessaires à une taxe de consommation. Il atteint, en effet, une denrée d'un usage général, sans être cependant de première nécessité. S'il est devenu l'objet de l'animadversion publique, c'est à cause de son assiette et de son mode de perception. Les formalités relatives à la circulation et les exercices sont odieux. Une réforme est indispensable.

Plusieurs systèmes ont été mis en avant : *la licence, l'inventaire, l'impôt sur les vignes.* Ils ont tous pour effet de dénaturer l'impôt, en le transformant successivement d'impôt de consommation en impôt direct, et de rendre la perception ou plus inexacte, ou plus difficile.

La *licence*, qui ferait payer, en un droit fixe, la somme de taxes que le commerçant acquitterait dans l'année sur les quantités qui traversent ses caves, serait impossible à asseoir; car nul, pas même le débitant, ne peut présumer la somme de vins qui passera chez lui dans le courant d'une année.

L'inventaire serait plus impraticable encore; il soumettrait 2 millions de producteurs aux exercices, dont les formalités paraissent déjà insupportables aux 300,000 débitants de vins qui existent en France.

Enfin *l'impôt sur les vignes* exigerait un cadastre spécial, sans cesse remanié, ce qui serait inexécutable surtout dans les pays de cultures mêlées. D'ailleurs les vignobles payant déjà 10 millions dans la contribution foncière, il faudrait la quadrupler pour avoir seulement 40 millions.

L'impôt doit être maintenu le plus près possible de la consommation, condition que remplit le nouveau projet. Il supprime les droits de circulation, de détail et de consommation (sur les eaux-de-vie), ainsi que les exercices, et propose l'établissement de deux taxes seulement : 1° Un *droit d'entrée* dans les villes de 4,000 âmes et au-dessus; le tarif suit, *pour les vins*, la double progression de la population des villes et de la classe des départements; *pour les cidres, poirés, hydromels et eaux-de-vie*, celle seulement de la population; la faculté d'entrepôt est maintenue; les taxes d'octroi ne pourront, en aucun cas, excéder la moitié du droit d'entrée. 2° Dans les communes rurales, *une taxe répartie sur l'ensemble des débitants* et égale aux deux tiers des droits de détail payés pendant la moyenne des trois années précédentes. Le maire, en conseil municipal, sera chargé d'opérer la répartition, laquelle aura lieu par trimestre, en raison de l'importance présumée du commerce de chacun des débitants de la commune.

L'exposé des motifs signalait lui-même les inconvénients de ce système. « Le droit unique d'entrée, perçu une seule fois aux portes des villes, s'y fera sentir, quoique modique. La répartition dans les campagnes a aujourd'hui une base équitable et certaine ; c'est le débit connu de chaque marchand dans les années précédentes. Dans deux ou trois ans, cette base ne sera plus exacte, parce que le débit aura varié. Il ne restera aux conseils municipaux que la notoriété publique. Malgré ces inconvénients, le système proposé est aujourd'hui le seul praticable. »

Le produit du droit aux entrées était évalué à 30 millions, celui des abonnements forcés dans les campagnes à 15 ; avec une réduction proportionnelle sur les bières, c'était pour le Trésor une perte de 50 millions environ. Pour combler en partie le déficit, le gouvernement proposait l'établissement *d'un droit sur le transport des marchandises par terre et par eau.*

Ce droit parfaitemeut équitable, puisqu'il atteignait le commerce intérieur tout entier, d'une perception facile, devait être fixé, pour les transports par terre, à 1 cent. par 100 kilog, et par lieue de poste, c'est-à-dire au douzième des frais moyens de roulage ; pour les transports par eau, il était réduit de moitié. Son produit était estimé à 20 millions au minimum.

Le ministre annonçait, en outre, le remaniement de certaines contributions directes (contributions mobilières, des portes et fenêtres).

Le projet de loi du 5 octobre ne fut pas discuté. Le gouvernement le retira pour le remplacer par des modifications moins radicales, et par suite, plus conformes aux leçons de l'expérience. Elles se ressentaient cependant encore des circonstances de l'époque. La loi du 12 décembre 1830, sur les crédits provisoires, pour l'exercice 1831, maintint toutes les anciennes taxes sur les boissons, mais en leur faisant subir de notables réductions. C'est ainsi que le droit à la vente en détail fut abaissé à 10 p. 100 du prix de vente, et que le droit d'entrée, sensiblement atténué, fut en outre restreint aux villes de 4,000 âmes et au-dessus. Le droit de circulation, unique depuis la loi de 1824 (1 fr. 50 c. par héctolitre), fut de nouveau gradué, pour les vins, d'après la classe des départements ; et la taxe de la classe la plus élevée (la quatrième) fut seulement de 1 fr. 20 c. ; les surcharges différentielles des droits d'entrée et de circulation pour les vins en bouteille, comparativement aux vins en cercles, furent supprimées. On abaissa à 50 cent. le droit pour les cidres, poirés et hydromels. Les débitants conservèrent la faculté de s'affranchir de l'exercice par des abonnements collectifs ou individuels ; et les conseils municipaux purent également en voter la suppression dans l'intérieur des villes et le remplacement au moyen, soit d'une taxe unique aux entrées, soit de tout autre mode de recouvrement.

La loi de finances du 21 avril 1832 ajouta encore à ces facilités ; elle permit aux conseils municipaux des villes de 4,000 âmes et au-dessus de convertir en une taxe unique aux entrées, non-seulement le droit de détail, mais encore celui de *licence des débitants* et celui de *circulation* ; en conséquence, les vins, cidres, poirés et hydromels à destination de ces villes y étaient expédiés en franchise.

Pour délibérer sur la conversion, les conseils municipaux devaient s'adjoindre un certain nombre de marchands en gros et de débitants les plus imposés à la patente. La faculté d'entrepôt était maintenue pour les marchands en gros et pour les récoltants. Ceux de ces derniers qui ne voudraient pas jouir de l'entrepôt pouvaient se libérer par douzièmes. ·

Dans les communes vinicoles, les recensements servant à constater les droits d'entrée sur les vins fabriqués dans la circonscription des lieux sujets, et le payement de ces droits sur les vendanges qu'on y introduit constituent des opérations assez irritantes. Les conseils municipaux furent, en conséquence, autorisés à remplacer le recensement des vins nouveaux et le droit d'entrée sur les vendanges par un abonnement général équivalent, pour le payement duquel ils purent s'imposer comme pour les dépenses communales. Cet abonnement dut avoir pour base la quantité sur laquelle les producteurs avaient payé le droit d'entrée dans une année de récolte complète, avec réduction, le cas échéant, dans la proportion des produits apparents de la récolte de l'année. A défaut de bureau de la régie dans le lieu même de leur résidence, les marchands en gros et les récoltants obtinrent le droit de se faire délivrer, pour les boissons qu'ils expédieraient, des laisser-passer valables jusqu'au premier bureau de passage. Enfin, le nom du destinataire qui devait être déclaré précédemment au moment du départ, put n'être incrit sur les expéditions qu'à l'arrivée seulement.

Les dispositions que nous venons d'analyser étaient l'œuvre de la commission législative chargée de l'examen du budget de 1832. Le rapport, présenté le 3 février 1831 par M. Humann, député du Bas-Rhin, au nom de cette commission, examinant les reproches adressés à l'impôt des boissons, et les réformes que l'on proposait d'y introduire, le justifiait des uns, démontrait les inconvénients des autres, et concluait ainsi :

« L'examen de cette législation nous a laissé la conviction profonde qu'elle n'a pas les inconvénients qu'on lui impute ; nous y introduisons néanmoins quelques changements, qui adouciront encore davantage les formes de la perception..... Ces modifications complètent les facilités qu'il est possible de consentir ; si l'on veut aller au delà, il faut renoncer à

toutes les recettes indirectes. Je dis à toutes, car il arriverait
que, voyant le revenu décroître, vous voudriez diminuer
proportionnellement les dépenses de recouvrement; or, en
affaiblissant ainsi la surveillance, les produits vous échappe-
raient l'un après l'autre; déjà la taxe des boissons prête
à la juste critique que les frais de perception sont trop
élevés; et pourquoi le sont-ils? Parce que les tarifs ont été
abaissés au point de réduire le revenu d'une trentaine de
millions.

» Ce sacrifice est regrettable, nous n'hésitons pas à le
dire; il a rompu les proportions de l'impôt et l'équilibre
même de nos finances. Le pays en a-t-il été soulagé? Loin
de là; il a fallu lui faire subir le rehaussement de la contribution personnelle, mobilière et des portes et fenêtres, et
vous savez l'irritation qui s'en est suivie. C'est qu'il est pour
chaque nature d'impôt, direct et indirect, une mesure que
l'on ne peut dépasser sans être obligé de reculer et de revenir sur ses pas.

» Cet inconvénient n'est point à craindre encore pour nos
taxes de consommation; quand on pense qu'en Angleterre,
où l'on compte à peine 22 millions d'habitants, les droits sur
les boissons rapportent 500 millions, on est bien rassuré sur
la possibilité de recouvrer en France 60 millions au même
titre. »

L'auteur du *Système financier de la France*, M. d'Audiffret [1], a examiné la législation des boissons, et son appréciation des réformes tentées en 1830 ne leur est pas favorable :

« La législation, dit-il, a été modifiée les 12 décembre
1830 et 21 avril 1832, plutôt sous l'influence de la difficulté
des temps que d'après les conseils du savoir et de l'expérience. L'abaissement du droit de détail n'a favorisé que le

---

[1] Livre Ier, *Examen des revenus publics* (édition de 1840, p. 57-66).

débitant, et a fait rejeter sur les contributions directes et l'enregistrement le déficit considérable créé par ce dégrèvement, dès lors si onéreux pour la propriété, qu'il prétendait secourir... Il est à regretter qu'on n'ait pas adopté le système proposé en 1830, qui avait pour objet, comme il aurait eu pour résultat, d'asseoir l'impôt sur la seule base réellement équitable d'une taxe égale, établie aussi exactement que possible sur la valeur vénale, et payable au moment même de la consommation [1]. On serait parvenu ainsi à ramener aux principes d'une véritable justice distributive un impôt pour lequel les exigences du moment ont tantôt arraché d'aveugles concessions, tantôt inspiré des expédients de perception qui dissimulent la rigueur des charges en aggravant quelquefois leurs conséquences. N'a-t-on pas, en effet, fortifié les objections des propriétaires par la conversion d'une partie du droit de détail en taxes d'entrée? Les adoucissements partiels, qui ont été récemment accordés, ont-ils régularisé et simplifié le régime précédent? La diversité des

---

[1] L'auteur s'étend sur le système proposé dans le Rapport au Roi de 1830 (à la rédaction duquel il avait eu grande part), et en démontre les avantages. Il assigne pour principale cause à la gêne des viticulteurs leur défaut de prévoyance. « Nous ajouterons, pour fortifier cette opinion, que l'incertitude naturelle de la récolte des vignes, qui exige toujours des frais considérables, dont l'avance est tantôt perdue, et tantôt fertilisée par la variation de la température, donne à cette culture le caractère d'une spéculation hasardeuse, dont le succès dépend de deux conditions rares et difficiles à réunir : la précaution constante d'une réserve de fonds, et l'habitude de l'économie au milieu des jours de l'abondance. Ces chances aléatoires, trop souvent ruineuses pour les cultivateurs, entretiennent un mécontentement qui est quelquefois injuste dans ses plaintes, et est en même temps un attrait pour la cupidité humaine, qui entraîne ordinairement sur les pas de la fortune, et soutient toujours l'espérance de l'atteindre. » — « Le taux du droit, qui avait été adopté en 1830, ne paraissait pas excéder les facultés des consommateurs, ni restreindre la vente des boissons; il semblait avoir été réglé dans une assez sage proportion pour concilier les justes exigences du Trésor avec les intérêts des producteurs, auxquels il rendait une entière liberté de circulation pour faire arriver sur les marchés leurs produits, et les livrer, sans aucune entrave, aux populations les plus agglomérées. »

combinaisons ne s'en est-elle pas accrue, et n'a-elle pas
encore augmenté les inégalités, qui ne peuvent trouver
d'excuse que dans cette loi fatale des circonstances dont
nous devons commencer à secouer le joug ? »

Des écrivains moins autorisés n'ont pas craint de critiquer
plus énergiquement encore la confusion possible des consommateurs, des récoltants et des débitants, sous le régime
de la taxe unique de 1832 ; ils ont protesté contre ces concessions faites aux immunités du cabaret par un pouvoir
placé dans des conditions de lutte dont l'histoire a éclairé
surabondamment les difficultés réelles[1].

La loi de finances, du 25 juin 1841, supprima une des
principales dispositions de celle du 21 avril 1832.

A partir de 1842, la taxe unique à l'entrée des villes ne
dut plus remplacer que les droits d'entrée et de détail sur les
vins, cidres, poirés et hydromels. La perception du droit
de licence des débitants et celle du droit de circulation, ainsi
que les formalités à la circulation furent maintenues, pour
l'avenir, dans les villes soumises à cette taxe (Art. 18).

Voici comment l'auteur du rapport à la chambre des députés, M. Rivet, justifiait la modification proposée, ou plutôt
le retour à l'ancien régime [2] :

« Les villes les plus peuplées, celles où la perception devait naturellement rencontrer plus d'obstacles, ont senti
bientôt elles-mêmes qu'en comprenant le droit de circulation dans la taxe unique, elles s'ôtaient le contrôle le plus
actif, le plus praticable d'ailleurs, sur les quantités qui
échappaient à l'octroi. Bordeaux, Lyon, Caen, Bourges, Toulouse, Nancy, Lille, Rouen, les villes où les intérêts municipaux sont représentés avec une grande énergie, ont renoncé
à affranchir le droit de circulation. On conçoit en effet que,

---

[1] *De l'Impôt sur les boissons*, par P. Conquet, p. 87 à 92.
[2] Séance du 3 mai 1841. (Voir le *Moniteur* du 16.)

dès que toute circulation est libre dans l'intérieur des villes, que les conducteurs n'ont aucune justification à produire, il suffit de franchir la barrière pour que l'on soit à l'abri de toute recherche, et que la fraude soit consommée. D'un autre côté, l'absence des formalités à la circulation empêche que les agents de l'administration ne soient informés de l'enlèvement des boissons des magasins ou entrepôts. Quant au droit de licence, il n'y a pas de motif sérieux pour faire supporter à la masse des habitants un droit que les débitants seuls doivent acquitter. » « On le voit, ajoutait le rapporteur, ce n'est pas une atteinte à la loi de 1832, c'est une modification utile aux villes comme au Trésor, dont la fraude seule aura à souffrir. »

La modification que nous venons d'indiquer ne fut pas la seule apportée par le législateur de 1841 à l'impôt des boissons. En ce qui concerne le droit de circulation, les immunités accordées par les lois de 1816 et de 1819 au propriétaire récoltant furent restreintes :

1° Au transport des vins, cidres et poirés, des pressoirs du propriétaire à ses caves et celliers, ou de l'une à l'autre de ses caves, dans l'étendue d'un même arrondissement ou des cantons limitrophes de l'arrondissement, qu'ils fûssent ou non dans le même département ;

2° Au transport des mêmes boissons, qu'un colon partiaire, fermier ou preneur à bail emphytéotique à rente, remettrait au propriétaire ou recevrait de lui, dans les limites ci-dessus indiquées, en vertu de baux authentiques ou d'usages notoires.

C'était dans le but de mettre obstacle à des fraudes nombreuses que ces restrictions avaient été proposées. Comme atténuation, le récoltant eut la faculté de transporter ses boissons en franchise hors des limites que nous venons de déterminer, à quelque distance que ce fût, pourvu qu'il se munît d'un acquit-à-caution, et qu'il se soumît, au lieu de destination, à toutes les obligations imposées aux marchands en gros, le payement de la licence excepté. On abrogea en même temps la disposition de la loi de 1816 (Art. 85) qui accordait une remise exceptionnelle de 25 p. 100 sur les droits aux propriétaires vendant en détail les boissons de leur cru.

La loi de 1841 réglait encore que le montant des abonnements individuels des débitants de boissons serait payable par mois et d'avance. Elle assurait l'application d'un principe déjà écrit dans la loi de 1816, en soumettant la récolte et la fabrication des boissons dans l'intérieur des villes sujettes aux droits d'entrée à des déclarations et vérifications, ainsi qu'au payement immédiat du droit, sauf les cas où l'entrepôt était réclamé.

Pour dresser le relevé complet des modifications apportées par le gouvernement de 1830 à la législation de l'impôt des boissons, cause de préoccupation fréquente pour ses financiers, nous devons mentionner encore un acte important.

Les taxes locales, levées sous le nom d'octroi, s'appliquant aux vins, cidres et poirés déjà taxés pour le Trésor public, constituent une aggravation considérable des charges des propriétaires de vignes et des consommateurs. Aussi la loi de finances du 11 juin 1842 disposa-t-elle qu'à l'avenir l'établissement des taxes d'octroi votées par les conseils municipaux, la modification des taxes déjà existantes, ainsi que les règlements relatifs à leur perception, devraient être autorisés par ordonnances royales rendues dans la forme des règlements d'administration publique (Art. 8). Les droits d'octroi établis sur les boissons, en vertu de ces ordonnances, ne purent excéder ceux perçus aux entrées des villes au profit du Trésor (le décime non compris). Dans les communes non soumises, à raison de leur population, à un droit d'entrée sur les boissons, le droit d'octroi ne put dépasser le droit d'entrée déterminé par la loi pour les villes d'une population de 4,000 âmes. Il ne put être établi aucune taxe d'octroi supérieure au droit d'entrée qu'en vertu d'une loi (Art. 9). Enfin, les taxes d'octroi existantes, qui seraient supérieures aux limites ci-dessus fixées, durent continuer à être perçues pendant toute la durée déterminée par l'ordonnance d'autorisation, sans cependant dépasser le 31 décembre 1852, époque où elles devaient cesser de plein droit (Art. 10).

La révolution de 1848 se trouva en présence de l'impôt sur les vins ainsi souvent remanié, mais toujours assez discuté pour qu'un publiciste de talent, M. Fonfrède, crût y trouver une cause d'impopularité fatale à l'existence du premier empire et des gouvernements qui l'avaient suivi [1].

Un décret du gouvernement provisoire, en date du 31 mars 1848, rendu pour satisfaire aux sommations des débitants de la banlieue parisienne, qui réclamaient l'abolition de l'exercice, tout en sauvegardant, autant que faire se pouvait, les intérêts du Trésor, tenta une réforme éphémère de l'impôt des boissons [2].

Les droits de circulation et de détail sur les vins, cidres, poirés et hydromels furent supprimés à partir du 15 avril et remplacés par un *droit général de consommation* uniforme pour les cidres, poirés et hydromels (1 fr. 25 c. par hecto-

---

[1] Citation faite dans les *Tablettes européennes* du 30 octobre 1849.

[2] Voici en quels termes étaient conçus les considérants du décret : « Considérant que le mode actuel de perception du droit sur les boissons est éminemment vexatoire et onéreux; que l'exercice est attentatoire à la dignité des citoyens qui s'adonnent au commerce des boissons; que la forme injurieuse de cet impôt constitue une excitation perpétuelle, et comme une excuse à la fraude; qu'il en résulte les plus graves dommages pour le commerce, pour l'industrie, pour la santé des travailleurs, et même pour leur vie.....»

litre), et gradué pour les vins suivant la classe des départements (département de première classe, 1 fr. 25 c.; de
deuxième classe, 2 fr. 50 c.; de troisième classe, 3 fr. 50 c.;
de quatrième classe, 5 fr.). Ce droit était payable à l'enlèvement des boissons, ou à leur arrivée à destination. Dans
ce dernier cas, elles devaient être accompagnées d'un
acquit-à-caution. Les formalités à la circulation étaient
maintenues pour assurer la perception du nouveau droit.
Les débitants de boissons, qui voulaient n'acquitter le
droit de consommation qu'après la vente, pouvaient obtenir l'entrepôt, mais en se soumettant alors aux exercices de
la régie. Beaucoup de débitants des départements optèrent
pour ce dernier mode, à cause du crédit des droits qu'il leur
conservait. D'autre part, les populations des contrées vinicoles, soumises seulement jusqu'alors, pour leur consommation, au simple droit de circulation, ne supportèrent pas
sans murmures la charge double et même triple que leur
imposait la nouvelle taxe.

Les réclamations [1] auxquelles donna lieu le changement
de perception furent bientôt si vives et si générales, que
l'exécution en devint impossible, et le gouvernement, par
l'organe de M. Duclerc, ministre des finances, en demanda
la modification par un projet soumis à l'assemblée nationale,
le 10 juin 1848. Le 22 du même mois, sur la proposition de

---

[1] Rapport au nom de la commission chargée d'examiner le projet de loi sur les
boissons. (*Moniteur* du 8 décembre 1849.) — Une autre tentative du gouvernement provisoire n'avait pas eu plus de succès. Un décret du 18 avril 1848 : «Considérant que l'octroi établi sur les boissons pesait d'une manière inique sur les diverses qualités de vins; que cet impôt frappait la boisson ordinaire des travailleurs
de cent pour cent de la valeur primitive, tandis que les vins de luxe ne payaient que
5 ou 10 pour 100 de leur prix vénal; que cette inégalité provoquait des fraudes
nuisibles à la santé des travailleurs,» avait chargé le ministre des finances et le
maire de Paris de présenter, dans un bref délai, un règlement basé sur le principe
de l'égalité proportionnelle. La commission spéciale chargée de ce travail le jugea
inexécutable.

son comité des finances et sur le rapport de M. Deslongrais, l'Assemblée constituante, pensant qu'il fallait aller plus loin, supprima le décret du 31 mars, et rétablit purement et simplement la législation antérieure, à partir du 10 juillet, en accordant toutefois aux débitants qui en feraient la demande, l'abonnement basé sur les produits de 1847, atténués d'un dixième.

Cette décision de l'assemblée, inspirée surtout par les besoins du Trésor, ne tranchait pas définitivement la question. De nombreuses propositions, dues à l'initiative parlementaire, furent successivement présentées, relativement à l'impôt des boissons, et soumises à une commission spéciale, qui, après mûr examen, proposa, le 19 mars 1849, par l'organe de M. Mauguin, son rapporteur, le maintien du principe de la taxe, mais en faisant subir au système de perception des modifications profondes (taxe de 28 millions sur les marchands et débitants ; contribution additionnelle à la propriété vinicole, etc.).

Contrairement à ces conclusions, et contrairement aussi à celles de la commission du budget, l'Assemblée constituante, au moment de l'expiration de son mandat, cédant au désir de laisser après elle quelque réforme nouvelle qui popularisât son passage, sans se préoccuper assez du bon état des finances, décida, par un amendement à la loi du budget, et à la majorité de 293 voix contre 259, que l'impôt des boissons serait aboli le 1er janvier 1850 [1]. Avant cette époque, le gouvernement devait présenter à l'assemblée nouvelle un projet pour le remplacement de l'impôt aboli.

La suppression qui venait d'être décrétée n'était pas réalisable, surtout en présence des réductions déjà opérées sur

[1] L. 19 mai 1849, art. 3.

la taxe du sel et sur le revenu des postes, de la pénurie du
Trésor et du déficit énorme par lequel se soldait le budget.
Le 4 août 1849, M. Passy, ministre des finances, déposa
un projet de loi tendant à maintenir l'impôt des boissons,
mais en lui faisant subir une transformation complète. «Les
droits établis, disait l'Exposé des motifs [1], sont multiples,
et, au tort de peser inégalement sur ceux qui les acquittent,
ils joignent celui d'entraîner, par les modes de recouvrement en usage, des gênes et des complications qui toutes
ne sont pas indispensables à la sûreté de la perception. »

En conséquence, et comme remède, il proposait de remplacer tous les droits existants par une *taxe générale de consommation*, dont la quotité, fixe pour les cidres, poirés et
hydromels (1 fr.), et pour les vins en bouteilles (10 fr. par
hectolitre), variait, pour les vins en cercles, de 1 fr. à 5 fr.
50 c., d'après un tarif gradué en vingt-neuf classes, selon
le prix moyen dans chaque département. La taxe était perçue à l'enlèvement, sur déclaration préalable de l'expéditeur
ou de l'acheteur. — Le congé une fois pris, les boissons par-
venaient à leur destination sans nécessité de déclarations
nouvelles, ni aucune des formalités précédemment exigées
à l'arrivée. Les marchands en gros et les débitants jouissaient du bénéfice de l'acquit-à-caution pour les boissons
qui leur étaient expédiées ; le crédit des droits leur était
même maintenu, sous la condition de la prise en charge à
l'arrivée de l'exercice des employés de la régie. La taxe générale à Paris était remplacée par un droit aux entrées. Le
transport en franchise était réduit pour le récoltant aux
limites de la commune. Enfin, le produit du nouveau droit
ne devant pas compenser celui des anciens, le projet élevait
le tarif des licences, et rétablissait celui des eaux-de-vie et

---

[1] *Moniteur* de 1849, p. 2588.

esprits au taux fixé par la loi de 1824, en revenant sur la réduction opérée en 1830.

Le système de M. Passy, plus radical que celui du Rapport au Roi de 1830, en ce qu'il supprimait le droit de détail, plus radical même que celui du décret du 31 mars 1848, qui avait conservé la taxe d'entrée, ne fut pas discuté : le gouvernement le retira quelques mois après sa présentation. Nous croyons cependant qu'il n'est pas sans intérêt de reproduire ici l'appréciation sommaire faite par la commission chargée de son examen [1].

« Ce système, disait la commission, repose sur le double principe de l'unité et de l'égalité des taxes. Il supprime tous les droits, une partie des formalités actuelles, et les remplace par une taxe générale de consommation. — Niveler l'impôt, le répartir entre tous les contribuables sans distinction, populations urbaines et populations rurales, marchands, débitants et simples particuliers; ne laisser subsister de différences dans la quotité des droits que celle résultant de la valeur différente des boissons dans chaque localité, tel est le but que s'était marqué le ministre. Mais comment se proposait-il de l'atteindre? Pour réaliser l'équilibre des charges, il déplaçait seulement le poids de l'impôt, reportait sur les habitants des campagnes une somme de 13 millions environ, dont il soulageait les habitants des villes ; aggravait la position des consommateurs ordinaires pour améliorer celle des détaillants; et, d'un autre côté, pour retrouver l'équivalent des droits qu'il faisait perdre au Trésor, et dont le déficit peut-être eût dépassé ses propres prévisions, il tombait dans l'inconvénient d'augmenter sensiblement le taux des licences, qui, comme toutes les taxes fixes, ne peuvent frapper sans injustice et sans dommages sur les contri-

---

[1] Rapport du 29 novembre 1849, — *Moniteur* du 8 décembre.

buables, qu'à la condition d'être très-modérées : ce projet re-
produit le principe du décret du 31 mars 1848, tout en mo-
dérant l'application, et nous avons craint qu'il ne fût destiné à soulever les mêmes objections et les mêmes plaintes.
Nous aurions craint aussi..... que le droit unique de consommation, soit uniforme, soit gradué, substitué au droit
proportionnel, ne fît courir trop de chances au revenu public, en subordonnant l'importance de ses perceptions aux
vicissitudes de l'agriculture et du commerce. Ce qu'il y a
d'avantageux dans le système en vigueur, c'est que, quelle
que soit l'abondance ou la pénurie des récoltes, il assure à
l'État un revenu presque constant par le rendement du
droit de détail qui, réglé d'après la valeur, profite de
l'élévation des prix et compense ainsi la perte sur les quantités. »

Le 14 novembre 1849, M. Fould, succédant depuis quelques jours à M. Passy dans le ministère des finances, annonça
le retrait du projet de loi déposé le 4 août précédent, et présenta en même temps à l'assemblée un nouveau projet, qui
contenait trois propositions distinctes : abrogation de l'art. 3
de la loi de finances du 19 mai 1849 ; maintien, pour 1850,
de la législation en vigueur ; nomination d'une commission
d'enquête parlementaire sur l'assiette et le mode de répartition de l'impôt des boissons. La commission chargée de
l'examen de ces propositions conclut, le 29 novembre suivant, par l'organe de M. Bocher, son rapporteur, à leur
adoption, et, après une longue discussion, où toutes les
opinions se firent jour [1], cet avis fut partagé par l'assemblée.

La loi du 20 décembre 1849 maintint l'impôt sur les an-

---

[1] Voir notamment le discours de M. Léon Faucher. (*Économie politique et
finances*, t. II, p. 313 et suivantes), dans lequel il se prononce pour le maintien de
la législation en vigueur, sauf certaines modifications. — Dans une étude publiée en
avril 1848, M. Faucher avait été d'un avis différent et avait proposé une taxe
unique de circulation.

ciennes bases pour 1850, et décida qu'une commission parlementaire de quinze membres procéderait immédiatement
à une enquête sur l'état de la production et de la consommation des vins et esprits, sur l'influence qu'exerce en
cette matière l'impôt des boissons, et sur les modifications
que cet impôt peut recevoir. M. H. Passy fit entendre à
cette occasion des paroles assez caustiques sur l'assiette générale de l'impôt des boissons : « Je ne suis pas, dit-il, de
ceux qui font l'éloge d'un impôt, parce que 12 millions de
personnes ne le payent pas, 20 millions le payent un peu ;
5 millions, qui sont les plus pauvres, le payent presque en
totalité, etc..... Je ne doute pas que l'enquête n'éclaire la
nécessité de modifications considérables dans le système de
l'impôt. »

Les procès-verbaux de cette enquête ont été publiés, et
M. Bocher, représentant du Calvados, en a consigné les
résultats, en même temps que les propositions de la commission, dans *le rapport* qu'il déposa, *le 14 juin* 1851, sur le
bureau de l'assemblée législative. Les événements de décembre 1851 ne permirent pas de discuter ce rapport, qui
contient sans contredit un travail des plus complets sur la
matière ; mais la plupart de ses conclusions ont été admises par le gouvernement, et ont pris place dans le décret
budgétaire du 17 mars 1852. Il nous semble donc mériter
à tous les titres un examen sérieux et détaillé, d'autant plus
qu'il couronne une période presque demi-séculaire, pendant
laquelle tous les éléments fondamentaux de l'impôt des
vins avaient été vivement débattus et s'étaient jusqu'à un
certain point successivement vaincus, diminués ou ab-
sorbés.

Le rapport de M. Bocher étudie ensuite, d'après les résultats d'une enquête fort étendue, l'état de la production
vinicole, celui de la consommation, et l'influence que l'im-

pôt, tel qu'il existe aujourd'hui, paraît exercer sur l'une et sur l'autre.

État de la production. — Les adversaires de la législation actuelle ont affirmé que l'étendue totale des superficies cultivées en vignes n'a pas augmenté, et qu'en admettant même comme prouvée cette augmentation, les prix de vente se sont du moins abaissés, que par conséquent la valeur de la propriété vinicole se trouve moindre qu'autrefois. Or, tous les faits étudiés, tous les témoignages récueillis sont contraires à ces assertions.

En premier lieu, il y a eu, depuis 1788, un accroissement constant et considérable des superficies cultivées. Le rapport présenté au roi en 1830 porte qu'en 1788 l'étendue cultivée en vignes s'élevait à 1,555,000 hect. Ce chiffre s'est augmenté de 438,000 hect. de 1788 à 1830, et de 200,000 hect. de 1830 à 1849 [1]. Dans le cours des vingt dernières années, la vigne ne s'est pas seulement multipliée dans les lieux qui lui étaient naturellement consacrés, elle s'est établie au milieu du domaine arable et jusque dans les prairies. Il n'y a d'exception au progrès général que dans une vingtaine de départements de l'ouest et du nord, où la vigne couvre à peine une surface égale à celle qu'elle occupe dans le moins important des départements du midi.

Les causes particulières de cette extension, sont, en dehors de l'accroissement de la population, le profit plus élevé de ce mode de culture ; le travail assuré au petit propriétaire sur son propre fonds ; la division incessante des héritages qui, en partageant dans un plus grand nombre de mains la propriété vinicole, permet de l'exploiter avec plus de soin et d'économie ; la fixité des estimations cadastrales, qui

---

[1] Arthur Young avait indiqué, dans son *Voyage en France*, le chiffre de 5 millions d'acres pour nos vignobles, ce qui aurait fait environ 2 millions d'hectares, en estimant l'hectare équivalant à 2 acres 471.

permet de soustraire à un impôt, qui devrait être de première classe, les parcelles converties en vignes depuis la
confection du cadastre; l'exemption des droits en faveur
des récoltants; enfin les demandes croissantes du commerce, appelé, par le progrès général de l'aisance, à satisfaire chaque jour de plus nombreux besoins.

Non-seulement la superficie cultivée s'est étendue, mais
encore le rendement moyen a considérablement augmenté;
c'est un fait notoire. On récoltait jadis en Bourgogne 14
hectol. par hectare, on en obtient aujourd'hui 60; dans
certaines contrées de la Provence et du Languedoc, on retire de l'hectare en plaine 100 et même 150 hect., au lieu
de 15 à 18 qui étaient récoltés auparavant sur les côteaux.
Les renseignements fournis à l'enquête par les sociétés agricoles et les préfets ont permis d'établir le produit moyen ,
en hectolitres, de l'hectare de vigne dans les soixante-quinze
départements où elle est cultivée et aux trois époques suivantes :

1788.	1829.	1850.
21 hect. 21 litr. par hectare.	27 hect. 20 litr.	32 hect. 35 litr.

Il faut remarquer d'ailleurs que le chiffre de 32 hect. 35
lit. est bien au-dessous de la moyenne dans les départements
réellement vinicoles ; le rendement y dépasse aujourd'hui
40 hectolitres par hectare.

Malheureusement, cet accroissement de production n'a pu
s'obtenir que par l'abaissement et l'altération des qualités.
A part les plants de premier choix, la vigne a dégénéré en
France ; elle a perdu en délicatesse une partie de ce qu'on
lui a fait gagner en fécondité; l'adoption des nouvelles mé-
thodes de culture, l'invasion des espèces communes, l'abus
des fumures et des engrais n'ont multiplié ses fruits qu'en
altérant leur primitive saveur.

L'abaissement des prix a été une conséquence naturelle de celui des qualités ; mais il n'a pas été corrélatif [1], et d'ailleurs il est loin d'impliquer une décadence de l'industrie vinicole, puisqu'elle produit et vend beaucoup plus, et, en somme, la valeur totale de cette nature de propriété, loin de décroître, n'a fait au contraire que s'élever, et même dans une proportion plus rapide que celle des autres biensfonds. Voici quel a été le prix moyen par hectare de la vigne en France, de 1788 à 1850 :

	1788.	1810.	1830.	1850.
Prix moyen de l'hectare. . .	1,714 fr.	2,290 fr.	2,965 fr.	3,003 fr.

Ajoutons que les vignobles ne sont pas grevés d'une masse d'hypothèques supérieures à celles des autres propriétés rurales. Mais si la propriété vinicole ne cesse pas de s'accroître, d'où vient que le propriétaire ne cesse pas de se plaindre ? Et si elle est en proie à une souffrance réelle, où faut-il en chercher les causes ?

Ces causes sont d'abord la nature toute spéciale de cette propriété, les vicissitudes constantes que subissent la quantité et la qualité des produits (en 1822, la France a récolté seulement 32 millions d'hectolitres ; en 1847, au contraire,

[1] Voici quel a été le prix moyen de l'hectolitre de vin chez les propriétaires, dans les 75 départements où la vigne est cultivée :

	1788.	1810.	1830.	1850.
Moyenne générale des 75 départem.	15 fr. 44 c.	19 fr. 90 c.	16 fr. 86 c.	12 fr. 97 c.

En 1850, année exceptionnelle, la dépréciation des denrées semble avoir atteint sa dernière limite. On aurait obtenu d'autres résultats si on avait pris 1846 ou 1847. D'après les prix de vente en détail de 1806 à 1847, constaté par l'administration sur les déclarations des débitants, les prix se seraient plutôt élevés qu'abaissés.

Moyenne des prix dans chaque période pendant laquelle le taux du droit de détail n'a pas varié. — De 1806 à 1808, 26 fr. 50 c.; de 1809 à 1813, 35 fr. 54 c.; de 1819 à 1820, 40 fr. 64 c.; de 1821 à 1826, 37 fr. 38 c.; de 1827 à 1831, 34 fr. 85 c.; de 1831 à 1837, 34 fr. 86 c.; de 1838 à 1843, 33 fr. 56 c.; de 1844 à 1847, 39 fr. 61 c.

54 millions ; dans le même vignoble du Médoc, on voit des vins se vendre 13 francs une année et 100 francs l'autre) ; puis l'impossibilité d'alterner, comme dans les autres cultures. Pour remédier à cet état de choses, on avait adopté, avant 1789, des prohibitions, des surtaxes de province à province. Le mal se fait encore plus sentir aujourd'hui par le morcellement des héritages et le défaut d'avances, indispensables cependant à la plupart des viticulteurs.

En second lieu, les préférences de la mode, la faveur du commerce, les conditions de l'approvisionnement intérieur et extérieur influent, en le modifiant, sur le débit des différentes espèces de vins. Les vins demi-fins sont ceux qui souffrent le plus. Tandis que le commerce recherchait autrefois les vins de bonne conservation, il préfère aujourd'hui ceux qui se prêtent le mieux aux opérations de mélange. En un mot, la consommation populaire a augmenté, celle de luxe n'a fait que décroître.

Le résumé des plaintes exprimées dans l'enquête et des causes attribuées aux embarras de la propriété vinicole dans chaque localité, établit : 1° la perte des anciens débouchés au dehors ; 2° le changement des conditions de l'approvisionnement sur le marché intérieur, changement qui profite surtout aux vignobles du Midi, du Bordelais et de la Bourgogne, dont les produits, à l'aide de la promptitude et du bas prix des transports, arrivent aisément sur tous les marchés, et y apportent, à des prix presque équivalents, des qualités supérieures.

État de la consommation. — La consommation s'est développée proportionnellement à la production ; les comptes des finances l'établissent d'une manière péremptoire, la législation n'ayant pas changé depuis 1831.

En ce qui concerne la consommation intérieure, la comparaison des années 1831 et 1847 établit :

1° Que l'accroissement des quantités atteintes par la perception a été général, continu, cinq fois plus considérable que celui de la population ; que le rendement de l'impôt, quoique les tarifs n'aient subi aucune augmentation, s'est élevé en moins de vingt années de près de 60 pour 100. Ce fait répond victorieusement aux doutes qu'on avait émis comme aux plaintes que l'on avait formulées sur l'obstacle apporté par la législation au développement de la consommation ;

2° Que la consommation des vins s'est accrue de 98 p. 100, celle des alcools de 70 pour 100, tandis que la proportion pour les bières et les cidres n'a été que de 35 et 30 pour 100 ; d'où il résulte que les producteurs de boissons du midi ont peut-être moins à souffrir de l'état de choses actuel que ceux de l'ouest et du nord ;

3° Que la taxe de remplacement acquittée aux entrées de Paris est loin d'avoir suivi le mouvement des autres perceptions, et qu'entre les vins et les esprits qui y ont été introduits, il y a en faveur des seconds une différence d'augmentation de 29 à 93 pour 100 ; double résultat qui donne à la fois la preuve et l'explication de ce fait, souvent signalé, que la consommation officielle des vins, dans la ville de Paris, est loin d'avoir suivi la progression qui s'est produite partout ailleurs, et que cette différence doit être attribuée en partie à la fraude et à la falsification, en partie à l'usage sans cesse croissant des boissons alcooliques. On a prétendu à cet égard que la consommation parisienne, qui aurait été en 1789 de 114 ou même 139 lit. par habitant, se trouvait réduite à 101 lit. en 1836 [1]; et même à 97 lit. en 1848. Disons nous-mêmes, à cet égard, en interrompant en quelque

---

[1] Voyez le *Mémorial de chronologie*, l'*Annuaire du Bureau des longitudes* et l'article de M. Lavallée sur l'*Impôt des boissons* dans les *Tablettes européennes* du 30 octobre 1849.

sorte M. Bocher, que, depuis, la consommation s'est un peu
relevée, et M. Husson, qui donne pour les années moyennes
de 1781 à 1786 156 lit. 29, indique pour la consommation
de 1851 à 1854 le chiffre de 113 lit. 26.

Quant à l'exportation, jamais le marché extérieur n'a ouvert aux boissons un plus large débouché ; les vins et eaux-
de-vie exportés ont été :

En 1831, de 947,076 hectolitres .   .   — Valeur officielle, 44,012,804 fr.
En 1848, de 1,926,618 hectolitres.   —   85,431,504 fr.
Augmentation : 103 p. 100. .   .   .   —   48 p. 100.

Contrairement à l'opinion généralement répandue dans
les pays vinicoles et dans les ports, où l'on accuse le tarif des
douanes en alléguant que les boissons supportent les repré-
sailles des législations étrangères contre le régime protecteur, à aucune époque la vente à l'étranger des vins et eaux-
de-vie n'a été aussi considérable ; les chiffres suivants en
fournissent la preuve.

De 1786 à 1789, année moyenne. .   .   .   .   1,054,087 hectolitres.
De 1802 à 1811,   —   1,173,569   —
De 1811 à 1831,   —   1,232,588   —
De 1831 à 1848,   —   1,605,578   —
En 1848.   1,926,618   —

Mais il faut dire que la progression n'a pas été la même
sur tous les marchés, ni au profit de tous les expéditeurs.
Le midi a moins perdu que le nord, le Bordelais moins que
la Bourgogne. Le progrès de la distillation a, dans les provinces du sud et du sud-ouest, soutenu la valeur des plantations, malgré la dépréciation des vins ; et l'importance
sans cesse croissante des expéditions d'alcool pour l'Angleterre et l'Amérique a fait aisément oublier à ceux de nos
départements qui s'y livrent les bénéfices qu'ils réalisaient
autrefois sur les vins que leur demandaient la Belgique et
les pays outre-Rhin. Quant à Bordeaux, la liberté des mers

et la rapidité des moyens de communication ont donné accès à ses produits vinicoles sur toutes les places.

La réforme des lois de douane et les stipulations diplomatiques sont en dehors de la portée naturelle du Rapport; toutefois, afin d'éclairer d'avance la discussion à cet égard, et surtout pour ne pas laisser croire que les droits qui grèvent les vins de la France à l'étranger ne sont que l'effet d'une juste réciprocité contre ses tarifs, M. Bocher rappelait certains faits incontestables : 1° presque toutes les législations frappent des mêmes taxes, à l'entrée, les boissons de même espèce, sans distinction d'origine ni de provenance; celles de France ne sont donc nulle part plus maltraitées que celles des autres pays; elles sont au contraire favorisées sur quelques marchés; 2° ces taxes ont souvent pour but de protéger contre la concurrence étrangère des boissons semblables aux nôtres, dans les contrées qui cultivent la vigne, ou des boissons analogues dans celles qui produisent l'orge, le houblon, ou fabriquent des esprits; 3° elles sont presque partout destinées à assurer un revenu plus ou moins considérable, soit à l'État, soit aux provinces, soit aux villes; et lors même que l'on obtiendrait la réduction des droits d'importation établis au profit des gouvernements, les taxes de consommation, intérieure ou locale, qui forment la plus lourde part de l'impôt, continueraient de subsister.

Influence de l'impôt. — Si l'on jugeait l'impôt d'après les faits qui précèdent, il serait déjà justifié des principaux reproches qu'on lui adresse; car il est bien établi que la production et la consommation, loin d'avoir été comprimées et restreintes sous l'empire de la législation actuelle, se sont au contraire développées, que leur accroissement a suivi le mouvement général du travail et du bien-être dans le pays, et a dépassé de beaucoup le progrès de la population. L'examen de la législation, des transformations qu'elle a subies, ainsi que des améliorations successivement réalisées, complète à cet égard la démonstration.

Après avoir retracé l'histoire de l'impôt des boissons depuis son origine jusqu'en 1848, l'auteur du Rapport termine cette partie de son travail par l'exposé de la situation particulière de chaque catégorie de redevables.

1° *Récoltants*. — La plantation et la culture de la vigne sont libres. Pas de formalité au transport des vendanges ni à la fabrication ; pas de taxe à la consommation, lorsqu'elle se fait sur le lieu de la récolte ; liberté entière est également laissée au propriétaire ou fermier qui transforme ses produits en alcools. C'est alors seulement qu'il consomme en dehors du lieu de sa récolte, ou qu'il vend, que le récoltant se trouve en contact avec la régie. Près du dixième des vins récoltés en France s'écoulent ainsi chaque année en franchise.

2° *Commerçants*. — Le commerce est également ménagé. A l'extérieur, même avec l'Algérie et les colonies, il est exempt de taxe ; à l'intérieur, les transports successifs de la denrée jusqu'au consommateur s'opèrent en franchise.

3° *Consommateurs*. — Tout se résume, quant aux consommateurs, dans le tableau suivant.

CATÉGORIE de CONSOMMATEURS.	POPULATION de chaque CATÉGORIE.	QUOTITÉ (PAR LITRE) DE L'IMPOT DU PAR CHAQUE CATÉGORIE, EN 1861, suivant le lieu d'habitation et le mode d'approvisionnement.
Propriétaires ou fermiers récoltant, et leurs familles.........	12,000,000 h.	Ne payent rien.
Habitant les lieux non sujets au droit d'entrée 17,946,642		
Départements : 1re classe.	2,084,674	S'ils achètent en gros. Le droit de circulation de { »» c. 2/3 ; »» 3/4 ; 01 1/10 ; 01 1/3 — S'ils achètent en détail. Le droit de détail de { 02 c. 3/6 ; 03 2/5 ; 05 1/3 ; 08 5/9
— 2e classe.	4,799,580	
— 3e classe.	5,216,016	
— 4e classe.	5,846,402	
Habitant les lieux sujets au droit d'entrée 1.	5,223,542	
Villes de 4 à 6,000....	663,686	Les droits d'entrée et de circulation { 01 c.1/3 à 02 c. 2/3 ; 01 2/3 à 03 3/10 ; 01 9/10 à 03 9/10 ; 02 3/10 à 04 2/3 ; 02 2/3 à 05 3/10 ; 02 9/10 à 05 9/10 ; 03 3/10 à 06 2/3 — Les droits d'entrée 1 et de détail de { 03 c. 1/8 à 09 c. 9/10 ; 03 3/5 à 10 1/2 ; 03 2/3 à 11 1/5 ; 04 1/10 à 11 2/3 ; 04 2/5 à 12 1/2 ; 04 2/3 à 13 1/10 ; 05 1/10 à 13 4/5
— 6 à 10,000....	837,474	
— 10 à 15,000...	515,857	
— 15 à 20,000...	428,706	
— 20 à 30,000...	564,721	
— 30 à 50,000...	488,221	
— 50,000 et au-dess	779,097	
Habitant la ville de Paris.	945,720	Tous les consommateurs indistinctement : 8 c. 4/5 par litre.
	35,170,215 h.	

Le rapport de M. Bocher analyse ensuite *les plaintes et vœux exprimés dans l'enquête.*

La commission avait posé les questions suivantes : Quelles plaintes suscitent l'existence et les modes de perception des droits sur les boissons? Quels sont, parmi ces droits, ceux dont la population se plaint davantage? Quels sont ceux qui seraient considérés comme nuisant le plus à la consommation et au commerce des vins, cidres, bières, eaux-de-vie et esprits?

Les réponses ont été très-diverses; cependant, il y a eu accord presque unanime sur la légitimité et la nécessité d'une taxe des boissons.

Le *droit de circulation* est celui qui suscite le plus de

---

[1] Parmi les 5,223,000 habitants de cette catégorie, plus de deux millions sont déjà sous le régime de la taxe unique, et rachetés du droit de détail, surtout dans les lieux où il est le plus élevé.

Dans les quarante villes soumises à ce régime, en 1859 au moins, on comptait en effet, Lyon, Marseille, Rouen, Montpellier, Strasbourg, Metz, etc.

plaintes, comme ayant le plus de points de contact avec la population. Ce n'est pas l'assiette du droit que l'on attaque, ni son taux, regardé même généralement comme trop modique ; mais on critique les formalités qu'il entraîne. Ces formalités imposeraient une gêne pénible à la propriété viticole, qui ne peut tirer de ses produits le même parti que les autres cultivateurs tirent de leurs denrées ; elles apporteraient des entraves nuisibles à la liberté du commerce ; enfin elles donneraient naissance à des fraudes fréquentes.

Plusieurs des inconvénients signalés sont inévitables ; mais il est juste de dire qu'il existe, dans la pratique, des ménagements nombreux, et que des facilités notables sont accordées au commerce. C'est ainsi que les recettes buralistes ont été successivement portées, de 7,038, en 1822, à 7,901 en 1832, à 9,161 en 1842, à 10,000 en 1850. Les récoltants et les marchands en gros ont le droit de se faire délivrer des laisser-passer provisoires jusqu'à la première recette buraliste. Pour faciliter l'écoulement des vins sur les marchés ordinaires, il est permis de ne pas indiquer, sur l'acquit-à-caution, le nom du destinataire, mais seulement le lieu de la destination ; en cas de non-vente, on fait revenir, par un second acquit-à-caution, le chargement au lieu de départ. Enfin, l'administration apporte une très-grande modération dans la constatation des erreurs et des fraudes. En 1847, le nombre des procès-verbaux a été dans la proportion d'environ 1 à 1,000, par rapport au chiffre des mouvements déclarés.

Le vœu le plus généralement exprimé dans l'enquête a trait à la réduction du *droit d'entrée.* Cumulé en effet, dans l'état actuel, avec le droit de circulation ou le droit de détail, et avec la taxe d'octroi, il égale quelquefois et dépasse même la valeur de l'objet imposé, et, de plus, frappant tous les produits sans distinction de qualités, il pèse plus lourdement sur ceux qui entrent dans la consommation la plus

générale. Les récoltants des lieux sujets se plaignent des
gênes des inventaires et récolements auxquels ils sont soumis. Mais la suppression du droit d'entrée ne changerait
pas la situation, car elle n'amènerait pas celle de l'octroi
municipal, dont l'existence rend nécessaire le maintien de
ces formalités.

Le *droit de détail* a donné lieu à diverses observations : les
débitants se plaignent de l'exercice, des vexations et entraves qu'impose ce régime. Mais l'administration l'applique
avec tous les ménagements possibles. La loi offre les moyens
de s'en exonérer ; la sujétion résultant de ce commerce est
connue de ceux qui l'entreprennent. Les consommateurs
réclament la diminution de la taxe qui grève les approvisionnements journaliers des classes pauvres, tandis que les
approvisionnements en gros en sont exempts : à la condition
toutefois, que le bénéfice du dégrèvement ne soit pas partagé
par les débitants. Or, une réduction générale du droit ne
remplirait pas cette condition. L'évaluation du droit n'est
pas la cause de la cherté des prix. L'écart qui existe entre le
commerce en gros et celui de détail, non dans les pays producteurs où se fait sentir la concurrence des vendeurs de cru ;
mais dans les pays non producteurs, a pour cause la nature
même de l'industrie et les conditions spéciales inhérentes à
son exercice. Dans les pays producteurs, la différence du prix
chez les récoltants et chez les marchands en gros est de 25 à
30 p. 100, soit 10 à 15 pour 100 de profit pour ceux-ci, déduction faite des frais de toute nature. Le même excédant de prix
chez les débitants est de 85 ou 100 pour 100, et même davantage, et l'écart augmente à mesure que l'on s'éloigne des pays
vinicoles, ce qui ne devrait pas être si le droit en était la
cause, puisqu'il est uniforme dans la même localité ; quelquefois l'écart varie. Les causes de l'exagération du prix
de vente en détail sont : les charges particulières de cette

industrie (loyer, mobilier, chauffage, déchets, etc.), les crédits, qu'elle est obligée d'accorder, les pertes qu'une partie
de sa clientèle lui fait subir, les droits de patente et de
licence, et surtout la multiplicité des détaillants, qui ne
permet à chacun d'entre eux qu'un chiffre restreint d'affaires; or, la charge du droit n'entrant pour presque rien
dans le renchérissement des boissons vendues au débit, la
réduction profiterait à l'intermédiaire seul, comme en 1851.
D'ailleurs, tout le monde reconnaît qu'il y a une distinction
à faire dans les consommations de détail ; il serait plus juste
de surtaxer les buveurs intempérants et oisifs, et d'affranchir la provision de la famille de l'ouvrier, soit par la création de débits spéciaux, soit par l'abaissement de la limite
légale de la vente en gros.

En ce qui concerne le *droit de licence,* on a signalé son
élévation comme un moyen de limiter le nombre toujours
croissant des débitants, et aussi de compenser les réductions de taxes qui pourraient être consenties.

En définitive, la majorité des vœux et des opinions peut
se résumer de la manière suivante : *maintien du principe de
l'impôt; égalisation des taxes; réduction sensible des droits
d'entrée et d'octroi; facilités et avantages accordés à la consommation de famille.*

Après avoir exposé les résultats de l'enquête, les faits
constatés et les vœux exprimés, le Rapport indique *quelles
ont été les résolutions de la commission.* Tout d'abord, convient-il de maintenir le principe de l'impôt? Ce maintien est
nécessité par les besoins financiers. Les contributions directes ne sont plus suffisantes pour les dépenses générales
de l'État : on ne peut songer à les accroître ; il faut donc recourir aux impôts indirects. Or, les boissons réunissent,
plus que toute autre denrée, la triple condition de ne pas être
de nécessité absolue, de ne pas servir de matière première

à la main-d'œuvre industrielle, et d'entrer en même temps
dans la consommation générale ; aussi ont-elles été imposées
de tout temps en France, et le sont-elles dans tous les pays
étrangers. On a reproché à cet impôt d'être injuste, parce
qu'il s'ajoute à la contribution foncière et fait peser ainsi une
double charge sur certaines productions ; mais les départements vinicoles ont été plus ménagés que les autres dans la
répartition de la contribution foncière. Le droit est généralement confondu dans le prix de la denrée ; il est supporté
en définitive par l'acheteur, et ne retombe pas sur le posses-
seur du sol. Du reste, les boissons ne sont pas les seuls produits agricoles surimposés, comme on le prétend. Le sel,
les tabacs, les sucres, le bétail et autres denrées comprises
dans les tarifs des octrois municipaux, ont acquitté leur contingent dans l'impôt foncier, avant d'être atteints par l'impôt indirect. Si l'on examine attentivement les divers éléments sur lesquels est basée la taxe même des boissons, on
trouve que les vins sont beaucoup plus ménagés que les
bières, les cidres et les eaux-de-vie tirées de substances
autres que le raisin. En 1847, sur 32 millions d'hectolitres
de boissons soumises aux droits, 22 provenaient de la vigne,
10 du pommier, de l'orge et du houblon. Sur 100 millions
de francs perçus, les vins et eaux-de-vie de vin ont acquitté
79 millions, les autres boissons 21 millions. Le droit de circulation pour les cidres est dans la proportion de 3 1/3 pour
100 du prix de vente en détail, fixé en moyenne générale à
15 fr. 55 cent. l'hectolitre ; le même droit, pour les vins,
est, dans les départements de première classe, de 2 2/3 pour
100 de la valeur des vins, et descend, dans les départements
de quatrième classe, où l'on boit concurremment du cidre
et du vin, à 1/2 pour 100. Les eaux-de-vie de vin, de qualité supérieure, sont taxées aux mêmes droits que les eaux-
de-vie de grains et mélasse.

Tout en étant d'accord sur le maintien du principe de l'impôt, on peut varier d'opinion quant à son assiette et à son mode de recouvrement. La commission a successivement étudié les combinaisons suivantes :

1° *Taxe unique à l'origine, soit sur la vigne, soit sur les récoltes.* — La taxe sur la vigne ne pourrait fournir le produit actuel de l'impôt sur les vins (80 millions) qu'à la condition de quadrupler la contribution foncière supportée aujourd'hui par les vignobles, et qui est évaluée à 12 millions en principal, et 20 millions avec les centimes. Personne ne désire ce résultat. Une augmentation partielle aggraverait la situation des petits vignerons, exempts aujourd'hui, et, frappant à la source même de la production, elle amènerait un renchérissement inévitable des produits.

La taxe sur les récoltes peut-être établie d'après deux systèmes différents en apparence, mais au fond semblables. Le premier consiste, soit dans la *constatation des qualités*, soit dans l'*inventaire*. L'avantage de l'inventaire est que le recouvrement se trouvant assuré par la prise en charge du producteur, il n'y a plus besoin de formalités ni à la circulation ni à la vente; le commerce jouit alors d'une entière liberté. Mais à quels inconvénients n'arrive-t-on pas en échange ! Ce système conduirait à une disproportion choquante entre le taux nécessairement élevé du droit, devenu unique, et la valeur, dans le cellier du récoltant, du vin qui ne constitue pas encore une denrée commerciale; il imposerait aux petits vignerons une charge considérable; enfin, le mode de perception odieux aux populations, et déjà condamné par l'expérience, non-seulement avant 1789, mais encore de 1804 à 1808, pèserait sur plus de deux millions de producteurs. L'inventaire a donc été unanimement repoussé dans l'Enquête par les représentants de la propriété viticole; il n'a été appuyé que par les délégués du commerce de détail.

Reste l'*évaluation des quantités*, laquelle, fixée approximativement avec le concours des autorités locales et des agents de l'administration, servirait de base à une répartition entre tous les récoltants de l'impôt payable par douzième. On viserait ainsi à se dispenser de l'inventaire ; mais, en l'absence de celui-ci, le système serait en réalité impraticable ; il n'établirait d'ailleurs aucune proportion dans les charges supportées par les différents produits, les vins de toute qualité devant être taxés indistinctement au même taux. L'impôt deviendrait ainsi un supplément véritable à la contribution foncière ; à ce point de vue, il est repoussé par tous les propriétaires viticoles.

2° *Taxe unique au premier déplacement, c'est-à-dire à la sortie des mains du producteur.* — Dans ce système, le droit de circulation actuel serait élevé de manière à compenser toutes les autres perceptions. Il aurait pour conséquence d'aggraver les formalités et la taxe les plus attaquées, de surcharger la consommation de famille, et de compromettre le revenu du Trésor en provoquant des fraudes d'une répression fort difficile. La taxe serait ainsi uniforme, c'est-à-dire qu'elle frapperait d'une manière égale la consommation des campagnes et celle des villes, malgré la différence des salaires, la consommation du ménage comme celle du cabaret ; rien ne serait plus injuste. Deux essais tentés dans cette voie ont d'ailleurs été condamnés par l'expérience ; en 1817 d'abord, lorsqu'on avait voulu rapprocher les deux droits de circulation et de détail, puis, en 1848, par le décret du 31 mars ; et cependant ces tentatives n'étaient pas complètes, puisqu'on laissait subsister les autres taxes.

3° *Taxe unique aux entrées.* — Ce régime, facile à établir et peu dispendieux, froisserait gravement l'équité, puisqu'il chargerait uniquement les habitants des villes.

4° *Système des licences.* — Il ne semble pas admissible,

car il grèverait les petits consommateurs et affranchirait ceux qui peuvent s'approvisionner en gros ; il substituerait le principe injuste et incertain de l'importance présumée de l'industrie à celui de l'importance réelle aujourd'hui en vigueur pour le droit de détail, qui est basé sur la proportionnalité des ventes.

5° *Taxe* ad valorem. — Cette taxe, convenant à l'impôt multiple comme à l'impôt unique, tendrait à ramener l'un et l'autre au principe de la proportionnalité, en réglant le droit à la fois sur la qualité et la quantité de la denrée. Mais déjà la proportionnalité existe dans le système actuel ; les deux tiers de l'impôt se perçoivent en raison de la valeur effective de l'objet imposable (droit de détail, droit de consommation des alcools établi en raison de la richesse spiritueuse, droit sur les bières) ; et l'autre tiers en raison de la valeur moyenne et relative (droit de circulation réglé sur le taux commun des ventes en détail dans les départements de la même classe ; droit d'entrée gradué sur la classe du département et le chiffre de la population, la marchandise étant présumée avoir plus de prix et le consommateur plus de ressources dans les lieux sujets). Il est impossible d'aller plus loin. Des moyennes générales de prix par circonscription consacreraient des injustices, les crûs étant de qualités excessivement variables. Régler les tarifs de perception d'après la valeur particulière de chaque crû serait impossible ; car il faudrait faire un cadastre spécial de la vigne, un inventaire de toutes les qualités de cépages. Alors même qu'il serait possible d'établir les valeurs moyennes de chaque arrondissement, on éprouverait d'immenses difficultés pour le payement du droit, soit au départ, soit à l'arrivée ; on ne l'assurerait qu'à l'aide de formalités vexatoires pour les particuliers, et engendrant des fraudes préjudiciables au Trésor. Une double expérience a déjà été faite à cet égard.

Avant 1789, le recouvrement des droits variables de *gros*, *parisis*, *quatrième réglé* et *augmentation*, donnait lieu à des contestations incessantes. Le droit de mouvement (de 5 pour 100) à chaque vente et revente en gros, qui a existé de 1806 à 1808, a dû également être abandonné à cette dernière époque, sur la proposition du gouvernement, comme funeste au Trésor, au commerce et à la production.

Après avoir discuté ces diverses combinaisons, la commission s'est décidée *au maintien de l'ensemble des droits existants*, mais avec *des modifications à la perception*.

Droit d'entrée. — La réduction des tarifs est réclamée dans l'intérêt de la production et dans celui de la consommation des classes moyennes et inférieures des villes. Ce droit se trouve doublé presque partout par le droit d'octroi, sans compter les surtaxes, et se cumule d'ailleurs avec les droits de circulation et de détail. La commission propose la réduction *à moitié*, pour les vins et cidres, des droits d'entrée (soit 6,700,000 fr.) et l'abaissement proportionnel des taxes d'octroi, ce qui portera à plus de 18 millions le dégrèvement ainsi accordé aux habitants des villes. Cependant elle fait une exception pour la ville de Paris, dont la situation financière exige que l'on ne touche pas, quant à présent, à son octroi, bien que le droit sur les boissons (11 fr. 55 c.) dépasse la taxe unique perçue pour le compte du Trésor, c'est-à-dire transgresse ouvertement le principe qui veut que ce droit n'égale que la portion de la taxe représentant le droit d'entrée.

Droit de circulation. Ce droit est la clef de voûte de l'impôt; son tarif paraît équitable. Seulement, afin de prévenir des fraudes nombreuses, la commission demande la restriction aux limites du canton et aux communes limitrophes du bénéfice du passavant accordé aux producteurs.

Droit de détail. — Dans l'ancienne législation française et

dans les législations étrangères, on a toujours fait une notable différence entre la vente en gros et la vente en détail.
Celle-ci a toujours été plus imposée, la denrée étant alors
arrivée à sa dernière destination, le droit pouvant se proportionner exactement à la valeur vénale, et la taxe étant
d'ailleurs réellement inappréciable pour l'acheteur à cause
des fractions multiples entre lesquelles se subdivise l'hectolitre, qui sert d'unité et de base à la perception. Le reproche .
adressé au droit de détail porte principalement, non sur sa
quotité, mais sur son assiette ; il est considéré comme pesant exclusivement sur les besoins des classes pauvres ; mais
c'est une grave erreur. La consommation au détail des personnes riches est également atteinte dans les hôtels, cafés
et restaurants. Dans les campagnes, il est bien peu de
ménages qui n'aient les moyens de s'approvisionner en
gros. Dans les villes, le cabaret est, il est vrai, pour
certaines familles, un intermédiaire indispensable ; mais
les conseils municipaux ont d'abord la faculté de supp-
primer le droit de détail en créant une taxe unique, et
ensuite le cabaret, il faut le reconnaître, donne surtout
lieu à des dépenses superflues et déréglées.

En réalité, le principe de l'impôt exceptionnel, dont le
législateur a frappé la vente en détail dans tous les temps et
tous les lieux, est donc juste ; mais il faut tâcher d'en rendre
l'application plus équitable en séparant, dans la clientèle des
cabarets, la partie honnête de celle qui se livre à l'intempé-
rance. Pour atteindre ce but, on a proposé deux moyens,
qu'il y a lieu d'examiner successivement, savoir : la création
de débits spéciaux ne vendant que des liquides destinés à
être consommés au dehors, et l'abaissement de la limite de
la vente en gros.

1° *Débits spéciaux*. — La distinction entre le tavernier,
vendant à pot, et le cabaretier, vendant à assiette, était con-

sacrée par l'ancienne législation dans les pays de *huitième réglé*. En fait, elle existe presque partout aujourd'hui ; le vin à emporter est vendu 5 centimes par litre de moins, le marchand ayant alors moins de frais et ne courant pas les risques des crédits que lui demandent une partie des acheteurs qui consomment séance tenante. Un dégrèvement fixe, résultant du mode de vente ou de la nature de l'établissement, produirait-il pour le consommateur des avantages de nature à compenser le préjudice causé au Trésor? Dans les campagnes, une semblable concession serait *moins utile*, presque tous les consommateurs trouvant à s'approvisionner en gros. Elle serait *moins efficace*, la différence entre le droit de détail sur les qualités communes et le droit de circulation, qui lui serait substitué, devant être trop peu sensible. Enfin, elle serait *plus dangereuse*, parce que le service des tournées des agents des contributions indirectes est insuffisant pour empêcher la confusion des comptes entre les deux natures d'établissements, ainsi que la dissimulation des ventes, et que le recouvrement de l'impôt se trouverait par suite à la merci des contribuables. Au reste, les partisans de ce système en reconnaissent eux-mêmes les inconvénients, et n'en demandent l'application que dans les villes où il existe des employés sédentaires. Mais, d'abord, ce serait créer une inégalité flagrante entre les populations rurales et urbaines; puis, les villes ont précisément la faculté de s'affranchir du droit de détail au moyen d'une taxe unique. Celle-ci, il est vrai, présente elle-même l'inconvénient de grever la consommation domestique au bénéfice de la consommation du cabaret; aussi, ce système, adopté dans le principe par 115 villes, n'était-il plus, en 1851, conservé que par 78 d'entre elles, et par 40 en 1859. Enfin, la création de débits spéciaux troublerait d'une manière fâcheuse le commerce de détail en augmentant le nombre, déjà trop considérable, des

intermédiaires, et l'élévation des prix, qui en serait la conséquence, aggraverait encore la situation de ceux que la nature de leurs besoins amène au cabaret. Il en résulterait au
préjudice du Trésor une fraude impossible à réprimer et des
plus dangereuses, vu la confusion inévitable des deux natures de débits, et les emprunts clandestins qu'ils se feraient
les uns aux autres. Ce système profiterait plus aux marchands qu'aux acheteurs, aux vins de luxe vendus en bouteilles qu'aux vins communs débités en détail, à la fraude
plutôt qu'au commerce honnête. Aussi la commission l'a-
t-elle jugé inacceptable.

2° La création de débits spéciaux étant ainsi écartée, la
commission s'est prononcée pour l'*abaissement de la limite
de la vente en gros*, de 100 lit. à 50 lit. Au prix où se vendent généralement les boissons communes, une quantité
d'un demi-hectolitre est assez facile à se procurer, et il
n'est pas d'habitation si étroite où l'on ne puisse la serrer
aisément. La commission eût voulu qu'il fût possible d'a-
baisser la limite à 25 lit. ; elle a été retenue par la crainte
de favoriser la circulation clandestine au profit des débitants
et au préjudice de l'impôt ; elle a pensé d'ailleurs que, si
l'expérience réussissait, il serait facile de l'étendre encore.

La perte résultant de cet abaissement est évaluée par le Trésor à 1,500,000 fr., celle résultant de la réduction des droits
d'entrée à 6,500,000 fr. En y ajoutant la réduction successive des taxes d'octroi, le dégrèvement atteindra le chiffre de
15 millions environ. Mais, pour atténuer ce résultat, la commission a proposé d'augmenter les droits de licence ; elle a estimé qu'on regagnerait à peu près 1 million sur la fraude
par la restriction du passavant ; enfin, elle a attendu aussi un
léger accroissement de produits des modifications relatives
au *vinage*, qu'elle a réclamé surtout, du reste, dans l'intérêt
de la morale et de la salubrité publique.

Le *vinage* consiste, comme on le sait, dans un mélange
d'alcool ou d'eau-de-vie avec certains vins naturels, mélange
qui en assure la conservation en cas d'exportation ou de
transports lointains à l'intérieur. L'eau-de-vie, ainsi employée, est dans certaines limites affranchie des droits. L'insuffisance de la législation sur ce point a permis d'élever
jusqu'à 26 centièmes la proportion d'alcool pur introduit
dans les vins soumis à cette opération, et de pratiquer le vinage chez les marchands et les détaillants, tandis qu'il ne
devait avoir lieu que chez le producteur. De là sont nés de
graves abus, à Paris surtout, où les vins *des mêmes crus*, à
destination des particuliers, ne contiennent que 10 à 11
p. 100 d'alcool, tandis qu'à destination du commerce, ils en
contiennent 16, 17, et même 21 ou 22 p. 100. Les négociants en ont profité pour opérer, dans les entrepôts, des cou-
pages sur une grande échelle, entraînant une perte pour le
Trésor (1 million environ en 1850), un dommage pour
leurs confrères de bonne foi, enfin un préjudice réel pour la
santé publique.

La commission a pensé qu'il convenait de régulariser
l'exercice de cette immunité, en fixant :

1° Les départements où le vinage pourrait être opéré
(Pyrénées-Orientales, Aude, Hérault, Gard, Bouches-du-
Rhône et Var) ; quant aux vins du centre, de l'ouest et de
l'est de la France, ils peuvent être transportés sans vinage ;

2° La limite de la richesse spiritueuse au delà de laquelle il serait interdit. On propose 18 degrés, des expériences faites aux entrées de Paris n'ayant atteint comme
maximum de vinage que 17 degrés et demi pour les vins
de toutes provenance et destination.

Deux derniers points ont fait l'objet des délibérations de
la commission : en premier lieu, *les déductions pour déchets*
à accorder aux propriétaires récoltants dans les lieux sujets,

qu'elle a pensé devoir être fixées à 10 pour 100, d'après la quantité totale formant les charges des comptes d'entrepôt, sans avoir égard à la durée du séjour en magasin ; *puis l'amende* imposée aux soumissionnaires d'acquits-à-caution pour les vins en gros, lorsqu'ils ne justifient pas de la décharge de ces acquits. Elle a demandé d'élever cette amende du double au quadruple du droit de circulation, afin de prévenir la fraude fréquemment commise au profit des marchands, en ce qui touche les boissons vendues avant qu'elles aient été soumises à l'exercice de la régie.

Tel est l'ensemble du rapport du 14 juin 1851 ; si les événements politiques ne permirent pas de le discuter, ses propositions principales délibérées dans une commission qui comptait plusieurs notabilités parlementaires dans son sein [1], n'en furent pas moins adoptées par le gouvernement, qui les inscrivit dans le décret budgétaire du 17 mars 1852.

L'art. 14 de ce décret a réduit de moitié les droits d'entrée sur les vins, cidres, poirés et hydromels, suivant le tarif ci-après :

COMMUNES.	VINS EN CERCLES ET EN BOUTEILLES dans les départements de				CIDRES POIRÉS et HYDROMELS.
	1re classe.	2e classe.	3e classe.	4e classe.	
De 4,000 à 6,000 âmes	0 fr. 30 c.	0 fr. 40 c.	0 fr. 50 c.	0 fr. 60 c.	0 fr. 25 c.
De 6,000 à 10,000.........	0 45	0 60	0 75	0 90	0 40
De 10,000 à 15,000........	0 60	0 80	1 00	1 20	0 50
De 15,000 à 20,000........	0 75	1 00	1 25	1 50	0 65
De 20,000 à 30,000........	0 90	1 20	1 50	1 80	0 75
De 30,000 à 50,000........	1 05	1 40	1 75	2 10	0 90
De 50,000 et au-dessus....	1 20	1 60	2 00	2 40	1 00
Remplacement aux octrois de Paris......... 8 fr...................... 4 fr.					

L'art. 15 stipule que les taxes d'octroi supérieures au nouveau tarif seront de plein droit réduites au taux de ce tarif

(1) Notamment MM. Thiers, Passy, Léon Faucher, etc.

dans un .délai de trois ans, à partir du 1ᵉʳ janvier 1853, sauf le cas où l'acquittement d'emprunts antérieurement contractés rendrait une prolongation nécessaire.

L'art. 16 abaisse à 25 lit. les quantités de vins, cidres, poirés et hydromels, tant en cercles qu'en bouteilles, qui, expédiées à des consommateurs par des marchands en gros ou des récoltants, ne seront passibles que du droit de circulation.

Aux termes de l'art. 17, la déduction accordée sur les quantités manquantes au compte des propriétaires qui jouissent, quant au droit d'entrée, de l'entrepôt pour les vins, cidres et poirés de leur récolte, doit être calculée à raison de 10 pour 100, en prenant pour base la quantité totale formant les charges d'entrepôt, et sans avoir égard à la durée du séjour dans les magasins.

L'art. 18 élève le droit sur la vente en détail à 15 pour 100 du prix de vente.

L'art. 19 prescrit la révision du tarif de la taxe unique dans les villes qui ont adopté ce régime, en raison des dispositions qui ont réduit le droit d'entrée et augmenté celui de détail.

En vertu de l'art. 20, l'exemption accordée, quant au droit de circulation, aux propriétaires, colons partiaires ou fermiers, pour le transport des vins et cidres de leur récolte, est restreinte aux limites du canton et des communes limitrophes de ce canton, qu'elles appartiennent ou non au même département.

L'art. 21 est relatif au vinage. Les eaux-de-vie versées sur les vins ne seront affranchies de droits que dans les départements des Pyrénées-Orientales, de l'Aude, du Tarn, de l'Hérault, du Gard, des Bouches-du-Rhône et du Var. La quantité ainsi employée en franchise ne dépassera pas un maximum de 5 lit. d'alcool pur par hectolitre de vin ; et, après la mixtion, qui ne pourra être faite qu'en présence des préposés de la régie, les vins ne devront pas contenir plus de 18 centièmes d'alcool.

Lorsque les vins contiendront plus de 18 centièmes d'alcool et pas au delà de 21 centièmes, ils seront imposés comme vins, et payeront, en outre, les doubles droits de consommation, d'entrée et d'octroi pour la quantité d'alcool comprise entre 18 et 21 centièmes.

Les vins contenant plus de 21 centièmes d'alcool ne seront pas imposés comme vins, et seront soumis, pour leur quantité totale, aux mêmes droits de consommation, d'entrée et d'octroi que l'alcool pur.

Les vins destinés aux pays étrangers ou aux colonies françaises pourront, dans tous les départements, mais seulement au port d'embarquement ou au point de sortie, recevoir, en franchise des droits, une addition d'alcool supérieure au maximum déterminé par le § 1er de l'art. 21, pourvu que le mélange soit opéré en présence des employés de la régie, et que l'embarquement ou l'exportation ait lieu sur-le-champ.

D'après l'art. 22, les soumissionnaires d'acquits-à-caution s'obligeront à payer, à défaut de justification de la décharge de ces acquits, le sextuple du droit de circulation.

Enfin, l'art. 25 porte qu'à partir du 1er mai 1852, le prélèvement de 10 pour 100 attribué au Trésor sur le produit net des octrois sera supprimé. Les taxes quelconques d'octroi, autres que les taxes additionnelles et temporaires dont le produit est maintenant affranchi du prélèvement de 10 pour 100, seront, simultanément et de plein droit, réduites d'un dixième. Cette dernière disposition, qui semblait avoir pour objet de dégager les finances de l'État de tout intérêt dans les octrois, n'était pas en réalité plus spéciale à l'impôt des boissons qu'aux autres taxes sur diverses consommations dont l'ensemble constitue les revenus compris sous ce nom générique dans les budgets municipaux.

. Dans son rapport au Prince Président de la République
sur le budget de 1852 (*Moniteur* du 18 mars), le ministre
des finances, M. Bineau, appréciait en ces termes les réformes qu'il proposait dans la législation des boissons, et que
nous venons d'analyser :

« Les propositions que j'ai l'honneur de vous soumettre
comprennent celles que la Commission d'Enquête de 1851
avait formulées ; elles en contiennent, en outre, quelques
autres destinées à les compléter.

» ..... Elles se composent de quatre dispositions principales : le droit d'entrée dans les villes est réduit de moitié ;
le droit de détail est élevé de moitié ; il est porté de
10 à 15 pour 100, ainsi qu'il était fixé avant 1831 , la limite
de la vente en gros est abaissée de 100 lit. à 25 lit. ; la zone
de franchise dont jouissent les producteurs est restreinte de
l'arrondissement au canton.

» L'objet et le résultat de ces modifications peuvent se
résumer par les deux conséquences suivantes : d'un côté,
résultat éminemment moral, la consommation de famille
sera dégrevée par l'abaissement de la limite de la vente en
gros, qui permettra aux classes peu aisées de s'approvisionner désormais de cette manière, et par la réduction
à moitié du droit d'entrée ; tandis que la consommation
de cabaret sera grevée, sans que personne ait le droit
de se plaindre de l'élévation de la taxe, puisque, avec la
limite de 25 lit., tout ouvrier rangé pourra s'approvisionner en gros.

» D'un autre côté, l'impôt sera plus proportionnel à la
valeur des objets qu'il frappe, résultat éminemment équitable. En effet, le droit d'entrée est un droit fixe, indépendant de la valeur de la boisson qu'il frappe, de sorte qu'il
pèse surtout sur les boissons communes destinées aux clas-

ses peu aisées; le droit de détail, au contraire, est établi d'après la valeur.

» Ajoutons que les taxes d'octroi ne pouvant excéder les droits d'entrée, la diminution de ces droits a l'avantage de préparer la réduction des octrois, réduction qui pourra s'opérer successivement, tout en respectant les exceptions que la loi a déjà consacrées, mais qu'inaugure déjà la suppression du prélèvement du dixième perçu au profit du Trésor.

» Compensation faite entre les augmentations et les diminutions de produits qui résulteront de ces dispositions, elles donneront, en définitive, une augmentation de produits de 9,600,000 fr. par an ; mais, par la réduction du prélèvement du dixième, elle ne sera réellement que de 6 millions. »

Le décret du 17 mars 1852 est le dernier acte législatif qui ait modifié considérablement la législation de l'impôt des vins, cidres, etc. ; cependant, pour compléter notre nomenclature, il faut citer encore :

1° Le décret du 29 décembre 1851, qui soumet l'ouverture de tout café, cabaret et autre débit de boissons à consommer sur place, à l'autorisation préalable de l'autorité administrative, et confère à la même autorité le droit de fermer ces établissements, à la suite de contraventions judiciairement constatées, ainsi que par mesure de sûreté publique.

2° La loi du 22 juin 1854, dont l'art. 18 permet d'élever au double des droits d'entrée déterminés par le tarif annexé au décret du 17 mars 1852 les droits d'octroi sur les vins, cidres, poirés et hydromels. Les taxes d'octroi, supérieures au taux ci-dessus indiqué, ne pourront être établies qu'en vertu d'une loi.

3° La loi du 5 mai 1855, déclarant applicables aux boissons les dispositions de la loi du 27 mars 1851, pour la répression plus efficace des fraudes dans la vente des marchandises.

4° Enfin, la loi du 14 juillet 1855, qui a établi sur l'impôt des boissons, comme sur d'autres, un second décime de guerre, lequel a été successivement maintenu jusqu'à ce jour par la loi annuelle de finances.

Si nous pouvions joindre à nos recherches sur l'impôt des vins, cidres, poirés et hydromels en France, des états comparatifs, malheureusement très-minutieux, des quantités de ces liquides soumises aux taxes, et des produits constatés, pendant les quatorze dernières années, de 1847 à 1860 (dernière année du règne de Louis-Philippe, République, Empire), on y verrait que le produit de ces impôts a subi, en définitive, pour le Trésor public, une augmentation comparable à celle qu'on peut constater, par exemple, dans la progression des revenus de l'impôt du tabac, mais fort inférieure à celle du sucre; et il ne faut pas le regretter trop, puisque ces spiritueux paraissent plus nécessaires à la santé de l'homme et à la vigueur de l'ouvrier que cette dernière consommation. L'augmentation provient au reste presque exclusivement des droits de détail et du droit aux entrées de Paris et résulte plus de l'accroissement de la valeur que de celui des quantités soumises à l'impôt. Sur une différence de 17 millions entre le produit de l'impôt des vins en 1847 et ce produit en 1860, 12 millions proviennent notamment des droits de détail [1].

Quoique les comptes du Trésor se rapportent aux cidres, poirés et hydromels, sans distinction, les 8 à 9 millions de produit [2] qui s'y rattachent concernent principalement

[1] Produit total des vins en 1847, 54,287,973 fr.; en 1860, 71,456,543 fr.

[2] Produit total des cidres, poirés et hydromels en 1847, 6,563,159 fr.; en 1860, 9,148,516 fr.

les cidres, qui sont récoltés dans près de la moitié de la France, et qui paraissent constituer une découverte assez importante de l'industrie agricole moderne [1]. Voici, en effet, comment s'exprime, sur ce dernier produit, un article récent du *Moniteur de l'Agriculture*, cité dans le *Moniteur universel* du 14 novembre 1860 :

« Quant au cidre, sa production s'étendait, il y a trente ans, dans quarante départements, qui occupent à peu près la moitié de la superficie du territoire de la France. Une moitié de ces départements était située dans le nord, un dixième à l'ouest, ou plutôt au nord-ouest, un cinquième dans le centre, trois seulement à l'est, et autant dans le midi, c'est-à-dire au delà de la Loire.

» A cette époque, dans les douze départements de l'est, du midi et du centre, cette production ne dépassait pas 15,000 hect.; les départements du nord et du nord-ouest en fabriquaient 7 à 8 millions d'hectolitres, et dans ce nombre les cinq départements de la Normandie figuraient bien pour la moitié. Les cinq départements de l'ancienne Bretagne produisaient annuellement 2 millions d'hectolitres de cidre ; mais en prenant l'ensemble des départements producteurs, le premier rang appartenait au département de la Seine-Inférieure, qui livrait annuellement à la consommation 1,700,000 hect. de cidre. Venaient ensuite, par rang d'importance, le Calvados, l'Ille-et-Vilaine, l'Eure, la Manche, le Morbihan, l'Orne, la Sarthe, la Somme, l'Eure-et-Loir, et enfin l'Aisne.

» Les cidres de Normandie se partagent en trois classes

---

[1] D'après un recueil anglais (*Tablet of Memory*), le cidre aurait été, pour la première fois, fabriqué en Angleterre en 1284. M. Hœfer, auteur de l'*Histoire de la Chimie*, que nous avons consulté à cet égard, a observé que, d'après l'Atlas de Berghaus, la zone des pommiers à cidre correspond à celles du sarrasin et de la pomme de terre. Il est porté à penser aussi que l'étymologie du mot *cidre*, que Bouillet rapporte à *sicera*, serait plutôt celtique. *Sub judice lis est.*

ainsi qu'il suit : 3° le cidre de la vallée d'Auge, ou gros cidre, qui se conserve pendant plusieurs années et renferme une forte proportion d'alcool ; 2° le cidre de Bayeux et du Cotentin, moins riche en alcool, plus doux, et qui n'est pas moins agréable à l'œil qu'au palais, à cause de sa belle couleur ambrée ; 3° enfin, le cidre du Bocage, qui se rapproche beaucoup des cidres anglais, tourne assez facilement à l'aigre et ne se conserve pas très-bien.

» La production du cidre, en France, est au moins stationnaire, si même elle ne tend à décliner un peu, 5 millions d'hectolitres seulement ont acquitté les droits pendant les dix dernières années. C'est une assez faible moyenne ; mais il est juste de remarquer que la récolte du cidre est sujette à d'énormes fluctuations, suivant les accidents de la température ; en moyenne, on l'estime aujourd'hui à 9,500,000 hectolitres.

» En 1829, la production totale se montait à 14 millions d'hectolitres ; en 1847, à 22 millions ; en 1849, à 16 millions ; en 1851, à 18,500,000. En 1858, les départements qui ont récolté le plus de cidre sont l'Orne, 1,307,000 ; le Calvados, les Côtes-du-Nord, l'Ille-et-Vilaine et l'Oise, 7 à 800,000 hect. chacun. »

Plusieurs causes rendront toujours, en France, l'organisation de l'impôt sur les vins fort difficile et susceptible d'inégalités spéciales dans son application.

La première de ces causes réside dans la production locale, qui (le principe de l'inventaire même accepté) entraîne des faveurs presque inévitables pour les récoltants, faveurs telles, que, d'après divers écrivains [1], le quart seulement de la production vinicole est soumis à un impôt quelconque.

Signalons ensuite l'extrême variété du prix des vins, suivant

---

[1] Lavallée, *Tablettes européennes*, octobre 1849. — Conquet, *De l'Impôt des boissons*, p. 241.

leur qualité et la distance du lieu de leur production. De là
la nécessité d'une classification des divers départements,
pour l'établissement de l'impôt de circulation et d'entrée [1].
Les taxes sur le sel et les bières ne comportent pas des difficultés semblables, et peuvent être organisées avec plus d'é-
galité et moins d'arbitraire.

Enfin, la difficulté d'atteindre de la même manière la consommation du ménage et celle du cabaret constitue une
troisième cause naturelle d'inégalité dans l'incidence de
l'impôt sur les vins. Mais précisément parce que le législateur est tenu à certaines condescendances pour des situations naturellement très-différentes, il doit éviter de grossir
encore des inégalités en quelque sorte logiques, au moyen
de dispositions purement arbitraires.

Peut-être, sous ce rapport, si des améliorations étaient
un jour recherchées sans la préoccupation d'augmenter les
recettes, la taxe à l'entrée des villes, taxe déjà justement
réduite, pourrait-elle disparaître de nos budgets. Je sais
que M. Molroguier s'est prononcé contre cette suppression
dans son *Histoire critique de l'impôt des boissons* (p. 44).
Il considère le droit d'entrée comme fournissant un moyen
de contrôle du mouvement des boissons. Nous avons peine
à croire que ce moyen de surveillance exige un impôt spécial, et nous aimons autant voir, avec cet écrivain, dans le
droit d'entrée, *le moyen le plus réel et le plus puissant* d'a-
doucir l'impôt.... en s'en détachant, au besoin, éventuelle-
ment un jour (p. 144).

Aux difficultés d'une bonne assiette de l'impôt sur les

---

[1] La première classe (la moins imposée) comprend le midi de la France et les
cantons à vignobles de la Champagne ; la seconde comprend l'ensemble du centre
de la France, à l'exception de quelques départements où n'existe pas la culture de
la vigne ; puis les bassins vignobles de la Moselle et de la Meuse ; la troisième renferme le reste de la France centrale et du nord-est ; la quatrième, le nord-ouest.

boissons, il faut joindre les mécontentements politiques que
soulève aisément, dans des populations quelquefois ardentes
comme leurs produits, une taxe destinée à atteindre non-
seulement des consommateurs, mais encore un certain nombre de propriétaires et de débitants.

Ces diverses circonstances suffisent pour établir que l'impôt sur les vins est, suivant nous, une des parties les plus
délicates du système des impôts français. Quand on envisage
dans le passé, comme nous venons de le faire, les nombreux
remaniements qu'il a subis, on croit voir à certain moment
comme un rocher de Sisyphe retombant sur les législateurs,
dans une lutte pénible qui n'a été arrêtée sérieusement que
grâce au calme général établi dans l'opinion publique sur
beaucoup de questions depuis 1852, sans que nous fassions
entrer en ligne de compte nécessaire à cet égard la réserve
de l'initiative législative depuis cette même époque dans
les mains du Gouvernement.

Il ne sera pas inutile de compléter les études détaillées
qui précèdent par un aperçu succinct de la législation des
pays étrangers, relativement à l'impôt des vins, cidres, poirés
et hydromels.

Si l'impôt sur les vins atteint en France son maximum
d'importance, comme la matière imposable elle-même caractérise spécialement par son abondance notre agriculture
nationale, cependant d'autres pays de l'Europe tirent aussi
de la même consommation des revenus fiscaux de quelque
intérêt.

Il est vrai qu'il n'existe en Bavière aucun droit sur les
vins ; mais, dans presque tout le reste de l'Allemagne,
cette denrée se trouve imposée.

M. Rau caractérise, à l'aide de deux définitions, les systèmes suivant lesquels l'impôt y est établi.

Dans la Prusse, la Saxe, la Hesse électorale et les États thuringiens, la taxe est assise sur la production. Le producteur prussien doit déclarer la quantité de vin qu'il a encavée. L'impôt est exigible au 1er août de l'année qui suit la ré-colte. Toutefois, les quantités non consommées et non ven-dues sont reportées au débit de l'année suivante. Tous les vignobles sont divisés en six classes, et l'impôt sur la me-sure de vin varie suivant ces six classes, depuis un quart de thaler par *eimer* (75 litr. [1]) jusqu'à un thaler et un sixième. Comme les vignobles sont peu étendus en Prusse, M. Rau pense que ce mode d'assiette de la taxe y est plus simple que celui qui porterait sur les marchands. Il y avait, en 1849, en Prusse, 61,885 morgen (arpents) de vignobles, dont 48,517 dans la seule province du Rhin, et apparte-nant tous aux trois classes les plus élevées. En 1859, le produit de l'impôt a été de 120,000 th.

Un système différent est suivi dans les autres contrées de l'Allemagne. L'impôt ne recherche pas le producteur, mais bien le débitant et le consommateur, qui s'approvisionnent d'une certaine quantité.

Deux systèmes de taxation sont usités à l'égard des vins dans l'empire d'Autriche. Dans les provinces allemandes, slaves et italiennes, la vente en détail est seule imposée, dans le pays ouvert (*auf dem offenen Lande*); dans les villes fer-mées [2], la consommation générale est soumise à une taxe perçue à l'entrée. Le Tyrol est toutefois placé sous ce rapport dans une situation particulière : le vin qui y est introduit est taxé à l'entrée du pays.

Dans la Hongrie, la Transylvanie, la Servie et le Banat,

---

[1] Nous adoptons, relativement à la contenance de l'*eimer*, la donnée de M. Rau, quoique nous trouvions dans l'*Almanach du Bureau des longitudes* des chiffres un peu différents pour l'*eimer* des diverses parties de l'Allemagne.

[2] On comptait au moins, il y a quelques années, vingt-sept villes de ce nom dans tout l'empire d'Autriche ; elles sont placées sous un régime spécial par rapport aux diverses branches de la taxe de consommation ou *Verzehrungsteuer*.

l'impôt de consommation, dont la taxe sur le vin forme une des branches, n'est en vigueur que depuis 1851. Le vin est imposé à l'entrée des villes de plus de deux mille âmes de population, quoique parmi ces villes, Presbourg, Pest-Ofen et Alt-Ofen soient les seules fermées. Habituellement, les communes sont abonnées pour le payement de cet impôt. Cependant, la taxe est aussi perçue quelquefois par fermage ou régie.

La Croatie, la Slavonie et les confins militaires sont entièrement exempts même de l'impôt prélevé dans les villes de plus de deux mille âmes [1].

La taxe de consommation sur le vin et le moût (*vom wein und most*) a produit, en 1856, 4,778,585 fl., ou la moitié de ce qu'a produit dans la même année l'impôt sur les boissons spiritueuses distillées, qui a donné 9,393,336 fl. au Trésor autrichien [2].

Dans les villes fermées, on taxe les vins de fruits et les hydromels. Ce dernier article ne figure ordinairement dans les comptes que pour des sommes insignifiantes ou même pour simple mémoire. Le vin de fruits (*obstmost*) un peu plus utile au fisc, a donné à Gratz, en 1856, 5,262 fl.; à Linz, 3,400; à Vienne, 312 seulement.

Dans le grand-duché de Bade, d'après la loi du 31 juillet 1828, l'accise du vin (*weinaccise*) est du quinzième de la valeur ou bien de la vente, ou de l'importation s'il s'agit de vin étranger. Il y a en outre un droit de débit ou *ohmgeld* payé par les aubergistes.

Le produit moyen de l'accise a été, de 1831 à 1846, d'après M. Rau, de 293,040 fl., et celui de l'*ohmgeld*, pendant le même temps, a été de 369,622 fl. De 1854 à 1856, le produit moyen de l'accise a été de 280,319 fl., et celui de

[1] *Tafeln zur Statistik des steuerwesens.* Wien, 1858, p. 293.
[2] *Ibid.*, p. 300 et 302,

l'*ohmgeld* de 269,214 fl. De 1857 à 1858, l'accise a donné
473,726 fl., et l'*ohmgeld* 366,042 fl.

Depuis, une loi rendue en 1858, les droits sur le vin paraissent avoir été réglés uniformément sur la mesure et non
sur la valeur de la denrée.

Il existe dans le Wurtemberg une taxe sur le vin, établie,
depuis 1839, sur le pied de 10 pour 100 de la valeur du vin
débité. Les aubergistes seuls y sont assujettis sous la forme
d'un exercice trimestriel.

Dans le grand-duché de Hesse-Darmstadt, la *tranksteuer*
(littéralement *taxe des boissons*) est perçue sur le vin vendu
en gros. Il y a, en outre, un droit particulier appelé *zapf-
gebuhr* sur le vin débité par les aubergistes.

Certaines législations allemandes, par exemple celle du
pays de Bade, comportent des abonnements pour les débitants. D'autres, comme celle du Wurtemberg, repoussent
toute transaction touchant le payement des droits.

Les pays méridionaux de l'Europe semblent avoir plus de
raisons que l'Allemagne pour imposer les produits de la
vigne ; aussi trouvons-nous les taxes sur le vin établies dans
les législations financières de l'Italie.

Dans le royaume de Naples, les boissons étaient frappées
de droits d'entrée dans les villes et d'une taxe spéciale de
consommation au profit de l'État [1].

L'impôt de consommation atteint depuis longtemps les
boissons dans les provinces de l'ancien royaume de Sardaigne.

Dans l'Émilie, le chiffre des taxes perçues sur le vin du
cru et sur les vins étrangers dans les villes murées nous est
donné dans un curieux rapport de M. le comte Joachim
Pepoli, à la date de 1860. Ces taxes sont les suivantes ;

----

[1] *Moniteur* du 8 décembre 1849. (Premier rapport de M. Bocher.)

	MODÈNE ET REGGIO.	PARME.	PLAISANCE	BOLOGNE.	FERRARE.	FORLI.	CESENA.	RIMINI.	RAVENNE.	FAENZA.	IMOLA.
	fr. c.	fr. c.	fr. c.	fr. c.	fr. c.	fr. c.	fr. c.	fr. c.	fr. c.	fr. c.	fr. c.
Vin du cru en fûts ou en bouteilles, par hectolitre....	0 90	1 00	1 30	1 75	0 85	1 27	1 06	1 06	1 06	1 06	1 06
Vin étranger en fûts	0 90	2 00	2 00	1 75	0 85	1 27	0 06	1 06	1 06	1 06	1 06
Vin en bouteilles........`.	0 90	5 00	5 00	1 75	0 85	1 27	1 06	1 06	» 06	1 06	1 06
Vin détérioré.............	0 90	0 40	« »»	» »»	» »»	» »»	» »»	» »»	» »»	» »»	» »»
Moût.................	0 78	1 00	0 80	1 43	0 79	1 06	0 82	0 82	0 82	0 82	0 82

Outre l'impôt de consommation dans les villes murées, il y a également une taxe foraine (*dazio forese*) dans les villes ouvertes. Elle atteint, dans l'Émilie, tous ceux qui font commerce des boissons, comme des autres objets compris dans l'impôt général de consommation ; une partie du produit est laissée aux communes, M. Pepoli établit certains rapprochements entre le *dazio* de l'Émilie et le *canone gabellario* du Piémont. Son rapport ne renferme aucune mention relative à l'impôt des cidres, poirés et hydromels.

D'après un autre document plus récent, c'est-à-dire le rapport de M. Nerva sur la péréquation de l'impôt foncier dans le royaume d'Italie, on voit que le vin est taxé dans toutes les provinces du nouvel État, et l'auteur évalue à 15,920,918 livres le produit total des droits sur le vin dans les diverses provinces [1].

Le vin déjà atteint autrefois par l'impôt castillan des 34 millions est l'un des neuf objets frappés par l'impôt de consommation en Espagne. Le droit est gradué suivant la population des lieux de consommation. Au contraire, le petit vin (*chacoli*) et le cidre payent (comme la bière) des droits fixes dans tout le royaume [2].

---

[1] Voir l'*Allegato*, n° 1. L'objet le plus productif après le vin est le bétail et la viande de boucherie, qui donnent 11,407,886 liv., comme nous l'avons déjà vu plus haut.

[2] Bory de Saint-Vincent, dans son *Guide du voyageur en Espagne*, p. 265, dit que, dans les Asturies, « la campagne est couverte de pommiers, dont les fruits

L'Angleterre ne taxe le vin que sous forme de droits de douane, et l'on sait l'importance de ces droits relativement aux provenances des divers vignobles européens. Avant 1825, toutefois, la législation anglaise cumulait certains droits d'accise avec les droits de douane perçus sur les divers vins introduits dans le Royaume-Uni. On peut consulter, dans les tableaux annexés au livre de Parnell, la progression des divers droits perçus sur les vins importés dans la grande-Bretagne, jusqu'à l'époque de la rédaction de son livre. En 1789, le produit des douanes et de l'excise sur les vins était de 721,518 liv. st., dont 136,549 fournies par les vins de France. En 1828, le produit des douanes sur le vin était de 1,506,122 liv., dont 136,024 fournies par les vins français.

En 1858-1859, le produit total des vins pour la douane anglaise a été de 1,761,738 liv., d'après M. Rau, qui ne donne pas la part des vins français dans ce résultat [1].

On sait que le traité de commerce de 1860 a réduit les droits de douane sur nos vins, et il est probable qu'il entraînera des modifications dans les résultats financiers pour la douane britannique.

La Belgique perçoit tout à la fois, comme jadis l'Angleterre, un droit de douane et un droit d'accise sur les vins. Le produit moyen de 1851 à 1857 en a été, d'après M. Rau, de 13,679,988 fr. Aux termes du traité de commerce conclu en 1861 entre la France et la Belgique, les droits d'accise belges sur les vins français doivent être réduits à 22 fr. 50 c. par hectolitre en 1862. Les droits d'entrée ne sont guère que

produisent une telle quantité de cidre, qu'on en exporte, pour les Amériques, le surplus de la consommation. »

[1] D'après le rapport des plénipotentiaires français du traité de commerce de 1860, les vins français fournissaient à cette époque le sixième de la consommation anglaise.

des droits de contrôle, car ils sont fixés à 50 cent. par hectolitre de vins en cercles, et 1 fr. par hectolitre de vins en
bouteilles.

D'après les *Tablettes européennes* du 30 octobre 1849, la
situation des choses, dans les Pays-Bas, serait analogue. Il
s'y perçoit même, outre l'accise, des droits d'importation sur
les vins en bouteilles.

La Suisse, outre les droits d'entrée sur les vins étrangers,
perçoit quelques taxes sur les vins qu'elle produit elle-même.
Il est question d'un *ohmgeld* de 5 rapps par pot sur les vins
suisses, à l'entrée de certains cantons. Dans l'un des cantons
producteurs, le canton de Vaud, le débit des boissons est assujetti à une taxe particulière. M. Philippon, secrétaire-ré-
dacteur à la chancellerie d'État du canton de Vaud, a donné
divers détails sur l'historique de ce droit, dans son mémoire
publié à Lausanne en 1860 [1].

M. Golenski nous apprend que l'ancienne Pologne avait,
depuis 1760, sous le nom de *czopowe*, un impôt sur les *ro-
binets* ou sur le tirage des boissons dans les villes et bourgs.
Il était d'un ou deux gros par mesure de bière, et de 12 à
24 gros par mesure de vin. L'impôt aurait été accru, et sa
sphère d'application étendue en 1811.

L'impôt sur le cidre et le poiré fut établi, en Angleterre,
en 1763. L'historien Cormick, continuateur de Hume et
Smollett, nous rapporte beaucoup de détails sur les débats
auxquels l'institution de cet impôt donna lieu, et dans lesquels les jalouses susceptibilités de l'esprit anglais, au sujet
des formalités de l'excise, furent vivement provoquées. L'impôt pesait sur la fabrication de cidre, mais le citoyen qui
ne fabriquait que pour ses besoins était admis à un abonnement. On a cité, à cette occasion, la fameuse formule du

[1] P. 6, 10, 16, 23, 33, 63.

premier Pitt, combattant la mesure, et proclamant l'inviola-
bilité du domicile de tout Anglais. *Every man's house is his
castle*, s'écriait-il en comparant la maison de tout Anglais à
un château-fort.

D'après certaines autorités, il paraît que le *cyder act*, c'est
ainsi qu'on nommait la loi relative à l'impôt du cidre, fut
modifié en 1766, et les clauses qui affligeaient les particuliers furent alors rapportées [1].

Un auteur contemporain compte l'impôt du cidre pour un
produit réduit à 30,000 liv. st., parmi les revenus supprimés seulement en 1830, dans le budget de la Grande-Bretagne [2].

Sauf donc ce que nous avons rapporté de la taxe du cidre
en Espagne et en France, nous croyons que cette boisson
est aujourd'hui franche de droits dans tout le reste de
l'Europe.

En résumé, les accises sur les vins, cidres, poirés et hydromels, n'ont une importance politique et financière très-
sérieuse que dans notre pays ; et malgré le développement
à attendre des budgets dans certaines contrées viticoles importantes, telles que l'Autriche, l'Espagne et l'Italie, il paraît
y avoir peu de probabilités, surtout en présence des tendan-
ces modernes généralement assez réservées relativement à
plusieurs taxes de consommation, pour que les impôts sur
les vins rendent jamais, dans aucun de ces pays, des sommes aussi considérables que celles qui sont perçues de ce
chef par le Trésor français.

[1] *Tablets of Memory.* — *History of England*, de W. Belsham, t. V, p. 200.
[2] Rau, § 442.

FIN DU TOME DEUXIÈME.

TABLE DES MATIÈRES

DU TOME DEUXIÈME.

FIN DE LA TABLE DU TOME DEUXIÈME.

ERRATA

Page 14, ligne 24, au lieu de : *jamai*, lisez : *jamais*.

Page 16, ligne 29, au lieu de : *où seraient*, lisez : *où ils seraient*.

Page 18, ligne 21, au lieu de : *profits bruts*, lisez : *profits*.

Page 21, ligne 12, au lieu de : *décompositio*, lisez : *décomposition*.

Page 27, ligne 16, au lieu de *capiatl*, lisez : *capital.*

Page 46, ligne 6, au lieu de : *la taxe sur le capital*, lisez : *la taxe.*

Page 104, ligne 9, au lieu de : *ce sont ceux-ci*, lisez : *ce sont les locataires*.

Page 118, avant-dernière ligne, au lieu de : *éprouvée*, lisez : *éprouvées*.

Page 130, ligne 25, au lieu de : *était 530*, lisez : *était de 530*.

Page 147, ligne 7, au lieu de : *engloutir*, lisez : *compromettre*.

Page 162, ligne 19, au lieu de : *taxes*, lisez : *impôts*.

Page 166, ligne 12, au lieu de : *comme elle est*, lisez : *comme elle l'est*.

Page 180, ligne 4 du texte, au lieu de : *de d'auflchlag*, lisez : d'*aufschlag*.

Page 189, ligne 4, au lieu de : *rovinces*, lisez : *provinces*.

Page 231, ligne 2, au lieu de : *matière*, lisez : *marine*.

Page 244, ligne 16, au lieu de : *droit de douanes*, lisez : *droit de douane*.

Page 262, ligne 2, au lieu de : *injuste*, lisez : *injustes*.

Page 280, ligne 9, au lieu de : *perçue*, lisez : *perçu*.

Page 310, ligne antépénultième, au lieu de : *qui*, lisez : *qui a*.

Page 316, ligne 13, au lieu de : *on croit*, lisez : *on devrait*.

Page 320, ligne 19, au lieu de : *réélévation le droit*, lisez : *réélévation du droit*.

Page 321, ligne 19, au lieu de : *ne fut plus grande*, lisez : *ne fut plus grand*.

Page 374, ligne 2, au lieu de : *acquit*, lisez : *acquits*.

Page 375, ligne 1, au lieu de : *sur des*, lisez : *sur de*.

Page 381, ligne 11, au lieu de : 50, lisez : 5.

Page 420, ligne 18, au lieu de : l'*évaluation*, lisez : l'*élévation*.

Page 436, ligne 18, au lieu de : *il ne faut pas le regretter trop*, lisez : *il faut presque le regretter*.

Saint-Denis. — Typographie de A. MOULIN.

NOUVELLES PUBLICATIONS

DE LA LIBRAIRIE DE GUILLAUMIN ET Cie

Dictionnaire universel, théorique et pratique du Commerce et de la Navigation. Ce magnifique ouvrage forme 2 superbes volumes grand in-8° de 3,380 pages à 2 colonnes, imprimé avec le plus grand soin sur papier collé et glacé. Prix. . . . . 60 fr.

Le Droit commercial dans ses rapports avec le Droit civil et le Droit des gens, par M. G. MASSÉ, conseiller à la Cour impériale de Paris. 2° édition, revue, considérablement augmentée et suivie d'une table analytique des matières. 4 vol. in-8°. Prix. . . . . 32 fr.

Le Droit maritime international considéré dans ses origines et dans ses rapports avec les progrès de la civilisation, par M. Eugène CAUCHY, ancien maître des requêtes, ancien garde des archives de la Chambre des pairs. 2 forts vol. in-8°. Prix 15 fr.
(Ouvrage couronné en 1861 par l'Académie des Sciences morales et politiques).

Histoire de l'Émigration européenne, asiatique et africaine au XIX° siècle, ses causes, ses caractères, ses effets, par M. Jules DUVAL. 1 fort vol. in-8°. Prix. . . . . 7 fr. 50
(Ouvrage couronné en 1861 par l'Académie des Sciences morales et politiques.)

L'Émigration Européenne, ses principes, ses causes, ses effets, avec un Appendice sur l'Émigration africaine, hindoue et chinoise, par M. A. LEGOYT, secrétaire perpétuel de la Société de statistique de Paris. 1 beau vol. gr. in-8°. Prix. . . . . 8 fr.

Du Progrès intellectuel dans l'humanité. — Supériorité des arts modernes sur les arts anciens. — Poésie, Sculpture, Peinture, Musique, par M. Eugène VÉRON. 1 fort vol. in-8° de 630 pages. Prix. . . . . 6 fr.

Crises commerciales pendant le XIX° siècle, par M. Clément JUGLAR, 1 vol. in-8°. Prix. . . . . 5 fr.
(Ouvrage couronné par l'Académie des Sciences morales et politiques).

Études sur les Sciences sociales, par M. COURCELLE-SENEUIL. 1 très-beau vol. in-8°. Prix. . . . . 5 fr.

De l'Origine des Espèces ou des lois du progrès chez les êtres organisés, par Ch. DARWIN, traduit par Mlle Clémence-Aug. ROYER, avec une préface et des notes du traducteur. 1 fort vol. grand in-18 jésus. Prix. . . . . 5 fr.

Théorie de l'Impôt ou la Dime sociale, par Mlle Cl.-Aug. ROYER. 2 vol. in-8°. Prix. . . . . 10 fr.

Le Gouvernement représentatif, par M. J. STUART-MILL, traduit et précédé d'une introduction par M. DUPONT-WHITE. 1 beau vol. grand in-18. Prix. 3 fr. 50
— Le même ouvrage en 1 beau vol. in-8°. Prix. . . . . 5 fr.

La Liberté, par le même. 1 beau vol. gr. in-18. Prix. . . . . 3 fr.

Précis de la Science économique et de ses principales applications, par M. A.-E. CHERBULIEZ, correspondant de l'Institut de France, professeur d'économie politique à l'Institut polytechnique fédéral de la Suisse. 2 forts vol. in-8°. Prix. 15 fr.

Droit des Gens moderne de l'Europe avec un supplément contenant une Bibliothèque choisie du Droit des Gens, par J.-L. KLÜBER. Nouvelle édition, revue, annotée et complétée par M. OTT. 1 vol in-8°. Prix.. . . . . . 7 fr. 50
— Le même ouvrage. 1 beau vol. grand in-18 jésus. Prix. . . . . . 4 fr. 50

Traité de Droit pénal, par ROSSI, précédé d'une introduction par M. FAUSTIN-HÉLIE, conseiller à la Cour de Cassation, membre de l'Institut. 3° édition. 2 volumes in-8°. Prix. . . . . 14 fr.

SAINT-DENIS. — TYPOGRAPHIE DE A. MOULIN.

www.ingramcontent.com/pod-product-compliance
Lightning Source LLC
Chambersburg PA
CBHW060529220326
41599CB00022B/3472